显微镜下追梦人丛玉隆

袁桂清 编著

科学出版社

北京

内 容 简 介

　　本书以我国著名实验诊断学家丛玉隆教授从事检验医学五十四年的人生历程和学术人生足迹为寻觅方向，以半个世纪以来我国检验医学发展历程为主线，在呈现丛玉隆教授其人生奋斗历程、梦想、追求和学术人生的同时，展现其临床科研思维方式、临床医教研成果、学术交流活动、学术理念创新，以及在推动学科/学术发展、人才队伍培养方面的贡献。本书同时呈现和展示了我国检验医学发展历程，两者兼顾融合，旨在给检验学人，特别是后来人以借鉴。读者可在书中寻觅丛玉隆教授成功的奥秘、临床科研思维方法、实验室管理理念、严谨求实和勇于奉献的精神，也可在书中探寻我国检验医学学科发展的脉络、学科特点、学科成就和不同时代的专业特征。

　　本书图文并茂，集人物性、学术性和史料性于一身，力求给检验医学相关研究人员和读者以启迪、借鉴、思考和正能量。

图书在版编目（CIP）数据

显微镜下追梦人丛玉隆 / 袁桂清编著 . —北京：科学出版社，2017.4
ISBN 978-7-03-052546-8

Ⅰ . 显… Ⅱ . 袁… Ⅲ . 丛玉隆 – 生平事迹 Ⅳ . K826.2

中国版本图书馆 CIP 数据核字（2017）第 071908 号

责任编辑：丁慧颖　沈红芬／责任校对：何艳萍
责任印制：肖　兴／封面设计：黄华斌

科 学 出 版 社 出版
北京东黄城根北街 16 号
邮政编码：100717
http://www.sciencep.com

中国科学院印刷厂 印刷
科学出版社发行　各地新华书店经销

*

2017 年 4 月第 一 版　开本：720×1000　1/16
2018 年 1 月第 二 次印刷　印张：19 1/4
字数：366 000
定价：**98.00 元**
（如有印装质量问题，我社负责调换）

前　言

　　岁月沧桑，时光荏苒。时光年轮篆刻着五十四载，在这漫长的时空长河中，他始终追逐着一个梦，儿时的初梦，为患者解除病痛的良医之梦。怀揣初梦，立志圆梦，只为这个梦，追逐半个多世纪。依稀回眸，转瞬即逝，但足迹依旧……

　　他，难忘初心，追逐梦想，一步一个脚印，落地有声，默默坚守，学而不厌，钻研不止，锲而不舍。他像耕牛，耕耘着、开拓着、奉献着、驾驭着……五十四年，春华秋实，痴心不改，认准临床"血尿便三大常规"，从不起眼的常规起步，扎根卧底，从不起眼到非常起眼，从小临检到大事业；秉持科研立足临床，落脚患者，坚持在常规中冲破重围，从常规中寻求突破，坚守临床科研要接地气，贴近患者，选题立足实用、简便、急需、快速、适宜、省钱，这就是他秉承的"朴实临床科研创新思维"。就是这样，从不可能到可能，从常规中冲出了突围，从初梦到圆梦，获得多项科技成果奖和荣誉，发表几百篇研究论义，编著出版几十部学术著作；从常规中走出了著名专家教授、主任医师、博士生导师、著名学术／学科带头人、检验医学领域领军人物和学术领袖，从小化验员到将军（文职中将）。追根溯源，还是初心依旧：心中装着患者、事业、奉献和责任担当。这就是丛玉隆……

　　本书编著的指导思想和切入路径是，以丛玉隆教授从事检验医学五十四年的学术人生脚印为寻觅方向，以我国检验医学五十多年的发展历程为主线，在揭示和呈现丛玉隆其学术人生、精神境界和成长脉络的同时，展示我国检验医学发展历程，两者兼顾融合，旨在给检验学人，特别是后来人以借鉴。读者可在书中寻觅丛玉隆教授成功的奥秘和科研思维方法，也可以在书中探寻我国检验医学发展历史、成就和不同时代专业特征。可以说，本书集人物性、学术性和史料性于一身，力求给读者以启迪、借鉴和思考。

　　由于笔者水平所限，加之仓促执笔，书中错误在所难免，敬请读者赐教！

袁桂清

2017 年 2 月 26 日于北京

目　录

　　山东胶东半岛招远，背靠大海，依山傍水，是人杰地灵的地方，这里就是丛玉隆的祖籍所在地。

　　这是一个以盛产"龙口粉丝"和黄金而闻名的地方，素有"金城天府""中国金都"之称。其父母早年随爷爷进京，1947 年 5 月 2 日，丛玉隆出生，在北京度过了一段独特的童年生活。然而，早年丧父的不幸突降年仅 15 岁的丛玉隆身上，家庭的困顿、儿时的梦想，从一开始就成为了两股最直接和强大的冲击力量，冥冥之中为他推开了未来人生职业生涯的从医之路。

第一节　寻根问祖　祭奠先辈

　　招远，地处山东半岛西北部，东接栖霞市，西靠莱州市，南与莱阳、莱西两市接壤，北以龙口市为邻，西北濒临渤海。地处胶东低山丘陵地带。山丘连绵，沟壑纵横，东北部的罗山山脉高为群首，有"势压登莱百万峰"之说。招远历史悠久，新石器时期已有人类聚居，1131 年（金天会九年），始置"招远县"，隶属历经演变，1983 年由烟台地区辖县改为烟台市辖县。这里黄金资源遍布全境，储量丰富，开采历史悠久，素有"金城天府"之称，是全国第一产金大市（县），2002 年 1 月被中国黄金协会命名为"中国金都"。同时，招远还是誉满中外的"银丝之乡"，是龙口粉丝的发源地和主要产地。

　　招远人杰地灵，代有英才。历史上，有三国曹魏名臣王基、宋代状元王俊民、明朝算学家李笃培、翰林院学士杨观光、甲午海战殉国将领宋清海等。中华人民共和国建立后，文教界有著名画家王道远（号友石）、著名元曲研究专家隋树森，军政界有中央军委副主席、国防部长迟浩田上将，总政治部副主任王瑞林上将等。

　　丛玉隆的老家位于招远丛家村。丛家村地处招远城北部 15 公里，位于群山环抱之中，全村共有近千户人家，民风纯朴，崇文尚武，历代英才辈出。中华人民共和国成立以来丛家村就走出了数十位省军级、地师级军政显赫人物。

　　据记载，丛姓的先祖源于匈奴族，出自西汉时期车骑将军金日磾，属于以

居邑名称为氏。据史籍《池北偶谈》记述，金日磾当时为匈奴休屠王的太子，在十四岁时即为汉军大将霍去病所掳，成为汉武帝刘彻廷下一名马夫，以后为汉武帝所赏识。后因金日磾指挥匈奴俘房为大汉王朝铸金人以祭天，所以汉武帝特赐其为金氏，名日磾，封为车骑将军。汉武帝去世时，遗诏金日磾与霍去病之子大将军霍光共同辅佐汉昭帝。金日磾尽忠职守，不敢怠惰，后因功被封为秺侯。他的子孙后代从此累世在大汉朝廷为官，传历七代，直至王莽篡权、西汉灭亡之时方逐渐衰落。举族东迁经过四十余载之颠沛流离，于东晋太始元年辗转来至不夜（文登故名）丛家岘，他们大部分东渡高丽，延续了金日磾的后裔子孙，后来逐渐迁居于丛家岘（今山东威海文登），遂以居地"丛家岘"之"丛"字为姓氏，称丛氏，世代相传至今。著名的新罗金氏王朝，因不愿意离开故土，就在东海岸居住下来，因为思念草原大漠、丛山、丛林，也是为了逃避朝廷的追杀，就将金姓改为丛姓，史称丛氏正宗。因此，丛氏族人大多尊奉金日磾为得姓始祖。而招远丛家是明代由丛朝礼从文登迁至，落户丛家村。

登高远望，环顾俯视这个鲁西北的小山村，人们不禁感叹当年丛氏族人在选择村址时的讲究。丛家村四面环山，山峰独特，草木葳蕤，聚灵秀之气，草木茂盛的山峰彰显着地气充沛。地气充沛不仅滋养草木，更滋养哺育了代代丛氏子孙。同时，丛家村的山峦矿脉清晰，有眼光的人一见便知这山是宝山，富含金矿，来这里安村扎寨，即使不会富甲天下，也会富足安康。此外，丛家村位置隐蔽，有山有水，有地有粮，山上还长有各色草药，足可以逍遥自在，颇似世外桃源。

丛玉隆了解这些身世还是从一次聊天开始的。那是十几年前，我国著名检验医学专家金大明教授对他说，你原来也姓金，咱们五百年前是一家呀！看着金教授说的那么认真，他将信将疑，那时学业很忙，这事就放下了。但几年来，此事一直在丛玉隆的脑子里回想，于是他下决心携妻儿瞻仰西安茂陵（汉武大帝墓）。目前，陵园内有四座墓（刘

2016年丛玉隆教授与夫人任珍群西安茂陵参拜祖先

彻、卫青、霍去病、金日磾），后又到威海丛家祠堂（供奉金日磾）、文登丛家祖庙（供奉丛兰，明朝的户部尚书），再后来到祖辈生活的地方招远县丛家村，在村里查阅家谱才得知他属第 74 代。如今，祖庙被列入省级文物保护单位并设有丛氏源流展览馆。

丛玉隆的父亲名丛宝泰，1911 年生于招远丛家村，母亲苑林凤比父亲小一岁，同为招远人。丛玉隆的爷爷早年入京，在北京一家粮店做管事掌柜，按照今天时髦的说法，即职业经理人。

1937 年，丛宝泰因为在运粮过程中腿部受伤，且落下行动不便的终身疾患，因此，携妻子和孩子进京投靠老父亲，在粮店做了学徒，负责记账和杂务。

1937 年 7 月 7 日，卢沟桥事变，日本全面侵华开始。后来，粮店生意日益萧条，已经不能收容过多的学徒伙计，于是丛宝泰离开了粮店，在新街口住处附近的航空胡同摆了个烟摊，兼卖杂货，聊以养家为生。

丛宝泰原以为等局势稳定一些，再回到粮店或谋个其他稳定营生，但未想国家局势和社会风云变幻，这烟摊杂货风来雨去，冬至夏往，本是权宜之计的打算，却一晃就是近 20 年，成了支撑这个家庭、抚育四个子女的惊涛扁舟。

第二节　童年时光　放飞梦想

1947 年 5 月 2 日，丛玉隆降生于北京新街口旧居。

北京市新街口街道位于西城区的中部偏北，为东西短、南北长的长方形地域。今天的新街口管辖区域东起新街口南、北大街，西四北大街，它与什刹海街道为邻；西至西直门南、北大街，阜成门北大街，并与展览路街道相接；南起阜成门内大街，并与金融街街道接壤；北至二环路西段，经德胜门西大街与

海淀区隔河相望。

新街口是条古老的街道。京内城北新桥、东四、东单与新街口、西四、西单东西对称，排列整齐。东四、西四、东单和西单，其街道在元代时就已形成，虽然当时不叫此地名。如果从城市发展地理位置分析，新街口所处的地位最重要，位于当年元大都城龙脉水路交通的咽喉处。

这一年，中国时局已发展到新的人民大革命高潮前夜，毛泽东发出"迎接中国革命的新高潮"的指示，在丛玉隆的老家山东，华东解放军相继发动了鲁南战役、莱芜战役和孟良崮战役。招远、招北县也分别成立支前指挥部，掀起大参军热潮支援战争，并开始了轰轰烈烈的土改尝试。

这一年，也是世界医学史上的多产年份。柯里夫妇（Cori CF，Cori GT）发现淀粉转化为糖的催化方法；李普曼（Lipmann FA）发现辅酶 A 和它在中间代谢中的作用；博韦（Boret D）发明了解除过敏症的抗组胺药物……

丛玉隆在家排行老三，在其前有哥哥、姐姐，1950 年又有了弟弟。

童年的丛玉隆在新街口的航空胡同度过了一段独特而美好的时光。

在丛玉隆的依稀记忆中，出生最初的几年，由于爷爷在粮店柜上的地位和收入，家境虽谈不上富足，但日子过得倒也较为宽裕。可是在他 5 岁那年，爷爷去世，家庭收入锐减，日子越发变得紧张起来。因此，丛玉隆从很小的时候起就目睹和经历了家庭生活的艰辛。

1954 年，时年 7 岁的丛玉隆到新街口大三条小学就读。该学校历史悠久，于光绪三十一年（1906 年）创办，最初名右翼八旗第七初等小学堂。早期校址设在宣武门内，有两班学生。光绪三十三年（1908 年），扩充了一班学生，因校址房舍不够用，于 4 月 15 日迁于西城区新街口大三条 17号。中华民国元年（1912 年）更名为京师公立第二十三国民学校。中华民国十三年（1925 年）添设高小，更名为京师公立第二十八小学校。中华民国二十二年（1934 年）更名为北平市立新街口小学。1945 年更名为北平市立第四区十八保国民小学。中华人民共和国成立后更名为北京市西城区新街口大三条小学。

当年的大三条小学，学校里有四个院子，第一个院子是老师和校方办公室，第二个院子比较小，第三个院子大一点，第四个院子是操场，操场的南面是用砖头垒起的指挥台。操场旁边还有双杠和单杠等，操场后面是厕所。每当课间休息，同学们就一窝蜂地跑向操场，有的玩双杠，也有的在跳绳等。

1960 年小学毕业时照片

55 年后小学同学合影

　　丛玉隆就是在这个学校度过了他最为快乐的童年时光。直到今天，当说起上小学时期的事情，丛玉隆都会流露出留恋与幸福的神情，自称小学时光是最难忘的，那时同学之间只有天真纯洁的友谊，大家都和和气气，同学之间的感情也非常好。

　　每天，小玉隆除了上学读书外，还要时常帮助父亲看摊，送货甚至收账。当时光是卖烟，收入还不太稳定，为了增加收入，还兼卖一些杂货和糖果。到了冬天，父亲会将一个大油桶改装成的烤炉搬至胡同口的摊位处，烤一些红薯叫卖。每天凌晨 4 点多钟，丛玉隆就要起床，帮助父亲生火，并将母亲头天夜里洗好的红薯用两个竹编的篮子从家里提到摊位。冬日的北京，天寒风疾，小玉隆穿着哥哥当年穿过的宽大的小棉猴，缩着小手，从胡同这头一点一点地将两大篮红薯搬运至胡同那头。天穹深邃，繁星眨着眼睛，一阵咯咯声中，小玉在冰雪覆盖的北京城角落洒下一串小巧而蜿蜒的脚印……

虽然日子过得比较艰辛，但丛玉隆也从小就印证了"穷人的孩子早当家"的老话，十分懂事，特别勤奋。

同时，生活的艰辛，父母地位的低下，时时在幼小的心灵里隐藏着一种自卑感，这种自卑感若隐若现，也影响着他的一生，但也更加激发了他不甘于现状，希望通过努力奋斗改变人生乃至家庭命运的斗志。

丛玉隆自幼学习就非常用功，每天放学后跑到父亲的烟摊替换父亲回家吃饭，他就用一个小板凳做桌子，蹲在地上认真地写作业。无论冬日寒风霜雪还是酷夏烈日炎炎，从来对待学业都是一丝不苟、勤奋且专注。因此，他的成绩在班上一直十分优秀，尤其是在男同学中，总是第一、第二名。

丛玉隆因勤奋和聪颖，也得到了很多老师和同学的喜爱，并且被推选为年级的中队长。

那时丛玉隆和同学们一起除了读书学习，还组织参加了很多课外公益活动。他们组建学习小组，描绘社会主义建设的美好未来；还响应"关于除四害讲卫生的指示"去灭苍蝇、捕麻雀。走在京郊田间小路上，放声朗诵、歌唱着小学语文课上学过的童谣去种蓖麻、种葵花……

春风吹 / 春风吹 / 吹绿了柳树 / 吹红了桃花 / 吹来了燕子 / 吹醒了青蛙 // 春风吹 / 春风吹 / 春风微微地吹 / 小雨轻轻地下 / 大家快来种蓖麻 / 大家快来种葵花……

七岁时与弟弟的照片

1956年初，全国范围出现社会主义改造高潮，资本主义工商业实现了全行业公私合营。国家对资本主义私股的赎买改行"定息制度"，统一规定年息五厘。生产资料由国家统一调配使用，资本家除定息外，不再以资本家身份行使职权，并在劳动中逐步改造为自食其力的劳动者。1966年9月，定息年限期满，公私合营企业最后转变为社会主义全民所有制。

北京的社会主义改造也轰轰烈烈地展开，到了1958年，父亲丛宝泰的烟摊杂货也被正式吸收改造，并入了街道的供销社。而丛宝泰也被作为供销社的会计，正式安置了工作，从一名小商贩，正式成为了公有制商业系统的工作人员。

这对家里来说无疑是一个极大的喜讯。一方面，经过几十年的风雨和磨难，经济收入和家庭状况终于走上新的轨道，再也不必担心生意的盈亏和不稳定。另一方面，从社会地位上来说，丛宝泰一下子从原来的小商贩转变成了由国家支付工资的社会主义

1961 年与妈妈、姐姐、弟弟、嫂子合影

劳动者，社会地位也不可同日而语。因此，全家上下都洋溢着喜庆的气氛。母亲特地将积攒的一点细粮拿出来为全家包了一顿饺子。小玉隆更是无比兴奋，不仅仅是因为吃到了只有过年才吃得到的饺子，更是因为从此以后，当别人问起爸爸是干什么的时候，他可以毫不怯懦地说"我爸爸是供销社的会计"了。

在这一时期，姐姐也正式从解放军总医院护校毕业，被分配到了解放军胸科医院，成为了一名护士长。姐姐的工作又为家庭带来了新的荣耀和收入。在过年的时候，丛玉隆穿上了姐姐亲手为他织的毛衣。姐姐还带他到电影院去看了有生以来第一场电影。姐姐一生勤奋好学、工作严谨、待人诚恳、乐于助人，深得领导的重视和同事的喜爱，很快就升为护理部主任、医院副院长。

姐姐一直是他学习的榜样。

因此，在全家生活蒸蒸日上，良好心情天天陪伴下，丛玉隆的学习成绩更是稳健提升。1960 年他顺利考取了重点中学——男三中（北京三中前身）。

北京市第三中学位于北京市西城区富国街 5 号，是北京市一所历史悠久的老校，前身是 1724 年（清雍正二年）建立的八旗子弟右翼宗学堂，当时坐落在西单小石虎胡同。

曹雪芹曾在右翼宗学供职十年，并在此构思了《红楼梦》。1902 年右翼宗学改为八旗右翼中学堂，辛亥革命后，1912 年改为京师公立第三中学校，并搬至祖家街。人民艺术家老舍先生在 1913 年曾就读于此，老舍先生是第二年考入三中的学生。1950 年 10 月学校改成北京市第三中学。

这里青砖灰瓦，雕梁画栋，绿树成荫，庄严肃穆，古色古香，曾是明末清初叱咤风云的人物——祖大寿的府邸。祖大寿，辽东人，吴三桂的舅舅，明末为锦州总兵，归顺清朝后任正黄旗总兵。顺治十三年，即 1656 年后这里改为祖大寿祠。

学校坐北朝南，门外原有上马石一对。前院北房（正厅）5间和东西耳房各1间，后院北房（后寝）5间，东西两侧有耳房各2间，东西配房各3间。前后院间有一座规制大、设计巧、造型美的垂花门，这座垂花门在北京四合院的垂花门中数一数二，门口两门礅雕刻精美，气派非凡。

在这里，丛玉隆学习与生活得愉快而充实。第一个学年，丛玉隆就因为成绩优秀而获得了"北京优质奖章"，也是在这里度过了愉快而难忘的中学时光。

第三节　坎坷的青春　无奈的抉择

青春岁月，豆蔻年华，这一切都似乎在锣鼓喧天和张灯结彩中，伴随着社会主义建设的步伐向着美好的未来大步前进。恰同学少年，憧憬着未来，丛玉隆每天上下学都如沐浴着春风般走在人生理想的大路上，意气风发、斗志昂扬……

然而，1962年5月初夏的一个夜晚，这一切都被突如其来的变故打乱了。

那一天父亲早早地下班回来后连说累，有些不舒服，晚饭没怎么吃就睡下了。正读初二的丛玉隆白天体育课运动量也有些大，在做完作业后也很快昏昏地睡着了。大概夜里十一点多钟的时候，丛玉隆突然被惊慌失措的母亲从梦里摇醒。母亲嘶哑地要他快去看看父亲，好像突然病重了。他赶忙爬起来，披上衣服，跑到父亲的床头，发现父亲脸色涨红，痛苦异常，气息微弱。丛玉隆立马唤起左邻右舍的叔叔婶婶，在大家的提醒下丛玉隆疾速奔跑到车站叫上一辆出租车赶到家里，将病重的父亲抬上汽车，送到积水潭医院。经过急诊检查，父亲被诊断为高血压引起的脑出血，由于当时的医疗条件较差，加上病情突发，经过一夜的紧张抢救仍无明显效果，父亲在第二天早晨九点钟因病辞世，享年仅仅51岁。

父亲的突然去世像晴天霹雳一般击垮了家庭。本来蒸蒸日上的日子，其乐融融的家庭，一下子就被突如其来的疾病击垮了，家里的精神支柱没了，稳定的经济收入没了。

当时哥哥因为工作原因已经很少回家，对家里的事情不能照顾很多；姐姐面临和远在云南昆明军区总医院的姐夫结婚，将要调到昆明医学院工作，姐姐为了照顾家里而推迟了3年才去昆明和姐夫团聚；弟弟尚小，才上小学五年级；母亲作为旧社会封建礼教下成长起来的家庭主妇，目不识丁，还缠过足，不可能出门工作。因此，家庭的事务一下子就压到了丛玉隆的身上。为了生存，妈妈没日没夜地在家里为街道工厂搓麻绳，小玉隆只要有一点儿时间就要搓一会儿，为了多一点儿收入，有时要推上百斤的货车将整车的麻绳送到工厂，有一次赶上雨天，由于小车过重，遇到石坎儿车翻了，望着成捆的麻绳泡在雨地里，心痛、焦急的他流下了伤心的眼泪。母亲缠过足（小脚），弟弟幼小，买粮、卸煤（那时家家烧煤球炉需要自己买煤）、集中倒垃圾等，家中里里外外的力气活儿都落到了他身上。又遇上国家自然灾害，弟弟和他正是长身体时期，妈妈每天都省下口粮给儿子，小玉隆看在眼里，痛在心上，每到周末他早早完成了作业，背着面口袋，拿着小煤铲到西直门外菜地里挖野菜充饥。当邻居们看到他吃力地背着满满一口袋野菜回家时，都称赞他年小懂事有出息。现在丛玉隆常说，也许那种环境锻炼了自己的意志和决心，穷人的孩子早当家啊！那时的丛玉隆心理压力与日俱增，对家庭的责任，对人生的迷茫，对前途的担忧，吞没了他往日开朗的笑容。

在初二这一年，他又获得了一枚"北京优质奖章"。根据当时北京市教委的规定，连续三年获得优质奖章就能最终获得金质奖章，并获得保送高中资格。其实即便不保送，依照丛玉隆当时的学习成绩，考取高中是完全不成问题的，姐姐也看到了小玉隆的聪颖和勤奋，认为他将会是丛家有出息的可造之材，因此极力主张他继续考高中，将来读大学。但是此时家庭的困顿和小玉隆内心的焦虑，使得他对自己和其他优秀的同学一样考取高中，将来考大学越发地没有信心。

这个时候，另一个选择在老师亲朋的推荐下摆到了丛玉隆的面前——考中专。

丛玉隆经过审慎的考虑，不得不接受这个现实的选择，毅然决定报考北京卫生学校。

之所以选择报考这个学校，主要是因为：第一，中专毕业后很快就能参加工作，缓解家庭的经济压力，毕竟父亲去世后家里急需增加新的稳定收入来源。第二，这个学校是免收学杂费的，无需增加家庭负担。当时家庭生活已经愈发困难，并没有积蓄和能力再供他就读收费学校。第三，受家庭影响和父亲过早病逝的震动，也促使他选择了学医之路，梦想成为解除患者病痛的良医。

第二章
发奋求学　寒窗苦读

命运似乎开了一个玩笑，生活的坎坷与无奈，让丛玉隆壮志未酬的成才梦想偏离了初心和人生轨迹，立志上重点高中，报考名牌大学的梦想落空，偏偏无奈地考入了中专。丛玉隆感到失落，变得伤感、沉默、彷徨，路在何方……

第一节　独辟蹊径　迷茫中奋起

北京卫校学习时与同学的合影

1963 年，年仅 16 岁的丛玉隆顺利地考入了北京卫生学校检验专业。

北京卫生学校现坐落在北京市宣武区南横西街 94 号。该校的前身是 1929 年 4 月成立的市药学讲习所，1951 年 9 月更名为北京市中级药科学校，1953 年 9 月更名为北京市药剂学校，1955 年 12 月更名为北京市卫生学校，校址在水车胡同。当时，1959 年 7 月成立的北京市保育学校和 1951 年 9 月成立的北京市医士学校以及 1950 年 1 月组建的北京市助产学校的一部分并入北京市卫生学校。1963 年 4 月迁到东城区工人体育场东路。丛玉隆就读在工人体育场的这个校区。

此时的丛玉隆虽然高分顺利考入了卫生学校，其实他的内心还是十分的不甘与失落。

一方面，自己原本的人生梦想和光明未来好像经由这次家庭的变故已然偏离了自己心中设定的航道，看着当年和自己不相上下的同学都进入重点高中，开始在大学和未来更广阔的人生道路上努力向前，而自己却不得不选择了眼前的这个中专学校，内心难免慨叹和感伤。

尤其是入学前进行专业思想教育的几个月，丛玉隆在闲暇时读起了《三国演义》。当他读到诸葛亮与庞统同是旷世之才，但皆因命运的造化，一个跟随刘备，定鼎三分天下，一个一世飘零、才学未得到施展而命丧落凤坡，不由潸然泪下。

每当夜幕降临，凝望苍穹皓月，丛玉隆不禁问自己，难道我的命运就此滑向了平庸么？我何以通过努力改善我和家庭的境遇，报答父母的养育之恩？何以坚守住自己内心的梦想和上进的激情，开拓出属于自己的美好未来？

内心失落与彷徨的丛玉隆，越发地沉默寡言，同时面对同班同届的同学时，他发现很多人的成绩和对学习的态度都和自己难以契合，更加使得自己和大家没了共同语言。强烈的自卑感，他和所有小伙伴断绝了来往，总觉得自己比不上人家。

然而，命运总是在考验人的时候换一个角度给人以希望。丛玉隆所在的北京卫校检验专业，除了中专外，还开设了一个大专班。这个班上的同学都是读过高中，在高考中分数未达到本科线，处于临界分数的学生。这在当年万里挑一的高考筛选机制下，较今天高校扩招的学生，也算得上是十分优秀的了。丛玉隆在这些年长自己的、而且思想更为成熟的师哥师姐身上又找到了对理想的共鸣和希望。

于是，他时常跑到大专班上参与他们的活动和班会讨论，聆听这些兄长们激扬的发言、感人肺腑的辩论，并结识了后来全国人大常务委员会委员长吴邦国的弟弟吴邦胜等一批优秀的人才。他们中很多人后来或继续出国深造或在恢复高考后考取了研究生，或在自己所在的领域成了一代名家。

令丛玉隆印象深刻的是他参加的大专班的一次主题班会讨论。当时这些高考暂时失利的优秀青年们，对于未来的人生和命运一样地抱有些许疑惑和失落，但他们也拥有着更大的激情和不肯言败的斗志。那天晚上班会的题目是"花盆里能不能长出大树"。一晚上的激烈讨论，一张张充满理想和对未来充满信心的面庞，给丛玉隆幼小的心灵以极大的震撼。是的，他暗自鼓励自己，"我不能放弃，碌碌无为，虚度光阴。我要通过自己的努力在小小的中专学校掌握大学一样的才学，闯出一条成才之路，我要让小小的花盆里长出的不是柔弱的花草，而是参天的大树"。

第二节　求知若渴　厚积薄发

经过几个月的调整，丛玉隆逐步摆脱了入学时低沉失落的情绪，开始清晰地树立起了自己的学习目标和人生方向，把全部的精力都投入到了专业学习之中。

在学业上，丛玉隆对自己提出了新的要求：不仅要将中专课程学好，还要将大学课程自学好。

为此，丛玉隆从图书馆、书店找来了所有和所学课程对应的大学教材，并在跟从中专教学计划和老师教学的基础上同步拓展和深入钻研大学本科级别的专业知识。例如，卫校中专课程以培养一般化验员为目标，开设的临床课程只是一般的疾病概要，但丛玉隆却把这门课作为提纲讲义，按照这些概要，扩展和深入学习相关理论知识，自学医学院本科教材《内科学》、《外科学》、《传染病学》等，用临床医生的标准严格扩充知识结构，深入研究学习各种疾病的基础与临床知识。

当遇到不懂的地方，他就在课上课下及时找到主教的老师虚心请教，很多老师都十分喜欢这个聪慧而好学、不耻下问的学生。当时任教他们《无机化学》的王庆久老师、《分析化学》的付燕燕老师，都给予了他非常多的指导和帮助，王老师也曾对其他的老师讲，一个中专生能将大学药学系的化学课程学得这么透彻，真是个天才。同学们也选他担任这两个学科的课代表。老师和同学们的赞扬更激发了他的学习热情，他更加刻苦，更加努力。学校规定晚上10点教室、宿舍熄灯，他就在洗浴室昏暗的灯下读书。为了节省开支，周末他都徒步十多里地回家，然而，这2个小时正是他背诵化学结构式的好时候。

当然，在受到很多老师喜欢的同时，丛玉隆的专注和好学愈发在平庸中显得优秀，在随波逐流中显得不太合群了。

在这一时期，国际国内形势也开始发生了微妙的变化。尤其是中苏之间开始出现分歧。1963年7月14日，苏共中央机关报《真理报》发表了给苏共全体党员和各级组织的公开信，承认中国领导同苏共之间存在着根本的原则性的分歧。于是在接下来的一年零三个月的时间里，一场史无前例的中苏之间的公开论战全面展开。

从这一年的9月6日起，中共中央以《人民日报》和《红旗》杂志编辑部的名义，陆续发表了针对苏共中央公开信的系列论战文章，即所谓的九评。与此同时，中国大陆各地的上空开始不断地响起中央人民广播电台播音员夏青、齐越等人抑扬顿挫、令人亢奋的声音。

乃至以后的1956～1966年的10年间，过去"亲密无间"的中苏两国最终翻脸相向，中共批判苏共是"修正主义"，苏共则指中共为"教条主义"，双方起初密函对责，继而公开论战，由意识形态之争发展到指着领袖点名道姓地互批，两党、两国关系遂急剧恶化，终致爆发1969年的中苏边界武装冲突。

在全国反苏修的政治热潮中，另一个"文化大革命"词汇"白专"开始被使用。所谓"白专"，是指精于本职业务但不关心政治。"白专典型"是说那种只知道埋头钻研业务不重视政治学习的人。在当时的特定语境下，一般是指所谓的不关心政治的"反动学术权威"。

可是，作为中专生的丛玉隆当时竟然也被一些心存妒忌的同学称为了"白专"典型，真是令其哭笑不得。幸好作为"市贫"出身的他成分还是过硬的，因此，这种声音未能在一个学生身上产生什么不良的政治影响。

在卫校的几年时间里，丛玉隆不仅掌握了学校教授的知识，还利用课余时间，自修了大学医疗系、生物系、药学系的相关课程。这种"躲进小楼成一统，管它春夏与冬秋"的潜心向学，使得丛玉隆的进步非常快，并在那时打下了坚实的医学基础。直到几十年后的今天，丛玉隆还十分怀念和感谢当年老师的帮助。丛玉隆说，现在讲课有时候讲到一些具体的疾病知识，当年的课本和老师讲授的情景都还会清晰地浮现在他的眼前，这种扎实的基本功可以说令他受益终身。

第三节　邂逅恩师　指点迷津

1965 年，丛玉隆结束了中专课程的基础理论学习，进入临床实习阶段。当时学校将当年的学生分为了五个组。北京医科大学第一医院、北京宣武医院、北京积水潭医院、北京朝阳医院、北京同仁医院，每个医院一个小组，大家分赴临床医疗一线，在实践中继续学习，逐步将所学知识转化为实践。

丛玉隆当时被分配到了北京医科大学第一医院。

北京大学第一医院，是一所融医疗、教学、科研、预防为一体的大型综合性医院，创建于 1915 年，为国内首批建立的临床医学院，也是国内首批建立的临床医学院之一。北京大学第一医院前身为民国教育部批准北京医科专门学校设立附属诊察所；1946 年随北京医学院与北京大学合并，由此得名"北大医院"。

根据所学专业，丛玉隆被分配到了北大医院检验科。当时的检验科支部书记张国庆亲自迎接了他们，并在实习开始就对他们提出了严格的要求和殷切的希望。可以说，这一年的实习，对于丛玉隆来说是一生中十分宝贵的财富。张国庆书记在思想政治上要求严格，纪律严明。在专业实践和操作技术上，北大医院检验科汇聚了很多优秀的著名老专家和专业技术人员，他们无私地将很多宝贵的经验倾囊相授。

由于丛玉隆在学校时打下了扎实的基本功，加之与生俱来的悟性，深受北大医院前辈们的喜爱。不论分到哪个岗位，大家的评价都非常高。在微生物实习时，黄伯辉教授让他每天就坐在身边，显微镜下看到值得注意的形态结构就立即叫丛玉隆观察，手把手地教，极为耐心细致地讲解。不仅讲这是什么细菌，那是什么细菌，甚至还延伸到需要做什么生化检查。窦义芳副主任则亲自带着他下病房，亲传采血过程中的注意事项。马发生老技术员则教授他如何做血浆非蛋白氮（NPN），在烧瓶中时候要怎样掌握火候，这些都是书本上根本学不到的经验和技能。可以说，在这些老前辈们倾囊相授、言传身教下，短短几个月的临床实践，令丛玉隆进步神速，胜读十年书。

在临床实习期间，丛玉隆也不断地听到了一个名字——王淑娟。科室里的同志几乎每天都把这个名字挂在嘴边，经常说"这个是王大夫说的"，"这个要问王淑娟主任"……

当时的检验科主任王淑娟教授，随北京"四清"工作组参加北京农村的"四清"运动，丛玉隆未能与她相见。但是，他怎又想到，正是这对他来说陌生而又如雷贯耳般崇敬的名字，后来竟然能和他结下了不解的师生缘、同事缘，成为了他一生中举足轻重的"贵人"。

这一年，中国医疗卫生界还发生了一场重大的变革。包括丛玉隆在内的那一代年轻医药卫生工作者不知不觉地被这场运动的洪流携裹着奔向未知的未来。

当时，中国农村长期缺医少药的状况使毛泽东极为不满。卫生部部长钱信忠在作了卫生部工作的一般性汇报后，讲到全国医务人员分布情况时说，"全国现有140多万名卫生技术人员，其中70%在大城市，20%在县城，只有10%在农村；高级医务人员80%在城市；医疗经费的使用农村只占25%，城市则占去了75%"。当毛泽东听到这组数字时，发怒了。他面容严肃地站起来，严厉地说，"卫生部只给全国人口的15%工作，而且这15%中主要是老爷，广大农民得不到医疗，一无医，二无药。卫生部不是人民的卫生部，改成城市卫生部或老爷卫生部或城市老爷卫生部好了！"，"应该把医疗卫生工作的重点放到农村去！"，"培养一大批'农村也养得起'的医生，由他们来为农民看病服务"。

毛泽东发怒后，卫生部立即研究贯彻落实毛泽东的指示。由于毛泽东这次发怒中作出的指示是在6月26日，因此卫生部把毛泽东在这一天的指示称为"六二六"指示。

就在一个多月后，毛泽东再次召见卫生部部长钱信忠等，讨论在农村培训不脱产的卫生员的事情。在这次谈话中，毛泽东重点谈了改善农民医疗条件的问题，并且提出了在农村培训不脱产的卫生员的总构想。毛泽东说："……现在那套检查治疗方法根本不适合农村，培养医生的方法，也是为了城市，可是中国有五亿多农民。"毛泽东接着说："医学教育要改革，根本用不着读那么多书……高小毕业生学三年就够了，主要在实践中学习提高，这样的医生放到农村去，就算本事不大，总比骗人的医生与巫医要好，而且农村也养得起。"

毛泽东在作出"六二六"指示时，并没有谈到"赤脚医生"这个词。但他的指示中有一条，要有一大批农村养得起的医生在农村给农民看病。毛泽东还划定了培养这样的医生的两个条件：一是高小毕业生；二是学三年医学。这些只是毛泽东当时的一个基本构想。在这种情况下，各地在执行毛泽东指示中，大体是按照毛泽东所说的条件做的，但做法不一、模式不同，培养的乡村医生名称也不同。但不管怎样，普及农村医疗卫生的工作在全国迅速展开了。在全国各县普遍建立人民医院的基础上，国家开始大力扶持有条件的公社迅速建立卫生院，同时卫生部着手组织对农村有一些文化的青年进行医学培训。几年后，毛泽东的"六二六"指示催生出中国"赤脚医生"在神州大地的普及，农村公社合作医疗制度也在中央的支持和宣传下迅速被推广。

之后没多久，"文化大革命"也全面爆发。原本丛玉隆这届的毕业生已经做好了分配方案，由于他表现突出，深受北大医院前辈们的喜爱，综合各方面意见和因素，按照当时的分配方案他已经被定分配到北大医院检验科。但由于"文化大革命"爆发，当年的分配被搁置了下来，等到1967年7月延期毕业，原本的分配方案已经过期。新的分配方案为执行毛主席的"六二六"指示，将全班37名学生分配到了全国13个省份，尤其以边远省份和最基层为主。

丛玉隆被留在了北京，完全是由于早年丧父困苦的家境急需人照顾，当时的班主任周芬在家访中看到丛家的困难和身患白血病等待治疗的丛玉隆的小外甥，考虑再三，将他留在了北京。

就这样，丛玉隆被分配到海淀区永定路医院。一个全新的挑战，一段崭新的征程，在年仅19岁的小伙子面前渐次展开……

第三章
"文化大革命"风暴酣 避风求学苦钻研

在丛玉隆毕业分配的当下，本想满怀信心地踏入社会，开启自己的职业生涯，但此时的北京乃至全国，正是风起云涌，"文化大革命"运动的政治风暴席卷大地的时期。这让丛玉隆始料未及，再次陷入深思……

第一节　隐身陋室成一统　管他冬夏和春秋

1967年，刚刚毕业，年仅19岁的丛玉隆背着行囊，踌躇满志地赶赴海淀区永定路医院。

北京永定路北起田村路半壁店，南至新苑村（青塔），长约3.6公里，辟于日伪时期（1939年），时为4米宽砾石路面。中华人民共和国建立以后，先后于20世纪50年代、80年代大规模改建。其东北便是永定河引水渠，故以此为称。永定路医院即坐落于此，它是现在的北京中西医结合医院的前身。当年北京城的建设远没有今天的规模，今天的海淀区永定路，车水马龙，高楼鳞次栉比，一派繁华，而当年却还少有人烟，放眼望去皆是玉米葱葱，十分荒凉。

此时的丛玉隆，背着行囊只身来到北京永定路医院报到。他一身带了补丁但整洁的发黄绿军装，脚上穿着一双军用胶鞋，身后的被褥和饭盒、脸盆被牢牢且利落地绑着。医院检验科主任望着这位英俊潇洒的年轻人发自心底地喜欢。但一想到医院里的政治形势和医疗环境却又眉头紧锁，开心不起来了。

1966年，声势异常浩大的"文化大革命"爆发，红色的海洋瞬间席卷了全国。5月"清华大学附属中学红卫兵"成立，这是中国第一个红卫兵组织。并在6月2日贴出了署名"红卫兵"的大字报。不久，工作组进驻清华附中，批评校领导压制学生，支持师生对"修正主义"的批判。红卫兵受到鼓舞。6月24日红卫兵贴出大字报《无产阶级的革命造反精神万岁》，申明："革命就是要造反"，要"搞一场无产阶级的大闹天宫，杀出一个无产阶级的新世界"。之后，红卫兵又写出《再论无产阶级的革命造反精神万岁》、《三论无产阶级的革命造反精神万岁》，并请江青把他们的大字报和信件转呈毛主席。此时，红卫兵作为以"红五类"（即革命干部、革命军人、革命烈士、工人、贫下中农）子弟为主体的"左派"群众组织，影响迅速扩大。北京许多学校的学生仿效清华附中成立了各校的红卫兵组织，全国各大中学校也开始闻风响应。

同年8月，毛泽东写信给清华大学附中红卫兵，认为他们的行动"说明对反动派造反有理"，向他们"表示热烈的支持"，并说："不论在北京，在全国，在'文化大革命'运动中，凡是同你们采取同样革命态度的人们，我们一律给予热烈的支持。"之后又在天安门接见了来自全国各地的群众和红卫兵。从此，红卫兵运动遍及全国。9月中共中央、国务院发出《关于组织外地高等学校革命学生、中等学校革命学生代表和革命教职工代表来北京参观"文化大革命"运动的通知》，随即开始全国性的"大串连"。红卫兵在全国到处鼓动"造反"，揪斗所谓的"走资派"，搞乱了地方各级党委。

此时的北京永定路医院非世外桃源，也在劫难逃，"文化大革命"已经全面爆发，而且愈演愈烈，医院上下各派斗争不断，使医院偏离了正常的医疗和生活秩序。

而此时的丛玉隆面对复杂纷乱的环境，承受着小外甥离去的精神打击，对生活已是心灰意冷。凭着他的个性，当然无心参与当时盛行的"批斗"运动，可是就甘愿当个"逍遥派"虚度光阴吗？经过一段时间的适应和深思，他选择了一个最好的方式来逃避这些外在的纷争和内在的困扰，那就是利用这宝贵时间继续钻研学习。

每天，丛玉隆总是第一个来到化验室，将化验室和办公室的卫生打扫完毕，并将所在走廊清扫干净，然后打水，取报纸，一切收拾妥当后打开书本，利用上班前的时间开始进一步学习和钻研业务。无数个漏尽更阑的夜晚，他在别人的鼾声中读书；图书馆、新华书店的专业书柜前，总能见到他的身影。

第二节 恩师教诲 重塑人生

也就是在此时，他和王淑娟教授有了更加频繁的往来。正是由此开始，著名实验诊断学专家王淑娟教授逐步成为了他人生中最为尊敬的恩师和对其人生教诲与提携帮助最大的"贵人"。

王淑娟教授是我国著名的实验诊断学和医学教育家，曾任中华医学会检验学会副主任委员、中华医学会北京分会理事、中华医学会北京分会检验学会主任委员、全国医学院校教材编审委员会委员、《诊断学》教材编写组副组长、卫生部医药科技成果评审委员会委员，《中华检验医学杂志》、《临床检验杂志》、《中级医刊》、《中国农村医学》、《医学检验进修杂志》、《实用医学检验杂志》等学术期刊编委、卫生部卫生专业技术资格考试委员会委员、北京大学第一医院学术委员会委员、北京大学第一医院检验科主任、检验专业教学委员会顾问等职务。

但是"文化大革命"的风暴使得他未能幸免。这样一个治学严谨、经验丰富又年富力强的专家,此时却被造反派夺权打倒,停止了其主持工作和进行临床、科研和教学,被安排到实验室刷试管劳动改造。

可此时的丛玉隆,却怀揣着一颗虔诚的心向王教授学习,经常跑去北大医院向王教授求教。王教授看他天资聪慧,又如此的敏而好学,倾心研究,自然也是非常感动,尽全力相授。就这样,一来二去,两人渐以师生相待,任由窗外政治的暴雨狂风横扫九州,他们却胜似闲庭信步,潜心研究检验医学显微镜下的乾坤。

丛玉隆为了能有更完整规律的实践及向王淑娟教授学习,就坚持每周一三五24小时值班,二四六休息的时候奔波于北医和永定路间求学。

在无数风雪交加的恶劣天气下,丛玉隆不辞辛苦地往返40里地去北医听课。王淑娟教授则冒着被批判的危险,定期晚上给丛玉隆讲课,时常一讲就讲到深夜。多年以后,丛玉隆怀着一颗感恩的心对同事说:"我得到了王淑娟老师的亲自传授,从王教授身上不仅学到了深层次的医学检验技能,更体悟到了做人、做事、做学问的真谛。我学术上能走到今天,要感谢我的恩师,没有她几十年对我的辛勤培育,就没有今天的我。这确实是我的肺腑之言。"

在这一时期,他还广泛求教于张国庆、窦义芳、吴振茹、魏友仁等一批前辈和教授,深得他们真传。斗转星移、岁月如梭,12年的基层锻炼和潜心向学使他积累了扎实的基础理论和技术,为未来考取研究生和推开一系列学术、人生崭新领域的大门奠定了坚实的基础。

第三节　回归事业梦想　天仙下凡人间

事业,爱情,两者兼得是青年人生奋斗的理想梦境……

1969年,全国"文化大革命"的激烈高潮已经退去,进入了相对稳定的阶段。当时医院成立了革委会和军宣队,由于丛玉隆在之前的阶段没有过多卷入各派的夺权和争斗,加上他出身市贫,成分良好,根红苗正,因此组织上把他从实验室调出来负责落实材料的外调工作。在1969～1970年的一年多时间里,丛玉隆几乎常年在外出差,走遍了祖国的大江南北。虽然这一年多专业学习与研究略有停顿,但是这一年中他行万里路,阅百样人,极大丰富了人生的阅历,增强了交往能力。

1970 年，当他被调回检验科室的时候，深受领导和同志们的好评，并在当年光荣地加入了中国共产党。

时年二十三岁的丛玉隆，再次慢慢找回了人生的目标和努力方向，回归专业梦想，朝着自己确定的检验医学事业的高峰继续攀登。这一年，医院一位温柔美丽的女孩子也悄然地闯入了他二十多岁青春萌动的内心世界。

这一年，作为"文化大革命"前最后一批入学的大学生，任珍群毕业被分配到了北京永定路医院。经过一段时间的接触，他们彼此产生了好感。到了 1972 年，两人正式恋爱了。

起初，对于这桩婚事，他们遇到了来自多方的压力。一是双方父母和亲朋的反对。任珍群出身世家，爷爷和叔叔都是国民党中将级的高官，母亲福建人，

1972 年夫妻合影

2015 年夫妻合影

家里曾是当地十分有名的大地主，父亲毕业于上海交通大学，后又就读于国民党军工大学，从事导弹研究，享受着国家特供。任珍群的父母和家人认为，丛玉隆小伙儿虽然很不错，但毕竟不是大学毕业，而女儿和家里的孩子都是大学生，恐因学历和家庭之间的差距为今后的婚姻造成诸多障碍。丛玉隆的母亲也觉得娶一个比自己儿子学历、身世高出很多的儿媳妇，将来前途未卜，因此主张儿子慎重考虑，最好选择门当户对的女孩子。同时，单位的同事们也多少抱有议论，认为丛玉隆有攀高之嫌。

但是，此时的丛玉隆内心十分明白，自己真正的所爱为何。而且对方真的对自己倾心付出，两人感情真挚。因此，两人在这种真挚的感情基础上，经过相当一段时间的彼此了解和对各种反对异样目光的置之不理，最终喜结连理。

　　从此，丛玉隆有了家庭的支撑和爱人的支持与照顾，仿佛有了稳定而坚实的大后方基地，更加甩开臂膀，全身心地投入到了工作与学习之中。

　　在之后的几年里，他开始向一系列之前没有接触的新领域深入探寻和研究。并在领导和同事们的推举下，当上了检验科的负责人。

　　当时永定路医院没有病理科，因此很多病理实验和分析都要送到解放军总医院病理科做。借着这个机会，丛玉隆又虚心向解放军总医院病理科主任王忠林教授深入学习了病理学有关知识和临床细胞学知识。那段时间他每周挤出2～3个下午，风雨无阻地奔赴解放军总医院病理科王主任的办公室，同他一起研究学习，收获颇丰。

　　转瞬即逝，这一转眼到了1979年，北京医学院举办了一系列最新医学领域的名家讲座，系统介绍世界医学界在免疫学、细胞分子化学等崭新领域的科研动态和技术新进展，丛玉隆激动万分，借着这些讲座，极大丰富了自己在新领域的知识结构，增加了前沿意识。并在1979年的1～10月，脱产投师到北京朝阳医院病理科主任熊尔荃教授名下，系统深入学习了病理学的很多深层技术知识和最新前沿发展。

全家福

在学习、工作、家庭兼顾的生活中，经过 12 年的奋发与努力，丛玉隆在各方面的厚积为他奠定了坚实的基础，此时的他，需要的仅仅是一个薄发的机会。然而历史与时代此时也在悄然发生着变化，在经历了十年的文化浩劫与苦难之后，一个崭新的时代不仅开始渐次呈现在中国人的面前，也为丛玉隆的人生打开了通往更高台阶的命运之门……

第四章
学无止境　有志者事竟成

　　在那种人心狂热和政治运动火热的年代，作为朝气蓬勃的青年，还能保持和坚守人生发展定力和梦想实属不易，更何况志向坚定，初心不改，志向不移，始终坚持书不离手，不断完善知识结构，夯实自己的文化基础和专业基础。丛玉隆就是这样的人，怀揣梦想，坚定不移，他坚信总有一天人们会回归理性，重新崇尚知识，也坚信机会总会偏爱有准备的人，进入高等学府深造的梦想和夙愿总有一天会实现。

第一节　小荷初露尖尖角　只是未到怒放时

　　"文化大革命"结束不久，在邓小平的"科学技术是第一生产力"的指引下，中国广袤的大地上终于迎来了科技的春天！

　　"文化大革命"中曾被打倒在地的"白专典型"——青年数学家陈景润"翻身"，一下子成为了大众的偶像！

　　1978 年，国家恢复了学位制度，并开始了招考研究生！

　　丛玉隆清楚地记得，第一次听到国家恢复研究生招生时的情景，"那天是 1977 年 10 月 22 日，电台广播了中央招生工作会议的精神，要恢复研究生培养制度，号召有志青年报考"。

　　好年代，好光景，好机会，丛玉隆赶上了！

　　1978 年 5 月 5 日，有 63 500 名考生同一时间走进不同的考场，参加研究生入学考试。几个月以后，全国共录取了 10 708 名"文化大革命"后第一批研究生。

　　但丛玉隆并没有参加 1978 年的研究生考试。因为这一年检验医学没有列在招考的专业之中，而且北京医科大学第一医院的王淑娟教授也未招收研究生。他最想成为王淑娟教授名下的研究生了。于是，他想等第二年王教授招录研究生了再报考。遗憾的是，第二年王教授还是未能张榜招收研究生！

　　王淑娟教授找到丛玉隆一起商量。王教授针对他的具体情况，语重心长地说：不要再等了，抓住机遇，去报考其他高校的名师吧！王教授帮他分析：在国家目前没有开设检验医学专业硕士的情况下，内科学是与检验医学联系最密切、相互交叉程度最高的学科。王教授很清晰爱徒的基本功底，深知他的专业爱好与取向，了解他早已自学完了大学本科的内科学课程，尤其是其中的血液病学，知道他对血液细胞学、组织胚胎学及造血功能等，都进行过深入的钻研。于是王教授极力鼓励自己的爱徒抓住时机，立即去报考内科领域的血液病专业！

其实，促使丛玉隆报考血液病专业还有一个原因：当年他那可爱的小外甥，就是患了白血病而夭折的！1966年3岁的小外甥突然无明发热伴有出血倾向。那时丛玉隆正好在北大医院实习，他首先看了小外甥的骨髓片，涂片上满布白血病细胞，使他一下子惊呆了！直到50年后的今天，丛玉隆还是难以忘却当时那可怕的一幕！以后，每当签发白血病的诊断报告时，那一幕就会浮现在眼前，心中会陡然升起对患者强烈的同情心和责任感！

当时真是屋漏又逢连夜雨啊！噩耗传来，全家一片哭声，之后便是漫漫无望的求医之路！丛玉隆隔三差五便要抱着可怜的小外甥去医院输血治疗。知道自己的血型与小外甥相配后，他毫不犹豫地挽起袖子多次献血给小外甥！他忘不掉与老母亲抱小外甥坐火车去天津求医的艰辛！正值"文化大革命"的"大串连"，火车里甭提有多挤多乱了！母亲白发苍苍，一双裹过的小足，紧紧地搂抱着小外甥，丛玉隆则拼命护着一老一小，任人推来搡去！为了节省开支，他们靠在医院的屋檐下，只喝点凉水就一些带来的干粮和老咸菜！他更忘不掉懂事的小外甥强忍病痛不哭不闹的样子，忘不掉小外甥病重了，还想举起细弱的手臂为他擦拭眼泪的点点滴滴……

多年来他内心深处，始终渴望能够在血液病的领域里有所造诣，让自家的悲剧少在其他孩子的身上重演！

那年，适合丛玉隆报考的导师只有北京的陆道培教授和山东的张茂宏教授，陆道培教授研究的方向主要是临床和治疗；张茂宏则侧重于血液再生障碍性贫血的研究和血液病的诊断及治疗，这与自己的检验专业联系似乎更多些。于是，他毅然选报了山东医学院的张茂宏教授。

山东医学院，即今天的山东大学医学院，是我国最早建立的医学院校之一。医学院前身为创建于1911年10月14日的齐鲁大学医科，1952年由齐鲁大学医学院、山东省立医学院、华东白求恩医学院合并成为山东医学院。1985年山东医学院更名为山东医科大学。2000年7月，山东大学、山东医科大学、山东工业大学合并组建为新山东大学后，成为山东大学医学院。百年来，该学院秉承"博施济众、广智求真"的办学精神，"精益求精、无私奉献"的优良

1982 年丛玉隆硕士研究生毕业时与导师合影　　毕业 35 年后（2017 年）丛玉隆与导师
张茂宏教授合影

传统，为国家培养了一大批具有社会责任感和国际视野的医学人才，在改善民生、促进人民健康的事业中做出了贡献。

张茂宏教授，1928 年 12 月生于山东宿迁市宿城区，我国著名的血液病专家。现任山东医科大学附属医院血液病学教授，博士研究生导师，肿瘤中心主任，血液病研究室主任，卫生部山东临床药理基地主任，国务院学位委员会第三届学科评议组成员，国家自然科学基金初评及复评成员，中华医学会血液学分会常务委员兼贫血学组组长，《中华血液学杂志》副主编及《中华医学杂志》等九种期刊编委或常务编委。第一批享受政府特殊津贴，荣获第一批山东省科技拔尖人才奖。曾被美国康州哈特福德医院授予荣誉高级医师称号，是一位不可多得的血液病研究专家。

1979 年，丛玉隆终于参加了研究生入学考试。全国有 300 多名考生与他一起报考了山东医学院。他以总分第三的成绩，脱颖而出！正式拜在著名血液病专家张茂宏教授的门下，成为山东医学院医疗系血液病专业的一名研究生！

当录取通知书邮寄到手里，欣喜兴奋之余，他不免为前往山东读书可能面临的种种困难而感到局促不安！

缘由是上有高堂下有妻儿，自己却要远赴他乡，家庭的重担谁来承担呢？本来家里就捉襟见肘，经济拮据，自己再分走一处，不就更艰难了吗？最担心的还是毕业后的去向与归宿，在那个服从组织，坚持组织分配的年代，自己毕业后还能不能重回北京与家人团聚？不得不说这些都是既现实又有极大变数的大难题呀！

手捧着录取通知书，丛玉隆的内心既万分喜悦又无比焦虑，既信心百倍又犹豫不决！竟然像被打翻的五味瓶，酸甜苦辣咸！

身边的亲人、师长和朋友都给予了他鼓励和无私的帮助，促使他坚定了求学之路！

林利坚老师，一名马来西亚归国华侨，曾是丛玉隆在男三中时期的数学老师。早在学校的时候，林老师就十分喜爱这个聪慧而又勤奋的孩子。当得知丛玉隆由于家境艰难，放弃报考高中，转而上了中专时，竟然为他遗憾得唏嘘了起来！这次当林老师听说他考上了硕士研究生后，欣喜不已，鼓励他一定要坚持把书读下来。她说："玉隆，你是我的学生中十分聪慧而又勤奋的一个，我知道你一直都有上大学深造的梦想，现在"文化大革命"结束了，国家需要发展和人才，正是求才若渴的时候，你安心好好学吧！"林老师拿出230元（当时丛玉隆的月薪只有42元），硬塞进丛玉隆的兜里，帮助他准备入学的行装。之后，每逢寒暑假，丛玉隆回京度假，林老师都会母亲般地给予他许多的帮助。林老师当时的工资也就五六拾元的样子，却一下子给了丛

38年前后（1979年入学时、2017年毕业35年后返校）同一位置的照片

玉隆如此一笔"巨款"！丛玉隆和妻子内心满怀感激，小两口发自肺腑地认为这笔巨款不仅仅是雪中送炭，更是林老师拳拳之心哪！林老师的恩情永世不能忘！

丛玉隆的岳父同样喜爱这个女婿，待他犹如亲儿子。他曾耐心辅导过丛玉隆英语，纠正过他的发音。此次丛玉隆考取研究生后，老先生将一部昂贵的英汉词典递到他手中！词典的扉页上有老先生苍劲有力的墨宝：

赠给玉隆：有志者事竟成！

这本词典的标价是23元！比丛玉隆工资的一半还要多！上研究生，英汉词典是必不可少的工具书，小两口苦于囊中羞涩，几番站在书店书架前踌躇不决。握着岳父大人送给自己的词典，读着扉页上的题字，丛玉隆下定决心，要以岳父大人所写的"有志者事竟成"作为自己今后努力奋斗的精神基石！

丛玉隆教授中学数学老师林利坚老师，
曾资助丛玉隆读完研究生学历

丛玉隆教授岳父著名航天学家任光融总工程师

　　妻子永远是无怨无悔地鼓励支持丛玉隆发奋进取的第一人，她叮嘱丈夫安心学习，注意身体，有困难一定要说，不必担心家里！还毫不含糊地对他说："你毕业后分到哪里，我跟你到哪里！"一席话，完全打消了丛玉隆心中最大的顾虑！他感动得语噎哽咽，暗暗发誓，无论遇到什么困难，一定都要矢志不渝、坚持到底！一定要学有所成！一定要给师长、爱妻一个最好的交代！

第二节　厚积薄发　扬帆起航

　　1979年8月，年近32岁的丛玉隆只身来到了济南。他满怀理想，信心百倍，意气风发地跨进齐鲁大地上这所著名的医学高等学府！开始了从一名中专生向研究生的转变，为期三年的硕士研究生的学习生涯起航了！他终于实现了自己多年的夙愿：在高等学府中徜徉！

　　丛玉隆多年来的努力，使他积累下包括内科学在内的扎实的理论功底，但临床实践却是他的薄弱环节！在研究生学习里，每个临床实践课都会令他倍感到压力！他想，自己毕业后反正还会重返检验领域，那么，现在上的临床实践课又有多大意义呢？这门课程是否可以酌减掉？他把自己的想法告诉了导师张茂宏教授，心想一向对人和蔼可亲的张教授，肯定会答应自己的请求。然而张茂宏教授不但没有同意，反而语重心长地对他说："恰恰是因为你今后可能在临床上的机会不多，你如今更要抓住机会多在临床一线锻炼自己！检验的目的是什么？还不是以病人为本体，以诊断治疗为目标啊！检验怎么能离开临床呢？因此，你必须更要加紧对临床实践课程的学习！你的临床实践不但不能减少，而且应该加强啊！"

悟性极高的丛玉隆听懂了导师的谆谆教诲，此后在临床实践学习上加倍地努力和付出。在选修课方面，他特意选修了与内科临床实践相关的课。

他从实习医生做起，负责收治患者、询问病史、进行体检、撰写大病历，大量抄写研究病历，积极参加学院的临床查房，跟随导师出诊看病，完完全全地将自己的身心和精力转入到了临床实践！

在临床实践中，每次跟随导师查房，丛玉隆都觉得受益匪浅，就像在上一堂丰富生动的课。导师会在这个过程中传授他如何问诊，如何发现病症，如何分析病情，如何针对症施治……尤其是导师直达问题本质的洞察力，抽丝剥茧般的逻辑分析能力，对患者体贴入微的关怀，都给了他非常深刻的印象，起到了言传身教的作用。

张茂宏教授谆谆教导他的"检验应当与临床相结合"的思想，开阔了丛玉隆的思路，这种思想后来成为他开展临床检验工作和教育学生的指导思想。

张茂宏教授的言传身教，每一点每一滴都让丛玉隆认识到学习知识不是为了武装自己的大脑，而是为了治病救人，是为了让千百个"父亲"、千百个"小外甥"能得到及时救治！

这个时期，求知心切的丛玉隆像一株渴望生长的小苗，努力伸展自己的全部枝叶，最大限度地吸收阳光和雨露。他每天清晨学英语背单词，上午上课或者查房，下午排队去图书馆占座学习，从一点半开始，一直坐到晚上九点半，直到管理员要下班来"轰"他！回到宿舍，屋里没有暖气，非常冷，但他还要裹着被子再看两个小时的书。

三年来，对家里丛玉隆从来是报喜不报忧，他不会让家里知道，自己有多羡慕师兄弟师姐妹们人人手中有那个"一块砖"（象砖头大小的录放机）来帮助学英语；他不会让家里知道不管晚上学习多晚自己从不舍得像同学们那样去吃夜宵；他不会告诉家里，因寒冷自己患了腰疾，疼痛难忍！

他们好像是商量过的一样，北京的妻子也只对他说好的！不会告诉他，宝贝儿子几乎每月一次的高烧！不会告诉他那个月因给儿子看病花了不少钱，月底只得挨饿，以致大交班时晕倒（在儿童医院进修期间）！不会告诉他自己一人照顾儿子的情况下，还把患了急性胆囊炎的婆婆接来永定路医院住院治疗！不会告诉他，刚领工资家里就被盗！不会告诉他自己数九寒天还穿单鞋，双脚冻得像大馒头！

夫妻两人都深知对方的不易，都想尽量减轻对方的压力！他们共同的心愿就是要让丛玉隆走出小圈子，奔向光明！

丛玉隆近乎发"愤"地学习！他顾不得饥饿、顾不得寒冷、顾不得疾病、更顾不得与师兄弟姐妹们去做物质上的攀比！

丛玉隆进步得很快，几个月下来，连自己都感觉到在临床实践里，已经渐入佳境！他能独立管理 5 个病人，人们亲切地称呼他为丛大夫了！

这三年的学习与实践，使丛玉隆无论在看问题的方式上，还是处理问题的方法上，无论是透析事物本质的洞察力，还是严密论证分析问题的逻辑性，都有了十分明显的提高。这三年的辛劳和努力已然突破了量变积累的瓶颈，换来了质变的飞跃！

1982 年，丛玉隆顺利通过了具有独创性和前瞻性的硕士毕业论文《急性白血病细胞 DNA 定量在治疗前后变化临床价值的研究》的答辩。该论文深受评审和答辩组各位专家的好评，甚至先后又有多家医院和学校邀请他前去就该题目做场讲座。

这三年，丛玉隆始终没有间断与北医大王淑娟教授的交流。无论是日常学业、疑难问题，还是论文的撰写，他都要一一向王教授汇报、请教，并都得到了王教授的悉心指导。

转眼间，毕业临近，丛玉隆优秀的表现，越发得到老师和同学们的认可，恩师张茂宏教授，十分欣赏他，很想留下这个年轻人，进一步培养提携。但考虑到爱徒的具体状况，他同意丛玉隆回京拓展，他私下还帮他联系了北京医科大学人民医院的著名专家陆道培教授，向陆教授举荐自己这个得意门生。

北医大王淑娟教授也是热切盼望把丛玉隆收归麾下，并继续培养他，提携他！

经多方名家的举荐，在进京名额非常紧缺的状况下，丛玉隆又回到了北京，并如愿以偿地回归到王淑娟教授的身边，从此开始了他检验医学的全新的征程。他终于圆了自己十多年来的"北医之梦"！

丛玉隆带着"北京医学院"红色的校徽精气神十足地迈进北大医院的大门！看上去，已经不再是十几年前那个懵懵懂懂、涉世不深的青涩小青年了！他已然成为一名不单单具有内科专业知识，还兼有丰富的临床诊疗经验的检验医学界的有用之才！成为当时中国医学检验界第一位具有硕士学位的优秀人才！在检验医学的广阔舞台上，他将充分发挥自己的才学和交叉学科的优势，为中国乃至世界的检验医学的发展发出自己的光和热……

　　人们常说，是金子总会发光的！确实如此。丛玉隆不但跨入著名高等学府在名师教导下研究生毕业，而且梦想成真，戏剧般地如愿以偿，直接分配到著名的北京大学第一临床医学院检验科工作。如此著名的高等学府，这样优势的学术和临床平台以及多年深造蓄势待发的丛玉隆，信心百倍、胸有成竹地投入到临床工作中，他暗自下定决心，要撑起一片蓝天，干出一番事业，不负信任，不负老师厚望，回报社会。

第一节　重任在肩　执掌北大医院检验医教研

　　1982 年，丛玉隆研究生毕业，分配到了北大医院（现北京大学第一临床医学院）检验科。

　　北大医院创建于 1912 年（中华民国元年）10 月 26 日，初创时的名称为国立北京医学专门学校。这是中国政府教育部依靠中国自己的力量开办的第一所专门传授西方医学的国立学校。

　　岁月荏苒，斗转星移，丛玉隆在北大医院实习至今，光阴已飞逝过去 17 载！现如今，当 35 岁的他，归心似箭地跨进北大医院门槛的那一刻，竟像回到了自己魂牵梦绕的老家！"老家"旧貌换新颜，气象万千！医院的医学新动态和专业讲座等学术活动已经完全取代了当年的大字报和批斗会。而他，也以视野开阔、基础扎实、年富力强、踌躇满志的医务工作者，取代了当年那个瘦长青涩的中专实习生了！

　　北大医院检验科，对丛玉隆来说并不陌生。对自己关爱有加的王淑娟教授正担任着该科室的主任。科室其他的同事，绝大部分都很熟悉，实习时，他们都曾是指导教诲过他的老师、前辈。大家看到当年聪明勤奋的毛头小子，重回北大医院检验科，不由得十分高兴。丛玉隆很快便融入了这个和谐的大家庭，并开始大干了起来！

　　1983 年 6 月，院方考虑王淑娟教授年事已高，决定她不再担任科主任一

恩师北京医科大学王淑娟教授，48 年（1967～2015 年）来一直教诲、指导丛玉隆成长

职，任命魏友仁教授（1955 年北京医学院毕业）为检验科主任，任命 1962 年北大医学院毕业的周惠平和丛玉隆为副主任！于是丛玉隆成了北大医院当时最年轻的副主任！按照分工，魏友仁主任全面把握整体工作，周惠平主抓医疗和科研，丛玉隆主管医政和教学。

在一年后，魏友仁主任调往卫生部北京中日友好医院检验检疫科担任主任，周惠平远赴丹麦进修学习三年。此时检验科的所有管理、科研和教学重任就落到了年轻的丛玉隆身上。

正是经过这段时间的磨炼，他的组织管理能力、临床、科研、教学水平都有了明显提升，并取得突出成绩。

第二节　春天努力耕耘　秋天必然收获

在教学上，无论是教学大纲的制定，还是教学材料的编写，以及讲课医师课程的分配，乃至自己亲自上课教学……丛玉隆都发挥得酣畅淋漓！

他承担着多年医疗系诊断学的教学。在全国顶尖的北京医科大学任教，有荣誉感，更需要责任心。他认真地备课，写教学大纲，制作幻灯片，不是现今的 PPT，而是当年必须亲手画，还要漂颜色的那种半透明塑料片。他一贯严谨负责，一丝不苟，用辛勤的汗水保证高水准的教学质量。由于教学的对象是医疗系的学生，他有意将教学的重点放在"临床医生如何使用检验设备，如何分析检验结果，检验结果的意义何在"。他把自己的临床实践和多年积累的检验经验，融会贯通，把每种疾病、每项化验都讲深讲透，按照导师张茂宏教授的谆谆教导，努力地实现"检验与临床相结合"！他的教学方法和成果得到很多老师、专家、学生们的赞赏。

1987 年 2 月，也就是他即将离开那里调入解放军总医院的前几个月，丛玉隆获得了北京医科大学教书育人先进教师奖，这项奖是北大医院年终评比的最高荣誉！

在科研方面，丛玉隆在完成繁重的临床检验和教学任务外，始终坚持科研工作，并结合临床实践，通过科研工作解决临床中的实际困难，做到科研与临床相结合，检验与临床相结合。

1984 年他与王淑娟教授合作的科研课题《从人胎盘提取凝血活酶及临床

诊断应用》获得了北京科技成果三等奖。

1985 年，他被选为中华医学会检验医学分会第二届委员，成为当时最年轻的全国委员。

1987 年，丛玉隆被任命为北大医院的输血科主任，成为了北大医院当时最为年轻的主任。

谈到在北大医院这一阶段时，丛玉隆教授以"严师出高徒"一言以概之。

丛玉隆无比感慨：正是由于北大医院各位专家教授一贯严谨的治学作风，时时影响着他，教育着他，使他得以在纷繁复杂中未偏离正确的航向！他讲过一件小事：有一天他做完实验，顺手把盛有血浆标本的试管放进冰箱了事。按照规定试管上面应该要加个塞子，以防止内容物挥发，但他忘记了。这件事被王淑娟教授发现了。王教授把试管往大家面前一拍，当着所有人的面批评了丛玉隆。此时的丛玉隆已经是检验科副主任了，并且是科里唯一的硕士。本来标本放在零下 40° 的冰箱里，即使没有塞塞子，短时间内也不会坏。但丛玉隆没有作任何的辩解，他只感到非常惭愧，一个接受了三年科研训练的医学硕士，却连最基本的要求都没有做到。

他常说："是老师的严格要求，培养了我严谨的科学作风，使我能够在日后的工作中不断进步。"离开北医前，丛玉隆已经是一个 100 多人团队的学科带头人，其中还不乏曾经教导过自己的老师！这的确是一个挑战，他开始由一个临床科研工作者，渐渐地转向学科带头人的角色。

曾经与丛玉隆教授在同一实验室工作的袁家颖主任医师回忆当年一起工作的感触。

40 年后丛玉隆与恩师王淑娟教授同台领"检验学会成立 30 周年突出贡献奖"

"请允许我以第一人称的口吻做如下讲述，这些仅仅是丛玉隆主任在北大医院工作几年中，我亲眼见证或亲身经历的部分实例。

1982年的一天，北大医院检验科迎来了有史以来乃至当时全国检验领域中的第一位研究生——丛玉隆。他的到来令科里的人们兴奋不已，也使检验界由此而发生了很大的震动。我也有幸与丛主任共事约四年。

由于早年丛主任就读于北京卫校期间曾在我们科里实习，因此，许多老师都是亲眼看着他一路成长成熟的，都非常喜欢这位聪明勤奋的好学生。尽管此时他已学业有成，后来还成为我们的科室领导，但是我听到老师们依然称他小丛。

我眼中的丛主任为人正直谦和、待人坦诚率真、语速快、行如风，颇具山东男子的豪放。他工作热情饱满、严谨认真，始终保持着强烈的求知和探索欲望。这也是检验界鼎鼎有名的王淑娟教授为什么千方百计、竭尽全力将爱徒收于麾下的原因。我亲眼见证了王淑娟教授与丛主任胜似母子般的师生情谊。丛主任曾经对我说过，我能够如愿工作在王淑娟教授身边，一定要更加努力地学习，珍惜这难得的机会，不辜负老人家对我的期望。自此，在王淑娟教授的课堂上、实验台前、显微镜边，丛主任不离老师左右地倾听和求教。在老师精心培养和帮助下，经过他不懈的努力，很快便成为了继王淑娟教授之后我们临检血液专业的学科带头人。

工作在和谐向上的北大医院团队

丛主任是位知恩、懂得感恩和报恩的人。他视王淑娟教授为再生父母，生活中更是悉心照顾。特别是晚年的王教授身体不好，此时，丛主任已经离开北大医院，单位和社会上的工作十分繁忙，但经常打电话向我询问老师的身体和生活，只要稍有闲暇一定到家里或医院看望老人家。他常说现在各方面条件和经济状况都比以前好多了，我要尽一切可能让老师在有生之年享受到自己的母亲未曾享受的生活。他无数次在经济上帮助老师，并亲自或安排自己的学生分担老师家中的重活。大小节假日或老师的生日，不但前去看望还会送上红包。即使外出开会也不忘带些当地特产来孝敬恩师。每当得知老师身体不好，他总是母子连心般地焦急。

我经常去看望王老师，她常常对我说，小丛又来看我了，指着床边的钱和保健品说，这又是小丛带给我的……

当我第一时间把老师离去的消息告诉丛主任时，正值他在外地开会，电话中不停地询问老师走的是否安详？后事如何安排？有什么需要我来协助的？他处理完工作，立即赶回北京。告别老师当日，丛主任很早到达现场，不顾自己血压波动，他忙前忙后直至一切就绪。告别仪式开始，我看到丛主任默默地、毫不犹豫地、当之无愧地站在了家属的席位。然后，亲自将老师送上灵车。此刻，他的眼中除了伤心、悲痛，还流露出万般的不舍。丛主任实现了为老师养老送终的承诺。

丛主任在北大医院工作的几年中成绩显著，第二年便担任检验科副主任。但是他学习和探索的步伐始终不曾减慢，工作中仍然亲历亲为，视每一次实践为珍贵的财富。

1984年赴云南思茅地区为其下属的十几个县的基层检验科人员讲学和建立实验室、开展新项目，受到当地医院和检验科的欢迎，并获得赞许。

1983年，为普查北京地区异常血红蛋白病的发病情况，丛主任亲自带领我们深入到几所工厂和学校进行有关知识普及并采集血液样本，回来后加班检测，有时工作到很晚。对于异常血红蛋白携带者，我们希望对其进行更进一步的检验和家系调查，丛主任不厌其烦地对患者做思想工作，以期资料完整。此项工作在后来获得北京医科大学科学技术成果奖。

1983年，为从人胎盘组织中获取组织凝血活酶，丛主任查阅文献，进行实验流程设计，联系产科协作。但是胎盘获得的时间并不能由我们决定，有时要等到下午甚至该下班的时间。为保证胎盘新鲜，只能加班。首先，要剥去一层层胎膜，摘除密密麻麻的大小血管，数次洗涤后，终于呈现出纯粹的胎盘绒毛组织。当时的实验室条件有限，不具备组织粉碎、匀浆设备，丛主任亲自"操刀"，可谓纯手工制作。就这样实验结果达到预期，成功地从人胎盘组织中获取组织凝血活酶。解决了当时从兔脑中提取组织凝血活酶获取量少、批次间差异大、导致凝血酶原时间测定不稳定等问题。此项工作获得北京市科学技术成果奖。

作为领导，丛主任十分关注科里同事的学习和生活。有位长期工作在一线的老师，默默无闻、勤勤恳恳工作了大半辈子，从不给领导增添麻烦，丛主任得知医院分房，该老师又符合条件，就主动去院里为其争取，令这位老师非常感动，一直铭记至今。

有一次我因公出差，回来后知道丛主任亲自去我家看望我年迈的母亲，了解有无困难和需求。

丛主任凭借多年的勤奋和努力积累的工作经验，令大家尤其是年轻同志佩服不已，但是他从不满足。即使在医院安排他去输血科做领导后，我看到他仍抽时间看血液和骨髓涂片，继续进行形态学研究分析。

医学生们对丛主任的讲课更是大声叫好。由于丛主任研究生期间做血液科医生多年，临床知识与经验丰富，根据医学系学生的特点，他把实验诊断学的内容与临床紧密结合，从临床大夫的角度全新地阐述每一项检测项目的应用及注意事项。丛主任讲课风格独特、声情并茂、生动易懂，经常课上与学生互动、课下进行交流。获得了学生和教学专家的一致好评，并荣获教学优秀个人奖。

众所周知，丛主任工作成绩显著、发表论文、著书和获奖无数。要说我最佩服他的是什么？就是这么多年来他一贯的执著。特别是，从他不一味地追求高、大、上，就在众多人眼中最不起眼的'小临检'做出了大文章，做足了大文章，而且是非常精彩的大文章！"

生如梦，世事难料。

正当丛玉隆在北大医院工作蒸蒸日上，如日中天的良好时期，人生又一次大抉择摆在了丛玉隆面前。经过痛苦的思考、权衡与抉择后，总后勤部一纸调令，以特殊人才引进的身份，把丛玉隆调到了解放军总医院。

虽然难舍难离北医大，但也有机会实现将自己钟爱的临检专业和成为军人的夙愿，梦境般地从中年医务工作者，跨入"新兵"的行列。但是，新的跨越、新的平台，也面临着新的挑战和新的考验……

第一节　编列解放军总医院　圆解放军兵哥梦想

当年丛玉隆下决心要离开北大医院，确实经过了一番两难的抉择。毕竟北大医院无论是专业影响还是学术地位，在我国都堪称一流！更为重要的是北大医院是他迈入事业的热土啊！在这片热土上有他的恩师王淑娟教授，还有许多和蔼无私、学识经验丰富的老前辈，更有一帮情同手足的"哥们姐们"！那时，他已被提升为新成立的输血科主任，成为北大医院最年轻的科主任。要离开这片故土真难说再见啊！

但是，中国人民解放军总医院，也就是全国闻名遐迩的 301 医院，就在自己的家附近，便于照顾家里，而且还能分配宽敞的单元房，最最关键的是市贫出身的丛玉隆，天生与"打下江山"的解放军有深厚感情。姐姐从 1954 年就在解放军总医院护校学习，毕业后在解放军胸科医院（现解放军 309 医院的原址）工作，直到 1960 年集体转业至中国医学科学院北京阜外医院。那时他经常到医院去找姐姐，也结识了一些"兵哥哥"、"兵姐姐"，非常喜欢那种氛围和环境，自小就有当解放军的梦想！

当时，解放军总院医院的领导班子正在进行大刀阔斧的改革，要学习南京军区总医院的先进经验，将原有的大检验科分为临床检验、临床生化检验与临床微生物检验三大专业，分别成立三个独立的科室，走专业化细分化的道路，

把丛玉隆引入 301 医院的原 301
医院检验科主任陈湘教授

这不仅有利于专业研究和科研的深入，而且便于分类管理，提升整体专业水准和管理效能。

1987 年，解放军总医院医院临床检验科、生化科、微生物科正式成立时，院方委任著名的临床微生物学家周贵民教授、临床生物化学家沈文梅教授分别担任微生物和生化科的学科带头人。而临检科的学科带头人却一直未能落实。于是院长与老科室主任陈湘教授商量，希望她能物色一位年富力强的学科带头人。

陈湘主任是 1953 年归国的爱国医学专家，时任中华医学会检验医学分会的副主任委员，并与时任中华医学会检验医学分会的副主任委员兼北京检验学会主任的王淑娟教授关系密切、交往甚多，自然也就看上了她这个年轻有为的弟子。几经众人周密考察和反复酝酿，解放军总医院把引进临检科主任的目光最终落在了丛玉隆身上。

解放军总医院引进丛玉隆的条件在当时是相当诱人的。第一，承诺丛玉隆特批解决入伍、级别等一系列问题，尽快来科室主持工作；第二，工资待遇将有较大提升，由原来每月 60 多元涨到 300 多元；第三，配给百平米的团职级别住房一套。

在当时，丛玉隆在北大医院上班，每日风雨无阻地骑车 20 多公里往返于单位和家里，困难不小。更重要的理由是，丛玉隆一直希望能够在临床检验领域有一番作为，实现自己的理想和抱负，但输血科与他所学的专业和学科追求不是很匹配。所以，丛玉隆经过再三思量，接下了解放军总医院的"橄榄枝"，并双方达成了意向，解放军总医院院长立即联系北大医院洽询调人，却遭到了北大医院的回绝。

无奈，解放军总医院将此事上报总后勤部政治部。时任解放军总后勤部政治部干部部长的是彭德怀的侄女彭钢，彭钢部长一听说是部队急需的骨干技术人才，非常支持，当即表态说"他们不放我给你们做工作"。于是彭钢找到了时任国家卫生部部长的崔月犁，希望他能支援部队医疗队伍建设。在此情况下，崔部长亲自打电话给北大医院的书记，迅速解决了这一难题。

接下来，就是一场特批特办的"速战"，仅仅四天，就完成了丛玉隆从北大医院调至解放军总医院的所有手续！据说当年解放军总医院如此神速的特事特办就是怕北大医院事后变卦。

事实果真如此，北大医院果真变卦了。当时北大三院的寇丽芸主任得知此事后马上汇报给北京医科大学党委书记彭瑞聪，但为时已晚，丛玉隆的档案已从北大医院调走了。

多年后，丛玉隆回忆起当年的情景一直都用"老新兵"来笑称自己。四十岁当兵，刚开始连军容风纪都不知道，身穿崭新的军装第一次正式踏进解放军总医院的大门，门口小战士啪的一个英姿飒爽的军礼，让丛主任一下子愣住了，这位"新科"军官连还礼都还不知道，跟门卫招招手笑笑，晃了进去……

那年丛玉隆年满四十岁，就这样短短四天完成了他人生中又一次的重大转型，穿上了军装，步入了军营，迈进了又一个全新的环境和平台……

第二节　新的平台　新的挑战

丛玉隆没有想到，新军装、新房子带给他的喜悦感很快就被时间冲淡了。在深入了解了临检科的基础环境后，他顿感自己肩负的担子有多沉重！

那时，解放军总医院原检验科大部分学历较高的同志都分到微生物科和生化科去了。从事临床检验的人相对来说底子比较差，业务素质不高，科室在医院的学术地位也不高，另外，科室专业面窄，科内只5个实验室，其中4个仅能做些三大常规类检验，被人认为"低技术含金量"的检查，其中血液病实验室，主要看骨髓细胞形态。专业发展受到很大限制，科内有些人员情绪不高，认为自己是"后娘养的"，没有发展前途；有的准备打报告转业"走人了"。

这种学术氛围较之北大医院真是天壤之别。没有教学，科研就更甭提了。刚刚到科室的日子，丛主任每天只能忙于监督繁重的日常工作，下病房了解情况，解释临床对于检验报告的"投诉"，根本没有整块时间做些本职的血液病医教研工作，哪怕是多看疑难的骨髓片呢！

开弓没有回头箭！

丛主任暗下决心，一定要闯出一条新路，三年之内，开拓出一番新天地！

现实中的改革谈何容易？科室固有的文化和习惯，以及牵涉的个人利益，在那个正值部队"大裁军"、文职改革，队伍面临重组，情况显得尤为复杂，变革也就变得尤为艰难！

尽管如此，丛主任内心却没有一丝退却，重塑科室形象、狠抓质量、开拓业务范围，三板斧抡开，每一斧都切中要害，有的放矢。这一系列的变化，给临检科带来了新面貌。

学科要发展，必须有一个好的团队。丛主任经常给大家打气，他要大家知道，跟着临检科干，就有盼头！而在如何管理好临检科这个大家庭的问题上，丛主任更是煞费苦心。

时任临检科行政秘书的秦小玲（1995 年晋升为副主任，直至 2006 年退休），是与丛主任搭班子时间最长的同事。她回忆说，丛主任为了科室和这个团队能有一个好的发展，投入了全部的心血与热情。1950 年出生的秦小玲，有着和丛主任几近相同的时代烙印，经历过"文化大革命"，严峻与深重的人生经历都让秦小玲格外珍惜来之不易的学习和工作机会，厚重的生命体验让秦小玲对生活和人生有着更加朴实、踏实的想法和感悟。丛主任的真诚和正直的为人让她感动，她对丛主任说："作为搭档，我可以包揽科室所有琐碎的事，包括行政管理、人员调配，科室大大小小的行政事务你都不用操心，你只管一件事儿，就是带着我们临检科往前走，带着我们把学科搞上去！"

秦小玲成了丛主任事业上默契的搭档，这一搭档就是 25 年。为了让丛主任有更多的精力投入到科研和学科建设中，秦小玲承担了科室的人事和行政管理。他们分工明确，相互配合。而丛主任并未因秦小玲主抓科室行政，而让"老搭档"与学术和业务渐行渐远，他注意在业务方面提携她，所以，在数篇重量级的学术文章上，都有秦小玲的名字，并与丛主任的名字并列。

前进的路上，大家相互扶持，取得的成绩，共同分享，这是丛主任这么多年一直在坚持的做人原则。

针对科室人员素质不高的现状，丛主任坚持一定先提高人才的基本素质，培养人才。每天下班，他都要留住大家，自己跑到食堂，给大家打好盒饭，餐后给大家讲课。从最基本的专业知识讲起，上完一周课以后还要组织考试。这样师傅带徒弟一样的日子，持续了大概有一年半的时间。

因为丛主任要求很严格，最初大家有些不适应，但他语重心长地对大家说："同志们啊，大家辛苦些，咬咬牙！不这样，不可能提高咱们科的素质，不可能有作为，有为才有位，你没有作为哪有地位啊？"

针对科室人员业务基础差、检验结果准确率低的现状，丛主任结合实际工作，从基础开始讲起。秦小玲至今对丛主任给大家讲授的第一课记忆犹新。她说，丛主任的第一课是从最常规的血红蛋白定量讲起的，国际上推荐的血红蛋白检测的参考方法是什么？氰化高铁血红蛋白特有的吸收光谱是什么？如何鉴定购买的氰化高铁血红蛋白？测定时对仪器的要求是什么？为什么测得 OD 值乘以 367.7 就直接得出血红蛋白含量了……他从检验质量入手培训，什么是 OCV、RCV，怎样设计 SD 等。通过培训、考试，提高了每个人的质量意识，规范操作方法，保证检验结果的准确。这些问题虽然是日常工作不引人注意的细节，但如不注意仍然可使检验结果出现大差错。解决了这些小事情，还有解决大问题的学术讲座，连续三个月的学术讲座后，全科同志上下质量意识、基本技能、基本知识、基本理论都有了明显提高。

丛主任有一个经典的比喻，他说检验专业对临床来说，就是侦察兵，检验人员是临床大夫的眼睛，要靠侦察兵来发现敌情，所以，临检科提供的检验结果对临床来说至关重要，如果给了临床一个不准确的检验结果，就等于误导了临床大夫，就会贻误病情；如果检验结果做得很准确，就能够正确引导临床医生，患者就能获得更好的诊治。所以，对于临床来说，检验结果准确与否至关重要，而要保证结果准确，就要把好质量关。

为了激励和鼓励大家，每次考试之后，丛主任还要给大家排名。考试不及格的人要重新上课，并再学一遍补考，直到把科里的每个人都培训合格为止。丛主任的培训课渐渐有了效果，临检科的工作质量明显提高了，而且开始主动给临床增加检验项目，获得临床的普遍赞誉。声誉的提高不仅带来了科室人员的自信心和自豪感，同时丛主任也赢得了同事们和领导的信任。一个崭新的局面在丛主任的不懈努力下逐步被打开……

第三节　夺取人才高地　突破人才困境重围

丛玉隆深知，学科建设的关键是人才队伍培养，而要干好事业，为临床和患者提供高质量的诊疗服务，更需要一支技术精湛的和谐团队。

通过科室全员培训，临检科的技术人员不但打心眼儿里爱上了检验工作，而且专业技能不断提高。并通过一个时期的强化管理，技术人员素质全方位得到提升，临床检验质量和为临床服务的质量大幅提高，临检科技术人员的信心得以树立，也逐步扭转了临检科室在全院的声誉。

在此基础上，丛主任又开始思考如何拓展科室的专业范围。他很清楚，有好的舞台才能吸引好的人才，除了不断提升科室已有人员的素质，还要逐步纳新吐故。然而，即便有素质最好和水平最高的人才，如果成天做三大常规，何谈吸引人才，何谈留住人才？所以，除做三大常规必须保证质量，服务临床之外，务必不断开拓，拓宽专业面，开展更多的新技术项目，促进临检科特色建设。他依靠解放军总医院的声誉和本人学术影响力，采取广泛合作、"借鸡生蛋"的措施，通过各种合作，廉价甚至无偿地引进国内外新设备、新仪器和新技术，不断拓展新的检验项目，满足临床和患者的需要。

同时，为扩大和进一步促进高水平人才培养，他利用解放军总医院、总后勤部卫生部、国家卫生部的平台成立临床检验高级人才培训中心，连续举办了多期高级别的检验医学专修班。第一期研修班就由总后勤部卫生部发文招生，在各大军区总医院、各军兵种总医院、各大医院选出了一批骨干人才，实施重点研修培训。

丛玉隆凭借自己在业内的影响，请来当时北京市乃至全国最优秀的教授亲临授课。同时，要求自己所在科室人员全部脱产或半脱产参与学习。参加研修班的人员每周有两天下午的课，每天上午，他们要与解放军总医院临检科的人员开展业务实践，跟科室人员互相交流，晚上做实验，做质控物。经过研修班培训的学员，从研修班回到自己的单位后，迅速成长为全军的业务骨干，大部分人走上了科主任的位置，担当起一方学科带头人的重任。如研修班学员班长李艳，回到学院就担任了系主任，现在已成为在业界小有名气的吉林医药大学检验学院的院长了，南京军区 118 医院的黄学忠成为军区重点培养人才，几年后破格晋升正高职称。

从 1988 年 6 月丛玉隆提升为临检科主任以来，他几乎没有休息日，把自己结结实实地绑在科室里，并与大家一起摸爬滚打搞学科建设。经过这样的磨砺，科室内部形成了良好的学习研究氛围，大家明确了前行的方向，树立起了坚定的信心。

除了举办全国的检验专修班，丛玉隆还利用这个平台举办短期的全军检验系统的培训班，传授新技术和新知识，为全军检验系统培养了大批的人才。

在科室文化建设上，丛玉隆也下足了工夫，全力打造既具战斗力和创新力的团队，又注重打造和谐融洽的团队。在临检科的墙上，挂着从 20 世纪 80 年代末至今每一年的"科室全家福"，每张照片下面，都有细致的说明。时光变迁，大家庭的成员越来越多，新面孔逐渐变成了老面孔，而洋溢在每一位家庭成员脸上的笑容，温暖依然。

全科在天安门前合影

"科室全家福"的创意，后来被好多家军队和地方医院临检科借鉴，大家借鉴的不仅仅是这样一种表达感情、传递温暖的形式，更是一种从内心升腾而起的对团队的幸福感和认同感。

在秦小玲和其他科室同事眼中，丛主任是个极其细心的人。科室的女同志不少，每个女同志生孩子，丛主任都会让大家去产房看望一下。全科每个人的直系亲属生病，但凡他有时间，都会亲自去看望，实在抽不出时间，他会委托秦小玲去慰问这些同事们的亲人。自丛主任来到解放军总医院临检科开始，这条不成文的规定一直延续至今。

从那个时候起，丛主任每年都要组织大家搞两次集体活动，带领大家"走出去，看一看"。20 年间，北至哈尔滨，南至三亚，东到青岛，西至乌鲁木齐，大家的足迹遍布全国各地；到井冈山、遵义、延安、西柏坡的革命传统教育；到坦克团的实弹射击，这些带着主题的"走出去"，不仅让大家开阔了视野，陶冶了情操，同时也加强了革命传统教育和团队凝聚力，形成了一种科室文化。

第四节　通向罗马的深造　如虎添翼的未来

1989 年，解放军总医院与意大利罗马大学合作，要选派一批优秀的青年骨干前往罗马大学学习交流，丛主任荣幸地被推选出国。

在罗马大学血液病研究中心，丛主任师从在欧洲血液学界享有盛名的蒙·黛黎教授，丛主任跟随他研究细胞形态学和染色体与白血病治疗的关系，这在当时是很前沿的领域。这是丛主任第一次出国，他的视野一下子打开了。那段时间，他还在米兰、博洛尼亚等地的医学院参观访问。至今回想起来，丛主任都说特别感谢医院当年给他提供的这样一个宝贵的学习机会。

在国外的日子，丛主任收获非常大，也吃了很多苦。当时国家给的补贴与现在相比较少，他一边把大部分精力放在实验室里，一边还要省吃俭用攒钱补贴给孩子和家用。那段日子，他常到菜市场买最便宜的鸡翅膀，至今，他几乎见到鸡翅膀就恶心。期间，李天德主任通过特

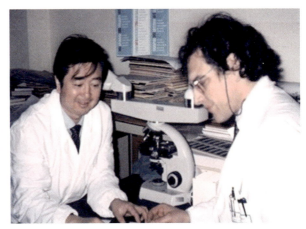

1990 年在罗马大学进修

殊渠道给他带去了一些榨菜，丛主任如获至宝，他说那罐北京来的榨菜简直如同人间美味！

罗马大学的学习交流生活紧张而充实。一年后，丛主任圆满完成任务，带着一大批前沿课题回到祖国。

飞机刚刚降落在机场，丛主任就接到了院里打给他的电话，要他参加当年的破格提升高级职称的答辩考试。答辩过程中，丛主任的表现非常出色，提出了在国内首创的诊断贫血分类指标 RDW。论及了为什么要看 RDW，RDW 在贫血诊断中的临床意义等一系列国外检验探索的新问题。

但让人意想不到的是，他的才学和突出表现招来了非议，个别人暗传纸条，恶意中伤，无中生有，对评选结果造成了不良影响，致使丛主任的答辩在评委投票环节中差一票没过半数。

领导和同事们纷纷安慰丛主任，当晚，时任解放军总医院副院长的廖文海亲自给他打电话，安慰其不要气馁，并责令干部处针对所谓的"六条罪状"专门组织调查，清清白白的事实面前，一切捏造和诽谤瞬时灰飞烟灭。紧接着，廖院长把丛主任的个人经历向专家组专门进行介绍，消除了这次事件的影响。

第二年，丛玉隆顺利通过了正高职称评定。

从罗马回来之后，丛主任时常向科室同事们讲述科研的重要性，强调除了科室质量工作要抓好，还要重视科研，科技是第一生产力。同时，他开始带领科室人员结合临床开展科研工作，经常工作到到深夜一两点。与此同时，丛主任开始考虑如何转变单一的三大常规检查的实验室模式，进而开拓专业范围。

丛主任脑子里很快迸发出，让现有的几个实验室相互合并，腾出人手和资源再开发出新的实验室的想法。比如四个常规实验室合并成三个，腾出人手和资源开设寄生虫检验实验室。那时候，大家对寄生虫还不太重视，但这却是临检当中一个很重要的学科。丛主任专门派人到北京热带病研究所、北京友谊医院和北大医院学习，在人才具备的基础上，组建了寄生虫检验实验室。

他还结合本院学科特色来开发实验室工作项目。比如新开发的血栓实验室，就是源于 301 医院的主要任务之一是医疗保健，血栓是其中的重点内容。此外，还成立了免疫实验室，包括细胞免疫、体液免疫、血液免疫，以及贫血检查实验室、体液特检实验室、临检质控中心、试剂配制中心、血型实验室等。

1993～1994 年，正是国外大量的自动化仪器开始进入我国医院检验科室的时候。自动化仪器的广泛使用，极大地提高了工作效率。但是，要知道仪器的准确度，就一定要做好质量控制，而质量控制必须要有质控品。从国外进口质控品非常贵，丛主任想通过翻译国外的资料做国内自己的室内质控品。于是，他们进行了血红蛋白、白细胞、血小板及尿液等质控品研制与开发工作。首先收集正常健康人血液进行血液细胞分析仪的质量控制，然后用猪血代替人血进行血红蛋白、血小板的质量控制，用鸡红细胞（有细胞核）代替人白细胞质控品，又研制了多病理成分浓缩型的尿液质控品，后来，这项工作获得了军队科技进步三等奖两项。

跨入解放军总医院八年后，丛主任带领的临检团队，朝着多学科这一明确的方向大踏步地前进了。几年间，临检科多次获得解放军总医院的三等功、总后勤部的集体三等功。特别是在临床检验质量控制方面，摘得了全国首创的桂冠。

在实验室质量控制上，说到质控室，有一件不得不说的事情。从1995～2008年这十几年，北京市三甲医院所用定标的血液质控物全部是解放军总医院临检科所研制的。可以说，丛主任带领的临检科所做的工作，为北京市三甲医院检验科的质量控制做出了巨大贡献。

几年扎实的工作和努力，为解放军总医院临检科成为全国检验医学专业领头羊夯实了基础。当说到这些成绩，丛主任总是发自肺腑地感激院领导对他的信任与支持，他常说：没有医院领导为我们铺就的大平台，我们将一事无成！

丛主任刚刚来到301医院临检科时，科室正面临着人员的优化、血液的更新。而这一切的推行，难度和阻力极大。丛主任说，如果当初没有廖院长这样的坚强后盾，他恐怕很难走到今天。

丛主任在罗马学习的时候，曾有人想把血液病实验室分离出去，以致科室人员的情绪出现波动。廖院长明确说，临检科丛主任当家，血液病实验室分不分，要由他来定。廖院长的一席话，极大地稳定了临检科人员的情绪，也给远在国外的丛主任一颗定心丸。

1995年，解放军总医院建了气派的医疗大楼，医院把整整一层分给了临检科。部分兄弟科室不服气，找到院部。廖院长很平静地解释道：首先，这些年丛主任带领临检科发展很快，院内院外都具有影响力。其次，他这些年的日子很苦，你们只看到现在临检科分到的房间多，地方大，你们谁知道他为了建立遗传病实验室，在地下室一待就是五年！一席话下来，大家都无话可说了。

"分房间"所引起的小小争议及廖院长的如此回应，是丛主任很久之后从其他人口中得知的。当初为了拓展业务，丛主任不仅腾出了自己的办公室来做实验室，还搬到了阴暗潮湿的地下室来建设遗传病实验室。地下室位于医院老南楼和新南楼之间的地下通道，为了通风挥发潮气，丛主任每天不得不把地下室的门打开。而这一切，恰恰被每天从这段通道走过的廖院长看在眼里，记在心上。当医院的条件允许了，这位老院长第一时间就想到了临床检验科。

院领导的关心、支持和爱护，让丛主任内心充满了温暖与感动，更是支撑他前行的不懈动力，此生奉献给检验医学事业，他无怨无悔！

第五节　培养青年骨干　展现学术风采

培养一批人才、带出一支队伍、引领学术发展，这是丛玉隆的心愿，也是责任担当。

1995 年，丛玉隆当选为中华医学会检验医学分会副主任委员，他考虑更多的是如何带领年轻人往前走，培养青年骨干。

自身求学的艰辛与不易，让丛主任内心有一个强烈的愿望：要尽一切可能为年轻人创造学习机会和条件。对于科室中有继续教育需求的青年，都从政策上和经费上给予大力支持，鼓励大家参加本医院的夜校学习，再读大专、本科、研究生等。1985 年，临检科仅有 2 名本科生，到了 2005 年，本科生已经占到了全科技术人员的 95% 以上。

1995 年以后，丛玉隆为提高青年技术人员的学术水平，积极组织大家开展临床科研工作，撰写研究论文、编著学术专著，带着年轻技术骨干参加学术会议或培训班，进行学术讲座，尽可能创造条件使年轻人得到锻炼，培养自信心。

20 世纪 90 年代，丛玉隆主编了第一部著作——《今日临床检验学》，这是一本凝聚他多年心血的专著，当时参与编写的还有王淑娟、朱忠勇、王金良、顾可良、王鸿利教授等检验界的老前辈，都是检验医学领域的"大腕儿"。这部专著后来加印了两万多册，至今仍颇有影响，当时在本领域引起了极大反响。

《今日临床检验学》让丛玉隆在业内的影响力进一步提升。他说，他永远都感谢学界前辈对他的提携和指引。数十年以来，他也身体力行地传承了老一辈学者的严谨治学精神和对后辈的传帮带。

在 1997 年，丛玉隆开始率领自己的团队编写学术专著，很快出版了第二部学术专著——《当代血细胞分析技术与临床》。在这部专著的写作过程中，丛主任邀请了业内血液学知名专家陈宝良等参与编写。该书的封面，除了丛主任以及若干大腕专家的名字以外，还有很多临检科骨干人员的名字，比如现在已经成长为业内知名专家的乐家新、马骏龙、钱超等。

1998 年，丛玉隆编著的第三部专著——《当代尿液分析技术与临床》面世了。这部专著依然由丛主任担任主编，并组织全国专家编写，其中 50% 的编者来自于本院临检科，这一比例较之上一部专著已经有了明显增长，并且书中60%的内容来自于本科室的科研成果和论文。青年骨干的科研能力成长可见一斑。

《当代体液分析技术与临床》是丛主任的第四部学术专著，出版于1999年。这部著作阐述了体液中各种体腔液检查的进展和临床应用的内容。更加可喜的是，参与该书编写的90%的人员来自于本院临检科的技术骨干。

2002年，是学术丰收的一年。这一年，由丛玉隆担任主编出版了六部学术专著。这六部书的全部内容都是由301医院临检科人员编写！

多年培养成才的马俊龙，如今已成为全国著名的体液形态学专家

技术骨干乐家新、马俊龙都在同一专业一线工作岗位（分别是常规血液学、体液学检测）工作了20多年，经过实践磨炼和精心"调教"，目前都已成为业界公认的专业优秀人才，每个月都会应邀到各地讲学。亲自选拔培养的本科室博士邓新立、李绵阳、李健，都接了丛主任的班，分别任301医院南楼检验科主任、总医院临检科副主任，得到业界的认可……每每说到这些年轻人，丛玉隆的自豪感和欣慰感溢于言表。他觉得为大家苦心搭建的平台没有白费，他看到了一批又一批的年轻人在科室的发展中、学科的前进中找到了自己的位置，并逐渐成长为具有全国影响力的技术骨干和学科带头人。

第六节　跟踪国际发展趋势　领跑中国实验室标准化

进入21世纪前叶，国际检验医学发展的重大事件之一，就是国际标准化组织2003年颁布了《医学实验室质量和能力的专用要求》（即ISO15189）。这个对于医学检验学科发展具有里程碑意义和价值的文件，其意义不仅仅为医学检验过程控制提供了完整的理论和方法，更重要的是提出了从"医学检验"到"检验医学"转化的崭新的学科发展理念。丛教授以他敏锐的学术洞察力意识到，ISO15189是21世纪国际上检验医学科标准化、规范化、信息化建设的指导性文件，我们的目标是与国际接轨，这个"轨"就是ISO15189。

从 2000 年开始，他接触到文件的讨论稿时，如获珍宝，马上就带领大家学习、讨论。先培训科室骨干，然后要求骨干自己写文件，并提出了"写我能做的、做我所写的、记我所做的、纠我做错的"20 字指导方针。释义为根据文件的内涵，在符合文件要求的基础上，根据科室实际情况写出通过努力可以做到的高标准各类程序文件；在工作实践中不折不扣地按文件要求去做；详细记录工作中每一个细节并按文档管理要求保存；不断自查、内审、管理评审，纠正不足、持续改进。这一套程序下来，解放军总医院临检科方方面面的工作都有了变化，最主要的是管理理念和管理水平。大家逐渐了解到了应该如何做，以及这样做的原因，并且尝到了甜头。

2003 年，在"非典"的日子里，丛玉隆没有忘记自己的责任，挺身而出。第一时间组织北京市的检验专家，5 月 1 日在本医院临检科会议室讨论制定了《实验室非典时期的安全防护指南》。散会时，与会专家们相互凝视，一句话：完成救治任务，保护好医务人员，一个不能少。在这同时丛主任又组织北京、上海、天津、广州的专家通过电话会议，讨论"非典"中遇到临床和检验工作中的新问题及指南的学习应用。为了加强医学实验室的标准化管理，保证生物安全，在"非典"疫情还没解除的情况下，国家认可委紧急组织了一部分专家来翻译 ISO15189，希望将其转换为国标，强化实验室规范性建设。紧接着，中国实验室国家认可委员会医学分委会成立，丛主任被推选为该委员会医学分委会的首任主任委员。

这个头衔，让丛主任更感觉到了所肩负的责任与义务，要把 ISO15189 的精神和精髓在更广的范围内传播和推广。更重要的是，不仅要让解放军总医院临检科通过认可，还要让国内更多的实验室通过认可。因此，从 2003 年开始，丛主任和他的团队全力以赴地做准备，2005 年，解放军总医院临检科实验室在国内首家通过了 ISO15189 认可。为全国实验室标准化、国际化建设树立了榜样。

解放军总医院临检科为国内首家获得了国际 ISO15189 认可，国内多家媒体报道

第七节 要知松高洁 待到雪化时

孟子曰，"天将降大任于斯人也，必先苦其心志，劳其筋骨，饿其体肤，空乏其身，行拂乱其所为，所以动心忍性，曾益其所不能"。孟子的这番话，丛主任在少年时就早已熟读于心，但他却从未料想，命运的波涛，一波刚平，一波却又起，而且一浪高过一浪。

2003 年"非典"疫情过后的 10 月份，正带领科室人员在遵义搞红色教育活动的丛主任，突然接到北京打来的一个电话，几分钟的通话结束后，丛主任呆住了，刚刚还在和同志们兴致勃勃地谈中国的革命事业，谈人生理想的他，刹那间心情坠入谷底。打电话来的是当时 301 医院专家组的一位老教授。院里正在进行调级评定的准备工作，如果通过了此次评定，丛主任就步入了将军的行列。但电话中老教授急切地问道："丛主任，你在医院里得罪谁了？我们接到匿名信了，并且言辞过激！"

一回到院里，若干好友立刻找到丛主任，将匿名信的事情又详细告知了他。原来，不仅院领导、专家组的每一个成员，就连各科室主任也都收到了同一内容的匿名信。有些主任还同情地把这封匿名信转给了他。不看则已，看罢，丛主任的内心几乎抽搐成了一团！本想好好带领大家干一番事业，来回报社会，回报时代的给予，却没想到一腔热血换来了一盆脏水！

院领导迅速决定调查匿名信中所罗列的宗宗"罪行"，铁的事实面前，谣言不攻自破！但事情并没有就此打住。丛主任申报调级别的批件报到总后之后，这封顽固的匿名信又如幽灵一般飞到了总政治部、总后勤部、总后纪委。在这期间最让丛主任难以忘记的有两个人：一个是与他至今并肩战斗的秦小玲副主任，她义正辞严地向各级领导汇报丛主任真实的情况；一个是当时任院政治部主任、现任总医院政委的阮炳黎同志，他安慰说："丛教授，您对总医院的贡献大家都看得很清楚，要相信组织，组织上不仅考核干部，更重要的是要保护每一个干部。"最后的结果是令人宽慰的，丛主任终于如期晋升为军级文职干部。晋级是大喜事，但最叫他开怀的是通过晋级充分说明：他通过了军队各个级别严格的审查！就是说他通过了院部、总后纪委、总后勤部、总政治部的严格审查，也就是说他是清白的。而那封匿名信中所罗列的宗宗"罪行"纯属捏造、诽谤！丛主任发自内心地感谢上级领导在第一时间澄清迷雾还他清白！感谢在那"黑云压城城欲摧"的时刻帮助他信任他的每一个人！

树欲静而风不止。虽说组织已经否定了那封匿名信，但不久后提任丛主任任博导的时候，它又飞蹿了起来。

2004 年秋，中华医学会检验医学分会改选，众望所归的丛主任有望连任主委。此时，还是那封匿名信又在检验医学分会的各委员间飞来窜去。

那时丛主任，一心扑在 TC136（全国医用临床实验室和体外诊断系统标准化技术委员会）上，对其嚣尘上的匿名信的事儿还浑然不知呢！好友们焦急地纷纷打电话来问，他反倒安慰他们："谢谢！组织已查清了！一点事也没有！"

但这件事情给丛主任的打击确实很大。无法解释，也不知如何去解释，丛主任内心苦闷之极，而纷繁的科室工作、科研工作还要正常进行，所任主委的各专委会工作也丝毫不能懈怠。各方的压力，使他整夜失眠，不得不一再靠加大安眠药剂量来催眠。

那一年多难捱的日子里，丛主任的家人陪伴着他，开导着他。对于丈夫的无名火，其夫人任珍群从没半句反驳。时隔多年，提起当年之事，丛主任觉得很是对不起妻子。而任珍群说，他当时的压力已经非常大了，他在家里发多大的脾气，我们都能理解！

即便在那如此折磨人的时段，丛主任也从未放松手头的工作。2004 年，就在他屡次被推到风口浪尖时，他依然接下了接任了全国医用临床实验室和体外诊断系统标准化技术委员会第四任主委，这个对检验医学发展有重要意义又具有挑战性的工作。

丛主任一直把检验医学分成上游、中游、下游三大块。上游是产业，中游是医学实验室，下游是临床医生和患者。并且，这三者缺一不可，密不可分。倘若上游的体外诊断产业不能提供好的方法、仪器和设备，就对中游和下游的发展形成极大的制约。所以，这个看似与检验医学关系不是很大的 TC136，却是上中下游之间畅通的关键。

在当年的任职大会上，他提出了制定国家标准和行业标准的三十二字方针，"国际接轨，体现国情，循证制标，保证质量，作风民主，兼容性强，认真负责，与时俱进"，来推动体外诊断企业标准化以及 ISO15189。

曾任中华医学会检验医学分会副主任委员的沈霞教授说，丛主任带领全国临床实验室和体外诊断系统标准化技术委员会所做的工作，规范了检验医学行业技术发展。

当时，我国体外诊断产业已颇具市场规模，并连续几年呈持续增长态势，丛主任敏锐地提出，ISO15189 是一把双刃剑，既是对医学实验室人员素质和管理能力的基本要求，也是对体外诊断产品进入医疗市场的准入标准，对于企业持续发展具有重要意义。

企业要想发展，必须与临床专家多交流，这样才能了解所生产的产品是否符合临床实际应用需求，而专家们也要经常向企业学习新的思路。只有两方面和谐地发展，加之国家政策的扶持，科技创新的支撑，IVD 企业才能走向良性循环。这也是丛主任经常讲的"生产"与"应用"要双赢互补。

2009 年，他又接任了全国医用临床实验室和体外诊断系统标准化技术委员会第五届主任委员。2015 年已经 68 岁了，按规定任满两届不能再连任了，但出于标委会工作的需要，他又义不容辞地接受了上级主管部门的邀请和全体委员的推选，第三次接受了 TC136 主任委员的聘书。

很难想象，诸多开创新和开拓性的工作竟然是在如此巨大心理压力和纠缠之下完成的。这也正是"大雪压青松，青松挺且直。要知松高洁，待到雪化时"。生活中，总是有着那么几个"极少数"，他们在惊涛骇浪的历史海洋中驾一叶扁舟为理想而冲锋；他们在小小的花盆中埋下希望的种子，再用不懈的坚持和辛酸与寂寞浇灌出参天大树。丛玉隆，就是其中一个。

第八节　创新管理模式　促进学科建设

在解放军总医院担任科主任 21 年（1988 ～ 2008 年）的时间，丛玉隆教授不断探索和总结任职的体会、经验和教训，形成了一套科主任管理模式与理念。很多全国性的学术会议都邀请他作报告，介绍解放军总医院临检科是如何从一个不被人重视的"常规"小科，一跃成为全国知名的学科过程，他也多次著书，如《临床实验室管理学》、《医学实验室认可与实践》，撰写文章，得到国内学术界的肯定和赞誉。下面这篇文章是丛教授关于科主任管理文章的摘录，对读者可能有所裨益。

医院如何满足和适应这种最新发展，是摆在当前医院管理工作者们面前的一个新课题，又是一大难题。这就需要我们知难而上，在理论上与实践中不断探索，勇于创新。其中，科室又是医院管理中至关重要的一个等级层次和中间环节，是医院各项任务的集散地，科室的思想、水平、管理能力的高低，敬业精神、拼搏精神如何，不仅关系到科室的兴衰，也关系到医院的建设和发展，因此，学科建设具有十分重要的地位和作用。现今学科建设涉及的要素主要包括九个方面：

理念、信息、质量、特色、创新、管理、设备、人才、团队。

其中，设备是学科建设的基础，没有好的设备，科室建设就无从谈起；有了好的设备，还要有好的管理，管理是学科建设的保证，先进的设备和管理需要优秀的人才，人才正是学科建设的关键，学科的竞争体现在人才的竞争上，有了人才，还要形成团队，团队是学科建设的根本，没有团队，再好的人才也是一盘散沙，只能形成内耗，发挥不了作用。

归根结底，学科建设的关键就是人的素质和团队精神的建设。本文重点阐述团队建设与学科建设的关系。

团队是指有共同的目标且成员的行为之间相互依存、相互影响，并能很好地合作以追求集体成功的人的组合。团队的每一个成员都应该对团队有强烈荣誉感、使命感、责任感和归属感。每个成员都具有团队意识。

团队意识就是科室员工对本科室的认可程度，是把集体放在第一位的意识，在这种意识下，员工能够相互协调，配合行动，将个人利益服从于团队的利益。有无团队意识，决定着一个科室能否齐心协力朝着既定的目标前进。

世上没有完美的个人，只有完美的团队。1+1＞2的团队效率是任何一个科室都梦寐以求的。因此，一个科室内若充满团队意识的氛围，那就意味着这个科室必定具有良好的凝聚力和战斗力。团队意识是一个科室同心协力、不断向上的原动力，它会让每位成员产生一种归属感，觉得为团队做贡献，就是在为自己争荣誉。可以说，一个科室的团队意识越强，它的生命力就越旺盛、越长久。士气高扬、活力充沛的团队可以将整个科室牢牢地捆在一起，更好地发挥整体的作战能力。

所以，一个科室，能不能形成团队，决定于这个科室能不能持续不断地发展，怎样培养团队呢？有以下四个要素，即领导、群众、文化和竞争。

第一个要素是领导，优秀的领导是团队建设的关键

团队能不能形成，关键是在领导，领导是形成团队的关键。院长认命的科主任不能简单称为领导，只能说是科主任，而在人们心目中科主任不见得是领导。

领导是什么？领导的本质是依靠他自身的魅力，影响他的下属，使他们能够自觉追随他，完成既定的科室目标，这才是领导。也就是说领导不是形式上的，换句话说，是让下属佩服他的领导，愿意跟着领导干。领导的魅力决定于他的影响力，他的影响力又决定于他的素质和能力。领导的形象可概括为：①具有与时俱进的学科发展理念和创新精神；②具有扎实的专业知识和熟练的技术功底；③具有较强的科室管理能力；④善于分析，处事果断，敢于负责，勇于创新；⑤待人诚信，办事公平，平易近人，作风民主；⑥具有深厚的文化底蕴和良好的表达技巧；⑦具有良好的精神状态和庄重的言谈举止。

领导必须具备科学的方法和管理的思想，领导的职能是本人既是学科的带头人，又是具体工作的管理者。领导具有双重任务，就必须有双重的能力，领导在科室里的理念、业务、基本理论都应该是最新、最扎实的，别人有问题领

导能帮助解决。领导首先应做到：掌握的信息比他人多，学术思想要比他人新，技术水平要比他人高。其次，领导要具备丰富的管理经验，要能管理起科室整个团队，要能发现人才还要会使用人才。让人才能够佩服你，这就是领导的本领。

最后，要强调领导本身的品质，一定要待人诚信，待事公平，平易近人。扣奖金只是手段，现在提倡的是和谐社会，领导要能够通过管理，使人在非常平和的氛围内完成工作。所以说，作为一个科主任，他的能力是非常重要的。

领导的能力主要体现在要灵活机动地处理科室与医院的关系，重点与一般的关系，目前与长远的关系，社会效益与经济效益的关系，支部建设与行政领导的关系，技术工作与管理职能的关系。

科主任在管理与建设上要紧紧围绕医院任务抓方向；围绕医疗工作抓质量；围绕学科建设抓重点；围绕学科发展抓骨干；围绕长远建设抓设备。

临床化验室学科的特色、科室发展的方向，要符合医院分配给科室的任务。科室质量不是口头说的，也不是文件上规定的，而是通过具体的医疗实践来抓，要有的放矢。

科室工作重点是由科室的学科建设决定，也就是科室的具体任务来决定。在科室的学科发展当中，会涌现出一批业务骨干，如何抓住和利用好业务骨干，这一点就体现了科主任的水平。

坦率地说：一个科室能不能形成一个优秀的团队，科室能不能团结，科室成员能不能围绕科主任布置的工作有条不紊地进行，其责任首先是领导。

第二个要素是群众，群众是形成团队的基础

群众是各级领导工作的最终执行者，一切领导决策、领导职能最终都是由广大群众完成的。依靠群众是团队主管必有的理念，科室的每项目标的制定、实施、监督、评估都要有群众的参与。依靠群众是团队建设的根本。团队是由个人组成的，要想群众支持你作为领导者，就要依靠群众，本身要站得正，坐得直，遇事就要和群众去商量。成功团队的每一个成员都了解个人所扮演的角色，并知道个人行为对目标的达成会做出什么样的贡献，良好的科室氛围是团队建设的土壤，良好的软件和硬件环境对于鼓舞士气、振奋精神，形成团队是非常重要的。除了经常说的同甘苦共患难，有了成绩大家分享之外，作为领导还要勇于承担责任。作为第一把手，可以把科主任的工作分配给副主任、组长，但是必须要遵循授权不授责的原则。例如科主任把权力交给副主任帮助抓质量，要相信副主任的工作能力。但是，当质量上出了问题，考核不及格了，主任就要负责，而不是那个负责具体事务的副主任。只要科主任能这样不断地去用人，就能够真正形成一支有实力的团队，也只有这样，才能让科室所有人员愿意全

身心地为科室工作,对科主任交代的事情呕心沥血地去完成并承担相应的责任。

依靠群众既是主任必须树立的一种观念,也是主任做好各项工作的基本原则和根本方法。在实际工作中要做到:①强化公仆意识,摆正主管与群众之间的关系;②调查研究,体察民情,依靠群众;③拓宽信息渠道,广泛听取群众意见和建议;④主管必须主动宣传群众,动员群众,引导群众,让群众了解领导意图和工作部署,取得群众的理解,信任和支持;⑤领导要帮助团队每一成员明白建立团队观念的重要性;⑥融入到组织中,并和成员打成一片;⑦包容、欣赏、尊重成员的个体差异性,相信每一个成员都愿意和他人合成一个团队;⑧尽量让员工共同参与,共同设定目标,一起参与讨论重大问题的解决方法;⑨在公平基础上分派任务,分配报酬;⑩有功劳共享,有责任一人独当。

21世纪的世界是知识经济主导的世界,而以经济科技为重点的综合国力竞争的实质和焦点是人才的竞争。谁拥有大批高素质、高水平的专业人才,谁就掌握竞争的优势,因此,如何有效地培养、使用人才就显得更为迫切。

科主任必须具有人才意识,具有"才德"和"才才"。所谓"才德"是用才之德,科主任要有爱才之心、求才若渴、容才之量和举才之能。所谓"才才"是指用才之才。科主任应具备识才之眼、用才之能、护才之魄。工作中要充分发挥他们的才智,为他们提供良好的工作氛围,鼓励他们在临床检验工作中进行科研活动,搭建展现他们才华的平台,使他们能为科室工作做出贡献。

"才才"指的是用人之才。实话说,凡是有点特点的人,都有点小毛病,甚至于他都不服你。而科主任应该具有:你有能力,我比你还有能力,我能让你服我管,这点我认为作为科主任是非常重要的。十全十美的人才是没有的,做出这样的要求也是不现实的。我们要牢固树立"用人看主流、看本质、看发展"的观念,对人才不能求全责备,只要符合德才兼备的标准就应该大胆使用。

第三个要素是文化,先进的科室文化是团队建设的灵魂

知识经济的兴起,人本管理思想的建立,管理学理论的深入发展,管理最终向团队型参与管理模式发展,作为科室主管要建立科室自己的文化传统、道德规范、生活信念、习惯作风等,并通过这些文化将内部的各种力量统一于共同的指导思想和科室建设中,汇集到一个共同的方向,才能使科室不断发展和进步。

注重人本管理,就是注重以人为中心的管理,以人的能力、特长、兴趣、心理状况等综合情况来科学地安排最合适的工作,并在工作中充分地考虑到员工的成长和价值,使用科学的管理方法,通过全面的人力开发和科室文化建设,

使员工能充分发挥积极性、主动性、创造性，把人作为科室最重要的资源。

人作为社会的一分子，之所以成为科室的员工，一方面是因为人劳动可以为社会和他人提供物质材料以满足人的各种需要，即人的社会价值的实现；另一方面也在于他们可以获得生理和安全的需求。而当人的社会价值和个人价值基本上得到满足，人若要"更上一层楼"，那就需要自我价值的参与。所以，帮助建立和促进自我价值体系是科室挖掘员工潜力的最根本的途径。所以领导用人除了要让他完成本职工作，还要给他表现的机会，让他体现自身价值，我们叫他"人本管理"。

除了人本管理，还有情感管理。情感管理就是领导以真挚的感情增强领导与员工之间的情感联系和思想沟通，满足员工的心理需求，形成和谐融洽工作氛围的一种管理模式。情感对员工的工作积极性、人际关系、工作绩效有重要影响。

管理工作的核心是管人，管人的核心是管人心。在管理中，制度约束固然重要，要想使员工释放能量，情感管理不失为一种极好的激励方式。

情感交织在人们的思维中，成为一种刺激，往往对人的认识和行为起着调节和支配的作用。积极的工作态度、愉悦的情绪能使人精神振奋、思维活跃，使员工受到感化和激励，能激发员工的积极性和创造性。在管理中，领导不仅要重视制度约束，也需要用真挚、丰富的情感去激励员工。用感情去融化，不是用制度更不是用主任的地位去压制。

例如，虽然在我们科室里有好多冰箱，但却有一条规定：就是大家不能放吃的东西。那么为了方便大家，营造以科为家的条件氛围，我就拿我自己的奖金买了一个大冰箱，在休息的地方专门放食品用，让科室人员把所有的食物放在最干净的地方，电视、微波炉、饮水机、吃饭都在那，科室人员就知道科主任不是光管你，不是不关心你。在特殊的情况下，给科室人员一个特殊的环境，给所有人一个家的感觉。

我们科每年在一个不同的环境下都有一张全家福，到现在二十一年了，我把这二十一张全家福布置在科室的进门处，科室人员一进来就有家的感觉，他们每天都在自觉不自觉地看这张图，每个人都知道生活在这个集体里，要承担集体的责任。有时我们组织舞会，搞旅游，不断融洽工作氛围。所以说情感管理要体现家庭的温暖，要关心群众做到实处，要真挚待人，融洽亲情，温暖心灵。

团队意识调动了每个人的积极性，并迸发出以科为家、以科为荣的工作热情。

除了上面提到的人本管理和情感管理，创造温馨的工作生活环境，进行人员素质的培养也是非常重要的。

为职工创造温馨舒适的工作生活环境，能增强广大职工的归属感和自豪感。让广大科室员工深刻体会到"在科室工作是幸福的，为科室的发展奉献是快乐的，生活在科室大家庭是温馨的"，使职工在潜移默化中，将科室的价值理念转化为自己的价值追求。

在我们的办公区和生活区周围培植花草树木，每天派专人打扫公共卫生，一进入科室走廊，就让员工感到家的温馨，科室内部干净明亮，各种仪器有条不紊地排列，使科室人员感觉不到工作的压力和脏乱。为改善科室员工工作环境和生活环境，订购各种报刊书籍，建成科室活动室、阅览室，注重文化水平的提高。

素质培养就是要加强伦理道理的教育，强化集体荣誉感、使命感。有计划、持续性地进行专业知识和技术更新的再教育。科室内务可通过实施"5S"管理（整理 Seiri、整顿 Seiton、清扫 Seiso、清洁 Seiketsu、修身 Shitsuke）来规范全科人员行为、举止、礼仪，提供良好的工作和生活环境，营造提高自身素质与修养的良好氛围。

我们科每年都安排去旅游，我们去过很多地方，去年我们去了革命老区延安，大家在参观学习的过程中增强了团队的意识。我们还通过成立青年之队来培养公益活动意识。通过全面实施《2006～2010年临床检验科工作人员的培训》，进行业务能力、创新能力、科研能力、教学能力、外语能力、学术交流能力的培训工作，使科室人员的自身素质得到全面提高。

第四个要素是竞争，竞争是团队充满活力的象征

"引入良性竞争机制，不断强化忧患意识，搭建学术交流平台，提供表现价值机会，和谐不是一团和气，团队不是没有奖惩，在竞争中求生存，在竞争中求发展"这六十二个字醒目地挂在实验室的墙上，激励科室同道为科室建设积极地工作。

强烈的竞争意识能够转化为拼搏进取精神，形成不甘人后的奋进局面。鼓励全科同志积极竞争，建立一系列竞争机制，鼓励冒尖，保护尖子，激励上进，促进工作，同时科主任与本专业的同行间也应勇于竞争，以推动专业技术的提高。科主任的学术水平、学术知名度，代表着医院该专业的技术水平和学术地位，在科室竞争中起着非常重要的领导作用。

人的最高需求是体现自身价值。自我实现最高层次的需要主要包括胜任感和成就感，属于人的价值的自我实现范畴。由于我出版论著比较多，出版社每次找我出书，我都提出要求：我当第一主编，将科室的骨干分别放在第二主编和第三主编，这样既可以体现他们的自身价值，又充分调动了科室人员的积极性，极大地发挥了人才的优势，实现了他们的胜任感和成就感。

比如：1995 年出版了《今日临床检验学》，1996 年《当代血液分析技术与临床》，我们科 50% 的科室人员参加了专著的编写工作。1997 年《当代尿液分析技术与临床》，我们科 70% 的科室人员参加了专著的编辑工作。1999 年《当代体液分析技术与临床》《现代血液学检验与临床实践》，我们科 90% 的科室人员参加了专著的编写工作。2002 年，发表出版的《质量管理体系与应用》《血细胞分析技术与临床》《体液及寄生虫学检验技术与临床》《骨髓细胞形态学检验技术与临床》《免疫学检验技术与临床》《贫血、血栓及遗传学检验技术与临床》全部由我科工作人员编写。

2004 年以后，我们发表出版了有关管理的文件《临床实验室管理》《临床实验室管理学》《医学实验室质量管理与认证指南》《质量管理体系与应用》《现代医学实验室管理与实践》《血液学体液学检验与临床释疑》《现代血细胞分析技术与临床》《医学全鉴》中的检验医学卷（上、下）等。

我们提供平台，鼓励竞争，奖励先进：①每年每个人发表多少文章，都要在科里张榜公布，还会发相应的奖金。②我们科室近年发表文章 300 多篇，我们把发表的文章汇编成集，在科室每人一册，让大家知道谁发表了文章，发了多少。③为大家提供了展示自我能力的平台，鼓励员工根据经验写专著，用这些专著来体现自身价值。

第七章
临床科研创新　从常规中突破常规

他，不忘初心，默默坚守，钻研不止；他，像耕牛，执著地在检验医学领地上耕耘着，开拓着；几十年春华秋实，痴心不改，他心中装的是患者和责任担当，这就是丛玉隆……

他从人们认为"不起眼"的临床检验专业之中做出"非常起眼"的事业，他也因此成为我国血液学、体液学检验等临检专业的领跑者和检验医学的领军人物。在人们都在追求自动化检测设备而忽略基本技能导致临床检验质量下降的时候，他率先敏锐地提出，既要发展现代技术，也要继承经典方法，并且身体力行、亲临实践、勇于探索，发表多篇具有学术导向性的评论性文章，引导广大检验医学技术人员，应重视临床形态学实验室检验诊断，不能偏废最简单实用的镜检手段；他撰写多部具有较强影响力的专著，普及常规检验技术，他通过演讲，遍及20多个省市巡回讲学，阐述形态学检查在临床诊治的重要意义，在他和检验界专家的共同努力下，临检质量和技术不断提高，纠正了检验医学偏离的基本轨迹。

第一节　突破常规思维定势重围　破解临床科研创新思维困境

其实，临床科研最好的创新就是能为患者解除病痛提供有效措施，为临床诊断与治疗提供高质量的诊治证据，再高深的科研创新如果不能为患者服务，这种科研创新的价值等于零。

临床科研要接地气，立题的着眼点在：实用、简便、适宜、省钱，这就是丛玉隆多年来秉承的朴实临床科研创新思维，也是他围绕患者与临床需要拓展常规创新研究的动力……

被称为"三大常规"的血、尿、便检验是检验科向临床医生提供重要辅助诊断的依据，是临床医生观察患者病理变化、诊断疾病的晴雨表和常规手段。

丛玉隆参加血细胞形态学学术会议并做大会演讲　丛玉隆参加尿液分析高峰论坛并做大会演讲

　　当人患上流感、肺炎、急性扁桃体炎时，血常规中的白细胞总数。白细胞分类时各类细胞的比例会有相应的变化，医生据此可区分出炎症是细菌还是病毒引起的，从而给予不同的治疗。临床工作中仅仅泌尿系统常见的疾病就可有尿路感染、阴道炎、肾盂肾炎、肾炎、肾衰竭、肾结核、肾肿瘤等多种，病因和病理有明显不同，但临床上患者大多表现为尿频、尿急、尿痛、排尿困难、肉眼血尿等相同的症状。此时尿液有形成分检查往往会提供重要的鉴别诊断依据，如尿液镜检发现大量白细胞、伴随少量形态正常的红细胞多见于急性泌尿系感染，尿液内可见大量红细胞及结晶、白细胞很少见到、患者腰部绞痛，肾结石可能性大；如所见红细胞多形态不整伴有红细胞管型、尿蛋白 2+ 以上极有可能是肾炎。虽医院检验科开展的几百个检查项目中，血尿便"三大常规"仅占很小的比例，但其工作量却是检验科的一半。传统的"三大常规"是作为基础的初筛项目，其临床意义重大。

　　多年来，丛玉隆在自己的科研专业领域——血液学和体液学的研究、探索从未止步，在常规之中发现创新的种子，把一个"不起眼"的三大常规做得"非常起眼"，由此成为我国著名实验诊断学家和著名学科带头人。

　　按业内人士的习惯思维与认识，临检的"三大常规"没有多大学问可做，更没有什么科研课题可选，想做出点成绩难啊！本书作者经常和丛教授调侃："看人家丛教授，整天玩血尿便三大常规，愣是发表几百篇研究论文，出版的学术专著要用车装！做临检三大常规人家竟然做到将军（文职中将待遇），相比之下，真是无地自容啊，钦佩！羡慕啊！"

　　其实，这就是真正的做学问，这就是专家！在常规中寻求突破，从常规中冲破重围，从不起眼到起眼，从不可能到可能，从没学问到大学问，从小检验到大事业！这就是丛玉隆……

02 > 人物
CHARACTER

本版责编 杨涛 美编 彭东春 电话: 010-58302828-6847 E-mail:yangping0617@126.com

医师报
2013年3月14日

丛玉隆: 小检验做成大学问

▲ 本报记者 张艳萍

33 年前的一个夜晚, 北京永定路医院检验科, 一个刚刚工作的 20 岁小伙做了一份非常普通的血液检查, 但结果引起了这个有心人的注意: 患者既没有炎症的临床表现, 也没发现白血病特有的白血病细胞, 但白细胞总数却高达 3 万多。

这个年轻人陷入了深深的沉思中, 终于想起前几天在国外文献中看到, 有一种十分罕见的"慢性中性粒细胞白血病"的血象特点便是如此。

他顾不上休息, 做了一系列的细胞化学染色, 证实与文献报告吻合, 他立即帮患者联系了专科医院, 请专家进行会诊。

几天后, 患者家属找上门来感谢: "血象变化快一年了, 去了好多家医院都没有查出原因, 这次偶然的检查, 竟然被你化验时找到了病因, 太厉害了!"

这个年轻小伙叫丛玉隆, 那时刚刚 20 岁, 是北京永定路医院检验科一名中专毕业、入职不到 3 年的"新兵"。

时间如白驹过隙, 一晃几十年过去了。当年的这个年轻人已成为誉满全国的知名检验医学家, 最引人注目的是, 他同时担任 6 个全国检验学术组织的主委, 在诊疗环节中看似微不足道的检验工作中做出了单纯轻重的大学问。

2 月 8 日, 记者采访他时,

"我是踩在检验界众前辈的肩膀上前进的, 今天, 我希望通过我的努力与行动, 让年轻的检验医师能踩着我的肩膀前进得更快些。"

"这正是实验室的价值所在, 即把与临床交流和沟通作为常态工作, 积极向临床宣传项目选择、结果解释和质量控制的专业知识, 提供咨询服务。" 丛玉隆教授为此身体力行。

在合理使用检验项目方面, 丛教授也有自己独到的见解: 一定要用循证检验医学的理念, 通过评估, 找出最直接、最有效、最合理、最经济的检验项目和组合, 使其既能满足临床诊治的基本要求, 又能将成本降到最低。

"如现在血细胞分析仪市场, 把网织红细胞分群计数试验炒得很热, 但文献报道其临床意义仅限于在肿瘤放(化)疗、骨髓移植等患者或贫血疗效的观察。故目前将其与血常规检验捆绑在一起作为门诊和入院患者必查项目的做法显然是不必要的。"

常规 + 特色
小检验做成大科研

检验医师不被看好, 和其常年与血、尿、便为伍不无关系。殊不知, 恰恰是这些看起来最常规的检查, 却解决了临床中的大部分问题。

还是在 1987 年 6 月, 丛玉隆调入解放军总医院临床检验科之初, 作为科室的学科带头人, 他就准确地将科研的特色与医院的特色、科室的中心任务进行了有机融合与"捆绑"。

随着血常规、尿常规的思路, 丛玉隆做出了《血液学自动化临床应用价值与质量管理》(其中包括他的 40 多篇论文)、《尿液自动化检测临床价值与质量控制》(其中包括他的 30 多篇论文)两个课题, 并获得了军队科研二等奖。

仅血细胞分析研究课题, 丛玉隆就获得了解放军医疗成果二等奖 3 项、中华科技成果三等奖、军队科技成果三等奖 5 项, 研制的质控物连续 12 年被北京市检验中心选入用于北京 120 多家医院血细胞分析仪室内质控物。

他还在国内首先建立"激光扫描共聚焦显微镜进行单个血小板钙浓度、钙波动及钙流检测技术", 探讨在冠状动脉硬化时的诊断意义, 观察了服药前后血小板激活状态及其治疗经过。通过系列研究, 建立了凝血试验全面质量管理体系, 受到同行专家的高度认可。

如果说丛玉隆学术地位的奠定, 与他精心临床、科研有关, 那么其学术理念的推广与传播, 却也得益于他利用一切可以利

报刊对丛教授"小检验做成大学问"的报道

那是在 1992 年的一天下午, 丛玉隆到门诊化验室检查工作, 听见主管技师马柄云与一位从南方来的小伙子在采血窗口聊天, 小伙子说自己患贫血好几年了, 走了几个大城市的大医院, 吃了药好些, 过些日子又不好了。马主管检验后就要发报告, 丛玉隆见此走了过来, 他又重复镜检了血涂片, 发现是典型的缺铁性贫血血象, 他想一般情况下年轻男性很少患此病, 是否感染了钩虫造成慢性失血导致的缺铁性贫血呢? 于是他又请马主管做了一个便常规找钩虫卵, 然而镜检并没有发现钩虫卵, 丛教授又反复问了病史, 患者生活在湖南, 务农, 到医院检查只诊断缺铁性贫血, 并没有进一步明确缺铁的病因, 口服几天铁制剂血红蛋白升上来了, 药也就不服药了, 但其病因并未找到, 过几天贫血又复发了; 丛主任想来想去还是认为钩虫病的可能性大, 于是他又建议马主管做了几年都没有开展的大便虫卵浮聚试验, 由于此法检出阳性率很高, 很快

就得出诊断结论。千里迢迢来北京，几块钱的驱虫药就把病看好了。靠的是什么？是高深的医术吗，是高精尖的设备吗？都不是，是他的高度责任心和检验要与临床结合的理念。

第二节　开创新参数临床应用研究全面提升常规血液诊断水平

　　自 20 世纪 80 年代初，微电子技术应用于血细胞计数仪可以计算出 MPV、RDW、HDW、PDW 等新的细胞形态学分析指标，虽然检验科使用这些仪器每天发出包括这些参数 18 项指标在内的几百份报告单，但很少有临床医生了解这些参数，更谈不上将其用到患者的诊断和治疗了。早在 1989 年丛教授首先对国内血液分析仪检测的新参数 RDW 做了系统分析，他发现了 110 例各种贫血患者 MCV 与 RDW 变化，把其分为小细胞均一性（MCV 减低 /RDW 正常）、小细胞不均一性（MCV 减低 /RDW 增高）、正细胞均一性（MCV 正常 /RDW 正常）、正细胞不均一性（MCV 正常 /RDW 增高）、大细胞均一性（MCV 增高 /RDW 正常）、大细胞不均一性（MCV 增高 /RDW 增高），发现这种分类法较红细胞指数分类法（根据 MCV\MCH\MCHC 的变化将贫血分为四类），更能反映红细胞形态变化，有利于病因分析。同年，他又探讨了 RDW 对小细胞低色素贫血的病因学诊断价值，发现患者检验结果显示 MCV、MCH、MCHC 均减低，如 RDW 正常，基本上可排除缺铁性贫血。研究结果还证实 RDW 对缺铁性贫血和轻型地中海贫血有一定的参考价值。他观察了 16 例缺铁性贫血（IDA）患者，在铁剂治疗前后 Hb、MCV、MCHC、RDW 变化。发现服药后首先 Hb 恢复正常，MCV、MCHC 次之，RDW 最晚。他解释为：治疗前，RDW 高于正常是由于 IDA 产生的红细胞体积异质性变化。服药 1 周后，骨髓红细胞增生，外周血网织红细胞增加，RDW 也随之增加，但是 MCV、MCHC 变化不明显。8 周后，由于铁的补充，大量正常红细胞群释放入外周血，而病态红细胞（小细胞低色素）仍有部分残存，使血中出现两群红细胞，即 RDW 明显升高。此后由于病态红细胞逐渐消失，RDW 逐渐减低。但直至服药 3 个月后，Hb、MCV、MCHC 已稳定至正常值 1 个月时，RDW 仍未降至正常水平，可能是由于骨髓贮存铁还没得到完全补充，致使新生的红细胞仍可有轻度的大小不等，直到 120 天 RDW 才恢复至正常。他认为用 RDW 在 IDA 治疗中的动态变化监测用药可能有一定的临床价值。

　　虽然 RDW 指标对贫血的诊断和治疗有重要的临床价值，但在 20 世纪 80 年代这样的高档仪器只能在少数大医院使用，为此丛教授根据仪器 RDW 检测的原理，探讨用光学显微镜目测血涂片红细胞直径，并计算出变异参数（称之为 RDCV），发现 RDCV 与 RDW 具有高度的相关关系，此后他又创用 MCV/RDCV 贫血分类法进行临床分析，得出了与此前他的 MCV/RDW 研究及 Bessman 文献报告相一致的结果，他认为 RDCV 且不需特殊仪器，简单易行，便于在基层作为贫血分析的辅助指标。

　　RDW 是指红细胞体积分布不均一的程度，那么不同血细胞分析仪测试原理不同，是否 MCV/RDW 所得的数据有差别，丛教授的研究证实，同一种仪器尽管改变实验条件影响了细胞的大小，然而细胞大小的变异不会改变，RDW 是一个较恒定的参数，不会随抗凝剂不同、渗透压的改变而改变。但 MCV 截然不同。结果显示 ACD、枸橼酸钠和肝素抗凝血的 MCV 变化随时间、温度的变化影响较小；但 EDTA 和双草酸盐抗凝剂变化较大。EDTA 差异非常显著，这可能是与抗凝血标本最终渗透压有关。双草酸盐抗凝血虽渗透压变化也较大，但由于钾离子能够维持细胞一定的形状，故影响不如 EDTA 大，但强于其他三种抗凝剂的影响。

　　1996 年新型全自动血液分析仪可以血红蛋白浓度 "HC < 28g/dl、HC 在 28 ～ 41g /dl，HC > 41g/dl，HC > 41g/dl 及红细胞体积 V < 60fl，V 在 60 ～ 120fl，V > 120fl 为界，根据同一被检测的红细胞两个参数的变化将红细胞分成 9 组，得出红细胞绝对值及分布图（九分图），并可计算出其占红细胞检测总数的百分比，丛玉隆使用这类仪器观察了隐性铁缺乏症患者红细胞九项分布图各指标的变化，并围绕分布图对隐性铁缺乏症的诊断价值进行探讨。结果显示两组人群中红细胞体积 V 在 60 ～ 120fl，HC（血红蛋白浓度）< 28pg 的正细胞低色素组百分比和 V < 60fl，HC 在 28 ～ 41pg 的小红细胞正色素性组红细胞百分比相差显著，P < 0.05。如单纯以体积基本正常而血红蛋白浓度明显偏低（HC < 28pg）组红细胞百分比 > 0.2% 作为隐性铁缺乏症的鉴别标准，其敏感度为 83.3%、特异性为 88.3%、假阳性率为 11.7%、假阴性率为 17.7%。单纯以小红细胞正色素（V < 60fl，HC 在 28 ～ 41pg）组红细胞百分比 > 2.9% 为界，作为隐性铁缺乏症的诊断标准敏感度为 70.5%、特异性为 90.1%、假阳性率为 9.9%、假阴性率为 29.5%。如果将两个指标综合应用于隐性铁缺乏症的诊断，结果发现：当两个参数都符合的条件下，特异性为 100%，虽然假阳性率稍高（为 38.3%），但基本能满足临床筛选需要，不失为一种较好的隐性缺铁快速诊断的指标。

　　网织红细胞"分群"临床意义的研究。网织红细胞计数是反映骨髓造血功能的重要指标。迄今国内仍多采用显微目测法（下称目测法），可直观细胞形态并且不需昂贵设备，不失为诊治贫血的重要实验方法，但操作费工费时，受主观因素影响，计数精确性较差为其不足。20 世纪 80 年代末期日本东亚电器公司设计和生产的新型用网织红细胞计数的流式细胞仪 Sysmex®-1000 可将网织红细胞分为低荧光率网织红细胞（LFR）、中荧光率网织红细胞（MFR）、高荧光率网织红细胞（HFR）三个群体。为探讨新型网织红细胞参数在缺铁性贫血（IDA）诊断中的临床诊断价值，他对 236 例健康人群、101 例非 IDA 患者和 78 例 IDA 患者的外周血红细胞和网织红细胞诸参数进行了检测，并对检验结果进行了对比分析，得出了"以 CHr < 28.0 及 CH < 270 为临界值诊断 IDA，其假阳性率、假阴性率分别为 92% 和 0%。其次为 CHr < 28.0 为临界值诊断 IDA 的假阳性率、假阴性率分别为 10.4% 和 0%。而在 IDA 病例中，HDWr 较 RDWr 为佳，可以看出在 IDA 时，网织红细胞内血红蛋白的变化较网织红细胞体积变化更为明显。

从教授观察了 13 例缺铁性贫血患者在治疗过程中网织红细胞绝对数（RET#）、网织红细胞内血红蛋白量（CHr）、平均网织红细胞体积（MCVr）及网织红细胞内血红蛋白浓度（CHCMr）等网织红细胞参数在缺铁性贫血（IDA）患者铁剂治疗中的动态变化，结果显示：缺铁性贫血患者在铁剂治疗后，网织红细胞参数 RET#、CHr、MCVr 于第 4 天明显升高（$P < 0.01$），第 7 天恢复正常；血红蛋于第 14 天明显升高（$P < 0.01$），第 28 天恢复正常；CH、MCV、CHCM 于第 28 天明显升高（$P < 0.01$），第 49 天后恢复正常；RDW 于第 7 天明显升高（$P < 0.01$），第 14 天后又逐渐降低，第 120 天恢复正常。得出了"网织红细胞参数 RET#、CHr、MCVr 可作为评价缺铁性贫血患者铁剂治疗后骨髓对治疗反应最敏感的指标"的结论。在另一项研究中，他观察了 IDA 患者服用铁剂前及用药后 Hb、MCV、网织红细胞、HFR、MFR、LFR 变化，进一步证实了网织红细胞分群对治疗的评估作用。

为证实网织红细胞能否作为肿瘤化疗停药后骨髓造血功能开始恢复的早期指标，他对 18 例肿瘤患者在化疗过程中的白细胞、血小板、中性粒细胞绝对数（ANC）和网织红细胞计数与分类进行了动态观察。结果显示：化疗后骨髓造血功能明显受抑，白细胞、网织红细胞及血小板极度降低，其中中性粒细胞绝对数降至 $0.02 \times 10^9/L$ 以下、网织红细胞绝对数降至 $10 \times 10^9/L$ 以下，高荧光强度网织红细胞百分率和中荧光强度网织红细胞百分率（HFR%+MFR%）逐步降至最低水平或 0，网织红细胞分类几乎全部由低荧光强度网织红细胞（LFR）组成。造血功能开始恢复时高荧光强度网织红细胞和中荧光强度网织红细胞的出现或升高较中性粒细胞绝对数达到 $0.2 \times 10^9/L$ 早 4.5 天（中位数）、达到 $0.5 \times 10^9/L$ 早 7.5 天（中位数），较网织红细胞绝对数（RET#）达到正常范围低限早 15 天（中位数）。得出了"HFR+ MFR 可作为评价肿瘤患者化疗过程中骨髓造血功能开始恢复的较敏感指标"的结论。

第三节　坚持十年磨一剑
开拓血细胞参考值调查先河

血细胞分析仪合理使用的基础工作是建立仪器检测结果的参考值（常称之为正常值），不同检验方法检测同一标本得出的结果也不同，判断结果正常与否要与该机所有的参考值相比较。20 世纪 70 年代以来，我国使用血细胞分析仪的方法决然不同，90 年代以后问世仪器报告的新的参数连手工的方法都没有参考值，丛玉隆自 1995 年起，历经十载，从单一实验室到组织全国 15 省市协作组，多方位、多地区、系统地调研了各类仪器检测参数参考值。

早在 1990 年丛教授就对查体合格、血清铁蛋白（SF）正常并经实验室检查排除缺铁性贫血及其他贫血健康者 211 例，不分性别，按年龄分组：①儿童组，15 岁以下 81 例；②成年组，16 ～ 64 岁 70 例；③老年组，65 岁以上 60 例。选用 CELL-DYN-1500 多参数自动血液分析仪（美国 Sequoia Turner 公司产品），经 HicN 法、微量压积法及标准红细胞计数法校准，符合实验要求。Monzon 曾报道，在 153 例正常人（男 88 例，女 65 例）RDW 分析中，男女之间无统计学差异（前者 13.1%，后者 13.2%）。因此他的报告结果未作男女分组，211 例测得结果均值为 12.8%。其中儿童组 13 %、成人组 12.7 %、老年组 12.5 %。这是我国 RDW 参考值的首篇报告文章。

随着全自动血细胞分析仪的使用，静脉血标本的普及，静脉血细胞分析参考值建立成为当务之急，1996 年丛玉隆组织了北京市静脉血标本全自动血细胞分析仪检测结果参考值调查协作组。北京医院、协和医院、宣武医院、同仁医院、301 医院、卫生部临床检验中心六单位对北京地区 2013 例健康人检查结果进行了分析，国内首报了地区性血细胞分析仪检测静脉标本结果参考值。1998 年他又组织参与了北京地区 2135 例儿童参考值调查（分成 2 ～ 9 岁和 10 ～ 17 岁两组），结果为大多数参数与文献结果大致相同，其中 WBC 参考值低限与文献大致相同，而高限值与 10 ～ 17 岁组值较接近，与 2 ～ 9 岁组值有差别，可能是由于此组数值由于年龄不同而变化较大所致。Hb 与 2 ～ 9 岁组参考值低限大致相同，高限值有差别，与 10 ～ 17 岁组值稍有差别。男性 PLT 参考值低限明显低于文献值，国内与国际成人 PLT 参考值比较也出现此种现象，提示不管是儿童还是成人国内参考值低限均低于国际值。实验组 WBC、PLT 测定参考值明显高于协作组参考值，而 HCT、MCV、RDW 及 Hb 男性组值较协作组参考值明显偏低，MCH 值稍低于协作组值，MCHC、RBC

及 Hb 女性组值大致相同。实验组结果部分参数与国内教科书比较有差异，特别是 WBC、Hb。因此，特别提醒临床医生在分析检验结果时应根据实验室检测方法以及标本的采集来源参阅正常参考范围。实验组进行了部分 6～13 岁儿童人群的调查，尚缺乏 6 岁以下以及 14～17 岁国内年龄组的资料，有待进一步调查。

2003 年，他组建了中国正常成人静脉血细胞分析参数的参考范围调查协作组。成员来自全国 14 个城市（哈尔滨、长春、北京、天津、兰州、西安、南京、苏州、成都、武汉、重庆、福州、昆明、广州）的当地著名医院，使用不同型号的血液分析仪，检测正常人群（男性 927 人、女性 822 人，共 1749 人）静脉血白细胞计数、红细胞计数、血红蛋白浓度、红细胞平均血红蛋白含量（MCH）、红细胞平均血红蛋白浓度（MCHC）、红细胞平均体积（MCV）和血细胞比容（HCT）。14 家医院均在同一个月内完成调查。研究期间，各实验室均进行严格的室内质量控制，保证结果的准确性和稳定性。结果显示各项参数的参考范围（均值）如下：白细胞计数男性为 $3.97\times10^9/L$ ～ $9.15\times10^9/L$（$6.3\times10^9/L$），女性为 $3.69\times10^9/L$ ～ $916\times10^9/L$（$5.89\times10^9/L$）；红细胞计数男性为 $4.09\times10^{12}/L$ ～ $5.74\times10^{12}/L$（$4.91\times10^{12}/L$），女性为 $3.68\times10^{12}/L$ ～ $5.13\times10^{12}/L$（$4.26\times10^{12}/L$）；血红蛋白浓度男性为 131～172（151）g/L，女性为 113～151（129）g/L；MCH 男性为 27.8～33.8（30.8）pg，女性为 26.9～33.3（30.2）pg；MCHC 男性为 320～355（335）g/L，女性为 322～362（325）g/L；MCV 男性为 83.9～99.1（91.2）fl，女性为 82.6～99.1（91.3）fl；HCT 男性为 38.0%～50.8%（44.8%），女性为 33.5%～45.0%（38.9%）。兰州、成都市成人血白细胞计数下限低于其他城市（$P<0.01$）；昆明市成人红细胞计数和血红蛋白浓度高于其他城市（$P<0.01$）；其他参数的检测结果各城市之间差异无显著意义。女性白细胞计数、红细胞计数和血红蛋白浓度均低于男性（$P<0.01$），其他各项参数男、女性之间的差异无显著意义。结论是除高原省份外，中国大陆各地域的各项检测指标参考范围基本一致，也与中国香港及国外报道的参考范围相近。但白细胞计数、MCH、MCV 与目前国内临床工作中仍采用的手工法末梢血参考范围有明显差异。

网织红细胞计数与分群是 20 世纪末才在我国临床使用的新参数，无国人的参考值，丛玉隆带领团队进行了大量的工作。1996 年对正常人调查，显示网织红细胞正常人 $\bar{x}\pm s$ 为（1.0±0.41）%，HFR 为 2.6%，MFR 为 11.3%，LFR 为 86.1%。Ticheli 报告分别为 0.68%、8.83%、90.7%。

Kauzhide 报告为（2.3±1.9）%、（18.7±5.1）%、（78.8±6.6）%。说明国人的结果与国外报道相似。2005 年为确定健康儿童和青少年网织红细胞网织红细胞计数与分群的参考值范围。检测了 628 例健康儿童和青少年的网织红细胞计数及分群，结果为健康儿童组与青少年组网织红细胞百分率（RET）与绝对数（$RET^{\#}$）和低、中、高荧光强度网织红细胞百分率（LFR、MFR、HFR）的参考范围相比较有显著性差异（$P < 0.05$），但在同组内，两性之间的结果比较无显著性差异（$P > 0.05$）。健康儿童组 RET、$RET^{\#}$、LFR、MFR 和 HFR 的参考范围分别为：（0.0153 ± 0.0054）%、$68.87 \times 10^9/L \pm 24.21 \times 10^9/L$、（$0.8424 \pm 0.0541$）%、（$0.1239 \pm 0.0392$）% 和（$0.0339 \pm 0.0238$）%。健康青少年组 RET、$RET^{\#}$、LFR、MFR 和 HFR 参考范围分别为（$0.0129 \pm 0.0040$）%、$59.37 \times 10^9/L \pm 18.23 \times 10^9/L$、（$0.8926 \pm 0.0434$）%、（$0.0933 \pm 0.0339$）% 和（$0.0141 \pm 0.0132$）%。健康儿童与青少年网织红细胞计数及分群的参考值范围和年龄有关，与性别无关。

2004 年，检测了 338 例健康老年人（60 岁以上）网织红细胞计数及分群，结果：网织红细胞百分率（RET）与绝对数（$RET^{\#}$）和低、中、高荧光强度网织红细胞百分率（LFR、MFR、HFR）在两性之间无显著性差异（$P > 0.05$），结果：（0.0140 ± 0.0045）%、$62.22 \times 10^9/L \pm 19.28 \times 10^9/L$、（$0.8571 \pm 0.0441$）%、（$0.1190 \pm 0.0336$）% 和（$0.0239 \pm 0.0139$）%。老年贫血患者的 $RET^{\#}$ 及 HFR+ MFR 与成年人正常参考值有显著性差异（$P < 0.05$）。

参考值调查工作，需要组织受试志愿者、协调协作单位关系、筹措实验经费、培训技术队伍、制定研究方案。有些朋友对他讲："这项工作费时、费钱，出不了成果，费力不讨好，你何苦呢！"每当此时，丛教授总是笑着说："制定参考值是项非常基础的工作，现在医院检验科使用的高端仪器百分之九十是国外的仪器，随机带来的资料里的参考值是欧洲人的、美国人的、白种人的、黑种人的，就是没有中国人的，很多参数是有人种、地区、饮食习惯差异性的，使用外国仪器检测中国人的标本，所得出的结果是否异常必须与国人的参考值相比较。作为全国检验医学会的主任委员，我有责任这么做。"

第四节　开展血细胞分析质量研究 融科研成果于临床和教学之中

丛教授非常注重血细胞分析的质量管理工作，并把它作为临床科研选题的重要目标。进而又根据研究成果指导临床实践，促进检验水平的提高。20 世纪 80 年代，我国处于血细胞分析仪的初期阶段，仪器功能不完善、检测人员无经验，影响了检验质量。丛玉隆亲临检测的一线，与工作人员一道，仔细观察试验的每一个细节，认真总结体会，撰写文章或举办研讨会宣传这些经验，提高仪器的使用水平。在 1993 年《血细胞计数仪堵孔的原因和排除方法》的文章中，他详细介绍了"如何判断检测器是否堵孔"、"检测器堵孔的原因及处理方法""堵孔的预防"；在《抗凝剂对血细胞分析仪白细胞分类的影响》（1994年）一文中，对 EDTA-K$_2$、EDTA-Na$_2$、肝素、双草酸盐、枸橼酸钠的抗凝血，在 4℃、22℃、32℃ 不同温度，以及取血后 30 分钟、2 小时、4 小时、8 小时不同时间血液，分别同时在 K-1000 型、CD-1500 型、F-800 型及 CD-1400 型血液分析仪上观察白细胞计数及分类计数结果，结果表明 4 种仪器测试结果显示同样的变化趋势。在 WBC 总数检测中 3 种不同温度保存与 EDTA-K$_2$、EDTA-Na$_2$ 抗凝血 24 小时内实验几乎一致，而双草酸盐抗凝血，在 4℃ 条件下保存时变化不明显，20℃、32℃ 时实验结果呈逐渐升高趋势（WBC $6.5 \times 10^9/L \sim 7.2 \times 10^9/L$），枸橼酸钠抗凝血 3 种温度保存随时间延长结果减低（$6.5 \times 10^9/L \sim 5.6 \times 10^9/L$），肝素影响最大，取血 30 分钟时实验结果即减低（$6.5 \times 10^9/L \sim 5.6 \times 10^9/L$），最低结果仅为 $3.6 \times 10^9/L$（实际应为 $6.5 \times 10^9/L$），WBC 分类结果显示，EDTA-K$_2$、EDTA Na$_2$ 的抗凝血各种条件保存的结果基本一致，肝素抗凝血影响最大，显示淋巴细胞百分率明显偏高（淋巴细胞从 37% 升至 51%），显示抗凝剂合理使用的重要意义。

MCV 随时间延长发生改变，主要与抗凝血标本渗透压有关，丛教授用渗透压计测量 10 份血样，发现加抗凝剂后渗透压比加抗凝剂前平均增加了 43mOsm/L。因而抗凝血红细胞停留在一个高渗环境中，细胞内水分子与细胞外溶质相互交换，使细胞内渗透压随之升高，稀释液的水分进入细胞中，使之体积增大。4℃，20℃，30℃ 三种温度下 MCV 在 8 小时内变化已非常明显（4h 处达高峰，变化率分别为 3.5%、3.0%、8.6%，而后趋于平稳），明显影响阻抗法 MCV 检测。激光法测定 4℃ 下保存的标本，其 MCV 值 24h 内变化不明显，20℃、30℃ 下也是在 8h 时才出现变化，且变化率分别为 2.0% 和 3.5%。由此可说明红细胞的醛化固定过程可一定程度上防止细胞突然进入低渗环境时因水分子渗入而造成体积的改变。该法测 MCV 的优越性高于电阻法。H.3 血细胞计数仪 HCT 值是由 MCV 计算得来，因此，随 MCV 升高，HCT 呈相关性升高。30℃ 时，24h MCHC 从 8h 时开始发生变化，24h 降低了 13.2%，可能与压积变化有关。探讨不同条件下保存的血液标本对网织红细胞分析的影响。观察不同温度、不同时间保存的血液标本网织红细胞计数和分群的变化。结果显示：4℃、10℃ 条件下保存的标本，网织红细胞计数值在 72h 内无明显变化；高荧光强度网织红细胞百分比与中荧光强度网织红细胞百分比之和（HFR%+ MFR%）48h 内无明显变化，48h 后减低。20℃、30℃ 条件下保存的标本，网织红细胞计数值 12h 内无明显变化，12h 后逐渐减低；高荧光强度网织红细胞百分比与中荧光强度网织红细胞百分比之和（HFR%+MFR%）12h（30℃）和24h（20℃）内无明显变化，12h后（30℃）和24h后（20℃）逐渐增高，尤以30℃显著。得出了"血液标本在4～10℃保存，48h内网织红细胞计数及分群均无明显影响；在20～30℃保存，12h内网织红细胞计数及分群均无明显影响"的结论。

在《血标本保存条件对血细胞分析仪测定结果的影响》的研究中发现，白细胞计数在48h内（4℃）、24h内（20℃）、8h内（30℃）和白细胞分类12h内（4℃）、8h内（20℃）、4h内（30℃）的测定结果基本保持稳定，变化率＜3%。此后各温度点保存的血标本，WBC呈下降趋势，20℃和30℃的变化更点图上各类细胞群的散点始分散，相互之间明显；白细胞散间的分区变乱，报警增多。白细胞类值表现为中性粒细胞比例呈下降趋势，单核细胞比例和淋巴细胞比例呈上升趋势，以20℃和30℃的变化更显著。红细胞参数除Hb（72h基本稳定）外，其他参数易受温度的影响。4℃保存的血标本，RBC、MCV和HCT的测定值48h内基本保持稳定，变化率＜2%；48h后，仅MCV与HCT略呈上升趋势。20℃条件，RBC（48h内）、MCV及HCT（12h内）的测定值基本保持稳定，变化率＜2%。30℃条件，RBC（24h内）、MCV及HCT（8h内）的测定值基本保持稳定，变化率＜2%；MCV在12h后（20℃）和8h后（30℃）的测定值呈快速上升趋势；HCT的测定值随MCV的增大而升高。在72h时，3种温度保存的血标本，红细胞值均有不同程度降低，以30℃最为显著，这可能是由于MCV明显增大，部分红细胞膜破裂导致其计数减少，HCT也降低。血小板(4℃48h内、20℃24h内、30℃12h内)和MPV(4℃8h内、20℃6h内、30℃4h内)的测定值基本保持稳定，变化率＜5%。此后各温度点保存的血标本，血小板均呈上升趋势，以20℃和30℃的变化更明显；而MPV也呈快速上升趋势，在24h时间点，MPV测定值在4℃、20℃和30℃的变化率分别为14.1%、25.7%和34.6%。可见血小板参数（特别是MPV）受温度的影响最明显。从而制定了"血细胞分析所用的抗凝血标本采集后保存的最佳温度为4℃左右；通常室温（20℃左右）放置的血标本应在采集后8h内测定完毕；如果室温大于30℃，血标本采集后应在4h内完成检测。在日常工作中，由于某些原因导致血标本不能及时送检或检测时，应当将抗凝血标本放置在4℃或20℃左右（有空调的室温条件）温度较低的环境中保存"的临床检验流程。

他在《中华医学检验杂志》（1994年）发表的题为《血液分析仪应用中的几个问题》文章中明确指出：目前国内使用的血液分析仪基本上是进口产品且绝大部分因电阻不同采用阻抗法。阻抗法计数细胞的原理是基于细胞在测试系统中产生的脉冲大小与仪器设定的阈值比较而得出的数据，脉冲大小除与细胞大小有关外，还与溶血剂的种类、稀释液的渗透压、离子强度、电导率、仪器出厂时固定的孔电压和脉冲的增益率等有关，因此欲得到准确的结果，原则上应使用原仪器的配套试剂。进口试剂价格高昂，运输不便，应提倡替代试剂的研制，但用自配试剂必须具备下列条件：①自制试剂在成分和剂量上与配套试剂不尽相同，但同一份血液，在配套试剂（稀释液＋溶血剂）与自配试剂中细胞产生的脉冲信号应是相同的。血细胞分类直方图是重合的，细胞分类的结果应一致，如达不到这一点，不能代替进口试剂。②在红细胞、血小板测试系统中，细胞数、MCV、MPV 在两种试剂中所得的结果应是相同的（如果仪器的计数阈值是可调的，至少应在允许的变异范围之内）空白计数应符合仪器的标准。③溶血剂溶解血细胞的程度、速度及血红蛋白与溶血剂使用后的吸收光谱与 HiCH 应相似，吸收峰值最好在 540nm。④自配试剂的成分不应损坏仪器的部件或影响使用寿命。

这篇文章及时指出了自配试剂存在的问题与解决的方法。在这篇文章他还特别强调了检测人员的素质问题，指出先进的血液分析仪需要高素质的人员去使用，这些人员：①上岗前要仔细阅读仪器说明书或接受良好的培训，要对仪器的原理、操作规程、使用注意事项、异常报警的含义、引起实验误差的因素及维护有充分的了解，掌握用 ICSH 推荐的标准方法校正仪器的每一个测试参数。②注意分析前、分析中、分析后全面质量控制，严格管理标本的采取、处理、运输，注意患者生理或病理因素给实验造成的误差或服用药物的干扰作用；分析中随时监控仪器的工作状态，注意工作环境的电压变化和磁场、声波的干扰，根据质控图的变化及仪器的调试；测试后要根据临床诊断，直方图形的变化，各项参数的相互关系，确认无误后方能发出报告。③必须具有高度的责任心和事业心，因此，必须重视抓技术人员医德医风的思想教育和专业知识水平的提高。在仪器选购方面除了要对仪器本身的质量、功能和售后服务等认真考察，还要对本地区本单位的环境条件、人员素质、工作量大小及经济承受能力等作全面考虑。切忌脱离实际追求高档，不顾及社会效益。

最后，根据国内血液分析仪使用和临床应用存在的问题，结合自己在临床实践的体会和科研发现，20 年发表的关于"血细胞分析临床应用"方面具有指导性文章竟有 90 多篇，如《网织红细胞计数法进展及质量控制》（中华医学检验杂志，1994）、《国内血液学及体液学检验进展》（中华医学检验杂志，1996）、《血细胞分析技术进展与临床应用》（继续医学教育，2006）、《再论血细胞分析技术进展与临床应用》（中华检验医学杂志，2007）、《仪器法血细胞分析后血涂片复审标准制定的原则与步骤》（中华检验医学杂志，2008）、这些文章对推动我国血细胞分析仪正确使用有很大意义。

13 年（1995～2008 年）时间组织全科人员编写近 40 部学术专著

　　1996～2012 年丛玉隆撰写了三部具有重要影响力的专著，《当代血细胞分析技术与临床》（人民卫生出版社，1996）、《现代血细胞分析技术与临床》（人民军医出版社，2005）、《实用血细胞分析技术与临床》（人民军医出版社，2012），特别是在《实用血细胞分析技术与临床》中，他用了 5 个章节的篇幅 10 万多字，以国标《医学实验室质量和能力的专用要求》（GB/T22576—2008/ISO15189：2007）为依据全面介绍了如何建立血细胞分析仪使用的全程质量管理体系、过程控制和流程管理。详细阐述分析前、中、后各阶段血细胞分析误差的根源、干扰检验结果的要素，加强质量控制的环节，以及建立规范化管理的程序。

辛勤的耕耘，必得丰硕的成果。仅血细胞分析研究课题，丛教授获得了解放军医疗成果二等奖 2 项，军队科技成果三等奖 2 项。研制的质控物连续 12 年被北京市检验中心选作北京 120 多家医院血细胞分析仪室内质控物，受到同行的好评和认可。

第五节　开拓干化学筛选研究　规范显微镜过筛标准

在尿液自动化分析及质量控制方面，丛玉隆进行了干化学法影响因素的研究，在国际上首先发现并报道了大剂量注射青霉素后尿液内青霉素如何对尿蛋白定性试验的干扰作用，他在国内较早开展干化学法筛选标准研究，探讨了尿液干化学分析显微镜检查的过筛标准，并在国内最早报道干化学法检测红细胞、白细胞及蛋白结果与镜检的关系，为尿液干化学分析筛选标准的制定提供了实验依据。建立较为完整的适合尿液分析仪评价的鉴定方法，探讨了尿沉渣测定 4 种方法的参考值范围。迄今发表《尿液有形成分镜检与自动化检测方法学利弊和互补分析》《机器视觉识别法尿沉渣镜检的新"筛子"》《19 种抗生素对尿糖测定影响因素探讨》《尿中维生素 C 对干化学法测定结果的影响》《尿液常规分析质量控制及临床应用研究体会》《尿液沉渣检查标准化的建议》《强化全面质量管理意识，提高尿液分析诊断水平》《中国正常人群尿液有形成分自动化分析结果调查》等尿液检查相关文章 50 余篇，主持并亲自撰写了《尿液理学、化学、显微镜检查标准化建议》全国行业标准。2001 年他研究的"尿液自动化分析临床应用价值与质量管理应注意的问题"获全军科技成果奖二等奖。形成了系统的"全面质量保证体系"，对尿液实验室检查标准化、规范化管理，保证实验结果的精确性和准确性发挥着重要作用，提出了尿液分析的质量管理六大方面。

1. 尿液分析流程及注意问题

（1）尿液标本必须收集在清洁、防漏、无清洁剂或药物污染的容器，收集后 2h 内不能分析的标本，需冰箱保存，冷藏后标本检测前必须回复到中等室温。有些标本需避光（如测胆红素）保存。

（2）尿试条的质量是保证干化

丛玉隆与匈牙利检验医学专家交流两国现代化
尿液分析技术

学检查结果准确的关键，也是当前国内影响尿液分析质量最大的问题。应提倡使用随机原装试条，如果用其他厂家的产品替代，要严格鉴定并确认试条与仪器匹配。试条应室温、防潮、避光保存。新购置的尿分析仪要有严格的鉴定和验收手续，定期维护。仪器和试条的灵敏度是经过大量科研实践得出的统计数据而设置的。由于干化学检查是过筛实验，检测结果不应或尽量减少假阴性。灵敏度可能较高，相对特异性较差，假阳性较多（特别是红细胞检查），目前某些实验室由于种种原因，随意要求厂家降低仪器或试纸的灵敏度的做法是不可取的。

（3）注意各项记录的保存。完整、详细的实验记录保存对于质量保证非常重要。实验室日志、标本的验收、不合理标本的处理、标本收集送检、实验及发出报告的时间、患者服用可能干扰实验结果的药物、室内室间评价结果、仪器的维护与维修、试纸条批间差异等都应记录和保存。管理和测试人员必须在记录本上签名，一旦发现问题，及时查找原因，追究责任。

（4）严谨、规范、实用、简练的操作手册是全面质量管理的重要组成部分，包括实验方法原理、操作步骤、试剂和仪器的要求、实验工作条件、仪器校准方法、校准物及质控物规格，实验方法的溯源（选自哪个标准化文件或署名杂志）、分析物参考范围、试验注意事项、质量控制措施及仪器出现警告（报警）的含义及处理办法等。

（5）技术人员培训和知识更新的教育。先进的仪器需要人操作，试验结果的质量需要人判断，技术人员的素质和水平是保证高质量的重要因素，要注意对工作人员职业道德、伦理道德的教育，使之自觉遵守规章制度和操作规程，不断进行技术培训和知识更新，鼓励他们多从事科研工作，不断总结工作经验，积极参加学术交流，胜任本职工作。

（6）加强临床与实验室交流，共同完成质量管理。全面质量管理可分为分析前和分析中、分析后三个部分，需要医生、护士、卫生员和检验技术人员共同完成。要使医护人员了解实验原理、方法、标本采集要求，避免病理和药物干扰实验，选择采取标本的最佳时间及如何合理选择实验项目，准确分析、使用检验报告；而实验室的管理者和技术人员也需向临床医护人员学习更多的临床知识，了解自己的工作质量和临床的要求，改进工作。因此，需要实验室不断与临床进行学术交流和信息沟通，共同实施质量管理程序。

2. 规范的尿有形成分显微镜检查：Purdy 证实尿沉渣显微镜检查（下简称尿镜检）的临床价值以来，已有 100 多年的历史，至今仍是临床检验中最常用的实验之一。古老经典的方法至今经久不衰，说明其在临床医学中的实用性和重要性。干化学尿红细胞、白细胞检查使某些单位忽视了尿镜检，甚至误认为可代替尿镜检，造成了误诊、漏诊，这种趋势必须纠正。尿镜检是尿常规检验的核心，这是因为其具有非常重要的临床价值。比如尿红细胞数量高于参考范围可提示肾脏或泌尿系统多种疾病；红细胞形态的分析有助于鉴别血尿的来源；肾移植后患者尿中出现大量单个核细胞提示早期组织排异反应；"Glitter"细胞的出现是肾盂肾炎的指征；酵母菌多次出现在糖尿病患者尿中可能提示尿道念珠菌感染；管型的鉴别与分类有助于肾病的鉴别诊断和预后分析（如宽管型被认为在肾集合管形成，是由于严重肾病导致尿排出量显著减少所致，其在尿中出现提示疾病到了"终末期"，故称为肾衰管型）；病理性结晶也有重要的诊断意义。亮氨酸、酪氨酸结晶可出现在严重肝病患者尿中。大量尿酸结晶提示体内嘌呤代谢异常，可见于高热、痛风或白血病患者尿中，这些重要的临床诊断依据是任何尿液化学分析方法无可比拟的，但要获得上述有价值的实验资料，必须实行标准化、规范化的尿镜检。为此，美国临床检验标准委员会（NCCLS）、欧洲临床检验标准委员会（ECCLS）、日本国家临床检验标准委员会（JCCLS）1995 年以来先后颁布了尿沉渣检查标准化方案。我国也非常注意此项工作，中华医学会检验医学分会于 1995 年在武夷山组织了研讨会，制定了镜检的标准化试行草案，经过几年实践，反复讨论，于 2002 年出台了"尿沉渣显微镜检查标准化建议"，建议从尿镜检的目的、尿液收集的方法、仪器与消耗品的要求、试验步骤、结果报告方式及质量控制措施等均进行了严格规定，希望同道们认真参考建议，根据本单位实际情况，规范尿镜检操作，提高尿液分析水平。

3. 正确认识和应用尿液干化学分析：尿液干化学分析以其简单、快捷、方便、少量尿液即刻获得 10 余项参数的特点迅速在全国普及，对健康人群普查及患者初诊筛查特别对泌尿系统疾病的诊断有一定的临床价值。但由于某些医生和检验人员对其实验原理、临床应用范围及方法学的局限性缺乏深刻的理解，影响了临床诊断。以下几点必须引起注意：①干化学尿液分析由于其准确性、精确性和方法等的局限，只是半定量分析，只作为患者诊断的初筛，不能作为确诊的依据。②方法学的差异使同一试条不同测试模块的检验敏感度和特异性不同，体现的临床诊断价值也各异。葡萄糖检测灵敏度是班氏法 3 ～ 5 倍且特异性优于班氏法湿化学糖定性。检测蛋白模块灵敏度也较高，但只能检测白蛋白，适合早期肾病以白蛋白为蛋白标本，不能反映晚期尿球蛋白增多时疾病的变化。此时使用磺柳酸法可能更佳。尿比重（离子树脂法）检测灵敏度很差，只能用于体检，决不可用其判断肾功能变化。亚硝酸盐试验原理是大肠埃希菌还原尿中硝酸盐为亚硝酸盐，后者与模块的基质发生偶氮反应，故此实验有助于大肠埃希菌引起泌尿系统感染的诊断，但阴性者并不能排除其他细菌引起的炎症。尿酮体检查仅对乙酰乙酸敏感，对丙酮较差，对 β - 羟丁酸不起反应。由于疾病不同病程或标本收集后存放时间不同，上述酮体的三种成分在尿内的含量也不同，要根据病情和其他实验资料正确分析实验结果。③药物和病理因素对干化学检查的影响。尿液内含有某些药物或病理物质可干扰被测物质与试条模块基质的化学反应，造成假阳性或假阴性的结果。尿内含有青霉素，干扰蛋白的检出；尿内大量维生素 C 的存在，使糖、红细胞、酮体、胆红素出现假阴性结果；尿内有大量蛋白会干扰白细胞检查；而尿液的 pH 过低、过高可使尿比重过高或过低，也可使尿蛋白出现假阳性和假阴性结果。临床医生分析实验结果要考虑到上述因素。实验室工作人员发出报告时应用尿液 pH 和维生素 C 浓度变化，以确认是否相关，被检测物质是否受到干扰。

4. 尿干化学红细胞、白细胞检查与镜检的关系：迄今为止，尚无一种自动化仪器能替代手工法尿沉渣镜检（即使用 IRISTM 也有个别标本需人工镜检确认）。因此，原则上每一个尿常规检查的标本均应进行规范的沉渣镜检。但镜检的方法也有不足：首先镜检只能观察有形成分，某些病理或人为的（如标本采集、保存不当）因素可造成尿内红细胞、白细胞破坏，镜检会出现假阴性结果。此时干化学分析有互补作用，因为后者可检查细胞破坏释放到尿液中的亚铁血红素或白细胞酯酶。因此在报告镜检结果时，要参考干化学的结果，但应注意排除干化学产生假阳性的可能。其次，规范化的尿镜检较为烦琐，这对于标本量很大的实验室，既要规范操作，又要及时发出报告，是比较困难，如果急于发出报告不按规范操作可能出现的误差更大！因而就产生了用干化学筛选的概念，即根据大量的科研和医疗实践制定一个标准，如果干化学检查结果在此范围内，可视为尿中的红细胞、白细胞在参考范围内（WBC ＜ 0 ～ 5/HP，RBC ＜ 0 ～ 3/HP，透明管型＜ 0 ～ 1/HP），不需要进一步检查。不同国家制定的标准也不同。丛玉隆 2002 年初访问了丹麦哥本哈根的一个大型实验室，其将尿液干化学和显微镜检查分成两个不同的项目。医生开化验单要求做哪项就做哪项。美国临床检验标准委员会（NCCLS）提出了三条：①医师提出要求；②由于患者的疾病、病情或其他检查结果而要求；③尿的任何一项物理化学检查结果不正常。丛玉隆曾在 1995 年使用 MIDTRON 半自动尿分析仪和 2001年应用 2400 型全自动分析仪及配套试剂分别进行了 6439 例和 1000 例分析，并与标准化镜检进行了对比分析。

通过临床分析，提出了符合下列三项之一者必须镜检：①医生提出要进行镜检或患者主诉、体征可能在尿沉渣中出现，除红、白细胞以外的有形成分，如结晶、异常细胞等。②泌尿系统疾病或糖尿病等会引起肾脏并发症。③尿液颜色、浊度、蛋白、亚硝酸盐、红细胞、白细胞中有一项以上异常者。关于干化学筛选镜检问题国内学者有不同的意见，丛玉隆认为显微镜检查是沉渣分析的金标准，其重要意义是任何方法无可比拟的，只要条件可能，最好每个标本都要镜检，但鉴于其不能分析破碎的细胞，有时必须同时做干化学参考。在标本量很大又需及时发出报告，干化学可以作为筛选手段。但必须严格遵守筛选标准。筛选的前提是仪器和配套的试条的质量，如果达不到筛选的质量要求根本谈不上筛选。每个实验室在建立筛选方法之前必须了解所用试条质量，并根据自己的数据决定能否用于筛选或制定出本实验室的筛选标准。筛选的原则是不能放过异常标本，即不能出现假阴性。至于可能出现较多的假阳性，进一步镜检方可纠正，此时干化学的结果已无意义。但也应指出，再严格、再合理的筛选标准也不是尽善尽美的，因此，临床医生在分析实验结果时，一定要综合临床资料和相关实验结果。

5. 尿液分析技术进展：基础医学和临床医学的发展，新技术、新方法、新仪器及新的实验参数逐步普及，促进了尿液分析水平的提高。用于尿液有形成分检测的自动化仪器有流式细胞仪（UF-1000）和显微成像自动数字识别技术两类原理截然不同的仪器，均只能对正常形态且在一定数值范围的尿液进行细胞分析计数，不能区分管型类型、结晶及其他。只能用于筛选，不能完全代替人工镜检。半自动干化学尿液分析仪在我国已有 30 多年的历史，目前全自动化分析已逐步在国内普及，仪器可自动进样，自动标码识别，固定试条浸尿时间，自动测定荧屏显示结果及打印，全部按程序自动进行。仪器还有特别白色滤纸垫块，用于检测尿的颜色和浊度，并改进了比重检测法，有的仪器采用折射仪法，有的仪器采用谐振法，提高了比重检测的准确性。近年来发明的干化学尿微量蛋白和尿肌酐检查技术可协助临床区分肾小球和肾小管损伤，也可为糖尿病肾病的早期诊断和疗效观察提供参考依据，控制不良的糖尿病常发生肾脏损害，尿中白蛋白排出量增加，是最早出现的指标之一，还可通过检测尿白蛋白浓度对糖尿病肾病的分期与预后作出判断。

6. 探讨了显微镜检、干化学、单克隆抗体和尿流式四种检查：红细胞的临床价值及方法学互补关系，显微镜检查可直观红细胞形态，计数准确，但不能发现在尿路中破坏的红细胞；干化学可检测出亚铁血红素，作为检出破坏红细胞的依据，但干化学检测红细胞易受尿中维生素 C 和易热酶的干扰，出现假阴性或假阳性的结果。此时单克隆尿血红蛋白的检验可以帮助确诊（但应注意单克隆方法很敏感，在 0.5/HP 红细胞，即可呈现阳性），而此时的尿流式，不但可快速进行尿红细胞计数，更有价值的是可客观地区分红细胞的形态，避免了人工镜检的主观影响，对分析血尿来源、鉴别肾病诊断有重要意义。

我国著名的检验学家沈霞教授，获得过中国国检验医学特殊贡献奖，曾任中华医学会检验医学分会副主任委员、中华医学会输血学会副主任委员。沈霞这样评价丛玉隆，"丛主任本人的专业水平，大家都很佩服。他在业务上精益求精，从不放过任何一个小的问题，就是很简单比如尿液分析，他也能够把它做成很深的学问。再比如血液分析，我们的检验科每天都在做，但他把血常规仪器分析之后的结果做成图表，把图表的解释也能够搞得清清楚楚。尤其是血小板的成分，数值和量的变化等等，他也能够写出很多论文。这是很不容易的，也是我们钦佩之处。"

"我们检验医学分为生化、免疫、微生物、分子生物学、血库和临床检验六个专业。生化专业大家都很喜欢，因为水平很高，国内外的论文很多都是关于生化的。后来，免疫又成为一个新兴的学科，现在免疫的发展快得不得了。分子生物学随后也成为新兴的学科，后来者居上。只有临检专业是检验科最烦琐的专业，大家都不大愿意去做。"沈霞对检验医学各个专业的描述准确而生动，"临检专业，每天要面对很多患者，每天都讲这句话——'伸手、抽血'，非常烦琐，而且从专业的角度来说也出不了很大的成果。但是丛主任偏偏就在烦琐而不起眼的临床检验做出很多成绩，获奖也很多，写书也很多。所以大家对他都很佩服。"

沈霞微笑着说，"有时年轻人对于临检工作有点抱怨，觉得太麻烦，我就用丛主任来举例，你埋怨什么，丛主任就是做临检的，做得这么好。"

第六节 传承传统经典技术 呼唤形态学检验回归

给患者验错血型，为手术抢救之中 A 型血的人输了 B 型血；只是依靠仪器设备而没有镜检，导致白血病患者的漏诊；全国已有尿液分析仪 10 万余台，但 90％ 以上的医院将自动化分析结果作为定量的数据，直接用于疾病的诊断，造成许多误诊和漏诊……

近年来，国内医院检验科普遍存在着检验技术人员完全依靠自动化仪器，忽视形态学检验而导致错误报告的情况，有的贻误诊断，造成误诊，甚至威胁患者的生命。

进入 21 世纪以来，科学技术和临床医学的飞速发展，极大促进了检验医学技术的现代化进程，使检验医学在疾病的诊断、治疗、预防和康复中发挥着不可替代的重要作用。大量自动化、智能化高技术分析仪器普遍应用于临床检验科，先进的检测仪器和实验方法大大提高了医院检验科的工作效率和经济效益，使检测结果更为精确和准确，为临床提供了许多新的参数和诊断指标，为检验医学学术水平和整体技术水平的提高起到了重要的推动作用。

　　但先进的仪器是由人来操作的，必须得到合理的使用；再先进的设备也有其局限性和不足的一面，有些检测项目要靠经典的方法去验证、校准和补充。当前，在国内医院检验科临床实践中普遍存在着一些不可忽视的问题，有些检验技术人员在有形成分的形态学检查上完全依靠自动化仪器，而忽略了经典的人工显微镜在形态学检测中的作用，由此导致错误的报告，有的贻误诊断甚至发生医疗事故，造成不良后果。

　　为此，为呼唤和加强形态学检验这一经典技术的临床应用，2004 年 10 月30 日，由《中华检验医学杂志》编辑部牵头组织，在北京香山召开了"形态学检验专家座谈会"，会后发表了会议纪要——《加强形态学检验专家座谈会纪要》，全文如下。

　　随着临床实验室检测技术的快速发展，大量自动化仪器设备应用到临床检验工作中，临床检验不断向自动化和智能化迈进，这对提高临床实验室的工作效率，减少检验技术人员的工作强度，提高实验室检测的精确度发挥了重要作用。但是，由于检验自动化设备大量的普及和应用，临床实验室出现重视现代仪器设备，而忽视常规形态学检验的现象，医院一些检验技术人员过于依赖自动化仪器，而忽视了基本形态学的检验。在临床实践中，由于忽视形态学检验而造成误报误诊屡见不鲜，严重影响了临床诊断的正确性和治疗效果，甚至导致误诊和医疗纠纷。

　　针对当前临床检验普遍存在忽视形态学检验的状况，在丛玉隆总编辑的倡议下，由《中华检验医学杂志》编辑部牵头组织有关专家，于 2004 年 10 月30 日在北京香山召开了"形态学检验专家座谈会"。出席会议的有本刊总编辑、解放军总医院临床检验中心主任丛玉隆教授，南京医科大学附属第一医院检验医学科主任童明庆教授，卫生部北京中日友好医院检验医学科曹兴午教授，解放军总医院临床微生物科主任周贵民教授，北京和睦家医院检验学科主任孙芾教授，江苏大学技术学院顾可梁教授，北京大学深圳医院检验医学科主任彭黎明教授，河北医科大学附属第二医院检验医学科主任李顺义教授，北京大学第一医院血液病研究室主任朱平教授，浙江大学医学院附属第一医院血液病科卢兴国教授，内蒙古自治区医院检验医学科主任冯笑梅教授，卫生部临床检验中心血液与体液室主任彭明婷研究员，海南省临床微生物检验中心主任谷海瀛教授，湖北省人民医院检验医学科主任李艳教授，北京大学第一院检验医学科副主任王建中教授，《中华检验医学杂志》编辑部主任袁桂清编审等诸多相关专业的专家出席座谈会。

在座谈会上，与会专家一致认为，临床形态学检验是检验科最基本的技能，也是临床实验诊断最简便、最快捷、最特异和最经济实用的常规检验方法技术，也是临床诊断的金标准，我们必须继承、发扬、深化和创新。大家认为，现代化的技术不能完全代替经典的形态学检验这一传统的技术，与会专家一致呼吁：全国的检验技术人员要克服单纯重视现代化仪器设备、轻视临床形态学检验的倾向！

会议达成如下共识：

1. 加强形态学检验人才培养和检验科领导对形态学检验的重视：要有计划地培养擅长和热爱形态学检验的专业人才，鼓励学习和研究形态学，检验科主任要经常检查形态学检验规范和制度的落实情况，及时发现和解决存在的问题。

2. 建立规范性的形态学检验操作程序（标本采集、操作方法、处理技术和检查要求等）：增强检验技术人员法规和制度意识；建立形态学检验网站，并进行网络会诊。

3. 组织形态学相关学术文章：《中华检验医学杂志》要加大对临床检验形态学诊断的学术文章报道，组织"形态学重点号"和述评文章，进行有效的学术引导。开设"形态学诊断研究"或"形态学误诊分析"栏目，促进和加强形态学临床研究和经验交流。

4. 组织编写形态学检验专业书籍，普及形态学检验知识。

5. 开展形态学检验继续教育：组织形态学专家讲课小组，由《中华检验医学杂志》编辑部组织协调，就近分区域举办形态学检验培训班。并初步明确了各大区组织形态学培训班的领衔专家。与会专家还就有关形态学检验的现状和存在的问题进行了分析，并提出了改进建议。

一、临床血液细胞形态学检验

1. 目前现状：血细胞分析技术从手工操作到二分类、三分类、五分类甚至六分类自动化检验，已经突飞猛进地发展。先进的检测设备帮助了临床检验人员快速完成日常大量的常规检验标本，应有的模式是全自动化仪器分析为主，手工复片（染色）审核为辅。常有的镜检原因：①仪器无法识别，有报警提示（机内报警）；②异常高低值报警（实验室报警）；③临床特别要求：但各家医院检验科实际镜检率在 0 ~ 15%，大部分医院可能 < 5% 或者不镜检。

2. 存在问题：①客观问题：血细胞作为三大常规检验项目之一，每天工作量大，检验人员少，检测仪器种类不同，其分析能力也不同；②主观问题：检验人员细胞形态识别能力弱；对细胞形态检验重视不够，检验程序不规范、不标准。

二、临床体液形态学检验

1. 尿液检验现状：它与血细胞分析相比，尿液细胞检验技术的发展较为缓慢，其原因是尿液有形成分的检验准确性受多种因素影响。目前，较为准确的检测方法为全自动检测分析（有形成分分析、干化学实验）为主，手工复片审核为辅。尿液有形成分常见不重视镜检的原因：①仪器无法识别有报警提示（机内报警）；②异常高低值报警（实验室报警）；③临床对变形性红细胞形态镜检的要求。各家医院检验科实际镜检率差别太大，大部分医院可能 < 20% 或者不镜检。

2. 存在的问题：①客观问题：工作量大，人员少，缺少固定的尿液检验专业技术人员；仪器分析能力不同；需要离心，程序烦琐；合格尿液标本留取受到多种因素影响。②主观问题：异常细胞（特别是红细胞）识别能力弱；重视程度不够，检验程序不规范，较少复核尿液标本；在工作中缺乏对异常成分的读片。

3. 其他体液形态学常规检验：①现状：浆膜腔液、脑脊液、精液等，仍采用手工计数推片（染色）分析为主，也可采用尿液自动化分析仪检测结果（浆膜腔液、脑脊液）；大便常规仍以手工涂片分析为主；实际镜检率各医院虽然达到100%，但由于各技术人员检测水平的差异，导致不同的检测结果，标准难以界定。较为理想的报告格式是报告单上不仅有细胞数和分类外，还应附有清晰、直观的图谱报告结果。②存在的问题：客观原因：浆膜浆液、脑脊液、精液等标本数量少，对异常细胞的观察实际经验不足；部分标本的采集不符合要求；粪便标本工作量大，工作条件简陋。主观原因：对异常细胞识别能力差；

重视程度不够，检测程序不规范，虫卵的检测率低。精液检查是临床检验的弱项，往往被忽视，而精液分析常常是不育症诊断的一项重要参考指标，其中大量的"生精细胞"常被误报为"白细胞"，造成误诊。

三、临床微生物形态学检验

1. 临床微生物形态学检验现状：临床微生物检验技术的发展较为成熟，但由于细菌形态检测的准确性受多种因素的影响，其中培养时间的长短、染色技术也尤为重要，依染色形态、颜色可决定下一步的检验程序。目前，较为准确的检测方法为细菌纯培养后，菌液直接上卡做全自动检测分析（细菌的分类与鉴定），常会出现直接涂片与培养结果不一致的现象；新的菌种无法识别；对何种疾病在什么情况下于哪种标本中可能存在某种病原体，如何采用针对性的采取方法，有目的检测某种病原体；标本的采集、涂片的厚薄、染色的方法选择、时间的掌握等，都要有丰富的经验。

2. 存在问题：①客观原因：细菌标本检测程序烦琐、耗时；仪器分析技术交叉；标本采集影响因素多。②主观原因：缺乏对微生物准确检测和操作的技能；缺乏丰富的临床微生物学检测经验。③检验科与临床联系不够，缺乏必要的沟通。

四、改进的方法与对策

1. 加强管理，统一认识，努力与国际接轨，建立相应的操作规范流程和质量控制体系。

2. 血细胞分析只能作为过筛试验检测。

3. 尿液分析和其他体液检验建议使用有图像软件的自动化分析仪器。

4. 粪便常规检验建议采用封闭式的容器和使用有图像软件的自动化仪器。强化对粪便、血液、组织显微镜下查寄生虫的检验。

5. 加强微生物菌群的镜检，重视细菌标本接种、直接涂片、培养鉴定等的系统操作规范，熟练掌握医学及微生物学知识和准确的操作技能。

6. 普及检验形态学知识，组织编写权威性专业形态学图谱；定期开办细胞形态学培训班，重视培养相关形态学专业检验人才。

7. 组建形态学专家组织，建立网上交流平台，共同提高形态学专业人才的检验水平。

不可否认，检验自动化仪器的普及和应用，加快了临床检验技术的发展，但这丝毫不意味着传统形态学方法已经成为过去。恰恰相反，在临床检验工作中形态学方法仍然是任何方法都不能替代的。正确、熟练地掌握形态学方法至为重要，在某些情况下对配合临床救治患者生命会起到决定性作用。

　　丛玉隆在 2005 年 2 月《中华检验医学杂志》刊发的《既要发展现代技术也要继承经典方法》的文章中说，血细胞分析仪的应用是近代血液学分析的一次革命。它是通过电阻抗原理在十几秒时间内计数成千个细胞，克服了手工法计数的固有误差，比显微镜下计数精确好几倍，已成为血细胞计数不可替代的检验仪器。但是，在同一台仪器上同时进行白细胞分类计数确实存在很大的误差，其原因是这种检验不是通过形态学特征分析，而只是按细胞体积大小简单分群。每类白细胞的体积是不同的，通过检测区时产生与其大小相对应的脉冲，脉冲的大小与细胞的大小成正比。据此，被分成小细胞群、中间细胞群和大细胞群。统计学分析证实，在细胞形态正常的情况下，绝大多数淋巴细胞落在小细胞群内，中性粒细胞落在大细胞群内，其余细胞（嗜酸性、嗜碱性粒细胞和单核细胞）为中间细胞群。这不难看出，这种"分类"法与显微镜检查分类计数是两个完全不同的概念。仪器报告的淋巴细胞是相当于其体积大小的细胞群数目，绝对不是均一的淋巴细胞群体。报告的"淋巴细胞"也可能存在体积稍小的嗜碱性粒细胞。反之，大淋巴细胞会落在中间细胞群内而容易被误为单核细胞。正常生理状态都存在如此差异，病理过程的变化更可想而知，受各种因素影响，细胞形态，特别是体积的异质性都会有明显变化，甚至出现幼稚血细胞，仪器分析很难反映实际状况。

　　因此，血细胞分析仪白细胞分类报告仅限于正常体检和作为"镜检分类"筛选的参考。所谓筛选是通过仪器的"报警"和直方图分析，将病理变化需要进行显微镜形态学检查的标本挑选出来，再进行仔细、经典的形态学检查，其余标本视为"分类正常"免于镜检，达到既能保证医疗质量又能缩短患者候诊时间，提高工作效率的目的。但应指出，这种方法仍然具有"假阴性"危险的可能，造成漏诊。专家建议所谓"筛选"只是在大量标本不能及时镜检时"不得已而为之"的方法。只要有可能，应尽量"镜检"而不要"筛选"。近年来，各类激光法的五分类细胞分类仪相继问世，用于临床，进一步提高检验水平，降低了"筛选"的假阳性率和假阴性率，但必须切记，此类仪器的细胞分类功能仍是"筛选"，绝不能使用了此类仪器而使显微镜"马放南山"了。

　　文章指出，实践证明，尿沉渣有形成分的检查具有重要的临床价值。但目前临床忽视"尿镜检"的现象却非常严重，其根源在于没有正确理解干化学分析的使用要求。中华医学会检验医学分会提出的标准化建议指出尿液干化学检查中红细胞、白细胞结果不能作为疾病诊断的依据，只能作为"镜检"筛选标准。在仪器和试纸质量都合格的前提下，如果干化学检查显示尿蛋白、尿亚硝酸盐、尿白细胞、尿红细胞结果均为阴性且尿液来自非泌尿系统疾病患者，可视为此尿液标本中的红细胞、白细胞数量在参考范围内免于镜检。

目前，仪器的使用遍及全国，但却把"筛选"的标准抛在一边，完全取代了形态学检查。由此使得红细胞假阳性结果高达30%以上，白细胞假阳性和假阴性报告也很高，这种状况必须引起临床检验技术人员的高度重视。尿流式细胞仪在我国逐渐普及，它集流式细胞术、电阻抗与激光检测及核酸染色等高科技为一体，但也只不过是一类尿沉渣初步分析的仪器。除了其在红、白细胞计数方面存在某些局限性外，对有诊断意义的管型分析，结晶分析仍然是"束手无策"，仍需要进一步镜检，使用了该仪器检查尿沉渣而放弃镜检的做法也必须予以纠正。

形态学检查更是微生物检查的重要组成部分，一个好的涂片可以帮助细菌的鉴别，可判定菌群失调。仅仅一个脑脊液涂片中的隐球菌的早期诊断就可能拯救患者的生命。即使现在自动化细菌鉴定仪的使用，也要经过涂片染色，初步了解是革兰氏阳性或阴性菌，选择正确的程序才能得出正确的诊断。

丛玉隆敏锐地看到现代化检验仪器所带来的诸多问题。特别是2007年他作为中国国家实验室国家认可委ISO15189认可现场评审组长，对北京奥运会定点医院检验科的现场评审过程中，发现三大问题。及时在《中华检验医学杂志》发表了评论性文章。

第一，血细胞分析仪的血涂片复检率过低。血细胞分析仪白细胞分类计数功能仅体现在血细胞形态和比例大致正常的情况下，其结果可作为临床参考。然而，当存在形态异常的细胞时，如严重感染、白血病及某些遗传病的各类白细胞变化以及各类贫血的红细胞变化，仪器非但不能报告这些具有临床意义的细胞，还会影响其他系列细胞的检查。此时必须进行涂片复检。国际上非常重视复检工作。美国临床病理家学会（CAP）问卷调查显示，在263个实验室中，复检率达到平均值的有70家，占26.7%；而国际血液学"血涂片复检"协作组，用"41条"作为筛选标准，在15家医院调查显示复检率是29.8%，即便如此，还出现2.9%的标本漏诊。而本次现场实验结果，只有个别医院对门诊患者做血常规血涂片的复检率超过10%。

第二，缺乏适合本实验室使用仪器的筛选标准。此次现场检查发现只有少数单位有经过验证的合格筛选标准，其他大部分医院都不符合国际的要求，要么没有标准，要么只以仪器报警为筛选依据，或是根据文献资料而没有证实其是否适合本实验室仪器的要求。检查结果也显示这些实验室的形态学检查质量不高。

第三，识别细胞形态的基本功较差，缺乏辨认病理细胞的基本功及相关临床意义的知识。良好的细胞形态学功底是一个血液、体液学检查技术人员所必需的，也体现了这个实验室技术人员的基本素质和学术水平。在现场评审中对从事血液、体液常规工作的人员进行了血细胞、尿沉渣、寄生虫识别考试，结果不尽如人意。

丛玉隆作为检验医学领域的学术带头人，出于高度的责任心和使命感，在各种学术会议、发表的文章中大声疾呼，"呼吁我国检验医学界的同仁，在发展现代化自动化仪器的同时，继承和发扬老一辈专家在多年临床实践中积累的形态学检测的技术和经验，注重经典的形态学检查方法的应用和总结，结合自动化分析为临床诊断提供更直接、可靠、及时、价廉的检验结果，以保证临床诊断的可靠性"。

丛玉隆分析了忽视细胞形态检查的原因主要有三。其一是主观原因，有些医院的检验科主任对细胞形态学检查的重要临床意义认识不足。特别是全自动血细胞分析仪技术的快速发展，使检验科主任忽视了形态学检查，认为仪器计数准确，误认为仪器分析可以代替镜检；在质量管理上，对血涂片、尿沉渣显微镜检查的要求不够严格，在形态学检验技能培训上不够重视，在岗位人员分配上不够充足，以致造成漏诊、误诊甚至医疗纠纷。其二是客观原因，工作量大、检验人员少、临床要求出报告急，使得检验科无法进行规范的血涂片检查。其三是技术原因，没有正确使用自动化仪器的筛选镜检规则。

丛玉隆一直没有忘记，刚刚步入医学检验队伍时王淑娟教授就曾告诫他："三大常规技术是临床检验之母，不管你以后从事哪个专业，形态学是基础，是看家本领。"我国老一代检验学家叶应妩、朱忠勇、王淑娟、王金良、倪赞明等分别为各学科发展做出了突出贡献，但都有一个共同的特点，就是他们年轻的时候都打下了扎实的形态学功底。

半个世纪过去了，新理念、新思维、新模式、新技术充实实验医学，使得检验学科不断发展、检验技术不断提高、检验项目不断增多。检验医学向自动化、床边化、分子化发展，改变了服务内涵，拓宽了发展空间，如何既发展现代检验技术又继承经典有效的传统方法？

为此，丛玉隆提出首先要强化细胞形态学检验重要性的宣传，加紧培植技术队伍。老一辈有经验的医师、技师基本都退居二线，加之近20年来自动化仪器的普及使用和对仪器功能范围错误的理解，忽视形态学的状况越演越烈。同时，细胞形态学检验经验性很强，技术进步慢，获得基金难、不易出成果、经济效益差，而许多年轻人特别是高学历人才兴奋点在分子生物学上、在免疫学上。丛玉隆教授曾做过一项调查，在我国年轻的检验科主任中，从事形态学检验者的比例不超过10%。他疾呼当务之急是纠正忽视形态学检验的错误倾向，要加大宣传力度，鼓励更多、更高学历的人员从事这项工作。

第二，建议物价部门从收费上给予调整。迄今在常用的医学检验项目中，形态学检查仍是最直接、最有效、最具诊断价值、技术含金量最高的诊断手段，其临床意义是任何现代化仪器不能取代的，要从政策上支持形态学检验。细胞形态学检查是需要基本理论、实践经验和临床知识的，工作强度大，费工费时。但化验费却很低，与自动化仪器收费反差太大，疑难的骨髓涂片（或血涂片）有时需要经会诊后几小时或一两天后才能出报告，但收费仅几十元，这与国际上重视人工操作、重视经验技术的理念大相径庭。

第三，建立和完善规章制度，普及临床检验的规范化，并使每个检验技术人员正确理解和自觉执行。中华医学会检验医学分会专门组织国内专家制定了血细胞分析仪应用指南、尿液干化学应用指南和尿液沉渣检查的标准化建议。对现代化仪器与手工法形态学分析的关系、方法学的规范化、仪器的校准、质量控制措施都做了较深入的阐述。

第四，细胞形态学检查经验性很强，细胞形态千变万化，没有统一的模式，书本的描述只是其形态共性的部分，就像人的面孔一样，都有五官，但长相都不一样，掌握形态学的"技巧"就是多看、多总结，细胞形态受很多疾病病理变化的影响。看图谱、看讲义可能没有实际看片子收获大。另一方面，细胞形态检查一定要与临床资料（患者体征、临床表现、病史等）相结合。检验人员要多学一点临床医学知识，掌握疾病病因、病理变化与细胞形态学变化的内在联系，总结其变化规律，善于用临床资料为细胞学诊断提供依据。

第五，细胞形态学检查是一个系统工程，它涉及标本的采集、保存和运送条件，涂片和制片技术，染色中染料的质量、配制技术、染液的保存等诸多因素，特别是细胞化学染色方面的条件，任何环节都可直接影响检查的结果。因此，加强细胞形态学检查分析前过程的质量管理，建立标准化和规范化程序是当务之急。

第六，要加强细胞形态学检查的创新工作。近年来，位相差显微镜、偏振光显微镜、电子显微镜逐步进入临床检验。可从一般形态学发展到细胞膜面结构、细胞质与核的超微结构的观察；细胞化学、免疫组织化学的应用使细胞的鉴别和细胞分型更具有客观性，诸如 Diasys 等将自动化仪器与显微成像系统结合起来的尿液、粪便沉渣检查，使方法学更加规范、更加标准，阳性率更高；多媒体显微成像系统将镜下的图像放大（注意不是分辨率的提高），使对细胞的观察更清晰；甚至可将病理图像打印在报告单上或直接通过网络传输给医生供诊断疾病时参考。检验工作者要善于挖掘这些设备的应用潜能，将现代化设备和经典的、传统的方法及多年的实践经验结合起来，开辟形态学检验新的模式、新的路径。

随后，在丛玉隆的倡导下，《中华检验医学杂志》编辑部与中华医学会检验医学分会分别在哈尔滨、日照、广州、杭州、南宁、西安6个城市举办了7期全国形态学检验诊断高级培训班，组织全国性协作组分别指导了希森美康、贝克曼-库尔特、雅培及迈瑞等系列仪器血涂片复检标准的制定工作。在第七届全国检验医学学术会议上，设立分会场全天进行细胞形态学读片会、论文报告和专题论坛。

2008年，丛玉隆主编的《疑难病细胞学诊断》出版。三年以后，新增100多个病例，从最新的"现代细胞学"理念重新审视和评述这些病例的《疑难病细胞学诊断》的第二版问世。2011年，丛玉隆主编的《中国血细胞诊断学》出版，该书的出版对于改变我国血细胞形态学检验的现状和推动我国血细胞形态学的发展起到积极作用。

"近年来，经过丛主任和很多检验医学界专家的共同推动，因检验导致的误诊漏诊率大大降低，"我国著名检验学家沈霞教授表示，"检验科今天收到一百个标本，那么就要求30%要推片，现在大家已经养成习惯，不是说实验结果打出来闭着眼睛发出报告就可以，而是必须看实验结果正常还是异常，异常马上要推片，推了片以后，要蓝色显微镜检查。现在医院上等级检查，推片率和显微镜检查率都有这个要求。"

丛玉隆对于"三大常规"的贡献，我国著名检验医学专家、中华医学会检验医学分会原副主任委员、天津市公安医院原副院长王金良感慨颇多，"丛主任是真正能够统领我们全国检验队伍的统帅人物，真正的学术带头人。"王金良给丛玉隆总结出"九个"第一，其中有4个涉及"三大常规"。

第一，丛主任最早关注和倡导尿液检验标准化，使我国尿液检验与国际接轨。如何与国际接轨？当时有国际的标准、日本的标准，各家的标准和方法不一，对于尿液有型成分，红细胞、白细胞等国内的认识也不一致。丛主任专门召开尿液检验标准化会议，在大家的努力下，确定了国内的标准。

在这次会议上，第一次提出筛查的标准。什么情况下可以不做显微镜检查？专家的意见不统一，出现不同的声音后，丛主任坚持方向。现在，35种组合就不必做显微镜检查。丛主任倡导既坚持显微镜检查，又不漏掉患者的信息，保证准确性。

第二，丛主任在全国首先倡导血细胞分析的显微镜检查方法。有的检验人员打出结果后撕下来直接给患者，没有很好看患者的异常细胞，比如白血病细胞就可能漏掉。有的仪器可以提示，有的不能提示。

仪器出来的结果必须做显微镜检查，国际上有个47条标准。假如出现这47种情况，必须做显微镜检查。丛主任发动大家来做这项工作。在47条基础上简化出36条标准，现在被大家所接受。

第三，在全国推动手术前的止血功能规范化检验，这是丛主任的功劳。手术出血，这是外科医生最担心的问题。怎么能知道患者的止血功能呢？在提出规范化检验之前，方法是不一样的。在患者手指上，半分钟划一下，看什么时候止血；切刀的方法，弹簧刀绑在患者前臂上。这些患者都不好接受。这时丛主任提出凝血4项，丛主任的最大功劳是说服了卫生部，1990年卫生部以文件的形式下发。这个事情非常不容易。

全国自上而下推广，凝血酶时间等术前筛查。这件事推动了凝血检验的发展。

丛主任的止血、凝血反应过程的详图，把所有的影响因素都归纳到一个详细的图解。这么全面，这么详细，很多因素都考虑进去了，非常震撼。后来，丛主任又做出血小板的反应图解，也是国内最详细、最全面的。

第四，丛主任率先提出加强基本功训练，尤其是加强形态学基本功。现代自动化检验仪器带来很多问题，尿中的管型、结晶，大便中的虫卵，血里的异常细胞等都不认识了。丛主任比较敏锐地察觉到现代化检验仪器所带来的问题。组织专家巡回讲学，讲血液学的细胞形态学。他不仅能够敏锐察觉到，而且能够迅速行动起来。这个举措对患者非常有利，不延误对病人的诊断。

童明庆是我国检验医学的泰斗级人物，曾任中华医学会检验医学分会常委、临床微生物专业委员会主委、中华医学会南京分会常务理事，曾任中国医师协会检验医师分会副主委。童明庆对于丛玉隆"不片面追求自动化，注重继承经典方法"的做法给予高度评价，"丛主任的态度很清楚，他实际上是站在国家的高度和站在国情的角度来思考这个问题。一些必备的设备是必须要买的，但当务之急是要搞好实验室的管理，而不是摆谱儿去买大的流水线。这实际上是对实验室管理是粗放式管理还是集约式管理的判断，我非常同意他的观点"。

丛玉隆著作等身的背后，是他对检验医学创新的独特理解，在常规中做出不常规的事情。

创新无处不在，对于丛玉隆来说，将成果转化成人民的健康指数、幸福指数，这样的创新才是真正的创新。

　　1983 年丛玉隆的 "从人胎盘提取凝血活酶及临床诊断应用"，为国内首次从人胎盘提取物制备生物试剂，用于凝血因子检测至今已 30 多年了。30 多年来，丛玉隆从未间断过在血栓性疾病和出血性疾病的诊断学方面的研究工作，并取得累累硕果，包括在国内外发表论文 70 余篇，获得北京市科技成果一等类和三等奖各 1 项、中华医学科技二等奖 1 项、军队医疗成果三等奖 2 项，培养博士 6 名、硕士 11 名。在加强科室特色建设和满足临床和保健需求上发挥了重要作用。

"小检验做出大成就"，图为丛教授根据研究结果撰写出版的学术专著、获得的科技奖

第一节　临床实践偶然发现　促使改变临床科研方向

　　丛教授毕业于山东医科大学医疗系，为临床血液病研究生，研究方向是白血病的诊断与治疗，在研课题是 "白血病化疗与白血病细胞动力学变化"，经

过三年寒窗苦研，他的《白血病细胞 DNA 扫描定量在化疗监测的临床价值的研究》毕业论文得到师长和业界同行的赞誉。毕业后分配到北京医科大学第一医院（北大医院）。他本应沿着这个时髦的课题继续走下去，但事实上并非如此。

在临床实践中，偶然发生的三个事件，"动摇"了他的研究方向。

事件一：凝血试剂的研发使他对凝血机制的探索产生了极大兴趣：从山东医科大学毕业后，丛玉隆被原卫生部分配到北大医院检验科，工作中发现购买的凝血活酶试剂批间的酶活性差异很大，同一标本昨天 PT 是 13 秒，今天就 17 秒，致使医生很难判断检验结果的意义。他试图自己制作试剂，先后用了 10 只兔子的脑实质，发现 10 批试剂质量也有明显的差异。进一步研究发现，不同物种间凝血反应存有种属特异性。兔脑制剂与兔血作用，凝血只需 6 秒，人脑制剂与人血作用，凝血需要 11 秒，兔脑制剂与人血至少需要 13 秒。由于兔脑新鲜程度不同，10 只兔脑的凝血活酶也有一定差异。为此他查阅了大量文献并做了化学分析，发现人脑和胎盘绒毛组织磷脂的成分极为相似。经过三个多月不分昼夜地摸索，他成功研制成高质量试剂（10 个胎盘制出的试剂检测同一标本，只变化在 10～11 秒），而且还大大节约了实验成本（一个胎盘制得的试剂量相当于 50 只兔脑所得）。这项成果很快得到推广，北京生物制品研究所购买了这项技术，制成标准化产品进入了 IVD 市场。检验界泰斗叶应妩教授亲自主持了成果鉴定会，给予了很高评价。此项技术获得了北京科技成果奖（1984 年），此时仅距他毕业一年多的时间。试剂研发的过程也是他对凝血基本理论和基本技术了解、学习、深入领会的过程。凝血过程中凝血、纤溶、激肽、补体相互作用的复杂关系，止血与出血之间调节的各个不解之谜，都深深吸引着他。

事件二："PT 风波"潜移默化地改变了研究方向：在本书和许多报道丛教授事迹的文章中都提到过"PT 风波"事件，许多临床医生被感动，也有些学校将其作为教学案例，教育学生如何"从工作中的小问题做出大文章"。而丛玉隆关注的并不仅仅是分析前质量控制和实验室规范化管理，他反复思考着，仅一个"PT"结果就闹出这么大的"乱子"，检验科开展的 40 多项凝血检查，还不知有多少未知的"乱子"隐藏在每天工作之中，检验结果的质量如何得以保证？高度的责任心和使命感促使他查阅大量文献，进行周密的设计，对参与凝血、抗凝、纤溶、血小板等相关因子的性质和质控措施进行系列探索。这一干就是十年。十年内他克服了一个又一个困难、解决了一个又一个、取得了一个又一个成果，潜移默化中改变了他的研究方向。

事件三："围产期凝血机制变化的研究"使他看到课题研究的广阔前景：

20世纪80年代，计划生育工作在全国各地的展开，"节育"、"人流"、"引产"手术遍及城市和乡村，由于人们对围产期妇女止血机制的特殊生理变化缺乏深入的了解，术中往往出现意外甚至导致DIC，夺取了孕妇的生命。为了探讨围产期凝血因子高凝状态程度，为在不同孕期妇女手术前评价手术风险提供准确的实验依据，丛玉隆动态研究了不同孕期血小板、凝血因子、纤溶因子、血液流变学变化规律及发生产科意外时的凝血机制表现，发表的《围产期凝血机制的研究和临床价值的探讨》获得了当年北京医学会评选的优秀论文奖，此项研究对于当时指导围产期保健具有很大的意义。从试剂的研发到临床应用的研究中他看到了这个领域的广阔前景。

第二节　瞄准临床需求　打造特色优势学科

　　1987年8月，丛玉隆调入中国人民解放军总医院（301医院）临床检验科。作为科主任，他深入调查研究，了解国际动态，倾听前辈教导，遵循领导示意，勾画科室建设和学科发展蓝图，制定短期、长期发展规划。

　　"特色"是科室建设的重要内容，代表着科室的学术和科研水平，也是提高科室地位的重要方面。对于如何定位科室的学术特色，丛教授有他自己独特的见解。他认为决定科室特色有四大要素：①科室在医院承担的主要任务是什么；②医院知名专家与重点学科的专业是什么；③当前学科发展趋势是什么；④检验科主任从事的技术专业是什么。

　　他反复思考"四个是什么"与科室的关系，寻找最佳的结合点，他认为：①临床检验科是以血液学、体液学检验为主的常规检验科室。由于白血病和贫血的试验多半在血液科实验室进行，血液学检验的重点应放在常规血细胞分析和凝血系统检查；②解放军总医院是国家保健基地，老年病的防治工作与血栓的实验室诊断密切相关；③20世纪90年代以来，"出血与止血"基础理论和临床实践的研究深入发展，使"血栓性疾病"、"出血性疾病"这两个边缘学科相继问世，这就更提升了凝血试验在检验科的地位；④作为毕业临床血液病专业科主任，他有足够的能力完成"血栓性疾病实验诊断"科室的特色建设，创建国际一流学科。院领导批准了他的规划，在检验科设立了血栓病实验室（在当时全国的检验科内只此一家），高度责任心和强烈的学科特色愿望，使他义无反顾地放弃了他喜爱又有一定研究基础的"白血病实验诊断"科研课题，深入、务实、系列、前瞻地刻苦钻研20载，使解放军总医院临床检验科学科建设模式成为全国的典范。

第三节　突出血栓与出血性疾病研究
开拓专业国内领先水平

自 1991 年以来，丛教授在 20 多年的时间里从血管、血小板、凝（抗）血因子及血液流变学多学科、多层次、多方位地开展了 40 多项研究，探讨血栓、出血性疾病与其他老年病的变化规律，并取得了丰硕的研究成果。

他在国内首先建立激光扫描共聚焦显微镜进行单个血小板钙浓度、钙波动及钙流检测技术，即可在镜下将血小板横切几十层，通过各断层扫描，得出细胞内部三维结构的实验信息，并将激光共聚焦扫描单个细胞钙波动和钙流与流式细胞术群体血小板钙反应变化检测结合起来，并应用于心脑血管病患者血小板微粒膜蛋白的形成及病理作用研究，取得初步成果。利用流式细胞术研究了在高剪切率的情况下钙流的规律，探讨在冠状动脉硬化时的诊断意义。观察了服药前后血小板激活状态及在治疗的价值。他还用过程控制的理论对血栓与止血实验的质量控制及规范化进行了深入探索，其"病毒性肝炎实验检测和临床应用规范的建立"的研究课题获得北京市重大科技专项基金资助。通过系列研究，建立了凝血试验全面质量管理体系，其研究成果受到同行专家的高度评价。他的研究成果主要有以下三个方面：

一、血小板在血栓形成机制基础理论的研究

1. 血小板具有黏附、聚集、释放等各种功能，这些活化反应主要通过钙离子的调控来实现。所以，测定和调节细胞内钙离子浓度，有助于了解钙离子在血小板功能中的作用。为了建立简单、快速、准确的血小板内钙离子测定方法，丛教授用流式细胞仪检测二磷酸腺苷（ADP）作用下血小板钙离子浓度变化，并对实验条件进行了探讨。国内率先报道这一测定血小板激活时细胞内钙离子变化的新方法。

2. 为建立单细胞血小板钙浓度测定方法，探讨正常人服抗血小板功能药物前后，血小板钙离子浓度变化及相应功能变化的关系。利用特异荧光染料 Flou-3 对血小板内钙离子染色，并在激光共聚焦显微镜下，观察同一个血小板在激活前后钙离子浓度、形态及聚集率变化。研究结论：正常人血小板经 ADP 激活后，胞质内钙离子浓度明显升高，并引起相应的形态变化和功能的改变，阿司匹林可抑制这种变化。应用激光共聚焦显微术探讨单个血小板钙浓度变化，证实其可以直观血小板钙浓度变化，并能同时观察这种变化与血小板形态和功能的关系，可以作为研究血小板功能及抗血小板药物疗效的一种新的

实验手段。

3. 为了解细胞外钙离子（Ca^{2+}）浓度对高剪切力诱导血小板聚集的影响，并测定高剪切力活化血小板时血小板内钙离子浓度的变化，探讨钙离子在剪切力活化血小板中的作用，用锥板黏度计施加高剪切力作用，以荧光抗体 CD61 PerCP 标记血小板，流式细胞术（FCM）测定血小板聚集率。以荧光染料 Fluo-3 AM 标记血小板，FCM 测定高剪切力作用后血小板内钙离子浓度；并测定二磷酸腺苷（ADP）对高剪切力作用下钙离子反应的影响。结果显示洗涤全血标本或加入钙离子螯合剂乙二醇四乙酸（EGTA），造成细胞外低钙或无钙环境，高剪切力诱导的血小板聚集率由 59.6%±5.1% 下降到很低水平，而加入外源性钙离子在一定程度上增强这种聚集。全血标本受到高剪切力作用，血小板内钙离子浓度发生明显的升高；增加细胞外钙离子浓度能增强这种反应，降低细胞外钙离子浓度或阻断血小板膜糖蛋白 GP Ib/IX 与血浆血管假性血友病因子（vWF）之间的相互作用，使血小板钙离子反应消失，而阻断 GP IIb/IIIa 与血浆 vWF 之间的相互作用则无明显影响。低浓度的 ADP 与高剪切力对血小板钙离子反应有协同作用。表明细胞外钙离子是高切力诱导血小板聚集的必需条件，血小板内钙离子反应可能是剪切力活化血小板时信息传递的重要物质基础。

4. 一氧化氮（NO）作为一种新型的生物信息传递体，在调节心血管系统、神经系统和免疫功能等方面发挥着重要的作用。血小板本身可能存在着左旋精氨酸/NO 通路，血小板可以通过摄取外界的左旋精氨酸来合成 NO，升高 cGMP 水平，进而抑制血小板聚集。为观察口服左旋精氨酸对正常人血小板胞质内钙离子浓度的影响并探讨其作用机制，选择了 10 名至少 2 周内未服用任何药物、不吸烟、不饮酒的健康男性志愿者。受试者服药前检测相关指标，然后口服左旋精氨酸 4 天，前 3 天每天服 20 克，分 3 次服用，第 4 天 1 次服用 7 克，3 小时后抽血测试。结果表明，口服左旋精氨酸可以通过促进血管内皮细胞和血小板合成 NO 来降低血小板胞质内钙离子浓度的升高，从而抑制正常人血小板的活化。

5. 越来越多的研究表明非兴奋性细胞能够和兴奋性细胞一样表现出具有节律性的生物行为，这些行为是由细胞内的钙波动引起的。细胞外的钙离子进入细胞内或细胞内钙库释放钙离子都可以引发钙波动，表现为胞质内钙离子浓度周期性地升高和降低。血小板在诱导剂的作用下使细胞内钙离子浓度（$[Ca^{2+}]_i$）升高并产生钙波动，同时激活了精氨酸/一氧化氮通路和，丛玉隆探讨了两者之间相互关系与意义。实验结果显示：①激活蛋白激酶 C，蛋白激酶 C 可以抑制磷脂酶 C 的活性，IP3 生成减少，胞内 IP3 敏感池释放钙离子减少；②激活 cGMP 依赖的蛋白激酶 I，蛋白激酶 I 可能通过激活细胞膜上的钙离子 - 一氧化氮酶，使胞内的钙离子泵出到胞外；③作用于血小板膜表面受体依赖的钙通道，抑制二磷酸腺苷诱导的胞外钙离子内流。

6. 为了探讨化学诱导剂作用下正常人群和心血管患者血小板钙离子浓度的变化，丛教授做了以下研究：①以不同浓度的 ADP、凝血酶、胶原、花生四烯酸、5-HT 激活血小板，用流式细胞仪观察 20 例正常健康人血小板钙离子浓度变化。②用 ADP、胶原、花生四烯酸、5-HT 激活血小板，用流式细胞仪观察心肌梗死患者及高血压患者（各 20 例）血小板钙离子浓度的变化。③用花生四烯酸激活血小板，用流式细胞仪观察 20 例心肌梗死患者口服阿司匹林前后血小板钙离子浓度的变化。结论为化学诱导剂对血小板的激活过程与钙离子浓度的变化密切相关；心肌梗死、高血压患者可能存在血小板钙通道活性增高；钙离子能反应服用阿司匹林后血小板的功能状态，检测血小板钙离子对阿司匹林的疗效监测有一定的价值。

7. 2006 年丛玉隆国内率先 探讨 GP I a/Ⅱa 在血小板 - 胶原黏附过程和胶原诱导血小板颗粒释放反应中的功能。他采用流式细胞术，在有或无抗 GP I a/Ⅱa 抗体阻断条件下：①用 anti-CD42b-PE 标识血小板并检测血小板与 FITC 荧光标记胶原黏附过程中 FITC 荧光强度的变化；②用 anti-CD61-PerCP 标识血小板并用 PE 标记的抗 CD62P 抗体检测胶原诱导血小板颗粒释放反应中 CD62P 的变化。得出了"GP I a/Ⅱ 血小板与胶原黏附过程中有重要作用，阻断 GP I a/Ⅱa 能降低血小板对胶原的结合，但阻断 GP I a/Ⅱ a 难以抑制由胶原诱导的血小板颗粒内容物的释放"的重要结论。

8. 血小板在各种化学诱导剂作用下可发生聚集、释放等反应，但如果其在体外受到高的流体剪切力作用，不需要加入化学诱导剂也可以发生活化，产生稳定的聚集及释放反应，这种聚集被称为剪切力诱导的血小板聚集（shear stress-induced platelet aggregation，SIPA）。在心脑血管血栓性疾病中，常常发生血管痉挛或狭窄，因而形成异常增高的动脉血流剪切力环境，所以 SIPA 可能是这些疾病发病的重要病理机制之一。丛玉隆等采用锥板黏度计模拟体内血流剪切环境，应用流式细胞术（flow cytometry，FCM）检测不同剪切力下人全血的血小板聚集的变化，以探讨动脉血栓性疾病中血流动力学因素对血小板激活、血栓形成的影响；并对动脉血栓相关性疾病的 SIPA 进行了初步研究，用锥板黏度计对全血标本施加剪切力作用，使血小板产生聚集反应，再以荧光抗体 CD61-PerCP 标记血小板，然后进行流式细胞术分析，测定血小板聚集率的大小；同时在显微镜下直接观察血小板聚集体形态。其结果表明，直接的剪切力作用能够诱导血小板发生聚集反应，聚集程度与剪切力的大小和作用时间成正相关；高剪切力诱导的血小板聚集的测定对于动脉血栓相关性疾病的临床辅助诊断有一定的意义。

二、止血与出血试验临床应用的研究

1. 血小板计数是血栓性疾病和出血性疾病诊治的重要的检测项目之一。自动化血小板计数的参数（血小板计数，PLT；血小板平均体积，MPV）没有全国性国人参考值的文献报道，为此丛玉隆调查了在广州、成都、兰州、吉林、重庆、西安、苏州、天津、武汉、昆明、哈尔滨、上海、南京、南京等 15 个城市，共 1749 例正常人检测结果。结果显示，无论是总均值还是各省统计结果，男性血小板数均较女性低；在 15 城市中，血小板均值 $\leq 20.0 \times 10^9/L$ 者，男性占 66.6%，女性仅为 26.6%。

2. 结果显示，在 26.8% 的实验室中（4/15）血小板检测数较低，其中成都、苏州和兰州更明显。成都、苏州的调查结果与此前一次调查结果的总体分布的差异并不显著。例如，成都的两次调查结果分别为 2000 年 9 月 的 $120 \times 10^9/L$（$52 \times 10^9/L \sim 202 \times 10^9/L$）和 2001 年 6 月 的 $148 \times 10^9/L$（$73 \times 10^9/L \sim 289 \times 10^9/L$）；苏州的两次调查结果分别为 2000 年 9 月 的 $119 \times 10^9/L$（$60 \times 10^9/L \sim 259 \times 10^9/L$）和 2001 年 6 月 的 $144 \times 10^9/L$（$86 \times 10^9/L \sim 337 \times 10^9/L$）；而哈尔滨的两次调查结果基本相近，2000 年 11 月 为 $235 \times 10^9/L$（$154 \times 10^9/L \sim 348 \times 10^9/L$）、2001 年 6 月 为 $240 \times 10^9/L$（$155 \times 10^9/L \sim 346 \times 10^9/L$）。调查结果显示，成都、苏州调查样本中确有部分体检无异常、无出血及相关病史，但血小板数值偏低的"健康"人（笔者认为此部分血小板数明显低于全国群体参考范围者并非属于正常人群体），这可能与其 MPV 偏高有关。值得注意的是，兰州地区部分"健康"人血小板数值偏低，伴随着同时调查的白细胞（$3.64 \times 10^9/L \sim 8.37 \times 10^9/L$，全国均值为 $3.8 \times 10^9/L \sim 9.14 \times 10^9/L$）和血红蛋白（$115 \sim 164g/L$，全国均值为 $114 \sim 174g/L$）减少，而在相同海拔的昆明的血红蛋白参考范围为 $159 \sim 192g/L$，这说明此现象与海拔无关，是否与生态环境污染或其他因素有关尚需进一步探讨。曾有报道，认为食用某些油料或饮用水引起血小板计数的降低。但本次调查发现，各地区间虽有饮食习惯的差异，但与血小板计数降低无关。血小板减少者生化指标也均在正常参考范围。有趣的是，血小板数低于全国中位数（$196 \times 10^9/L$）的 6 个省市中有 4 个位于长江流域（成都、重庆、武汉、苏州），这是一种巧合还是有其他因素，尚待进一步分析。

3. MPV 对于评价血小板功能、鉴别血小板减少的病因有一定的参考价值，其地区性的参考范围的调查也屡有报道。本调查结果显示，使用不同类型仪器，所调查同一地区的 MPV 的参考范围有明显差异。例如，Sysmex 生产的各系列血细胞分析仪 MPV 值较 Coulter 系列偏高：使用 SF-3000，血小板为 $240×10^9$/L（$155×10^9$/L ～ $346×10^9$/L），MPV 为 10.8fl[（9.4 ～ 12.7）fl]（哈尔滨），及血小板数 $213×10^9$/L（$155×10^9$/L ～ $328×10^9$/L），MPV 为 10.6fl[9.3 ～ 12.4fl]（北京）；而使用 STKS 则分别为 $243×10^9$/L（$123×10^9$/L ～ $325×10^9$/L），MPV 为 10.8fl[9.4 ～ 12.7fl]（长春）和 $204×10^9$/L（$121×10^9$/L ～ $306×10^9$/L），MPV 为 9.2fl[7.6 ～ 12.4fl]（南京）。标本采集方式也影响 MPV 的值。EDTA 抗凝血 MPV 的结果在取血后 1 小时内不稳定，逐渐增大至 20% 左右，1 小时后趋向平稳，1 ～ 6 小时之内变化小于 3%，这是由于血液与 EDTA 盐抗凝剂结合后，血小板形状由圆盘形变为球形所致。因此，使用 K_3-EDTA 抗凝血全自动分析方法 MPV 值高于直接稀释液的末梢血检验方法。分析结果不难看出，血小板数量与 MPV 呈负相关，即血小板计数低的区域，MPV 相对较高，这与文献报道相同。有文献报道，MPV 较大的血小板促凝功能增加，如果 MPV 增高，即使血小板数值偏低，也无出血倾向，这也许是成都、苏州和兰州"健康"群体中血小板计数明显低于总体参考范围下限，而无出血与止血系统异常的原因。

4. 用电镜观察血小板微粒，发现其大小不一（0.02 ～ 0.5μm）。血小板微粒有大量凝血酶原激活物结合位点，可为凝血过程提供丰富的磷脂表面，具有很强的促凝活性。另外，血小板微粒也参与血小板与中性粒细胞、单核细胞、内皮细胞等细胞间的相互作用。CD62P，即 P 选择素，又称 GMP140，是血小板 α 颗粒膜上的一种蛋白，可介导血小板与单核细胞、淋巴细胞、中性粒细胞的黏附，它多表达于活化血小板膜上，在静息血小板膜上一般不表达，是活化血小板的一种标志。GP Ⅱ b/ Ⅲ a 是血小板膜上的一种糖蛋白，血小板活化后，GP Ⅱ b/ Ⅲ a 上与纤维蛋白原的结合位点暴露，可与纤维蛋白原结合而介导血小板聚集，而 PAC-1 是抗这一结合位点的单克隆抗体，故 PAC-1 只与活化血小板结合，是检测血小板活化的有效手段。丛玉隆观察了正常人、心肌梗死、高血压患者上述参数变化，结果为：CD62P+、PAC-1+ 两参数在正常人组分别为（75.5±8.8）% 和（76.3±10.6）%；高血压组分别为（86.3±11.6）% 和（86.4±11.2）%；心肌梗死组服阿司匹林前为（85.1±7.4）% 和（85.9±7.6）%，服阿司匹林后为（66.3±7.5）% 和（68.4±6.4）%。这表明心肌梗死患者的冠状动脉病变处存在多种激活血小板的因素，如暴露的胶原、动脉管道狭窄导致的高切变力等。血液流经病变处时，血小板被激活，血小板微粒形成增多，表达在血小板微粒膜上的活化 GP Ⅱ b/ Ⅲ a 和 CD62P 也增多。阿司匹林是环氧化酶抑制剂，能使该酶第 530 位的丝氨酸残基乙酰化，破坏酶活性中心从而阻断了血栓烷的合成，抑制血小板胞质内花生四烯酸代谢，抑制血小板活化，进而降低血小板微粒 CD62P、PAC-1 的表达。高血压患者存在导致血液剪切力增加的多种因素，如血压高、血管表面由于长期受损形成的粗糙表面等，本实验结果也证实，高血压患者表达 CD62P、PAC-1 的血小板微粒的百分率明显比正常对照高。说明检测血小板微粒膜上的活化蛋白对评价高血压的病理状况具有一定价值。

5. 为探讨噻氯匹啶对心肌梗死患者血小板微粒膜蛋白动态变化的影响，建立心血管疾病抗血小板疗效观察提供新的手段。丛教授观察了临床确诊的陈旧心肌梗死患者，口服噻氯匹啶，每次 250 mg，第 1、2 天每天 2 次，以后每天 1 次，持续服药 6 天。在服药前，服药 4、5、6 天，停药后 3、4 天收集患者标本，以 20μmol ADP 为血小板激活剂，激活血小板，分析血小板微粒表达活化糖蛋白 Ⅱb/Ⅲa 和 CD62P 的变化。他的实验得出了"在心肌梗死服用噻氯匹啶后不同时相，血小板微粒膜上的 CD62P、PAC-1 表达呈现一定规律的变化，检测血小粒膜蛋白有助于抗血小板药物治疗的疗效观察"的结论。

6. 为寻找动态监测脑梗死和脑出血患者治疗监测的方法。丛玉隆用放射免疫测定法观察了脑梗死和脑出血患者治疗前后血小板 α 颗粒膜蛋白的含量并与对照组比较。其结果表明，血小板膜表面 GMP-140 分子数及血浆内 GMP-140 浓度可作为脑卒中诊断参考指标。

7. 为探讨老年原发性高血压（EH）伴下肢动脉硬化症（LEASD）患者血小板微粒膜蛋白的变化。丛玉隆选择老年 EH 伴 LEASD 患者组，老年 EH 患者组、健康老年组，用流式细胞术检测上述 3 组的血小板微粒膜蛋白 CD62P、活化的糖蛋白（GP）Ⅱb/Ⅲa 的表达百分率。结论：老年 EH 伴 LEASD 患者血小板微粒膜蛋白 CD62P、活化的 GP Ⅱb/Ⅲa 指标显著升高，提示老年 EH 伴 LEASD 患者存在高凝状态，即血栓前状态。

8. 生理水平的血液流体剪切力是维持内皮细胞和血小板正常功能的重要条件。然而临床血液流变学研究表明，在心脑动脉血栓性疾病中，血管狭窄或痉挛可导致血液流速、流态的变化，此时血流受到的剪切力要远高于生理水平。这种高剪切力在体外可以直接导致血小板迅速活化 / 聚集；而在这些疾病中，均存在明显的血小板高活化状态。一般认为这种聚集的发生机制是高剪切力作用首先使血小板 GP Ⅰb/Ⅸ 与血管假性血友病因子（vWF）相互作用而发生黏附，进而 GP Ⅱb/Ⅲa 与 vWF 因子作用，血小板形成稳固的聚集体；而纤维蛋白原并不起关键作用。研究高剪切力对血小板的活化有助于解释动脉血栓性疾病的发病机制，为临床辅助诊断和抗血小板药物治疗监测提供新的指标。

为此，丛教授用改制的锥板黏度计对健康人的全血标本分别施加 100、150、1000、3000s^{-1} 的剪切力作用后，以血小板膜糖蛋白（GP）的荧光标记抗体、单色或三色荧光法染色血小板，用流式细胞术检测血小板膜 PAC-1（活化的 GP Ⅱb/Ⅲa）、CD62P（P-选择素）、GP Ⅰb/Ⅸ 和 GP Ⅱb/Ⅲa 的水平。本研究结果表明，高剪切力作用可使血小板膜 4 种主要的 GP 发生活化特征性变化，这提示单独的高剪切力对血小板的直接活化可能是通过对血小板膜 GP 分子的作用而产生的。

9. 阿司匹林是环氧化酶抑制剂，能使该酶第 530 位的丝氨酸残基乙酰化，破坏了酶活性中心从而阻断了血栓烷的合成。文献报道以一次服用 325mg 阿司匹林就可以抑制血小板大约 90% 的环氧化酶，因为，药物抑制是不可逆的，一次用药即可使血小板的功能障碍持续一段时间，直至骨髓巨核细胞产生一定数量新的血小板取代已受抑制的外周血小板，其聚集功能才能得到恢复。究竟应用多少剂量阿斯匹林可起防治效果又减少副作用？停药后多长时间血小板聚集力即可恢复，使口服此类药物病人因其他疾病需要手术时不致产生出血是临床工作中亟待解决的问题。丛教授将 30 名经体检健康的自愿者随机分为 3 组，第一组：一次服用 200 mg 阿司匹林，服药后间隔 24 小时取样，连续取样 7 天。第二组：初服 100 mg 阿司匹林后采取每日 50 mg 追加量，连服 7 天。此组病人从开始服药后第 4 天和第 7 天取样。停药以后，于第 6、8、10、11 天取样。第三组：男女各 5 例，口服 50 mg 阿司匹林后于 2、24、48、72 小时取样。以上各组病人服药前均取样作为对照，每个标本用不同诱聚剂进行血小板聚集试验。结果认为：①血小板功能的恢复与用药剂量及用药方法相关，一次服用 200 mg 停药后第 1、3 天，花生四烯酸诱导聚集率是原来的 12.2%（19.6/78.4）和 23.3%（18.3/78.4），第 5 天仅为 46.5%（36.5/78.4），而一次服用 50mg 者，停药第 3 天，男女聚集率为服药前的 40% 和 77%。②连续口服与一次服药同样剂量停药后，血小板的功能恢复也明显不同，这一点在需停药后手术的病人有较重要的参考价值。结果还显示不同诱导剂对同一标本的血小板作用后，聚集率明显不同。这与血小板的聚集原理有关。前已述及阿斯匹林可抑制环氧化酶，使花生四烯酸代谢障碍，阻断对血小板聚集有很大诱导作用的 TXA$_2$ 的产生，因此，血小板聚集受到抑制持续时间长。由于花生四烯酸代谢的障碍，使血小板内钙流受阻，进而影响了 ADP 和胶原诱导的聚集，但其持续时间短，瑞斯托霉素的聚集与 TXA$_2$ 及血小板钙浓度无关。服用阿司匹林不引起其诱导的聚集变化。临床工作中应根据不同的诊断目的，选择不同的诱导剂进行血小板聚集实验。在抗血栓治疗中服用阿司匹林后观察疗效，首先，应选用花生四烯酸做聚集剂观察血小板聚集率，但由于血小板膜上存在可以导致聚集的多种受体，其功能受抑程度与花生四烯酸诱导结果并不同步，因而在分析药物作用时应兼顾多项指标变化（至少要考虑花生四烯酸和 ADP 两项诱导聚集率）。反之，在分析停药后，血小板功能恢复（特别是需要手术时）更要注意综合分析，切不可只观察 ADP 的诱导变化，而忽视花生四烯酸诱导的血小板聚集率这一指标。另外结果显示男女性对阿司匹林反应不同，特别是女性的反应持续程度明显有别于男性，此点对临床用药或治疗后观察也许具有一定的参考价值。

10. 探讨了青年脑梗死患者血浆纤溶活性和蛋白 B 系统变化及其临床意义。收集 25 例青年脑梗死患者、29 例对照者血液标本，采用产色法测定血浆纤溶酶原激活物（PA）和血浆纤溶酶原激活物抑制物（PAI）活性，比浊法测定蛋白 C 和蛋白 S 活性，同时常规测定血脂水平。结果：①青年脑梗死组 [（1.1±0.43）IU] 和皮质支脑梗死组 [（0.99±0.48）IU] 的血浆 PA 活性较对照组 [（1.6±0.5）IU] 显著降低。皮质支脑梗死组 PAI-1 活性 [（2.3±0.9）IU] 较腔隙性梗死组低。②青年脑梗死组血浆蛋白 C 和蛋白 S 水平与对照组相比，无明显差异。多元统计分析结果显示 PA 和高血压对青年脑梗死的发生有显著作用。说明 PA 和高血压分别是青年脑梗死患者的独立危险因素。

11. 探讨缺血性脑血管病（ICVD）患者血浆纤溶活性和血清同型半胱氨酸（Hcy）含量的变化及其临床意义。观察了 ICVD 患者 86 例（ICVD 组），根据病情又分为短暂脑缺血发作（TIA）组 14 例，脑梗死组 72 例，并入选非脑血管病患者 43 例作为对照组，分别采用产色法测定血浆纤溶酶原（Plg）、组织型纤溶酶原激活物（t-PA）、纤溶酶原激活抑制物 -1（PAI-1）活性，荧光偏振光法测定血清 Hcy，电化学发光法测定叶酸，同时常规测定血脂水平。结果显示 ICVD 组中 TIA 患者和脑梗死患者血浆 Plg、t-PA 活性均较对照组显著降低（$P < 0.05$）。ICVD 组血清 Hcy 水平较对照组明显升高（$P < 0.01$），t-PA 活性降低和高 Hcy 对 ICVD 的发生均有显著作用。说明 t-PA 活性降低和高 Hcy 分别是 ICVD 的独立危险因素。

三、在血栓与出血试验质量控制方面的研究

（一）对凝血试验质量控制进行了深入、全面的研究

1. 组织并亲自参与了"卫生部出凝血时间操作规程《通知》"的起草和推广工作。国内在 2000 年以前，患者手术前都要检查"出凝血时间"，筛查有无术中出血可能。但当时使用的是 Duke 法检测出血时间、玻片法测凝血时间，方法学不敏感，易造成术中出血事故。作为中华检验学会主任委员的丛玉隆教授组织了全国检验界和血液学界的相关专家撰写了《废除 Duke 法玻片法检测

出（凝）血时间，使用血小板计数、PT、APTT 作为术前出血筛查的建议》，并以中华医学会检验分会和卫生部检验中心名义上报卫生部。卫生部根据专家的建议，2000 年颁发了（2000）412 号文件，即《出血时间、凝血时间检验方法操作规程的通知》（简称《通知》），这一通知对规范术前出血筛查乃至以后我国出血试验发展起到了极大的推动作用。嗣后为了推动《通知》的正确执行，他一年之内先后在全国十六个省市进行学术报告，宣贯文件精神，提高检验人员有关基本理论知识和质量管理水平。并在杂志发表了《关于卫生部出凝血时间操作规程〈通知〉的理解》特载文章[12]。从《通知》主要内容，出血时间测定及临床意义，凝血时间测定及临床意义，为什么手术前 APTT、PT 和血小板计数三项目检查作为出血倾向的诊断指标，APTT、PT 检测方法及质量控制，参考值等六个方面及时、准确、全面地指出了国内在执行文件过程中存在的问题，纠正某些错误的认识和倾向。

2. 真空采血管死腔会增加血小板与管壁作用的机会（尽管管壁被硅化，仍有激活血小板的可能）或死腔中气体对血小板的激活作用，导致血小板活化，释放出 PF4，而 PF4 对血样中肝素的中和作用使肝素活性降低，导致了血样 APTT 缩短"假象"。而这将会误导临床医生根据 APTT 缩短的"假象"增加肝素的用量，是十分危险的。由此可以看出，不论是进行血小板功能试验还是监测 APTT 以指导肝素抗凝治疗，使用"无死腔"真空采血管是十分重要的。将 20 例肝素治疗心肌梗死患者血液分别收集在无或能形成死腔的采血管中，分别进行 APTT 和 PF4 检测。结果显示"有死腔"的采血管使 7 例患者 APTT 结果缩短，PF4 活性增强。得出了"采血管死腔增加了血小板与管壁或死腔气体的接触而激活血小板，释放 PF4 并中和肝素，造成 APTT 负偏差。建议进行血小板功能试验或 APTT 用肝素治疗监测时使用"无死腔"真空采血管的结论。

3. 血浆凝血酶原时间试验（PT）是临床诊治工作中最常用的试验之一。由于不同组织成分（人脑、兔脑、胎盘、兔肺）制成的试剂（组织凝血活酶）对涉及与 PT 有关的凝血因子（Ⅱ、Ⅴ、Ⅷ、Ⅹ）敏感性不同，因而不同 PT 试剂对不同病因患者 PT 检测敏感性也不同。丛玉隆等用 3 种 PT 试剂（Thrombotest，Nycotest 和 Nycoplastin）同时检测了 60 例口服抗凝治疗和 60 例肝脏疾病患者，比较它们之间的敏感性和相关性，结果显示 Thrombotest 其对口服抗凝治疗的监测最敏感，Nycotest 对肝脏疾病的监测最敏感，Nycoplastin 虽然能够反映出异常的 PT，但它对两组患者的敏感性不如前两种试剂。Thrombotest（口服抗凝治疗 INR=3.32±0.96，肝脏疾病 INR=2.93±1.69）和 Nycotest（口服抗凝治疗 INR=2.95±1.32，肝脏疾病 INR=3.38±1.76）与 Ny-

coplastin（口服抗凝治疗 INR=2.53±1.07，肝脏疾病 INR=2.38±1.00）的相关性分别为 0.74、0.78 和 0.72、0.78。因此，临床在分析 PT 结果时要考虑试剂差异对检验结果的影响。

4. 为了探讨不同条件下贮存的血浆对凝血因子活性检测的影响，笔者观察了不同温度、不同时间保存的血浆中凝血酶原及凝血因子Ⅻ、Ⅺ、Ⅸ、Ⅷ、Ⅹ、Ⅶ、Ⅴ活性和活化部分凝血活酶时间（APTT）、凝血酶原时间（PT）的影响。结果显示Ⅻ因子最稳定，在不同条件下保存其活性不变，凝血酶原、因子Ⅹ也较为稳定。Ⅷ因子最不稳定，在 32℃条件下保存 6 小时，其活性只相当于取血即刻试验结果的 48%，24 小时后其活性仅剩 5%。在室温（20℃）与冰箱（4℃）内保存 6 小时和 24 小时则分别为 94%、30% 和 95%、29%。Ⅴ因子活性也不稳定，出现了同样的变化。结果还显示 APTT 和 PT 不能敏感地反映因子的减少，只能作为凝血系统的筛选指标，即 APTT 和 PT 延长可反映因子活性降低，但正常时并不能排除轻度、中度因子活性降低的可能。这些研究成果对凝血试验分析前质量管理具有非常重要的指导价值。

5. 使用冻干定值血浆进行校正以减少检测体系之间凝血酶原时间（PT）换算的国际标准化比值（INR）的差异。方法：将 STA-R、ACLAdvance 和 CA7000 等 3 种全自动凝血仪分别与非配套试剂组合应用，测定不同 INR 水平的标本的 PT 和 INR，利用 PT-multi calibrator 特殊定值血浆建立体系特异的 PT-INR 校正曲线，重新计算这两个参数，与配套试剂的检测结果比较分析。结果为不同仪器使用同一试剂测定结果虽然相关性良好，但是彼此差异具有统计学意义（$P < 0.001$）。体系校准不仅在全部使用配套试剂时可以减小检测体系间的差异，使用替代试剂时，在一定程度上也能够减小与原体系的差异。体系校准的方法有助于减少检测体系之间由于仪器或试剂的不同而产生的差异，提高凝血活性检验的标准化程度，更好地保证相关参数的靠性。

（二）在血小板功能检查试验质量控制方面做了大量工作

探讨富血小板数目，血小板聚集诱导剂浓度和储存时间，PRP 混匀次数、保存时间和温度，抗凝剂种类和血浆钙离子浓度对血小板聚集、血栓弹力图、血小板膜糖蛋白参数检验结果的影响，进而为建立血小板功能检验全面质量管理体系提供实验依据。

收集了 532 名体检正常志愿者静脉血液，制成不同 PRP 量、血小板浓度、诱导剂浓度、储存时间、混匀次数、时间、温度、抗凝剂种类及血浆钙离子浓度的样本，应用比浊法进行血小板聚集率，全血复钙法血栓弹力图，流式细胞术进行血小板膜糖蛋白检测。

1. 结果

（1）血小板聚集试验：①使用 PRP 300μl 和 500μl，AA 诱导和 ADP 的血小板聚集率分别为（57.0±33.6）%、（58.3±35.3）% 和（62.3±18.7）%、（59.6±18.7）%，均 $P > 0.05$；② PRP 血小板浓度在（50～400）×10⁹/L，ADP 和 AA 诱导的血小板聚集率分别为（10.4±8.7）%～（55.3±9.9）% 和 0～（75.2±10.1）%；③诱导剂 AA 浓度在 0.4～1.5 mmol/L 时，血小板聚集率为（54.4±31.3）%～（66.7±15.6）%；诱导剂 ADP 浓度在 3～15μmol/L 时，血小板聚集率为（34.9±11.6）%～（57.1±13.4）%；④ AA 储存 0 个月和 7 个月的血小板聚集率分别为（47.8±37.6）% 和（47.6±37.1）%，ADP 储存 0 个月和 13 个月的血小板聚集率分别为（66.3±15.8）% 和（67.8±17.0）%，-50℃冻融后的 AA、ADP 储存于 5℃冰箱 0、24 小时，AA 诱导血小板聚集率为（47.6±38.9）% 和（46.2±38.0）%，ADP 诱导血小板聚集率为（67.5±25.5）% 和（68.1±25.6）%，均 $P > 0.05$；⑤ PRP 室温放置 1.5～24 小时，pH 为（7.8±0.06）～（8.4±0.09），ADP 诱导血小板聚集率为（75.0±11.0）%～（28.7±11.5）%，1.0mmol/L 和 0.5mmol/L AA 诱导血小板聚集率分别为（84.6±8.5）%～（11.2±16.7）% 和（83.2±8.7）%～（6.7±10.4）%；标本置于 25℃、34℃、4℃，放置 8 小时，34℃组 ADP 血小板聚集率为（31.5±16.0）%，25℃组为（43.5±14.6）%，4℃组为（54.9±13.4）%，均 $P < 0.01$；⑥枸橼酸钠和肝素抗凝标本 AA 诱导血小板聚集率为（47.8±37.4）% 和（47.3±37.3）%，ADP 诱导聚集分别为（60.9±24.7）% 和（67.7±19.7）%（$P < 0.05$）；EDTA 抗凝标本血小板几乎不聚；⑦血浆 Ca^{2+} 浓度在 0.11～0.04mmol/L 时，ADP 和 AA 诱导的血小板聚集率分别为（67.3±17.8）%～（8.6±11.1）% 和（81.1±3.9）%～（26.4±27.01）%；血浆 Ca^{2+} 浓度在 0.1～33.7mmol/L，ADP 和 AA 诱导的血小板聚集率分别为（51.8±9.6）%～（94.7±4.8）% 和（64.4±12.2）%～（93.2±5.5）%，Ca^{2+} 浓度为 39.0mmol/L 时，血小板聚集率明显降低。

（2）血栓弹力图试验：①高岭土激活标本混匀 0～15 次，反应时间（R）和凝固时间（K）值分别为（7.8±1.7）min～（5.4±1.0）min 和（2.1±0.7）min～（1.8±0.7）min，均 $P < 0.05$；②高岭土激活标本放置 0～30 min 对 TEG 各参数无影响（$P > 0.05$）；③ TEG 血样置于 25℃、34℃、4℃，放置 8h，34℃组 R_{CK} 值为（7.9±1.3）min，25℃组 R_{CK} 值为（8.5±1.4）min，4℃组 R_{CK} 值为（7.7±1.6）min；25℃、34℃组 MA_A 值分别为（6.9±2.9）mm 和（6.9±3.3）mm，K_A 值均为（N/A）min；4℃组 MA_A 值（32.6±7.3）mm，K_A 值为（3.1±2.4）min；25℃和 34℃组 MA_{AA} 值分别为（39.9±23.8）mm 和

（40.1±24.6）mm；4℃组 MA_{AA} 为（44.8±12.7）mm；34℃组 MA_{ADP} 值为（34.7±17.5）mm，25℃组为（38.2±4.4）mm；4℃组为（43.5±10.2）mm，都随时间的延长而降低，抑制率反之；④静脉血分别高凝土激活和枸橼酸钠抗凝后高凝土激活处理，R 值为（6.0±2.7）min 和（7.7±1.4）min，MA 值为（60.6±5.3）min 和（55.9±5.0）min（$P < 0.01$）；⑤ Ca^{2+} 浓度在 0.4～27.3mmol/L 时，R 和 K 在 Ca^{2+} 浓度为 2.1mmol/L 时最小或接近最小；α 角和 MA 均以 Ca^{2+} 浓度为 2.1mmol/L 时最大。

（3）流式细胞术检测试验：CTAD 管抗凝组 CD62P 和 PAC-1 百分率分别为（4.3±5.0）% 和（47.3±26.2）%，枸橼酸钠抗凝组为（17.0±18.1）% 和（68.6±25.9）%，肝素抗凝组为（36.7±21.5）% 和（77.5±20.7）%，EDTA 抗凝组为（25.8±20.1）% 和（5.4±4.4）%。

2. 结论

（1）血小板聚集试验：使用 PRP300ul 进行血小板聚集试验，AA、ADP -50℃储存 7 个月、13 个月，-50℃冻融后的 AA、ADP 储存于 5℃ 24h，对血小板聚集检测结果无影响；比浊法血小板聚集的适宜条件：标本置于室温，血小板浓度为 $250×10^9/L$，诱导剂 AA 0.7mmol/L、ADP 10μmol/L，采血后 4h 内完成实验；枸橼酸钠是血小板聚集最佳抗凝剂；低钙高钙均致血小板不聚。

（2）血栓弹力图试验验：高岭土管血标本混匀次数应固定 3～5 次；高岭土激活橼酸钠抗凝血，放置 30min 内对 TEG 各参数无影响；弹力图测试血样宜置于室温，2h 内须完成检查；枸橼酸盐类、钙可能损伤凝血因子、血小板功能；低钙高钙均致血液凝固障碍；2.1mmol/L 是以全血复钙法进行 TEG 检测的较适宜 Ca^{2+} 浓度。

（3）流式细胞术检测试验：CTAD 抗凝能最大限度防止血小板体外活化，是流式细胞术测血小板膜糖蛋白的抗凝最佳方案。

第九章
领跑中国 ISO15189 国际认可
推动我国实验室与国际接轨

理念决定行动，目标决定方向，创新决定成败。

多年来，临床实验室全面质量管理的理念，在丛玉隆的学术和职业生涯中根深蒂固，他把质量视为检验医学的生命，在中国检验医学界率先呼唤和推动医院检验科要建立全面质量管理体系，并不遗余力地宣传推广他的理念。

他的"丛氏流程图"普及全国检验医学学术界，并多次在国际学术会议上演讲，受到国际同行的认可和青睐。近 10 年来，他在全国 20 多个省（市）做了近 200 场有关实验室质量管理、ISO15189、GB/T22576 及实验室认可的学术演讲，并撰写两部《医学实验室管理》的本科教材和五部专著，其中一部在台湾地区以繁体字出版，并在国外发行。这些工作对于推动我国医学实验室标准化、规范化、国际化管理进程发挥了重要作用，在国内已有 80 多家医院通过 ISO15189 认可，检验结果在世界上 46 个国家和地区的实验室可以互认，在较短的时间内迅速提高了我国检验医学领域的国际地位。

第一节　创立全面质量管理体系
推动实验室全面质量管理

在临床实践中，6 秒之差催化全面质量控制，这在丛玉隆漫长的临床检验和科研经历中有两个"故事"一直被人们津津乐道。

故事一：6 秒之差的凝血酶原。1985 年夏天的一个炎热下午，一位外科主任拿着一张检验科当天签发的凝血酶原时间报告单来找丛玉隆。患者为女性，32 岁，因外伤需手术治疗。报告单检测结果为：血浆凝血酶原时间为 18 秒，凝血酶原活动度为 40%。正常对照血浆凝血酶原时间为 12 秒，这意味着如果手术会引起出血。这位外科主任认为，根据临床，此患者不应血浆凝血酶原时间延长。

丛玉隆回顾实验全过程，水浴箱的水温是 37℃，试剂质量没有问题，实验器材室干净的，也是正确的。于是丛玉隆非常自信地对这位科主任说，实验结果是准确的，如有疑问重新抽血复查！重新抽血检测的结果为 12 秒，是正常的。丛玉隆沉默了：18 秒的结果真是个错误值吗？

这问题出在哪呢？他不服气，一个人静静地思索。突然，闪出一个念头来：按常规一般都是上午进行化验，这份标本为什么要在下午做？他赶紧查流程，发现该标本是当天下午两点半才送过来的。他接着往下"追"，原来这份标本是夜班护士在凌晨 5 点采集的，但搁置在护士台上忘记送了。当时正值夏天，又在下午才送到，这会导致什么结果？他继续求证。丛玉隆抽了自己的血，分别放在不同温度环境里做实验，结果发现，随着时间的延长和温度的升高，凝血酶原时间值越来越长。这证据找到了，谜团解开了。但丛玉隆并没有证明检验科清白就了事，他根据实验结果给临床定了"规矩"：凡是做凝血酶原时间的标本，在室温条件下必须在 2～3 个小时之内送到检验科，否则结果很难保证。

不仅如此，他还一口气围绕 13 个凝血因子和温度变化的关系做了系列研究，论文一经发表，就受到国内外同行的关注和好评，也成为临床实验室分析前质量管理的重要理论依据。

故事二：由一支青霉素瓶所想到的。1995 年的一天，肾科主任匆忙地来到丛玉隆办公室，不客气地说："丛主任，您真要好好抓抓质量了，您瞧，我这个患者，慢性肾炎，入院已 2 周了，很明显的蛋白尿，昨天检查还是 4 个加号呢，今天就成了阴性了，让我们怎么治疗啊？"听了这话，丛玉隆的脸马上就红了，虽然是熟人，这位主任说的也是玩笑话，但他心里很不是滋味。丛玉隆马上找来当事人，仔细调查了事情的经过，操作者是多年从事临检工作很负责任的老同志，仪器、试剂、质控品都没问题，什么原因造成如此大的误差呢？发现唯一不同的是由于当天病房专用尿杯用完了，护士让患者将尿标本留在刚用完药的青霉素瓶内。丛玉隆马上怀疑青霉素干扰了化学尿蛋白检测结果。

为进一步证实这一推测，丛主任将不同浓度稀释的青霉素放在慢性病肾病患者尿内，其结果让人大吃一惊，这 5 毫升尿内含有 5000 单位青霉素就足可使尿蛋白 4 个加号转为阴性。这个试验结果洗脱了丛玉隆的不白之冤，那位主任也来给他道歉。

这事情似乎到这里可以结束了。但他联想到临床上肾炎患者经常会使用大剂量的青霉素，约有 85% 的青霉素要经肾脏排出体外，如此多的青霉素在尿内，再有经验的检验师也难识破迷津啊。于是他顺藤摸瓜，观察使用不同剂量的青霉素后，在不同时间段内对尿蛋白检测结果的影响。他把这些临床经验总结成文章，这些珍贵的数据很快在《中华医学检验杂志》发表，半年后又被美国《化学文摘》转载。

在丛玉隆发表的一篇文章中，这几句话他用黑体字加重表示：质量是科室的生命，质量是学科建设的根本，质量是科室管理的第一要素。"临床实验室是出数据的，数据的准确与否直接影响到医疗水平和临床决策，影响到病人的利益。因此，检验科对医疗质量的好坏起着关键的作用。不管科学技术如何发展，现代化的仪器设备如何先进，检验医学不变的核心就是质量"。

不管是对解放军总医院临床检验中心的同事，还是他的学生，甚至在不同的学术会议上，丛玉隆一直在强调这个观点：随着高科技发展，新的技术、新的设备、新的思维不断引入检验医学，许多有诊断价值的实验指标应用于临床实践，造福了广大患者。但质量是学科的根本，不论是努力培养人才还是建立科学的质量管理体系，应该说都是围绕提高质量这个不变的核心展开的，临床实验室学科建设的永恒话题就是质量管理。

凝血酶原和尿液青霉素的故事，给予丛玉隆的不仅仅是科研思路，更重要的是促使他开始苦苦思索"质量"这个命题，"检验结果出了问题，是我的原因吗？不是！但板子都打在我身上了"。丛玉隆意识到，质量是检验学科的根本，数据是临床的生命。但要全面提高检验质量，光靠检验科一家不行，必须建立全面质量管理体系。

凝血酶原和尿液青霉素这两个事件虽然发生在不同年代，但有一个共同的特点就是都发生在分析前，实验室不易控制，医护人员又不了解产生试验报告错误的原因，造成误诊。实际上，这个问题也是国际性的，国外有学者分析医院实验室出现错误结果的原因发现，分析前产生的误差占总误差的 $46\% \sim 68.2\%$。

这 68.2%，为什么比例如此之高？丛玉隆认为：首先，患者、临床医师、护士、卫生员、检验技术人员在检验分析前存在质控知识的盲区，临床科与检验科间又缺乏有效的交流，也缺乏对分析前问题的研究和相应的措施制定；其次，分析前质量管理是项系统工程，涉及检验、临床医师、护士、卫生员、后勤供应等，但很多医院管理者不了解分析前质量管理的重要意义，支持力度不够，使检验科主管明知分析前质量管理重要，但实际难以操作。

在当时，分析前质量控制是国外医学实验室管理的热点，同时也是我国质量管理最薄弱的环节，也是临床医生和护理人员最难控制、但必须控制的环节。这也促使丛玉隆思考如何与临床医护人员共同建立全面质量控制体系。

2001 年，《临床检验杂志》发表了丛玉隆的文章《医学实验室全面质量管理体系的概念与建立》一文。在文中说，随着先进仪器的普及应用和技术人员素质的提高，我国的检验医学事业有了飞速的发展，如何加强临床实验室全面质量管理，是进一步提高我国检验医学水平的首要问题。

丛玉隆在文章中解释了全面质量管理体系的概念：对于检验科来说，其主要工作是为临床诊断和治疗提供实验数据，其最终成果主要体现在检测报告上。能否向临床提供准确、可靠、及时的高质量检验报告，得到患者和临床的信赖与认可，是检验科（或医学实验室）学科建设的核心问题。

为了满足临床医护人员对检验报告的质量要求，仅仅靠对实验标本本身的控制是不够的。因为影响检验结果的因素很多，诸如，医护人员对检验项目的了解、标本采取过程各环节控制、仪器设备和环境设施是否符合实验要求、量值溯源、样品管理、检测方法、人员素质等多种因素。为了保证实验报告的质量，必须对影响因素进行全面控制，控制范围应涉及标本检验的全过程，也就是以体系的概念去分析、研究上述质量形成中各项要素的相互联系和相互制约的关系，以整体优化的要求处理好各项质量活动的协调和配合。临床实验室必须掌握质量体系的运行规律，及时分析解决体系运行中出现的问题，并注意解决在内外环境变化时体系的适应性问题，使质量体系有效地运行。

《医学实验室全面质量管理体系的概念与建立》文章中阐明了质量体系的构成由组织结构、程序、过程和资源四部分组成。在检验科日常工作中，每一项检验报告都要经历：医生申请检查项目、标本采集与运送、标本编号、检测、记录、发出报告、实验数据准确地运用于临床多个过程。

在临床检验中，经常将这一过程分为 3 个阶段，即分析前质量控制、分析中质量控制和分析后质量控制。分析前质量控制主要包括两个过程，第一是医生能否根据患者的临床表现和体征，为了明确诊断和治疗，从循证医学的角度选择最直接、最合理、最有效、最经济的项目或项目组合申请检测。第二是标本在采集过程、保存与运送方面的质量控制措施。

在分析中的质量控制主要涉及人员素质、仪器校准、量值溯源、方法选择、试剂匹配等多方面因素。这些都需实验室有完整的质量体系和标准化、规范化管理为基础。分析后质量控制涉及实验结果的再分析、再确认，保证合格报告的发出，及保证实验结果发给临床后，临床医生能合理地分析报告，正确地运用数据，用于诊断治疗和临床决策。

因此，在检验报告形成的全过程中，任何一个小过程出现质量问题都会影响过程的最终输出结果。所以，要对所有质量活动过程进行全面控制，即全面质量管理体系。

文章中，还着重介绍了"质量体系四要素之间的内在联系"以及"质量管理体系的建立"等。在"质量管理体系的建立"章节中，将医学实验室建立质量管理体系定义为首先是一种自我认识、自我评价的过程，然后才是引进国际先进管理经验、提高管理水平、不断发展的过程。

依据国际标准，医学实验室建立质量管理体系大致分为四个过程：质量体系的策划与准备、质量体系文件的编制、质量体系的试运行、质量体系的评价和完善。

丛玉隆在文章中特别强调了质量体系的策划与准备、质量体系文件的编制。其中，质量管理体系的策划与准备是成功建立质量体系的关键，尤其在我国现阶段，质量管理体系对大多数医学实验室来说是新事物，从管理层到一般工作人员对质量管理体系的概念、依据、方法，甚至目的都缺乏了解，更没有建立质量体系的经验，所以，医学实验室质量体系建立过程中的策划与准备就显得尤为重要。首先要对实验室进行全员教育培训，让每个成员对质量管理体系的概念、目的、方法、所依据的原理和国际标准都有充分的认识，同时要让他们认识到实验室的质量管理现状和与先进管理模式之间的差异，认识到建立先进质量管理体系的意义。对决策层，要在对有关质量管理体系国际标准的充分认识上，明确建立、完善质量体系的迫切性和重要性，明确决策层在质量体系建设中的关键地位和主导作用。对管理层，要让他们全面了解质量管理体系的内容。对于执行层，主要培训与本岗位质量活动有关的内容。质量管理体系都有其方针和目标，但每个实验室的具体情况不同，质量方针和目标也不同，质量方针和目标的制定必须实事求是。依据国际标准的质量管理体系最终受益的将是三方：实验室本身、服务对象及实验室资源供应方。

不同的医学实验室，应根据自己的具体情况，也就是根据与自己相关的以上三方的具体情况，来制定质量管理体系。质量管理体系方针和目标的制定应考虑以下四个方面的内容。①实验室的服务对象和任务：以检测为主，还是以校准为主；以服务临床病人为主，还是科研为主；综合性医院的实验室还是专科医院实验室；是否服务疑难危重病人；是否服务特殊病人等。一般而言，科研的医学实验室要求实验结果的准确性和精确性，临床实验室还应考虑病人的满意度；综合大医院要求实验项目齐全，社区小医院则具备一般实验项目即可。实验室的服务对象和任务不同，其质量方针和目标肯定不同。②实验室的人力资源、物质资源及资源供应方情况。不同规模、不同实力的实验室所能达到的质量是不一样的，质量方针和质量目标既不可偏高，也不可偏低。③要与上级组织保持一致，实验室的质量方针和目标应是上级组织的质量方针和目标的细化和补充，绝对不能偏离。④各个实验室成员能否理解和坚决执行，不能理解和执行的方针和目标是毫无意义的。质量管理体系的建立来源于对实验室的现状调查和分析，调查分析的目的是为了合理地选择质量体系的要素。调查和分析的具体内容包括：实验室已有质量体系情况、检测结果要达到何种要求、实验室组织结构、检测设备、人力资源等。经过调查和分析后，确定要素和控制程序时要注意：是否符合有关质量体系的国际标准；是否适合本实验室检测/校准的特点；是否适合本实验室实施要素的能力；是否符合相关法规的规定。

最后，还要将质量管理活动中的工作职责和权限明确地分配到各个职能单位。

在质量体系文件的编制小节中，丛玉隆强调，这是建立国际标准化的质量管理体系的过程中的一项重要工作。质量体系文件是质量体系存在的基础和依据，也是体系评价、改进、持续发展的依据。质量体系文件一般分为三个层次：质量手册、质量体系程序、其他质量文件（表格、报告、作业指导书等）。质量手册是指按规定的质量方针和目标以及适用的国际标准描述质量体系；质量体系程序是指描述为实施质量体系要素所涉及的各职能部门的活动；其他质量文件是指详细的作业文件。质量体系文件具体包括：质量手册、质量计划、质量体系程序文件、详细作业文件、质量记录。

质量体系文件的编制过程中应注意以下问题：①文件应具有系统性。质量体系文件应反映一个实验室质量体系的系统特征，是全面的，各种文件之间的关系是协调的，任何片面的、相互矛盾的规定都不应在文件体系中存在。②文件应具有法规性。文件经最高管理者批准后，对实验室的每个成员而言，它是必须执行的法规文件。③文件应具有增值效用。文件的建立应达到改善和促进质量管理的目的，它不应是夸夸其谈的实验室装饰品。④文件应具有见证性。编制好的质量体系文件应可作为实验室质量体系有效运行的客观证据，这也是文件的重要作用之一。⑤文件应具有适应性。质量体系决定文件，而不是文件决定质量体系，质量体系发生变化，文件也应作相应变化。

检验界有关专家表示，丛玉隆撰写的这篇《医学实验室全面质量管理体系的概念与建立》文章，通俗易懂，指导性强并且操作性强，让检验科、临床各科室以及医院的管理层、决策层知道该如何去实施医学实验室全面质量管理。

全军医学标准物质委员会成立（丛玉隆任主任委员）

第二节　全国首家获"国际通行证"
实现检验结果全球认可

盖上中国认证认可委员会批准的自己医院被认可的章，检验结果不仅国内各家医院承认，国际上都认可。多少年来，打造"国际通行证"是多少检验医学界人士的梦想。

做过心血管手术的患者术后要长期服用抗凝药，为了保证用药既有效又安全，患者需要定期要检测凝血酶原时间（PT）来监测药物的用量。一位来自英国的游客出发前在伦敦根据 PT 结果调整了抗凝药剂量，几天后他突然在北京发病，在北京的医院就诊时，因为这家医院通过了 ISO15189 认可，PT 检验的标准与伦敦医院的标准相同。这位英国游客就可以放心的根据北京的 PT 结果正确调整抗凝药剂量。

ISO15189 认可的特点是可以实现一次检测全球认可。经过 ISO15189 认可的医院用 ISO15189 的条款、规则规范自己的检测系统，按 ISO15189 的要求培训自己的员工，得出的检测结果就能溯源到国际特定的标准，也就能够与国际范围内 ISO 认可的几千家医学实验室实现结果可以互任。

自 2001 年开始，丛玉隆首先在自己所在的医院自己的科室搞试点。在解放军总医院相关领导的支持下，检验科全体同事的不懈努力下，2005 年，解放军总医院在国内首家通过 ISO15189 认可。《人民日报》、《解放军报》等十三家媒体进行了报道，《人民日报》的标题是《医院检验单有了"国际通行证"》。

获得 ISO15189 认可，标志着中国检验医学与国际的接轨，临床实验室的质量和技术能力达到了国际水准。这不仅提高了医疗机构的医疗质量，还提高了检验人员的素质、管理能力和学术水平，也促进了医疗机构的国际化发展。

丛玉隆率先将实验室管理与网络建设结合起来，进行了临床实验室管理自动化软件的研究和开发，并应用于临床实验室的现代化管理。特别是在质量控制方面，先后编制和应用质控、室间质评、试剂控制、仪器监控、标本采集等软件，并接驳国际互联网，将实验结果接受世界卫生组织参考实验室的实时监控。前国际临床化学协会（IFCC）主席翁德史密斯教授到解放军总医院实验室参观时，给予了

丛玉隆教授接受国家认监委副主任颁发的国际认可证书

很高评价。

在实验室管理上，丛玉隆撰写了很多有关医学实验室质量管理的专著和评论文章。他主编的《现代医学实验室管理与实践》不但成为国内医学实验室学科建设的重要参考书，其版权还被中国台湾出版商购买，以中文繁体字在世界各地出版发行。在他主编的全国高等医药院校规划教材《临床实验室管理》中，首次较全面地将 ISO15189 的先进的质量管理理念写入大学教材。

在 IVD 企业 ISO15189 培训班授课　　　　IVD 企业 ISO15189 培训班现场

丛玉隆教授主编的有关医学实验室管理的书籍和教材

几年来，解放军总医院每年都要经过国家认可委的监督评审，这无形之中又提高了医院的检验水平，也受到了国内外同行的广泛赞同，为国家争得了荣誉。

第三节　从国际标准到国家标准：跟上国际化步伐

ISO15189 是国际标准化组织为了标准化、规范化世界各国医学实验室质量管理所制定的一个非常重要的文件，ISO15189 译成中文是"医学实验室质量和能力的专用要求"。2003 年，国际标准化组织正式颁布ISO15189。但在 1998 年，丛玉隆就接触了该文件的讨论稿，他是国内最早见到这份文件的检验医学专家之一。"此前，国内对于检验科没有统一的管理模式。现在大家都知道要提倡检验的过程控制，分析前、分析中、分析后质量管理，但原来没有统一的标准，各家医院各搞各的。"丛玉隆敏锐地认识到，"实施 ISO15189，可以帮助国内医院的检验科建立标准化的全面质量管理体系。"

自 1998 年开始，丛玉隆在实验室标准化、规范化、国际化管理方面进行了深入的研究和探索。一个由分析前、分析中、分析后三大部分组成，用系统学原理分析影响实验室的每一环节和要素并加以控制的管理流程在他脑海中逐渐架构起来。他将 ISO15189 文件的内涵、过程控制理论、医学实验室全过程及国内医学检验普遍存在的问题四方面有机结合，创建了"医学实验室全面质量管理体系图"。

这个"医学实验室全面质量管理体系图"后来被国内外医学界称为"丛氏流程图"。现在已经八十高龄、在我国检验界享有盛名，并且造诣深厚的检验医学专家王金良回忆当年第一次看到"丛氏流程图"，用了"震惊"两个字。

"丛主任是国内总结出检验质量保证流程图的第一人，"比丛玉隆大了将近 20 岁的王金良也把丛玉隆尊称为主任，"他如此重视质量，通过一个流程图把质量的保证措施融在一起，这太了不起了！这张图对保证检验质量起到非常重要的作用。"

这张错综复杂的图表从检验科的每个基本工作环节入手，详细规定了标本采集、检验、反馈以及各个环节之间质量评审的全过程。支撑这张图表的还有12 本共几十万字的管理文件以及 22 个软件搭建的电脑网络系统。"丛氏流程图"不仅让王金良震惊，也让国内检验医学界震惊。

除了"丛氏流程图"之外，为了在国内推广 ISO15189，丛玉隆做了大量工作。在他和检验界同仁的共同努力下，我国"全国医学实验室及体外诊断标准委员会"将 ISO15189 转化为"国标（GB/T22576—2008/ISO15189：2007）"，并经国家批准于 2008 年 12 月颁布施行。

丛玉隆撰写并发表了大量文章,阐述 ISO15189 和 GB/T22586 的内涵、意义。他在《ISO15189 与检验医学发展》一文中写到，检验医学是一门集基础医学、临床医学、生物工程多学科的边缘学科，因此，ISO15189 不仅仅只是医学实验室管理的准则，也是医学实验室认可的依据、制定体外诊断设备行业标准的基础、企业制定产品进入市场的参考、实验室管理教学、继续教育的参考指南。它将有助于我国的检验医学领域内的医疗、教学、科研、保健和生物医学工程及体外诊断行业水平的提高，推广 ISO15189 认可对我国检验医学的发展有着重要的指导意义。

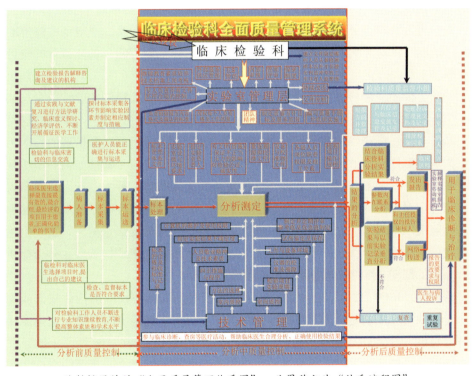

丛教授设计的"全面质量管理体系图"，业界称之为"丛氏流程图"

丛玉隆在《ISO15189 与检验医学发展》文中阐明，ISO15189 是医学实验室学科建设的根本，质量管理的指南。首先，ISO15189 定义了医学实验室工作的内涵，更新了学科建设理念。在以往，检验技术人员收到标本后检测，检查结果送到临床就算完成任务。检验人员"只认标本不认人"，不考虑由于患者、医护人为因素造成送检标本质量不合格的因素。"只注重结果数据，不考虑临床应用效果"。对此，ISO15189有明确的规定，医学实验室服务范围包括：受理申请，患者准备，患者识别，样品采集、运送、保存、临床样品的处理和检验及结果的确认、解释报告及提出建议。这就对实验室提出"以人为本"的服务理念，从过去"以标本为中心，以检测结果为目的"转变为"以患者为中心，以疾病的诊治为目的"，这就是"医学检验"与"检验医学"概念、服务内容、学科定位的重要区别。

ISO15189内涵的核心是建立全面质量管理体系，实质是实施过程控制。所谓过程控制是用系统学的理论对实验的全过程进行分析，找出影响检验结果质量的各个环节，并制定措施加以控制。为满足用户的要求，把实验室的组织机构、工作程序、职责、质量活动过程和各类资源、信息等协调统一起来，而形成的有机整体。文件技术要素部分将实验室检验全过程分成分析前质量管理、分析中质量管理、分析后质量管理，用七大部分内容指导实验室根据本单位的实际情况，针对影响检验结果每个要素，制定具体控制措施，加强科学的质量管理。

该文件还强调检验要与临床诊疗相结合。文件中多处提到实验室要参与临床的诊断和治疗，这也是检验医学发展必然趋势。文件指出"医学实验室服务，包括适当的解释和咨询服务，应能满足患者及所有负责患者医疗护理的临床工作人员的需要"、"有关专业人员应定期与临床医生交流，讨论如何利用实验室服务，并就学术问题进行咨询，这些交流应记录归档，有关专业人员应参与临床查房对总体和个体病例的疗效发表意见"、"实验室应有相应的政策和程序，解决来自临床医生、患者或其他方面的投诉或其他反馈意见"。这些论述对我国医学检验事业提出了更高的要求，技术队伍的知识结构和专业分布都要有相应的改变，才能适于学科发展新的需要。

同时，ISO15189是医学实验室认可的依据。认可是权威机构对某人或某个单位执行某项特定工作的承认。我国ISO15189认可是中国合格评定国家认可委员会（CNAS），根据ISO15189的内涵制定《医学实验室能力认可准则》，对申请认可的实验室进行评审。认可的意义在于用国际标准，规范医疗行为和质量管理，保证检验结果准确可靠。

ISO15189是企业建立发展规划、产品质量标准的参考。医学实验室与体外诊断企业是相互依存、共同发展的关系，没有企业提供的高质量仪器、试剂，实验室无法发展，没有实验室的需求，企业就无法生存。ISO15189就像一把双刃剑，既是对实验室标准化、规范化、国际化的要求，也是对体外诊断产业准入的标准。认真学习ISO15189、指导企业质量管理，对于企业持续发展具有重要意义。

近十年来，丛玉隆用全面管理体系理论及 ISO15189 和 GB/T22586 这两个体系治理学科，取得了很大成效。现在，国内大大小小的医院都知道用 ISO15189 来指导检验医学的学科建设。

"丛氏流程图"有效保证医学实验室全面质量管理体系的顺利运用，从而得到了国内外同行的赞赏，丛玉隆先后不仅应邀到包括香港、澳门、台湾在内的国内近 20 个省（市）开展学术报告，并受邀前往日本交流。

第四节　实施奥运保障医院培训　确保北京奥运医疗安全

2008 年北京奥运举世瞩目，其中奥运医疗卫生保障系统任务和责任重大，短期内要达到和提供国际标准的临床实验室水平及服务谈何容易！丛玉隆临危受命，接受北京奥组委的重托，带领专家组，开始了北京奥运医疗卫生保障医院临床实验室 ISO15189 国际认可强化培训工作。

ISO15189 的国际认可极为繁重、复杂、严格，我国大陆地区 2004 年开始申报，只有解放军总医院临床检验科等几个临床实验室通过认可。为构建 2008 年北京奥运会医疗卫生保障体系，提供国际标准的医疗保障服务，2007 年 4 月 2 日，北京市卫生局发出了"关于开展北京地区医疗卫生机构实验室认可工作的通知"，并积极动员培训，给予经费支持等，将认可进展情况作为奥运定点医院考核的重要指标之，要求各单位务必高度重视。

2007 年春天，在北京郊区进行大容量高强度的培训，人员全部封闭，北京 20 多家医院的主管领导和检验科主任参加。丛玉隆是负责认可的专家组长来做这个培训。帮助各个医院了解 ISO15189 认可的内涵，制定细则、时间表、进度表……

2008 年 8 月 1 日前，北京检验界圆满完成了使命，在京 20 家医院临床检验科或检验中心获得了 ISO15189 认可，参与了北京奥运会医疗卫生保障，标志着北京检验医学与国际的接轨，临床实验室的质量和技术能力达到了国际水准。

检验界老专家评价，"要是没有卫生局领导的指示，没有丛主任和其他专家的辛苦工作，北京奥运会前夕，这 20 家医院检验中心如此快速通过 ISO15189 认可，那是不可能的。这个过程无形中推动了我国检验医学事业的发展。奥运的认可最起码把检验学科建设向前推进了 3 年"。

在丛玉隆带领解放军总医院全力以赴迎战 ISO15189 认可的同时，他又倡导将 ISO15189 这个国外的管理文件转化成国标 GB/T22576。在这个过程中，他勇担起草第一人的重担。

丛教授作为总负责人参加北京奥运28所ISO15189内审员培训，这些医院顺利通过国际认可，为北京奥运会做出了贡献，上图为在总结会上发言并接受表彰

在学习、研究 ISO15189 文件以及转化成国标的过程中，引起丛玉隆很多思考。"第一，实验室工作的内涵是什么？这个内涵给我最根本的变化是，打破了过去从面对标本的传统检验医学模式，ISO15189 要求要通过标本看到人；第二，一个国际化的实验室，质量管理是什么模式，那就是过程控制和流程管理。什么叫过程控制，用系统学和方法论的原理，分析实验的全过程，找出影响实验的每个环节和要素，然后用程序文件制定的措施加以控制，以达到结果的准确。在实验室进行过程控制，是流程管理。第三，从这里得到启示，实验室的工作要和临床结合。ISO15189 里面同样是强调怎么去和临床沟通，怎么给临床解释，能不能参加临床会诊。"

ISO15189 认可的理念和丛玉隆多年来强调的"从医学检验到检验医学"、"检验必须和临床结合"观念不谋而合。

把 ISO15189 转化成 GB/T22586 之后，在国内推广的力度就更大了。这主要是为了保证检验质量和提升医院管理水平，其过程的目的高于结果。丛玉隆开始在全国开办 ISO15189、GB/T22576 的学习班、培训班，最近的几年中在全国讲了 100 多场，足迹遍及 20 多个省市。

到目前为止，包括解放军总医院、北京协和医院、北京医院、解放军302 医院、北京大学第三医院、北京大学第一医院、北京友谊医院、卫生部中日友好医院等一批医院在内，全国已经有 250 多家三甲医院的实验室通过了 ISO15189 认可，我国医学实验室水平实现了跨越式发展。

"过去老外一说起中国的检验，就认为'不标准'、'不规范'，现在不管是中国检验医学的发展还是实验室技术的进步都令他们刮目相看，中国的医学实验室认可已经走到了整个亚洲的前面。"海军总医院检验科主任马聪表示，"丛主任在推动检验医学发展、检验医学的标准化国际化、提升检验学科质量管理等方面功不可没。20 世纪 80 年代末、90 年代初，那个时候国家的经济条件还不太好，沿用了很多 50、60 年代留下来一些陈旧方法和设备，都是手工、半自动，半自动到 90 年代初期才有。所以，这样的一个家底，能够实现到目前这个跨越，丛主任的贡献是非常大的。"

早在 2002 年，马聪跟着丛玉隆一起，开展 ISO15189 工作，"那个时候，很多人不理解他，觉得标准是一个虚的东西。这个东西到底怎么去理解，应该做成什么样子？脑子里一片空白。当时只有 ISO15189 的英文原稿，丛主任是一句话一句话翻译过来的。当时的一个单词，到底是翻译成什么意思，丛主任费劲脑汁。把原稿翻译出来之后，丛主任再去逐字逐句理解、感悟，这个难度也是非常大的。很多都是创新性的工作，要比后来我们这些跟着他做的人，难度要大得多。一路走来，现在回头看看，才发觉 ISO15189 这个东西太重要了。可以说，丛主任对于中国检验界标准化的建设和质量的提升起到了非常大的促进作用，在他的推动下，我国检验医学领域的国际地位大幅提升"。

丛玉隆又把 ISO15189 的理念引入到被业界称为 IVD（体外诊断）的产业，这是此前检验医学界无人做到和问津的行业。包括检验仪器、试剂、消耗品在内的体外诊断产业，是为检验医学实验室服务的，目的是满足实验室需求。丛玉隆提出："相关企业的老总和高级管理人员也要学习 ISO15189，不懂 ISO15189 肯定是不行的，这会制约我国 IVD 产业的标准化和国际化，也很难走向世界。ISO15189 是检验医学质量保证行为规范，就像一把双刃剑，既是对医学实验室人的素质和管理能力的基本要求，也是对体外诊断产品进入医疗市场的准入标准。"

他专门撰文《ISO15189 对 IVD 产业的指导意义》。ISO15189 以下几个方面与 IVD 企业有密切联系，学习和熟悉这些内涵对企业的发展有一定指导意义。

第一，"检测系统"的建立是标准化实验室的基本要求，是目前国内正在开展"相同项目检查结果互认"的基础。因此，卫生部颁发的《医学实验室管理办法》检查、ISO15189 认可都将它作为关键的考核内容。实验室是否建立了"检测系统"已成为当前确认一个实验室是否标准化的标志。这就要求企业提供产品的技术指标和相关的技术信息有利于实验室建立"检测系统"。所谓"检测系统"是指在检测某项指标时，所用的设备（仪器）、方法（试剂）、校准品（有的可含质控品）匹配成为一个体系，如果是定量检测，"检测系统"应具有可溯源性。因此，企业研发的产品要适应这些要素、提供完成这些要素的基本条件。理想的最好提供完整"检测系统"的产品，俗称"封闭系统"。另外，影响我国实验室，特别是基层医院的检验科建立"检测系统"的瓶颈是缺乏适合我国国情的校准品和质控品，但昂贵的进口校准品、质控品限制了其广泛使用，市场急需高质量的产品问世，这既给民族企业提供了发展机遇，也为企业提出新的课题。

第二，详细技术资料是实验室 SOP 文件制订的基础。标准、详实的程序文件的制定，是贯彻 ISO15189 的基础。而企业提供的各种技术资料对程序文件的编制很有帮助，有时会成为实验室文件的重要依据。比如 ISO15189 在如何编制检测程序时规定如果制造商提供的使用说明书符合要求，其描述可作为实验室操作的程序，所使用的语言能被实验室的工作人员所理解，则检验程序应部分或全部地以此说明书为基础来制定。诸如此类，实验室在制定"质量书册"、各种"管理程序文件"、各项检验项目的"作业指导书"等都需企业提供详细技术资料。

第三，生物安全器材和消耗品将有巨大市场。现代的实验室非常注意生物安全管理，在 ISO15189 文件中多处规定了有关检验设备的生物安全要求。企业在研发检验仪器时，要考虑仪器是否宜于消毒；废液是否宜于收集；仪器有无智能化的生物安全自身管理功能。生产符合我国国情、适合临床科室使用的各类具有有生物安全保护作用的标本收集器皿以及大型生物安全设备，这会给 IVD 企业的市场开拓带来新的思路。

第四，加强仪器智能化功能开发的理念。现代化的实验室检验技术的发展趋势是检测程序自动化，现代实验室的管理发展趋势是信息化，LIS 系统在检验信息的传输、质量控制、分析前质量管理、样本检测、分析后质控等起着重要作用。而与 LIS "接口"的每一件设备的智能化功能都能最大限度地满足 LIS 的需求，智能化兼容性越强的设备，用户越欢迎。

第五，医学实验室与 IVD 企业是相互依存、共同发展的关系，没有企业提供的高质量仪器、试剂，实验室无法发展，没有实验室的需求，企业就无法生存。医学实验室与 IVD 产业要密切合作、相互交流、不断创新、共同提高。IVD 企业才能不断发展，比如：分析前质量控制是国内外医学实验室管理的热点，是我国质量管理最薄弱的环节，是影响检验结果的重要因素。分析前包括受理申请、患者准备、样本采集、标本运送、实验室接收、标本检测前处理等方面，从学术角度讲，这些环节都与仪器、消耗品、检测方法有关，加强这方面的探讨，不但可帮助实验室提高医疗质量，也可提高产品的市场竞争力。又比如：同一项目检测结果在不同"检测系统"所得结果可能有所差别，特别是自动化凝血检验、某些免疫学检查项目，因此，IVD 企业应与实验室合作调查正常人群测定值，制定适合该"检测系统"的参考范围就是当务之急。

丛玉隆这位在检验医学这个没有硝烟战场上纵横捭阖的将军，不仅推动了检验医学的学科发展，还将与检验医学事业相关的国内 IVD 企业也纳入视野，并且当做一枚重要的棋子，让其在检验医学事业发展这场战役中发挥更大作用。从事 IVD 企业的一位老总说，丛主任在企业推广 ISO15189，促进了我国民族 IVD 产业的健康发展。

丛玉隆教授曾在《健康报》撰文：《标准化提升医学实验室管理水平》，其观点和论述如下。

虽然，我国 2007 版的《医学实验室质量和能力的专用要求》（简称《要求》即 ISO15189）是为保证医学实验室检验质量而制定的，但检验医学是一门集基础医学、临床医学、生物工程等多学科的边缘学科，其应用涉及许多方面，所以《要求》不仅是医学实验室质量管理的准则，医学实验室认可的依据，也是制定体外诊断设备标准的基础及实验室管理教学的参考书。

《要求》更新检验学科建设理念，首先，《要求》定义了医学实验室工作的内涵，更新了学科建设理念。以前，检验科的工作仅限于实验室内，检验人员"只认标本不认人"，"只注重结果数据，不考虑临床效果"，处于相对独立的工作状态。《要求》明确规定："医学实验室服务范围包括受理申请、患者准备、患者识别、样品采集、运送保存临床样品的处理和检验、结果的确认、解释报告及提出建议。此外，还应考虑医学实验室工作安全性和伦理学的问题。"这就要求实验室树立"以人为本"的服务理念，要从过去"以标本为中心，以检测结果为目的"的工作习惯，转变为"以患者为中心，以疾病的诊治为目的"。这是对检验医学学科建设理念的根本变革。

其次，《要求》的核心是建立全面质量管理体系，实质是实施过程控制。"过程控制"是用系统学的理论对实验全过程进行分析，找出影响检验结果质量的因素，制定措施加以控制。技术环节上要求将实验室检验全过程分成分析前、分析中及分析后的质量管理。这种管理模式全面、系统、动态地将患者、临床、实验室联系起来，并通过发现问题，制定预防措施，持续改进的质量，使检验结果的误差降到最低水平。

第三，《要求》强化检验要与临床诊疗相结合。实验室参与疾病的诊断和治疗是体现检验医学临床价值的重要方面，也是检验医学发展的必然趋势。《要求》指出：医学实验室服务，包括适当地解释和咨询服务，应能满足患者及所有负责患者医疗护理的临床工作人员的需要。这对医学检验建设提出了更高的要求，不仅要求检验技术队伍的知识结构要不断提高，专业岗位分布也要有相应的变化，使医学检验这个以实验技术为主的"辅助"学科，逐步走向前台，将新理念、新思维引入实验室，把新技术、新参数用于疾病诊断、治疗，使其在临床工作中发挥重要的作用。

《要求》是医学实验室"认可"的依据，"认可"是权威机构对某人或某单位执行某项特定工作的承认。其意义在于用国际标准规范医疗行为，保证检验结果准确。被"认可"的实验室出具的检验项目结果可以在国际认可范围内

"互认"。

截至 2009 年 3 月底，我国获得"认可"的实验室已有 30 多家，大大提高了我国检验医学领域的国际地位。但在进行"认可"的过程中有些问题仍值得管理者注意。

1. "认可"准备必须踏踏实实进行。"认可"可以提高科室的知名度，加强医院在医疗市场中的竞争力，但更重要的是通过认可的准备阶段，深入学习、掌握《要求》的实质，不断提升人员素质、实验室的管理能力及学术水平，这个过程没有捷径可走。认可准备的过程越细，发现问题就越多，群众发动越充分，取得的效果就越好。

在现实中，有些医院喜欢找咨询公司帮忙准备认可所需要的文件资料，但结果只能起到解疑文件内涵，甚至写一些不符合本单位实际的程序文件，起不到加强质量管理的作用。这样的准备过程即使通过"认可"，对学科建设也毫无意义。所以，要教育员工树立"认可是目标，过程是目的"的信念，脚踏实地地做好准备工作。

2. 明确"认可"是医院管理体系的一部分。ISO15189 认可是项系统工程，需要医院临床、护理多个部门工作程序有相应改变，会带来一些工作的不适应。因此要积极做好宣传、沟通和协调工作，充分得到各级领导、医生、护理、后勤人员的理解、配合和支持，使"认可"申请工作顺利进行。

3. 搞清依据《要求》管理科室与"认可"的区别和联系。如果医院有需求，条件又具备，"认可"对促进学科发展和医疗水平的提高是有帮助的。需要提醒的是，医院对"认可"不能"追风"，要根据医院的整体情况决定是否申请"认可"。现在，有些医院的检验科主任混淆了《要求》用于管理与申请"认可"的关系，认为学习 ISO15189 的目的是为了"认可"，是大医院的事，自己不需要"认可"就无需再学习了。这种错误认识必须得到纠正。

《要求》是体外诊断行业的必修课，由于体外诊断企业产品的主要市场是医学实验室，其质量直接影响到检验结果。因此，《要求》是把双刃剑，既是对医学实验室人的素质和管理能力的基本要求，也是对体外诊断产品进入医疗市场的准入标准。"检测系统"的建立是标准化实验室的基本要求，是国内正在开展"相同项目检查结果互认"的基础。卫生部颁发的《医学实验室管理办法》、"ISO15189 认可"都把它作为关键的考核内容。实验室是否建立"检测系统"，成为当前确认实验室是否标准化的标志。这就要求实验室在管理的过程中，要注重选择有助于建立"检测系统"的产品及技术信息。医院建设实验室最好选择完整的"检测系统"的产品，即"封闭系统"。

目前，影响我国实验室（特别是基层医院的检验科）建立"检测系统"的"瓶颈"，是缺乏适合我国国情的校准品和质控品，市场急需高质量的国产产品问世。这需要医学实验室与体外诊断企业密切合作，不断创新，共同研究产品在临床应用的问题。例如，"分析前质量控制"是国内外医学实验室管理的热点，也是我国质量管理最薄弱的环节。分析前质量控制的环节包括受理申请、患者准备、样本采集、标本运送、实验室接收、标本检测前处理及调查正常人群测定值等，均是影响检验结果的重要因素。《要求》对这一环节的管理有着明确的规定，加强这方面的问题探讨，无疑可帮助实验室提高检验质量。

第十章
力推引入国际标准 促进 IVD 产业国际化

2010 年这一年，我国医学实验室管理迎来了一个新的里程碑，由国际标准化组织指定的实验室标准化管理文件《医学实验室质量和能力的专用要求》（以下简称《要求》）（ISO15189）转化而来的国家标准（GB/T22576）在我国正式实施。这也意味着，我国医学实验室管理在与国际接轨的道路上迈出了坚定的一步。同时，有关它的标准化、规范化、现代化、国际化问题，也更加值得期待。

虽然《要求》制订的初衷是为保证医学实验室检验质量，但它的内涵和应用已经辐射到许多方面或学科。体外诊断企业生产的产品，如仪器、试剂等消耗品，其主要市场是医学实验室，其质量的好坏将直接影响到医学实验室的检验结果。

当时，我国体外诊断产业已颇具市场规模，从 2006 年的 44 亿元人民币增长到 2008 年的 60 亿元人民币，并连续几年呈持续增长态势，当时预计，到 2012 年体外诊断行业的市场规模将达 129 亿元人民币。

对此，丛玉隆敏锐地提出，ISO15189 是一把双刃剑，既是对医学实验室人员素质和管理能力的基本要求，也是体外诊断产品进入医疗市场的准入标准，对于 IVD（体外诊断）企业可持续发展具有重要意义。

围绕国标的深入学习与实施，丛玉隆汇聚专家、IVD 企业家，借助媒体平台，展开讨论，使 ISO15189 的精髓广为业内所了解，并有效指导实践。

第一节 把握检验技术装备走势
引领 IVD 产业创新驱动

这些年，检验医学仪器发展呈现出了几方面的趋势，一是新技术、新方法、新材料和计算机的应用，使仪器朝着自动化、智能化、集成化的方向发展。二是实验技术向小型化、简单化、"床边"化发展。有很多类型的试验，检验人员都可以在患者身边进行并即刻得出结果。科技进步所带来的可喜变化和丰硕成果大大方便了病人和临床，使检验工作变得更加人性化。三是随着基因克隆技术趋向成熟和基因测序工作逐步完善，后基因时代逐步到来。

首先是自动化仪器的发展。从 20 世纪 90 年代起，自动化仪器在细胞生物学检验中发挥着越来越重要的作用。一类是以细胞计数和膜标记为主要功能的细胞分析仪，另一类是显微成像结合机器视觉识别技术的仪器用于细胞形态学检测分析。

流式细胞仪又分为"通用型流式"和"专用型流式"。所谓"通用型"就是仪器可以分析混悬在任何液体的细胞或粒子（如血液、脑脊液、胸腹水、各种分泌物等）的表型特征或细胞成分。在我国，大型医院的检验科逐步装备了此类仪器，数目达几百台，极大地拓宽了细胞学技术在临床的应用。而"专用型"是运用流式原理设计的专门进行某类标本检测的仪器。从广义上讲，目前市场流通的各型五分类血液分析仪及流式尿沉渣分析仪均属此类，这类仪器在中国达近千台，对于提高血细胞分析质量起到了重要作用。

近十年来，在我国发展较快的另一个细胞生物学分析技术就是多媒体显微成像系统，即将光学显微镜图像放大并配以各种软件进行数据处理，从而分析细胞数目、形态特征、细胞功能，甚至进行远程会诊。这类仪器特别是机器视觉识别技术可进行血细胞（骨髓造血细胞）、尿沉渣、精液、染色体核型、细胞功能（如淋巴细胞免疫功能）的分析，提高了工作效率和诊断水平。

其次是血栓与出血性疾病检测为老年医学的医疗和科研提供了先进的实验指标。血栓形成作为心、脑血管病和其他老年病重要的发病因素越来越受到重视，血栓性疾病和出血性疾病作为新兴的边缘学科受到很大的关注，其检测技术也逐步普及。

2000 年，卫生部颁布了废除 Duke 法出血时间、玻片法凝血时间，并推荐新的检测方法，此后，检测结果的质量明显改善，自动化程度明显提高。据不完全统计，近几年来中国各型凝血仪销售达几千台。血栓病的病理变化、诊断、治疗、预防与血小板功能有密切关系，因而，用于血小板功能监测的仪器和方法学得到了广泛关注。

此外，检测项目明显增多。许多医院可从血管（内皮素、vWF），血小板（血小板聚集、β选择素、GP Ⅱb/Ⅲa 复合物），纤溶（t-PA、D-Dimer），凝血及抗凝因子（Ⅷ因子、Ⅹ因子、Ⅶ因子、AT-Ⅲ），血流变（血黏度、红细胞变形）多方位地分析血栓与出血性疾病。

第三，免疫化学技术使微量物质的检测逐步摆脱了烦琐易污染的放射免疫，荧光偏振技术、化学发光技术及磁性微球免疫分析技术中各类仪器的应用，使免疫化学检测进入了新水平。

第四，抗菌药物的广泛使用，细菌耐药机制日益复杂，对临床微生物检验工作者提出了更高要求，也促进了临床微生物学的发展。

细菌鉴定、药敏技术的商品化、系统化和自动化，一定程度上解决了微生物学鉴定的烦琐问题，缩短了报告发出的时间，适应了临床需要；分子生物学技术经过十多年的发展，应用于临床微生物检验，如 HCV-RNA 检测。目前乳胶凝集技术、免疫荧光技术等也被应用于微生物检验；面对日益严重的细菌耐药问题，耐药性监测成为临床微生物学中的一项重要工作。北京、上海等城市在 WHO 协助下，建立了细菌耐药性监测网，开展了对 MRSA、VRE、ESBLs、GNB 等的检测，对预防和阻止细菌耐药性的发生和传播起到重要的作用；细菌质量评价活动在全国范围内开展。经过十几年的努力，参加质量评价活动的实验室，其药敏试验结果的准确度达 90% 以上；由于厌氧菌培养、分离鉴定技术不断改进，我国厌氧菌检出率逐年上升。近年来，医学真菌检验有了较快的发展。不断有新的致病菌或条件致病菌检出。产色培养基和 PCR 等分子生物学技术也广泛用来研究念珠菌等。

第五，即时即地检验（POCT）的迅猛发展。近 20 多年来，POCT 作为医学重要的检验技术分支，发展非常迅速，应用面涉及广泛，包括患者家庭、社区诊所、ICU 监护、手术台边及中心实验室等各种场所，不同需求之下，有不同类型的 POCT 设备。

在 POCT 中，医师根据对患者的临床检查决定需要检验的项目，经快速测试后，对得出的结果分析解释，就可以制定医疗方案。对于一些需要长期监控的慢性病，如糖尿病的患者可以方便地按照医生的要求由患者自己或家属进行血糖和尿糖的监控。

第六，分子生物学技术的应用。PCR 技术由定性走向定量；PCR 以外的体外基因扩散技术，如 LCR（连接酶链反应）、SDA（链置换扩增系统）、TAS（转录扩增系统）等由实验走向临床；芯片技术在分子生物学的应用使核酸和蛋白分析达到了新的里程碑，并逐步进入医学实验室，呈现广阔的应用前景。质谱技术用于蛋白质分析，对发病机制、特别是肿瘤早期诊断取得进展，为临床检验的发展提供了新思路。人类基因组工程和基因地图的完成，分子遗传技术的逐步开展，使单基因疾病（心血管疾病、肿瘤、痴呆症等）的预测、预防及个体化医疗，成为可能；分子生物学技术的标准化和质量控制引起了广泛关注，对 PCR 实验室管理办法对 PCR 技术应用的健康发展起到了关键作用。为解决 PCR 交叉污染问题，从标本制备到检测的全封闭系统及相应的自动化仪器已在国内逐步普及。

第二节　力推 GB/T22576 国家标准
加快 IVD 产业标准化

我国检验医学以及技术的飞速发展，在疾病诊断、治疗、预防和人类健康促进方面发挥着越来越重要的作用。同时，国民经济发展、国家惠民政策及医疗制度改革、人民健康意识增强、疾病谱改变等因素也加大了对医疗的需求，这也为体外诊断企业提供了难得的发展机遇。

在笔者的交谈中，丛玉隆提出，ISO15189 有两个关键词：质量和能力。他说质量是指实验室的服务、检验的结果应如何满足客户（患者和临床医护人员）的需求。所谓能力是指实验室所具备的"人的素质"、"设备条件"、"管理水平"能够满足这种需求所具备的条件。同时，丛玉隆系统的提出了 ISO15189 与 IVD 企业发展的若干核心关联：

1. 分析前质量控制是国内外医学实验室管理的热点，是我国质量管理最薄弱的环节。IVD 生产企业在建立检测方法时要注意分析前的研究，并在检验设备说明书中注重分析前质控措施的描述。特别是各种类型的前处理设备，对质量管理有重要作用。

2. 标准化检测系统建立是分析中质量管理的核心。IVD 生产厂家的技术支持、技术资料的提供有助于"系统"的标准化、规范化。参考实验室网络的建立，有助于国内 IVD 产品"检测系统"的可溯源性的建立。

3. 企业建立检测系统应注意：仪器、试剂、方法配套使用；检测系统的可溯源性；检测系统特有的参考范围、危机报告值；不同检测系统的可比性。

4. 仪器和试剂生产企业的宗旨应该是围绕 ISO15189 要求，如何使自己的产品能帮助用户建立全面管理体系。

5. 人的素质是"能力"的重要体现、IVD 生产厂家要直接参与实验室的培训活动，使其能准确地使用各种设备；同时企业也应加强自己的员工相应知识水平的提高，不断强化服务意识。

此外，丛玉隆还分析了国家医疗制度改革对 IVD 市场的影响，他认为，医疗保障制度的改革为医疗产业发展拓宽了新途径。

第三节　强化国标要求　抢占 IVD 国际市场

党的十七大提出了科学发展观、构建和谐社会的基本国策，并提出要加强基层卫生建设，保证国民基本医疗。国家卫生部（现已改名为国家卫计委）提

在体外诊断产业学术论坛演讲

出了"战略前移"、"重心下移"的构想，把对疾病的治疗逐渐转向对疾病的预防，这也对当时的检验医学提出了更高的要求，同时也提供了极其宝贵的发展机遇。

2010年，丛玉隆在接受《中国科学报》记者采访时表示，医学模式的转变使社会和患者对医疗服务的需求发生新的变化，也对医学实验室的工作定位和内容提出了新的要求；对于如何充分利用体外诊断行业飞速发展期，做出正确的市场分析和决策，扩大市场占领份额，并逐步走向国际市场等问题，丛玉隆认为国内IVD企业应该多一些思考。

"欲进入市场，就要了解市场的需求和准入的标准，"丛玉隆分析说。《要求》中许多条款都是为这方面制订的。IVD企业产品的决策人和质量管理者必须将《要求》作为企业发展的必修课，将其作为制订企业发展规划和产品质量标准的参考依据。

IVD行业要发展必须依赖实验室的发展、满足实验室的要求、服务于实验室的需要，以此指导IVD产品的研发、质量标准的制定、市场销售的策略、售后服务的内涵。在丛玉隆看来，ISO15189也是体外诊断企业主管的必修课。对于其中的具体问题、解决办法以及发展趋势，丛玉隆总结了很多。

1. 帮助"检测系统"建立：《要求》中技术要素条款中最重要的概念就是"检测系统"，也是标准化实验室的基本要求，是目前国内正在开展"相同项目检查结果互认"的基础。因此，国家卫生部颁发的《医学实验室管理办法》、ISO15189认可都将它作为关键的考核内容。实验室是否建立了"检测系统"、是否不断维护"检测系统"，已成为当前检验医学学科建设和质量管理的热点话题。这就要求企业提供产品的技术指标和相关的技术信息是否有助于建立"检测系统"。

所谓"检测系统"，是指在检测某项指标时，所用的设备、方法、校准品匹配成为一个体系，如果是定量检测，"检测系统"应具有可溯源性。因此，企业研发的产品要适应这些要素、提供完成这些要素的基本条件。理想的最好提供完整"检测系统"的产品，俗称"封闭系统"。仅提供仪器或试剂的企业，要注意产品增加什么功能，提供哪些信息帮助客户建立"检测系统"。

2. 缺乏适合我国国情的校准品和质控品是影响我国实验室建立"检测系统"的瓶颈。大多数实验室定量试验都使用开放的"检测系统"，使用的仪器、试剂不配套，要自己建立系统，校准品是必不可少的，但昂贵的进口校准品、质控品限制了其广泛使用，市场急需高质量的产品问世，这既给民族 IVD 企业提供了发展机遇，也为企业提出新的课题。

3.详细技术资料是实验室 SOP 文件制订的基础。SOP 文件制订是贯彻《要求》的基础。而企业提供的各种技术资料对程序文件的编制很有帮助，有时会成为实验室文件的重要依据。实验室制订检测程序时，如果制造商提供的使用说明书符合《要求》，其描述可作为实验室的操作程序，所使用的语言能被实验室的工作人员所理解，则检验程序应部分或全部地以此说明书为基础来制订。诸如此类，实验室在制订"质量书册"、各种"管理程序文件"、各项检验项目的"作业指导书"等都需企业提供详细技术资料。

《要求》中提到的仪器性能记录规定"应包括所有校准和（或）验证报告的复印件，内容应包括日期、时间、结果、调整、可接受性标准以及下次校准和（或）验证的日期，适当时，还应有在两次维修/校准之间需进行的维护检查的次数等，以满足本要求的全部或部分内容。可根据制造商的说明来确立可接收准则、程序和进行维护验证和（或）校准的频次，以满足本要求的全部或部分内容"。可以明显地看出，企业提供的信息，对实验室标准化管理起着多大的作用。

4.生物安全器材和消耗品将有巨大市场。现代的实验室非常注意生物安全管理。在《要求》中多处规定了有关检验设备的生物安全要求。企业在研发检验仪器时，要考虑仪器是否宜于消毒；废液是否宜于收集；仪器有无智能化的生物安全自身管理功能。生产符合我国国情、适合临床科室使用的各类具有生物安全保护作用的标本收集器皿以及大型生物安全设备，会给企业的市场开拓带来新的思路。

5.加强仪器智能化功能开发的理念。现代化的实验室检验技术的发展趋势是检测程序是自动化、现代实验室的管理发展趋势是信息化，LIS 系统在检验信息的传输、质量控制、分析前质量管理（包括标本的接收、编号、分注等）、样本检测、分析后质控等起着重要作用。而与 LIS "接口"的每一件设备的智能化功能都能最大限度地满足 LIS 的需求，智能化兼容性越强的设备，越受用户欢迎。

6.《要求》特别强调实验室人员的能力。技术人员的基本素质、专业技能、学术水平、管理能力。这就需要企业经常不断对客户进行培训，使操作者能准确并熟练操作设备、及时发现设备问题、经常性的维护维修、严格的质量管理。企业的管理者要认真学习《要求》的内涵，了解在实验室标准化建设中哪些方面需要企业的支持、哪些需要企业的培训，以满足实验室最大的需要。

第四节　实验室认可与 IVD 企业结合
共促检验医学协调发展

在包括行业会议、学术交流等很多场合，丛玉隆都一直在强调一个观点：医学实验室与体外诊断企业是相互依存、共同发展的关系，没有企业提供的高质量仪器、试剂，实验室无法发展，没有实验室的需求，企业就无法生存。

"医学实验室与体外诊断产业要密切合作、相互交流、不断创新、共同提高。IVD 企业才能不断发展。"丛玉隆这样认为。

他对此曾举例说明，分析前质量控制是国内外医学实验室管理的热点，是我国质量管理最薄弱的环节，是影响检验结果的重要因素。从学术角度讲，分析前环节与仪器、消耗品、检测方法有关，加强这方面的探讨，不但可帮助实验室提高医疗质量，也可提高产品的市场竞争力。

对此，卫生部临床检验中心副主任北京医院检验科主任郭健教授也认为，ISO15189 是对医学实验室质量和能力提出的要求，而 IVD 企业通过提供符合要求的适用产品，间接参与了实验室认可工作。换而言之，企业提供高质量、性能稳定的产品，是保证医学实验室检验能力和检验质量符合认可要求的重要因素。

截至 2009 年 7 月，全国已有 38 家医学实验室通过 CNAS 认可，从客观上验证了医学实验室管理规范化和检验结果质量不断提高的进程。实验室认可对实验室的技术能力有着明确的要求，尤其是保持分析系统的完整性和有效性，以保证检验结果的正确性和可比性。由于检验科或实验室是一个技术和设备依赖型科室，其检测能力与其检测设备或分析系统关联密切。正因为如此，在实验室评审过程中，对实验室的分析系统和检测设备都给予了高度关注。

郭健认为，目前，我国各级医疗机构检验科已广泛使用国产试剂和仪器，这些 IVD 产品的质量，直接影响实验室的技术能力，为帮助医学实验室更好地达到并符合 CNAS 认可要求，以下方面应当引起 IVD 企业的注意。

第一，医学实验室使用的分析设备和试剂，应当有 CFDA 的批准文号，包括仪器、试剂、校准品和质控品。目前，国内企业以生产体外诊断试剂为多，对分析系统而言，这些试剂应该有明确的使用范围，如适用机型和相应的参数，适用时，还应明确样本种类、恰当的临床解释等。在多数情况下，实验室工作人员是按照产品说明书编写本实验室的作业指导书（SOP），因此，一本好的产品使用说明书除了能规范产品的使用、操作、结果解释，还能帮助实验室正确编写 SOP，从而保证实验室检验过程的规范和检验结果的质量。

第二，分析系统应有生产企业声明的性能指标，对于定量分析系统，应说明其精密度，可报告范围（明确稀释液种类和最大稀释倍数）或测量范围或线性范围，适用时，还应包括校准物和校准间隔的要求。校准品示值和不确定度是必要的，其量值溯源性应该明确表述，由于计量学溯源要求已有国际标准文件，如 ISO17511，适用时，产品标准物应当能溯源至计量学水平较高的标准物或参考方法。需要注意的是，计量学水平相同时（如不同的产品校准品间），虽有可比性，但溯源性是不适用的。一些企业在内部根据国际和行业标准建立起部分检验项目的参考方法，但还应按相关要求（如：GB/T21919/ISO15195）建立质量体系，可能时，加入由国际临床化学和检验医学学会（IFCC）和国际计量委员会（CIPM）等组织的全球网络，这也是保证患者检验结果间具有可比性和检验结果通用性的基础。

第三，分析系统用于医学实验室有其特殊性，单一计量学的结果不能满足临床需要。为区分不同的健康状况，为临床医生诊治疾病提供可靠的实验室信息，对于给定的分析系统应当提供相应的参考区间。同时，注意选取的参考人群是否适当，并根据检验项目决定是否需要按年龄、性别进行分组。虽然，鼓励每个医学实验室建立自己的参考区间，但对检验系统或方法提供的参考区间进行适当的验证，是大多数医学实验室所能接受的。

第四，临床实验室在正式使用分析系统前，需要对方法的性能进行验证，以确认其是否能满足临床实验室工作的要求，IVD 产品（如诊断用试剂）的性能指标应综合考虑产品性能和相关行业标准进行设置。有些产品的性能（如精密度）较差，在理论上不适用于医学实验室。另外，当考虑产品精密度时，应同时考虑待测物（目标）浓度，必要时，可提出不同的要求或标准。目前，多数医学实验室参考 PT 或室间质评标准制订本实验室的方法性能要求，但也有些实验室开始根据生物学变异的特点，制订本实验室的分析系统性能要求。虽然，国内尚少有或没有统一的或行业的 IVD 产品标准，但企业在制订产品标准的时候，还是应结合产品的预期用途，使其性能标准趋于合理。相信实验室在选择 IVD 产品时，特别是试剂产品，终会将产品性价比作为重要指标。

北京大学人民医院检验中心主任张正教授认为，ISO15189 认可对于实验室来说就是以质量为核心。它是对存在的问题和对整个检验过程的控制需要持续改进。另外，认可的过程实际上是发动整个实验室人人参与管理的过程。

"很多文件不可能科主任一个人写，要让大家共同参与写这个文件，只有大家写了，自己写的东西才能够更好地执行。也只有这样，管理的理念才能够深入人心。"张正表示。她还认为，对于厂家来说，需要考虑以本国的法律、法规为依据，达到实验室认可的规范性文件要求，协助实验室持续发展，这个过程也可间接对患者作出贡献。厂家也应该在发展中求生存，特别是在面对当前的经济危机时，企业如何更好地生存下来，把它们的产品和服务符合于国家的标准和要求很重要。

对于ISO15189认可对企业的要求，全国煤矿检验学会主任委员、全国临床实验室和体外诊断系统标准化技术委员会顾问秦晓光教授总结了凝练的三点。

1.临床实验室和企业是"一个战壕里的战友"。目前，科研成果通过企业开发、生产，转化为产品，进而为临床实验室所应用。从这一链条看，企业不仅是临床实验室完成检验任务、保证检验质量所需设备及试剂的提供者，也是现代科技成果转化为检验用品的桥梁，因此企业和临床实验室工作人员一起，在推动了检验医学的发展中，发挥着各自的作用。

从日常工作看，既然检验结果是通过检测系统得出的，检验结果正确与否，对检测仪器、检测试剂的依赖程度越来越大。又由于检验结果是临床医师医疗决策的依据，因此对体外诊断产品质量的要求越来越高。从对患者负责、对人民健康负责的角度看，临床实验室和企业的目标应该是相同的。

2.认清临床的基本需求：在ISO15189认可中，临床实验室当然是"主角"，但企业在帮助和保证临床实验室的认可过程中，起着重要作用。这种作用从表面上看，似乎是无形的，但其作用确确实实是存在的。临床实验室应认识到这一点，企业也应认识到这一点。

从临床实验室的角度看，首先是产品质量，即产品质量能否满足临床的要求。对此，秦晓光举例说明：

精密度是体外诊断产品的重要技术性能指标，也是ISO15189认可时方法学性能的重要验证指标。以ELISA法测定HBsAg为例，灵敏度为1ng/ml时，如cv值达20%时，当患者血液中HBsAg浓度为1.5ng/ml时，将有约10%的结果为阴性。一些企业为了使产品尽快注册上市，往往希望降低这方面的"门槛"，而较少考虑对临床的影响。

准确性是又一个体外诊断产品的重要技术性能指标，也是认可时方法学性能的验证指标。国家卫生部于2006年下达了《关于医疗机构间医学检验、医学影像检查互认有关问题的通知》，鉴于临床检验检测的多数为生物源性物质，一时难以在所有检验项目的不同检测系统间取得一致结果，但检验结果的可比性仍是应该努力追求的，特别是同一检测系统进行检测时，结果应是可比的。因为目前许多患者往往在不同医疗机构就诊，一些疾病又需在较长时间内进行疗效及病情转归的动态观察，如果不同医疗机构临床实验室间检验结果不可比甚至互相矛盾，必然给临床带来困惑。这里还涉及校准品制备及量值溯源问题，目前这方面工作还相当薄弱，有的企业提供不了相关材料。

参考区间是判断检验结果是否正常的依据。不同地区、不同人群参考区间可能不同，临床实验室自建参考区间最理想，但对多数临床实验室来说很困难。但验证是必须进行的，其中多数实验室又是根据试剂盒中说明书中企业提供的参考区间来验证的，说明书中参考区间怎样来的？企业建立的？还是根据文献来的？或是来自国外人群的资料？往往未加以说明，临床实验室进行应用时带来不少困难。

还有产品质量批与批间稳定性问题，不同批号试剂间测定结果相差甚远的情况并非偶然。此外大型设备使用者的培训、定期校准等都与检验质量息息相关。

3. 以认可为切入点，提高质量，进一步开拓市场。"质量第一"是医疗机构临床实验室的永恒主题。目前全国医疗机构临床实验室正在贯彻卫生部2006 年颁布的《医疗机构临床实验室管理办法》，越来越多的临床实验室正在争取通过 ISO15189 认可。由于对体外诊断产品质量及企业的服务越来越重视，要求也会越来越高，这样加重了企业的责任，同时对企业来说，这是一个很好的切入点。

秦晓光认为，"ISO15189 认可的过程，将推动企业的发展，而企业的发展，产品质量及服务质量的提高，又将加速 ISO15189 认可过程，促进检验医学的发展"。

第五节　找准位置　演好角色

希森美康公司的服务对象是医疗机构的医学实验室。公司总经理彭作辉在采访中表示，医学实验室质量和能力水平管理的参考蓝本——国际标准ISO15189 成为了医学实验室建设和管理的指南，如果能逐步达到这个标准的各项条款的要求，也就做到了整个检验流程的标准化管理，保证了检验结果的质量和实验室整体的能力水平。

当前，很多医院检验科纷纷投入到 ISO15189 的认可工作中，希望通过认可提高自身的管理能力，并且促进技术水平的持续性提升。在各实验室刚刚涉足 ISO15189 认可的初期，对标准的要求细节还存在很多困惑：怎样做？做到什么水平才能满足标准的要求？实验室迫切需要来自各方的支持和配合，包括实验室的重要组成部分——体外诊断设备以及相关的供应企业。

对此，彭作辉谈到了希森美康公司的做法，以客户需求为中心，以整体的三个系统化来承诺对客户进行实验室认可的真正支持：①产品配套系统化，从产品的研发到配套的使用都遵循标准化的要求，包括完整的检测系统、系统的溯源性以及检测系统的全球比对服务，满足 ISO15189 标准中对实验室设备的相关要求；②服务团队系统化，除了常规的售后服务工程师队伍和学术应用队伍外，还有针对实验室认可的专业 ISO15189 支持队伍，对实验室的需求做到迅速反应；③服务内容系统化，对公司提供的所有产品都准备了标准化的操作流程、服务流程以及基本的相关文件，给实验室的文件准备提供最大便利。以上这些支持得到了实验室的欢迎和肯定。

从参与实验室认可的整个过程中，希森美康公司越来越认识到该项工作的价值。以 ISO15189 作为标准建立全面的质量管理体系，让医学实验室的整体水平都上了一个台阶，同时通过一部分参与认可的实验室的水平提升又带动了整个检验领域的管理和技术能力水平的不断进步。

"在医学实验室规范管理的同时，企业也规范了自身的服务模式，双方都增强了在医疗市场中的竞争力，并且有效地规避了医疗风险，最终达到医学实验室和生产企业双赢的目的。"彭作辉对此感触很深。

复星诊断营销副总经理李波谈到了客观看待 ISO15189 的重要性的问题，他认为，ISO15189 作为医学实验室质量和能力的专用标准，实际上就是引导和确保医学实验室提供给患者服务的一种质量保证，ISO15189 向国家标准（GB/T22576）的同等转化，也为全国范围内的医学实验室提供了更加明确一致的共同标准。作为向医学实验室提供产品和服务的企业，只有深刻了解标准的具体内容，使得所提供的产品和服务符合标准的基本原则，以此为基础，才能更大程度上满足客户和患者的需求，进而实现企业的社价值。所以这个标准对企业的生存和发展是非常重要的。

李波介绍说，"从整个基本面来讲，ISO15189 转化为国家标准后，企业对标准的态度的确发生了明显的变化，尤其是奥运会前北京有许多医院通过了 ISO15189 认可，这对全国的医学实验室和企业都产生了很大的影响，全国各省市有条件的医院都在考虑或开启 ISO15189 认可工作，甚至有许多还不具备基本条件的医院也在设法尝试在短期内通过的可能性，上海为迎接 2010 年世博会也在行动之中，这些都是企业需要积极关注和应对的。"

复星诊断作为目前国内在检验领域具有一定影响力的企业，在几年之前就开始全面关注医学实验室标准的问题并与国家相关组织和专家进行探讨和交流，逐步完成了主要产品在医学实验室的标准操作规程的文件及相关的实验工作。

同时，李波认为，ISO15189 标准，对企业和医学实验室质量和能力的提高起到持续性的作用，目前还不具备认可能力的医学实验室毕竟是大多数，同样可以按照标准的原则进行持续改进。

李波说，"如果演变成'认可热'是否有利于良性发展？ISO15189 标准与卫生部发布的《临床实验室管理条例》在实际操作过程中会遇到哪些问题？患者服务涉及医疗机构整体质量体系，医学实验室质量程度如何与医疗机构整体的质量程度有效匹配？这些都是我们不得不思考的问题。"ISO15189 文件中的条款是一个完整的系统，都是重要和不可或缺的；但从企业角度来讲，尤其要关注条款 4.6/5.3/5.5/5.6 等；因为这些都直接涉及企业的产品和服务的细节，同时，也是企业（尤其是国内企业）在研发新产品时必须加以考虑和完善的。

在李波看来，企业对 ISO15189 应该有一个完整和客观的理解，对现有的产品和服务进行必要的完善，对少数准备认可和大部分尚不具备认可条件的医学实验室，启动与之相对应的技术支持工作；同时，对规划中的产品开发，对照 ISO15189 的要素进行必要的文件、程序和实验补充；对目前还有许多无法明确或不够明确的部分，通过和相关部门和专家进行持续交流和实践来进行完善，这应该也是一个不断摸索和持续改进的过程。

ISO15189 给不同的企业带来的影响是不同的，相当一部分企业可能因为各种原因，暂时无法满足标准中涉及企业需要提供的文件和实验数据而面临挑战，但同时这也正是企业发展的一个过程、一次契机，随着企业对自身发展的需要和服务质量的提高，国家相关标准化建立过程的不断成熟和完善，企业将同时获得长足的发展。

第六节　相互依存　互补双赢

"'专家'与'厂家'共同发展。'生产'与'应用'互补双赢。应是我国体外诊断行业发展的重要指导思想。"谈到体外诊断行业发展的前景时，丛玉隆如是说。

不过，丛玉隆也指出了当前国内 IVD 行业存在的一些问题：缺乏检验仪器试剂研发单位和实际应用者进行交流与合作的平台；国家在大范围仪器设备招标时，存在着"重价格，轻质量和售后服务"的情况，不合理的实验项目使用和昂贵的仪器与试剂成本成为了患者看病贵的因素之一等。

"检验要与临床诊疗相结合是我们一再重申的理念，也是检验医学发展的必然趋势。"丛玉隆说。

《要求》中多处指出：在国家法规许可的前提下，期望医学实验室的服务除进行诊断和患者管理之外，还包括会诊病例中患者的检验和积极参与疾病预所有医学实验室应当为其专业人员提供的教育和科研机会。

"适当情况下，还应提供对检验结果的解释。有关专业人员应定期与临床医生交流，讨论如何利用实验室服务，并就学术问题进行咨询，这些交流应记录归档。有关专业人员应参与临床查房对总体和个体病例的疗效发表意见，"丛玉隆强调说，"没有企业提供的高质量仪器、试剂，实验室无法发展，没有实验室的需求，企业就无法生存。"医学实验室与体外诊断企业是相互依存、共同发展的关系，医学实验室与体外诊断产业都要认真学习《要求》内涵、结合实践，密切合作，相互交流，不断创新，共同提高，为我国检验医学的发展作贡献。

谈到未来发展，丛玉隆认为若干问题还需要在研究和实践中得以解决：

1. 缺乏检验仪器试剂研发单位和实际应用者进行交流与合作的平台，限制了医学工程技术的发展。

2. 国内的检验仪器和试剂的开发缺乏"检测系统"及"溯源"的理念，有条件的企业应建立国际参考方法或参考实验室。应加强对校准品，质控品的研发与应用指导。

3. 国家大范围仪器设备招标要充分调研，根据实际需求选择最合理的配备。标书的制定既要考虑价格又要考虑仪器质量和售后服务。

4. 要注意仪器购置后的工作（使用仪器人员的培训，仪器安装调试，仪器使用状况的跟踪及仪器试剂供应商的售后服务）。

5. 倡导企业间协作，优势互补，注重品牌产品的培植，积极开拓国际市场。

6. 加速对常用仪器和试剂的标准和规范的制定，特别是要根据中央全会和中央经济会议精神优先制定有利于国内企业发展有利于医疗改革需要的技术标准。

7. 全国医用临床检验实验室和体外诊断系统标准化技术委员会要加强对拟起草标准的项目论证，起草单位的遴选，起草过程的管理标准批准后的宣传，相关人员的培训标准应用效果的跟踪及必要时组织对标准的修改。

作为全军检验医学会的主任委员，如何繁荣全军检验医学领域的学术交流，促进全军检验医学的整体水平跨越式发展，这是丛玉隆经常思考的问题。

丛玉隆不仅是检验医学领域的著名专家和学科带头人，还是优秀的组织者。他在全军检验医学会议上举办"春晚"，让军队检验医学界在独特的文化形式中形成凝聚力。他带领这支队伍引领创新、攻坚克难，将军队检验医学推向一个又一个新的高度。他倡议设立驻京部队检验科主任沙龙，并把这个团队打造成和谐向上、充满朝气，在团队中大家亲如一家互帮互助的氛围。

第一节　牢记军队使命　引领军队检验跨越发展

近年来，检验医学的快速发展已超出人们的想象。随着基础医学、临床医学、生物学、物理学、化学、计算机网络科学等多学科的发展及其在检验工作中的广泛应用，检验医学已不再是最初的仅为临床诊断服务的医疗辅助性部分，而是已经成为涉足疾病的预防、诊断、治疗、预后监测等各个领域的重要组成部分。

与此同时，军事医学中战地急诊、战伤感染、战地输血等军事快速检验技术，生物与化学战的现场快速检测技术，军团病、痢疾、出血热等烈性传染病的检验，高新技术武器致伤的检验等军事检验技术快速发展。

多年来，丛玉隆和他的战友们始终牢记党和人民的重托，坚持"姓军为战、强国为民"的宗旨，勇于担当、无私奉献、引领创新，为推动我国军事检验医学事业的发展、培养军队检验医学专业技术人才作出了重要贡献。

丛玉隆很早就认识到，军队检验医学事业并不是孤立发展，而是与国家整体的检验医学事业水乳交融的。在《检验医学面临的问题与挑战》一文中说，检验医学的发展既有难得的机遇又面临严峻的挑战，如何提高学术水平和管理能力，促使检验医学在疾病的诊断、治疗、预防和人类的健康促进方面发挥着重要作用，是每一位检验工作者值得思考的重要课题。丛玉隆分析，检验医学将向自动化、床边化、分子化、标准化、信息化几个方向发展。

首先，在检验医学自动化方面，随着材料学、电子学、信息工程学应用于医学检验，新技术、新方法、新模式不断引入医学检验分析仪器的研发，"技术新、功能多、操作易、速度快、精度高、结果准、标准化、信息化"是发展的主要趋势，这同时也为临床不同层次需求提供了有效的检测参数，对疾病诊断与治疗有着重要的临床意义。

1. 细胞生物学检测：迄今，在临床常用的检验手段中，最直接、最有效、最价廉、最具价值的仍然是细胞数量和细胞形态、膜标记的分析。在常规血液分析中，应用最多、发展最快的是血细胞分析仪。除红（白）细胞、血小板计数外，还可提供传统手工方法不能获得的有诊断价值指标；如 RDW 用于贫血的鉴别诊断、MPV 用于血小板减少的病因分析、CHr 用于贫血治疗有效最早期信息、网织红细胞"分群"对化疗给药和停药的指导作用；而用于细胞膜表面标记分析、DNA 定量的流式细胞仪，在免疫学、肿瘤学、病毒学的临床医疗和实验研究等方面成为不可替代的工具并逐步从研究室普及的医院检验科；近几年问世的机器视觉识别技术将成为细胞形态学检验发展新的里程碑。机器视觉识别技术指具有与人类相似的视觉处理能力，协助以至代替人的工作采用机器代替人眼来做测量和判断。这是一项新兴的、很有前途的技术，但要在实践中不断成熟、不但改进、不断发展。

2. 血栓病的实验室检测将有深入的发展：自 21 世纪初，卫生部颁发 "废除 Duke 法出血时间测定、玻片法凝血时间测定，建议用出血时间测定器测出血时间，用 PT、APTT 法检测凝血时间" 文件以来，自动化仪器应用于手术前出血倾向的筛查、抗凝治疗用药的监测迅速在全国普及，目前，县级以上的医疗单位至少都具备半自动，甚至全自动凝血仪。但随着人口的老年化，心脑血管病、糖尿病患者不断增多，这些病的发病基础和病理变化直接与机体凝血机制有关。临床科室对检验技术在血栓性疾病诊断和治疗应用的项目和方法的要求也不断提高，目前，我国大多数实验室仅仅开展的 PT、APTT、TT 几项常规检查已不能满足临床的需求，要求有更多的凝血因子、纤溶因子、血小板功能、血管内皮功能检测手段，这对检验学科拓宽专业领域范围、促进学科的发展提供了新的机遇。

3. 随着分析技术进展、计算机技术应用特别是免疫化学分析的崛起，生化仪向高测速、同机兼有多种原理检测、多分体组合式发展，同时可测免疫透射比浊和附加选择离子电极、化学成分，特种蛋白质、治疗药物以及无机离子和血气分析，大大提高生化仪的工作效率和效益。

4. 随着社会上抗生素滥用和耐药倾向不断加剧，微生物耐药机制的深入研究，特别是分子生物学在微生物培养、鉴定和药物敏感试验的应用，以及国内外对医学实验室生物安全管理的理念不断增强（ISO15190），医院预防交叉感染的意识不断提高，这些都致使微生物检验技术水平和自动化程度迅速提高。

第二，在检验医学床边化发展方面，随着医学模式的转变、健康理念的更新，使社会和患者对医疗服务的需求发生了新的变化，也对检验方法及检验的方式提出了新的要求。近几年蓬勃发展的医疗改革，逐步减少了患者对医院的依赖，医疗活动也由医院扩大到了社区和家庭。因此，需临床检验方法操作简单，携带便捷，"即时即地"可得结果，即所谓 POCT（point of care testing）方向发展。POCT 是指在患者床旁进行的一种快速分析技术，能在床旁、病房或中心实验室之外的其他地方进行，该方法快速简便，效率高，成本低，有检验周期短、标本用量少等优点，是一类极具潜力的检测技术。近年来，生物化学、免疫学、微电子及光电分析技术的进步及其在医学领域的成熟应用推动了POCT 技术的迅速发展，催生出胶体金免疫标记、免疫层析、免疫斑点渗滤、干化学技术、生物和化学传感器以及生物芯片这些新的快速检测方法；使之不仅能够分析全血、血清、唾液、尿液甚至粪便，而且有效地减少了由于检测项目对标本类型的要求而造成的血样浪费，同时标本用量更小，项目组合更加灵活，从而提高了便捷性和实用性。目前 POCT 的范围已经涵盖了心血管疾病、感染性疾病、肿瘤、糖尿病、血栓性疾病和消化道疾病等许多病种的数百种参数。这些指标多是具有重要临床意义的筛查指标，比如特异性早期标志物测试结果异常可以明确心肌损伤，使急性心梗或心衰患者得到及时治疗。快速血糖和糖化血红蛋白检测帮助糖尿病患者实现自我检测，又比如 POCT 筛查感染性疾病可以使不具备细菌培养条件的基层医院、社区诊所甚至乡村卫生院能够快速检测病原微生物。大大减轻了医院的负担，缓解了就医难的社会问题。

POCT 迅速定性筛查的特点顺应了医院紧张高效的工作方式，缩短了检验周期，使病人尽早得到诊断治疗，节约了就医成本，产生了巨大的社会和经济效益。患者出院后，POCT 还可以作为临床医生随访时判断病情、调整医嘱的辅助工具。因此，POCT 不仅方便了临床医生，医生的快速决策也为患者赢得了康复的最大机遇。

第三，检验医学设备呈现分子化发展趋势。21 世纪是生命科学的时代，基因组学、蛋白质组学、代谢组学、生物信息学的飞速发展给医学检验技术的来革命性的变化。各种原理的电泳设备进入常规检验，提高了蛋白质的分辨率，许多"异常"区带的发现，为肿瘤的早期诊断提供了研究方向和治疗效果的依据；PCR 技术由定性走向定量；PCR 以外的体外基因扩增技术，如 LCR（连接酶链反应）、SDA（链置换扩增系统）、TAS（转录扩增系统）等技术正由科研走向临床，芯片的异军突起，使 DNA 检测和蛋白质组分析进入了新阶段；质谱技术将逐步进入常规检验，甚至在不久的将来取代现有的生化分析方法，其用于蛋白质分析对发病机制的研究，特别是肿瘤的早期诊断取得的进展，为临床检验的发展提供了新思路。

第四，标准化趋势。医学实验室是出数据的，数据的准确与否直接影响到医疗水平，涉及患者切身利益。医学实验室管理的第一要素就是检验报告的质量，这是检验医学学科建设永恒的主题，也是近十年国际检验医学发展关注的亮点。为了在我国医学实验室实行标准化、规范化、国际化管理，国家标准委员会将 2007 年版的 ISO15189《医学实验室质量和能力的专用要求》等同转化为国家标准（GB/T22576—2008/ISO15189：2007），已于 2008 年 12 月颁布并在 2009 年 2 月 1 日实施。这将对加强医院质量管理力度，提高医学实验室整体技术素质和学术水平起着重要的推动作用。作为解放军检验医学专业委员会主任委员……他把很多国际前沿的检验技术和理念推广到军队检验医学领域，也把军队检验医学中好的成果向地方推广。

在担任全军检验医学专业委员会主任委员的几年中，丛玉隆全面把握国家检验医学发展，充分审视影响部队检验医学发展存在的普遍问题之后提出：要提高部队检验医学整体学术水平、专业技术素质和管理水平，就要有的放矢开展学术活动。

为此，全军检验医学专业委员会立足解决实际问题，充分发挥军事检验医学专业组、血液体液检验专业组、临床生化检验专业组、临床免疫学检验专业组、病源学检验专业组等各个学组的作用，以学术交流为中心，举办了多场专题性、实用性、前沿性、互动性、针对性强的学术研讨会；为加强对军队中青年技术骨干的培养，搭建人才成长平台，多次举办全军科主任和技术骨干参加的新技术新进展学习班、研讨会、论坛以及跨军区、跨兵种的学术会议。

2007 年 10 月，全军检验医学专业委员会在北京举行第十一届全军检验医学大会，近 500 人参会，收到论文 1300 余篇，评出各等级优秀论文 35 篇。

2008 年 11 月，全军检验医学专业委员会常委扩大会在三亚市召开。全军检验医学专业委员会主任委员丛玉隆进行工作总结时强调，各专题委员会的学术活动要注意学术内涵，注重学术质量和学习效果，通过学术交流切实推动部队检验工作标准化、规范化的进程，在部队的检验卫勤保障中发挥更大作用。丛玉隆在会上提出，近期要重点办好"两个班"，写好"两本书"，开好"五个会"。

办好"两个班"。一是全军检验科主任研讨班，面向全军检验医学专业委员会委员及全军中心医院副主任以上人员。研讨内容以 ISO15189 文件为学习重点，强化质量意识更新理念，学习掌握流程管理。研讨班的宗旨为结合临床、突出特色、培植队伍。二是全军 ISO15189 内审员培训班，培训范围为全军中心医院检验科准备参加认可的人员，培训内容为 ISO15189 文件内涵的讲解，相关文件的编写及准备方法。

写好"三本书"。翻译出版《检验与临床手册》（第 8 版）；编写《部队检验技术与管理》丛书，内容体现部队特色以检验技术和科学管理为主；编撰画册《放歌 30 年》，纪录改革开放 30 年来我军检验事业的发展及取得的成绩。

开好"五个会"。拟定成立军事检验医学专业组、血液体液检验专业组、临床生化检验专业组、临床免疫学检验专业组、病源学检验专业组并将分别组织各专业学术活动。

会议上，全军检验医学专业委员会下设的各专业组委员会针对目前普遍存在的问题，制订了本专业切实可行的工作计划。血液体液学专业组主任委员马聪特别强调形态学在实验诊断中的重要性，结合目前普遍存在的问题，拟分别举办以寄生虫、生殖体液细胞形态学及血栓实验诊断指标评价为专题的学术活动；生化学专业组主任委员张峰与免疫学专业组副主任委员李晓军共同协商后，拟定联合召开以生化、免疫指标的质量评价及应用，检验技术及影响因素为主题的学术交流活动，会议形式以专题报告为主。病原学专业组主任委员徐德兴强调，仍以细菌耐药监测工作为主，同时进行新技术、新方法的推广。军事检验专业组主任委员王中强提出针对军事检验在应对突发事件中的重要作用，举办 POCT（即时即地检验）专题研讨会，其中涉及基础研究、平台建设、人才培养、临床应用及标准规范等诸多方面的内容。

2010 年 6 月，第十二届全军检验医学学术会议在西安举行。全军检验医学专业委员会主任委员、会议主席丛玉隆表示，军队医院的检验科室除了具备一般医院检验科的功能外，还要发挥在突发事件中不可或缺的作用。召开此次大会，旨在提高全军检验队伍的技术水平，为检验人员搭建交流学习、施展才华的平台。

此次会议除了设有两场全体人员共同参加的大会报告外，还设有临检、生化、免疫、微生物、军事医学等不同主题的专题报告。大会报告注重前沿技术的介绍，提升检验人员的理念，更全面地了解检验医学发展的前沿。专题报告重在交流经验，以解决实际中存在的问题。

当前国际形势复杂，国内不稳定因素也时有发生，军队的对外维和与对内维稳都是为了保护国家安全稳定和国民幸福。特别在应对突发事件中，如地震、水灾、森林火灾及现场狙击等方面都要冲锋在前，执行任务时，医疗救护尤为重要。"检验人员的作用更加重要，他们既要具备较高的专业技能，还要在面对复杂救援环境时，拥有良好的应变能力，能够因地制宜，充分发挥检验工作的特点。"参加此次会议的北京武警总医院检验科主任王海燕说。

王海燕以发生在 2005 年巴基斯坦巴拉考特的地震为例，谈到突发事件中军队检验人员的特殊作用，"因该地区处于半干旱地区，震区贫穷，所有的建筑都倒塌，检验人员就要身兼数职，既要对病人进行常规的医学检验，又要对水质进行卫生监测，还要担当防疫消杀的任务。"

在谈到玉树地震的救援工作，王海燕用"历次救援最艰苦的一次"来形容。她说，高原、寒冷、缺水是医疗救援队的最大困难，并且有的检验仪器在高海拔状态下不能正常工作。这就需要检验人员还要具备安装与调试的能力。

由于突发事件的背景不同、程度不同、地理与自然环境不同，对检验工作的要求也不尽相同。北京空军总医院临床检验中心主任朱美财提出，手术治疗是救灾中的重要措施，这就必须提前做血型、血常规、凝血、感染标志物等检验。与此同时，有效地避免人员之间相互交叉感染，也成为检验人员的工作内容。除此之外，还要注重在日常工作中，增加检验人员的灾害医学的专业知识储备。

在组织高水平的学术报告、学术会议、论坛，组织跨军区、跨兵种的检验科学术交流的同时，丛玉隆还组织部队检验医学界学术水平高、有一定学术地位和知名度的专家参加国内有影响的专著的编写工作。其中，《实用检验医学》，2009 年由人民卫生出版社出版，丛玉隆任总主编，仲人前、李晓军任主编，毛远丽、沈定霞、府伟灵、胡成进、黄宇烽任副主编；《检验医学高级教程》，2010 年由人民军医出版社出版，丛玉隆任主编，仲人前任副主编；《疑难病细胞学诊断》，2008 年由人民卫生出版社出版，丛玉隆任主编，周道银任副主编；《中国血细胞诊断学》，2010 年由人民军医出版社出版，丛玉隆任主编，李绵洋任副主编；《检验医学》，2009 年由人民卫生出版社出版的全国检验医师培训教材，丛玉隆任主编，王成彬副主编；《医家金鉴》（检验医学分册），2006 年出版，丛玉隆任主编，李晓军担任副主编。

纪念人民军队检验医学学科建设辉煌成果的画册——《放歌 30 年》，2010 年印刷出版，解放军总后勤部卫生部部长张雁灵专门为画册作序。画册的前言中有这样一段话：在总后卫生部领导的亲切关怀和直接领导下，通过几代检验界前辈、专家的艰苦卓绝的努力和全体医学检验同事们奋发进取的工作，我军检验医学事业发生了翻天覆地的变化，姓军为兵、一切服务于患者与临床的理念日益加深，技术素质、管理水平不断提高，科研硕果累累、精英人才辈出，国际一流的实验室环境、精良的装备，和谐、勤奋、上进、包容的团队精神，令业界的同行刮目相看。

第二节　培养学科领军人才
促进全军检验人才队伍建设

作为全军检验医学专业委员会主任委员，为培养军队检验医学领军人才和学科带头人，丛玉隆先后组织了 13 届全国质量控制学习班和专修班，举办 6 期军队检验科科主任培训班，为全军检验医学培训了一批专业骨干和领军人才。

解放军 302 医院检验中心主任毛远丽至今都记得很清楚，1999 年丛玉隆召开过一个座谈会，在解放军总医院检验科的会议室里，了解大家的想法，大家对于检验科主任怎么去干、朝着什么目标干、如何去管理科室等等有什么想法。

当时，毛远丽是部队系统中最年轻的检验科主任，很多人和她一样，都是刚刚上任。"2000 年左右，部队系统换过一批主任。反正我最年轻的，部队医院检验科的很多老主任陆续退休，"毛远丽回忆说，"那时，部队检验科主任青黄不接，年轻的科主任大多缺乏经验，丛玉隆就组织了部队系统检验科主任培训班，教给大家如何去管理科室。在那个关键的时刻，丛玉隆主任这个培训班的作用是不可估量的。如果没有这个培训班，大家只能自己去摸索，而且起点也没有这么高。"

丛玉隆在他的文章《科主任的工作方法》中讲到，科室是医院管理中至关重要的中间环节，是医院各项任务的集散地，科主任既是科室行政领导，也是

2002 年组织全军部分医院检验科主任赴日参加学术会议

科室的学科带头人。他的思想、业务水平、管理能力的高低，敬业精神、拼搏精神如何，不仅关系到科室的兴衰，也关系到医院的建设的发展，因此，科主任在医院具有十分重要的地位和作用。科主任的职务是医院为实现其任务、功能而设置和确定的。在日常实践活动中，科主任的职务主要表现为专家身份的学科带头人和科室管理者。

在《科主任的工作方法》中，丛玉隆就科主任的作用和管理职能阐述如下。

一、科主任的作用

1. 提供专业服务。科室作为医院最基本的构成、功能、运行和效益单位，最重要的任务和作用之一是提供以医疗为中心的各种专业及相应的服务。这种服务是全方位的，如临床科室不仅直接为病人提供诊治技术，还要为病人提供心理护理、修养环境等服务；医技科室不仅要为病人提供各种检查、治疗服务，还要利用相应设备，为技术人员的科研、教学服务等。对于检验科就是为病人提供准确、及时、先进、廉价的实验报告。

2. 保证服务质量。科室在提供各种服务的同时，必须保证良好的服务质量。良好的服务质量既表现在各种质量指标客观上的达标，也体现在被服务者主观上的满意。医疗服务具有特殊性，由于对医疗质量指标的判定往往源于医务人员，而病人因为需要和知识的差异，对质量的看法与医护人员不尽相同，故医务人员的服务质量必须有具体标准和明确要求。即医疗质量不仅要达到客观上的质量标准，还应满足病人主观上的质量要求；规范的医疗质量标准和要求，加之检验人员的精湛技术和优质服务，目的是使被服务者满意。

3. 培训专业人才。科室是医院的基本构成和运行单位，是培养专业人才的一个环境、集体和场所。科室由不同年龄、层次、知识、技能的人员组成，每个人在其不同的岗位上实现着医疗服务，同时也在各自的工作实践中增长知识，锻炼才干。无论是医师、技术人员，还是外院的进修、学习学员，通过科室的医疗实践和上级人员的带教，在理论和实践的结合中获得知识、技能，不断积累经验，从而成为专业人才。

4. 开展科学研究。科室是按其功能组成的单位，以其功能特点为科学研究提供基本条件，或开展相关的科学研究，一个科室往往就是某个科研课题或专题具体承办的主要单位或实施场所。科室根据实际情况和需要合理选择科研课题，并将从实践中得出科研结论或成果应用于解决实际问题，使科室的科研和实际工作起到相辅相成的作用。

5. 提高技术水平。科室以自身的专业技术实现科室功能、完成医院任务，并以其技术的高水平代表医院质量和特色。科室通过追踪本学科前沿知识和不断开展新业务、新技术，来提高本专业的技术水平，以适应医学科学的发展和医院对科室的需要，保证科室医疗质量有一个高起点，为实现科室及医院的特色和优势创造条件。提高科室技术水平，就是提高科室的信誉，增强科室在医院和外界的影响力。

6. 确立学术地位。科室是以相关技术人员和必要组成的学术集体，科室以其自身的学科建设目标、拥有的技术力量、掌握的先进技术，在本专业范围的知名度，以及品学兼优的学科带头人，在本专业中形成其学术地位。科室在本专业中占有较高的学术地位，既是对科室本身基础和条件的肯定，也是对学科发展和医院进步的一种促进。

7. 创造两个效益。科室作为体现医院功能、形成医院质量、表现医院形象和实现医院收益的基本单位，创造着医院的社会收益和经济效益。科室的每项工作、每个人都直接关系着医院的效益，无论是公众对医院质量的评价，还是医院对卫生资源的投入或分配、使用，都是通过科室中每一项具体服务来体现、形成和创造效益的，科室只有处理好社会效益和经济效益的关系，才能最终取得二者统一的正效益，但应强调经济效益是建立在社会效益之上的。

8. 促进学科的发展。科室的专业往往代表学科的专业，学科的发展有赖于科室的发展。科室在日常工作实践中不断积累经验、提高服务质量，不断培养技术力量、提高技术水平和学术地位，为科室本身和医院创造社会和经济效益等，科室的人才、技术的实力雄厚到一定程度，才有条件使学科得以发展，才能促进医院乃至医学事业的发展。特别是进入 21 世纪以来，知识经济的兴起，检验医学的飞速发展，特别是国民经济水平的提高，人们对医疗需求的增加给我们带来了良好的发展机遇，国家医疗技术的改革，人们对健康概念的理解转变，及自我保护意识的增加，给我们也带来了新的挑战。如何利用机遇、迎接挑战，提高学术水平，促进学科发展是我们每个科主任值得思考的问题。

从玉隆在文章中说，科主任作为科室的技术带头人和行政管理者，其工作的科学性和技术性一方面是指应追踪科学技术的前沿知识，用现在的科学技术方法指导具体的技术工作实践，解决实际工作中的专业技术问题；另一方面是指应当充分学习和运用现代科学管理的理论与方法，指导科室管理和工作实践，提高科室的业务技术和科学管理水平。

二、科主任的管理职能

1. 明确目标发展方向，提高学科的技术水平。科主任工作科学性和技术性最重要的表现之一，就是要为科室建立一个明确的专业发展方向和目标。只有目标和发展方向明确，科主任才能为实现目标进行合理的组织分工，实施有效的领导、激励、协调和控制；学科的目标和发展方向明确，科主任才能最优的利用有限的人力、物力资源，以较高的效率和效益提高学科的技术水平。

2. 健全组织规范制度，保证学科的质量效益。科主任工作的科学性和技术性也表现在建立科室的质量管理组织，保证科室有一套健全的质量标准和规章制度，并能严格执行，自觉落实。科室的质量管理组织、质量标准规章制度、落实措施是否健全，执行是否有效，显示着科主任的管理绩效。科室人员只有严格按质量标准操作，落实制度规范，科室质量管理小组严格检查，发现问题及时纠正等，才能保证科室的高质量和正效益。

3. 合理分工培训人员，促成学科人才成长。科室由不同知识、不同技术、不同年龄、不同性格的各种人员构成，因此，要根据工作的不同性质和需要，对科室人员进行合理的分工；同时，要使每一个人能发挥最大的潜能，还必须根据科室人员的不同特点，定向培养，使每一个人都能集中精力，做出成绩，成为本专业的专家，从而使学科多出人才、早出成果。

4. 领导有力、激励适当，创造学科的竞争环境。科主任工作的科学性和技术性在很大程度上是通过科主任的领导艺术和奖惩激励的手段来表现。科主任是否能够正确和适当地运用奖惩激励手段，关系着能否在科室内部创造一个良好的竞争环境。适时的精神和物质奖励，特别是精神奖励，能够激发科室人员的集体荣誉感、事业成就感，调动科室人员更大的积极性、创造性，去取得新的成绩，使科室形成一种拼搏进取、奋发向上的竞争态势和环境。

5. 协调及时、控制有效，实现学科的不断发展。科主任工作的科学性和技术性亦表现在科室的服务质量、人际关系、资源利用、信息交流等方面协调的及时性和控制的有效性上。无论是科室对自身质量的评价和反馈，还是科室对内部人力、物力、财力和信息资源的分配和利用，无论科室与医院外部社会还是同医院内部相关科室的公共关系、信息交流等，都有赖于科主任的协调。科主任在科室实践中不断发现问题，纠正偏差，在反馈控制的良性循环中起到促进学科不断发展的作用。

第三军大学大坪医院检验科主任陈伟就参加过 2000 年第一届检验科科主任培训班。陈伟讲述，"丛主任的培训班为军队培养了一批人，像现在 50 多岁的这些检验科科主任是受益最大的，几乎都在他的学习班中学习过。他的课很专业，还非常实用，通过学习，回去马上就能用得上。讲的东西我们也非常喜欢听，学习知识、更换观念。丛主任的培训班上课的时候，几乎没有走的，都在认真听课。别的学习班我也参加过，到后面基本上走掉一半。"

丛玉隆为全军培训了很多检验人才，陈伟是受益者之一。陈伟说，"20世纪80年代，我刚到检验科的时候，仪器很差，连半自动都没有，全是手工，根本不要谈什么实验室规范、质量规范化。我父亲是我们医院的外科教授，也是主任。他说你们的检验结果，我们只能是半信半疑，不是很相信，差别太大了。后来我被任命担任检验科主任的时候我爸爸就讲，你们这个检验要好好搞，要不然临床医生不会相信你们的结果，会引起很多误导。"

陈伟回忆，"通过培训班的学习，回去马上用到我们的实践当中，感觉收获很大。和丛主任慢慢熟悉之后，他就带着我们做些事情。20世纪90年代，我国引进了很多先进的仪器，血液学、尿液方面的。他就带着我们做血细胞分析中的全国正常参考值。我们从那个时候开始就慢慢接受了实验室规范化理念。当时，丛主任做血液的标准参比实验。同一个血样，用几十种不同的技术来做，求平均值。当时，丛主任在北京做实验，正好有人出差把血样标本从北京带回重庆，我们就在实验室等着，晚上六点多标本来了我们马上做，八九点钟做完之后再和重庆当地的血样标本做比对。这样慢慢就知道，正常参考范围是怎么建立的，为什么这样建立，地域性差异在哪里。因为地域性差异，重庆地区的血小板、白细胞都远远低于北方的数值，就是这个特点。血细胞，我们和丛主任一起大概做了4000多例，还有尿液也做了几千例，这些研究结果都在《中华检验医学杂志》上发表。"

陈伟说，"后来，丛主任帮助我们搞实验室规范化，我们一定要搞规范化，一定要有自己的制度，一定要有自己的工作流程。建立规章制度，抓质量管理，这也是丛主任给我们的启发。我们是服务性的科室，要对临床提供服务，一个是质量、规范；第二个就是服务，就是要对临床提供什么样的服务。"

陈伟记得丛玉隆主编的《今日临床检验》那本书写得最好，是1995年出的一本书。那本书陈伟看了很多遍，当时所有的新业务、新技术、新观念全都介绍了，讲怎样改进服务、怎样和临床沟通、怎样保证检验的准确性。陈伟就带着他的科室一点一滴去做，搞不清楚的有机会再到北京去解放军总医院学习。

陈伟说，"《今日临床检验》给我留下的印象太深了，我觉得受益匪浅，那时全自动的仪器刚刚普及到大的城市，大的医院开始慢慢装备的时候，他的书就出来了，对我们指导性非常强。应该说，丛主任是全国检验医学界的学术领袖，全国无人能及。他愿意把自己所有的知识毫无保留地告诉大家，然后他还带着你做，不厌其烦；他帮助过无数人，包括我在内，全军检验医学界都跟他很亲。"

第三节　创新工作方法　营造和谐团队

"驻京部队检验科主任沙龙"，好几位部队检验专家都不约而同地提起这个名字。

"这个沙龙是丛主任倡议下建立的，当时他提出沙龙，我们都以为就是大家聚在一起，喝茶、聊天、休闲，其实不是。他是希望我们有这样一个氛围，大家可以经常聚在一起，聚的目的是什么呢？要让我们做事。"海军总医院检验科主任马聪说，"最近检验医学界有什么热点，大家在沙龙上讨论一下；谁家用了新设备，大家参观学习之后，一起讨论一下；我们学科有什么问题，需要如何去解决，这些问题都是沙龙的主题。"

"驻京部队有十几家医院的检验科，这个沙龙是'轮流坐庄'。由谁主办，就是谁提供场地，并且提出主题，完全就由他们来组织。我们是2010年检验的流水线安装好之后，请大家过来，先参观这个流水线，然后介绍一下流水线的技术问题，请大家讨论，这次是我们组织的。2011年最后一次沙龙是解放军302医院毛远丽主任组织的，举办了免疫性肝炎的一个讲座，沙龙每次都有一个主题。"马聪介绍，"沙龙每次由组织者自己选一个主题，请各家医院的检验科科主任或者是科室的骨干参加。"

马聪说，"他创建了这个团队，很在意团队共同的创造和团队的贡献，他不是单打独斗的那种。丛主任如果有任务，比如丛主任要写什么书，他会选择不同的人来当副主编，他就会在沙龙上给我们布置。所以丛主任组织这个驻京部队检验科主任团队，第一位的任务还是在做事。"

2002年，"驻京部队检验科主任沙龙"正式建立，由北京军区总医院检验科主任王北宁牵头作为组长。王北宁介绍，"丛主任是以自己的人格魅力，打造了驻京部队检验科主任、全军检验界、地方检验界等几个比较优秀的团队。'驻京部队检验科主任沙龙'刚开始还制定了计划、章程，一个季度搞一次学术活动，每次有专题，曾经搞过结核病的实验室诊断、肝炎的诊断、心肌梗死的诊断等很多专题。"

到2010年，"驻京部队检验科主任沙龙"已经搞了20多期，内容分别为自身免疫性疾病与自身抗体检测技术、肝炎病毒诊断试剂、干式凝血仪的应用与评价、血管风险因子的检测及意义、自身免疫性疾病的诊断、结核分枝杆菌的实验室检测、心肌标志物与心肌损伤、肝炎诊断指标的应用与评价、计算机管理、检验与临床、微生物检测的有关问题、应对举证责任的新规律、化疗对病人血细胞分析的影响、生化学术年会、微生物学术年会、自动化工作站、实验室生物安全管理、自动化流水线、肝炎的分子生物学诊断等。

"我们搞过全军检验医学界的晚会。2002年，首次在重庆召开的全军第九届检验医学专业委员会上搞了一个晚会，所有的演员都是参会的会议代表，必须都是检验医学专业的人，大家以军区为代表队，北京军区、南京军区等，每个军区都出节目，大家唱歌跳舞其乐融融。"王北宁说，"这个晚会也不评奖，只是一个联欢会。但大家的重视程度都快赶上中央电视台的春节晚会了。"

"这种形式开始是以部队来做试点，在全军的大型会议上，之后形成惯例，从第九届一直坚持到十二届。后来北京的驻京部队检验科主任沙龙也搞'春晚'，之后又推广到全国检验医学界的大型会议上，每年的年会充分展示自己的团队。今年的主题就是唱红歌。"作为前几届晚会的总排练、总导演，王北宁谈到这个活动时，兴奋之中带着喜悦。王北宁说，"从2002年开始，驻京部队检验医学界也开始了春节团拜会，团拜会上各个医院的代表队演节目，每年都非常热闹。现在，不让演就会不高兴。大家特别喜欢这种独特的文化形式。"

"我们每年春节都要在一起聚会，这都是驻京部队科主任沙龙的一个内容。原来都是去酒店或者大家在一起吃饭，后来我们也用'轮流坐庄'的方式，就在各个单位，这样也省钱，各家医院都出一些节目，唱歌跳舞，大家热热闹闹地在一起。"马聪说，"后来，大家对表演这事还非常重视，都在认真排节目。平时都这么忙，可能谁跟谁也说不上话，但是一通过排节目就增加了沟通，为的是在驻京部队的'春晚'中表演更精彩，为自己所在的单位赢得荣誉。"

"不管是驻京部队检验科主任沙龙的学术交流还是春节的联谊节目，都特别有活力有朝气，积极向上，"解放军306医院检验科主任敬华是沙龙的参与者也是坚强支持者，"地方的一些医院看到以后，表示很羡慕，觉得军队检验界中非常和谐，大家感情非常融洽。"

"通过这些形式，我们这些军队检验科主任之间的关系都特别好，有时候互相帮忙，比如我们要做个什么课题，或者是大家一起写本书，都特别团结。如果好长时间不见了，还挺想念的。"王北宁说起一件让她很感动的事情，"有一次我生病，驻京部队的好几位主任都拿着鲜花去到病房看我。平时没啥感觉，就在生病的时候，大家都来看你，让我感觉我们之间的关系已经超出同行，升华到兄弟姐妹的情义了。"

毛远丽谈起"驻京部队检验科主任沙龙"形成的凝聚力时说，"丛主任把这个团队打造得非常好，搭建起来这个平台，带起这个队伍，其实特别不容易。所以我们也希望这种氛围和这种精神能够更长久一些，影响的人更多一些。"

第十二章
培育人才队伍　打造和谐团队

"纵使我匍匐在地，我的心依然托举着你"，这是他投身检验医学事业50余年无怨无悔、真情奉献的真实写照。用心托举，是他对年轻人成长的托举，更是他用真情和挚爱对中国检验医学事业的全力托举。

第一节　铸就检验医学团队文化　营造团队和谐氛围

一进科室门，迎面就是这个"全家福"，从1988～2008年每年都有一副"全家福"，展示丛教授担任21年科主任时，带领团队走过的历程

丛玉隆担任解放军总医院临床检验科（以下简称"临检科"）主任期间，检验科走廊两侧的墙上悬挂着从1987年到2009年的23幅照片，照片是历年来科里同事外出参观学习、参加建党纪念日等活动的集体合影。驻足仔细观看这些照片的人，都曾感慨万千。

第一幅照片是在1987年拍摄的，身着85式军服的检验科同事站成三排，每个人的脸上都露出灿烂的笑容。照片一瞬间就把人拉回20世纪80年代。下面的照片说明写着：87年的老战友浮现在眼前，旧时的军服留住了岁月的影子，留住了那时的团结与友爱，留住了那时的朴实与无华。昔日朴素的旧军装依然绽放光芒，昨日战友情怀正释放美丽的光芒，时代的军装已渐渐褪色，但热情似火的青春气息至今影响下一代的成长。照片上的19位同志中有16位相继转业、退休，他们为临检科做出的贡献，我们永远无法忘记。

第二幅照片记录了检验科同事在山坡上野餐的情景。文字说明这样写着：第一次香山春游，大家在一起，热融融的气氛，快乐的心情溢于言表，重要的是在轻松的气氛中交流了思想、传递了友谊。

第三幅照片是在泰山中天门前的合影。下面的文字说明写着：第一次举办全国质量控制学习班，部分教师与同学在泰山合影。此后，解放军总医院临检科举办了13届专修班、6期科主任培训班，为军内培训了一批检验专业骨干。此后，我们与全国的同行们结下了深厚的友谊。

科室文化走廊

之后是科室第一次集体过中秋节、美丽的白洋淀河畔、庆祝建国43周年天安门前合影、1993年庆祝建党纪念日合影……最后一幅照片是2009年春节临检科全科工作人员的合影，文字说明写着：我科已发展成一个成熟、优秀的集体，人员不断壮大并补充了新的力量，一批博士、硕士等高学历人才的加入使我们如虎添翼。老同志耐心带教；中坚力量已成中流砥柱；年轻人勤奋好学，努力工作，科室欣欣向荣。

23幅照片，凝固了23个精彩的历史瞬间，是301医院临床检验科科室文化建设的真实写照。其中，承载着丛玉隆太多的回忆。

1987年，丛玉隆从北大一院（北京大学第一医院）调入解放军总医院检验科任主任。当时各方面条件十分艰苦。学科要发展，丛玉隆必须带出一批人来，一定要做"1 + 1大于2"的事。

他想方设法在科室营造学习气氛，亲自出考题开展练兵知识竞赛。他在国内率先引入日本的实验室环境管理5S标准。他说，为人得有精气神。他不相信一个机器蒙尘、人员闲散的实验室做出的结果是准确的。

他悉心关注每个人的发展，谁适合"做科研"，谁更善于"做常规"，他力求"人尽其才"。他亲自组织科室外出活动，每年一个地方，每次一个主题，23张"全家福"记录了检验科从小到大的成长历程，也留下了团队和谐奋进的精神轨迹。2005年为迎接"ISO15189实验室认可"，全科上下拧成一股劲，关键时刻豁得出去，打得赢，这与丛玉隆对科室人员的长期培养有很大关系。

井冈山下漂流

在丛玉隆撰写的《临床实验室管

理学》（高等医学院校检验系教材）、《现代医学实验室管理与实践》等著作中，他"破天荒"地把人力资源管理及团队文化建设纳入其中，使之第一次出现在我国医学管理书籍中。他说："只有有了人的质量，才会有事业的质量！"

检验科一位年轻的同事在《我爱我的科室》一文中写道：我从大学毕业直接步入了中国人民解放军总医院临检科的工作岗位，临检工作的三年是我人生历程中收获最大且受益一生的时期。我很荣幸地经历了科室多年来形成的科室文化过程和规范而人性的管理方式。

这位年轻同事归纳的科室文化第五点是：坚持以人为本理念，体现人性化管理。其在文中写道：随着科室的发展，人员的调整，我科室人员结构复杂，工作人员有军人、合同制技术人员、非现役文职人员、返聘人员、合同制技工和临时工，还有为数不少的不同类型学员。人员类型的不同必然存在工资、奖金、福利、责权等差异，但要想使科室不断发展就必须统一全科人员的思想。近年来，科领导始终坚持和充分利用多年来科室建立的两大法宝：团队精神和科室文化。尽管丛玉隆主任和王成彬主任经常强调科室文化和团队精神在科室建设中的重要性，但我也是较长时间后才真正理解和体会什么是科室文化和什么叫团队精神。看看走廊里那一张张可爱的相片吧，记载着二十多年风雨同舟的故事。无论你是以什么样的身份，只要来到这个大家庭，你就是这里的一员。科兴我荣，科损我耻，这种主人翁的精神无时无刻不把我们拧在一起。有了这种信念还有什么困难不能克服。在这个温馨和睦的大家庭，我们每个人不仅仅是在工作，我们更是在生活！

这位年轻人还写道：有一次丛玉隆教授给学员授课时问道，"来解放军总医院临检科学习，你们最看重这里的是什么？"有人回答是先进的技术，也有回答是一流的设备。丛主任说道，"这些东西你们不一定非要来解放军总医院临检科学习，你们在这里应该把重点放在学管理，学习这里先进的管理理念。"不错，正是临检科这种先进、科学的管理理念，推动着科室的整体发展，推动这个集体向着美好的明天全速前进。

独特的科室文化和先进的管理理念给这位刚到临检科工作三年的年轻人留下不可磨灭的记忆。这也正是丛玉隆多年来坚持推动科室文化，营造软实力的结果。

在解放军总医院临检科办公区有很多绿色植物，一进入科室走廊，员工便感到家的温馨。科室内部干净明亮，各种仪器有条不紊地排列，使科室人员感觉不到工作的压力。为改善科室员工的工作环境和生活环境，临检科订购了各种报刊书籍，建成科室活动室、阅览室，注重提高人员文化水平的提高。同时，努力创造各种机会，对员工进行业务能力、科研能力、外语能力等方面的培训工作，使科室人员的自身素质全面提高。

丛玉隆深知，人的最高需求是体现自身价值，包括胜任感和成就感。丛玉隆出版论著较多，出版社每次找他出书，他都提出要让科室的骨干参与进来，担任共同主编或副主编。这样既可以体现科室骨干的自身价值，又充分调动了他们的积极性，极大发挥了人才的优势。

此外，丛玉隆还提出要提供平台、鼓励竞争、奖励先进。每年每人发表多少篇学术文章，都在科里张榜公布，还会发放相应奖金。解放军总医院临检科近年来发表文章200多篇，我们把发表的文章汇编成册，科室人手一册，对科室人员是鼓励也是敦促。同时，鼓励员工著书立说，用成就感体现每个人的自身价值。

通过良好的团队建设，解放军总医院临检科获基层建设优秀单位17次，获集体三等功4次。2005年解放军总医院临床检验科成为全国首家通过ISO15189国际认可的单位，约200家国内外医院的主管人员参观了他们的实验室，得到业界的广泛赞同和认可。

1975～2008年的30多年中（1979～1982年丛玉隆作为内科学血液病研究生脱产学习），丛玉隆曾先后在北京永定路医院、北京医科大学第一医院、解放军总医院担任检验科主任。在不同级别、不同规模、不同性质医院的科主任岗位上的工作实践，使丛玉隆得到充分的锻炼，逐步形成了一整套独具特色的检验科主任管理理念和工作方法，并且撰写了多部有关医学实验室管理的专著。

丛玉隆在他撰写并发表的《学科建设与团队精神》一文中写道：世上没有完美的个人，只有完美的团队。团队是学科建设的根本，没有团队，再好的人才也是一盘散沙。一个科室能不能形成团队，决定了这个科室能不能持续不断地发展。团队培养包含领导、群众、文化和竞争4个要素。

第一个要素是领导，优秀的领导是团队建设的关键。领导必须具备科学的方法和管理的思想，领导既是学科的带头人，又是具体工作的管理者。领导具有双重任务，就必须有双重的能力，领导对科室的理念、业务、基本理论都应该是最新、最扎实的，别人有问题领导能帮助解决。首先，领导应做到：掌握的信息要比他人多，学术思想要比他人新，技术水平要比他人高。其次，领导要具备丰富的管理经验。要能管理好科室整个团队，要能发现人才还要会使用人才。最后，要强调领导自身的品质，一定要待人诚信，待事公平，平易近人。

第二个要素是群众，群众是形成团队的基础。依靠群众是团队主管必有的理念，科室每项目标的制定、实施、监督、评估都要有群众的参与。依靠群众是团队建设的根本。

第三个要素是文化，先进的科室文化是团队建设的灵魂。知识经济的兴起，人本管理思想的建立，管理学理论的深入发展，都要求科室要建立自己的文化传统、道德规范、生活信念、习惯作风等，并通过这些将内部的各种力量统一于共同的指导思想和科室建设中，汇集到一个共同的方向，才能使科室不断发展和进步。

注重人本管理，就是注重以人为中心的管理，以人的能力、特长、兴趣、心理状况等综合情况来科学安排最合适的工作，并在工作中充分考虑到员工的成长和价值，使用科学的管理方法，通过全面的人力开发和科室文化建设，使员工能充分发挥积极性、主动性、创造性，把人作为科室最重要的资源。

除了人本管理，还有情感管理。情感管理就是领导以真挚的感情增强与员工之间的情感联系和思想沟通，满足员工的心理需求，形成和谐融洽的工作氛围的一种管理模式。管理工作的核心是管人，管人的核心是管人心。在管理中，制度约束固然重要，要想使员工释放能量，情感管理不失为一种极好的激励方式。

第四个要素就是竞争，竞争是团队充满活力的象征。引入良性竞争机制，不断强化忧患意识，搭建学术交流平台，提供体现价值机会，使得科室在积极的竞争中求生存，在竞争中求发展，在竞争中形成优秀的团队。

丛玉隆在文章的结束语中写道：团队建设有一个漫长的过程，需要我们通过不断的合作、学习、沟通、分享等层层复制团队的文化理念，用心管理才能形成独特的团队文化。团队管理者要在工作中不断与科室人员分享知识，分享经验，分享目标，分享喜悦，分享一切可分享的东西。通过分享，团队管理者不仅能很好地传达本团队的理念，表达自己的想法，更能不断形成个人影响力，同时可以调动团队中其他成员的激情，形成良好的互动，相互学习，相互进步，共同发展，从而形成自己独特的团队文化。一个团队只有形成了自己独特的团队文化，才能在激烈的竞争中立于不败之地，才能使团队做大做强，健康发展。

丛玉隆曾在大大小小的会议上强调"团队精神与学科发展"的关系。2008年的全国检验医学学术会议上，他精彩的演讲博得了全场的热烈掌声，在场的台湾医事学会会长吴竹兰立即邀请他去台湾作报告。之后，丛玉隆先后受邀在北京、天津、广州、福建、山东、台北等地作了关于学科发展与团队精神的报告，每一场都引起了热烈反响。

"丛主任不仅培养了解放军总医院临检科这个团队，他还以自己的人格魅力，打造了驻京部队检验科、全军检验医学专业委员会等几个比较优秀的团队。在这个过程中，他一直在倡导先进的科室文化和独特的军队检验医学文化，"北京军区总医院（现为"陆军总医院"）检验科主任王北宁评价丛玉隆时说道，"他让大家切身体会到，先进的军队检验医学文化不是口号，是实实在在通过和谐的团队建设，在推动军队检验医学及国家医学卫生事业的发展。"

解放军第 306 医院检验科主任敬华说道，"现在，丛主任打造的军队检验医学这个团队，人际关系氛围特别好，大家互帮互助，谁也舍不得离开。"

丛玉隆以他独特的人格魅力，使检验医学界的团队自觉追随，这或许就是他打造的先进的军队检验医学文化所产生的凝聚效应。文化，创造了直抵每个人心灵的软实力。

第二节　发现人才和培养人才　扶植中青年人才成长

检验医学界很多人都知道，丛玉隆非常注重人才的培养。他担任科主任30 余年，根据科室专业特点因材施教，为科室培养了一批作风过硬、业务能力强、技术精湛的专业人员。自 20 世纪 90 年代以来，他培养了博士生、硕士生 20 余名，组织举办全军医学检验高级讲习班 22 期，学员近 400 名，为军队培养了大量中、高级检验人才，其中部分人员已成为学科带头人，大部分人员成为技术骨干。同时丛玉隆撰写各类学习班教材 11 册，达 300 多万字，录制各类教学光盘 10 余盘，并先后获得全军优秀教师、中华医学基金会"林宗扬教育奖"，两次获得解放军总医院院级教学一等奖，一次全军教学成果三等奖。

我国著名检验学家沈霞教授，曾任中华医学会检验分会副主任委员，很了解丛玉隆在中华医学会检验分会担任主任委员时期的工作。沈霞说，"丛主任凭着对事业的热情和高度的责任感，非常重视对年轻人的培养。丛主任提出，着眼检验学科的未来发展，加强对中青年技术骨干的培养，搭建能充分体现中青年骨干自身价值的平台，培植浩浩荡荡的学术技术梯队，这是检验学科发展的重要战略。"

为此，中华医学会检验分会专门成立中青年委员会，旨在培养年轻人、建设人才梯队。为充分发挥中青年学术骨干在学术交流工作中的作用，检验分会专门提出要求：各专业委员会委员中要有三分之一 45 岁以下的中青年专家，在各类全国性学术会议上要有一定比例的中青年技术人员作学术报告，举办全国及各地的中青年学术会议。

2005 年 6 月 4 日，《中华检验医学杂志》编辑部和中华医学会检验医学分会在广州召开了"中国检验医学中青年论坛"，由广州阳普医疗用品有限公司出资支持，为论坛设立"中国检验医学阳普杯优秀论文奖"，以激励我国检验医学中青年专家、学者的创新精神，营造创新的学术氛围，促进和提高我国检验医学学术水平。该论坛共收到论文 500 多篇，经由我国老一辈检验医学专家组成的评审委员会严格遴选和评审，最终产生了 26 个奖项，其中一等奖 1 项，二等奖 3 项，三等奖 8 项，优秀奖 13 项。

2006 年，中华医学会检验医学分会在筹备第五次全国中青年检验医学学术会议时就决定，会议要注重广大中青年的参与、注重推选新人、注重各专业人员的梯队建设，并决定整个会议全部由中青年委员策划、筹备、组织、实施。各地检验分会非常重视利用该次会议为中青年搭建平台，纷纷组织了地区性中青年学术会议，并把这次会议的发动、准备过程看成是提高本地区学术水平、发现新人、促进学科建设的机会。经过 3 次严格公正的评审及大会发言答疑，最终从全国各省市分会"海选"出的 2000 余篇稿件中评选出特等奖 1 名、一等奖 2 名、二等奖 5 名，三等奖 12 名，优秀奖 16 名。为表彰组织工作充分、学术水平高、参会组织性和纪律性强的单位，大会还设立了优秀团队奖。《中华检验医学杂志》编辑部决定，用当期的全部版面刊登获三等奖以上的文章并附第一作者个人简历、照片和学术成果，给这些获奖者提供了更多的参与学术交流的机会，鞭策他们尽快成长。

会议之后，丛玉隆在 2006 年 12 月出版的《中华检验医学杂志》上发表述评文章，题目为《让中青年人才尽快成为学科发展的中坚》。丛玉隆在文章中写道，一个学科发展的关键要素，取决于对知识的产生、利用、消费、创新和分配的程度，决定于知识的载体——人才。因此，如何有效地建立人才梯队就显得更为迫切。要使用人才，必须培养人才；要培养人才，首先要发现人才；要发现人才就要给他们登台亮相施展才华的机会。这也是中华医学会检验医学分会历次学术会议，特别是中青年会议的主要宗旨。目前，我国许多医院的检验医学学术带头人，多为历届全国检验医学中青年学术会议的代表。利用这些会议平台，他们的才智被同行们所认识，这些学术带头人在各省市检验医学发展过程中发挥了重要的作用。

丛玉隆在文章中就如何加快中青年的成长提出四点意见，希望与广大中青年检验医学工作者共勉。

第一，注重实践，加强能力的培养。近 10 年来，大批高学历的中青年被充实到检验医学队伍，他们在某个领域有较深的理论功底和科研能力，对我国检验医学的发展起到很大的促进作用。但检验医学是一门实践性很强的多专业交叉的边缘学科，各专业间彼此独立又相互依存，必须深入工作第一线全面了解其内涵。用系统学的原理分析试验的全过程，找出内在的联系和规律，进而实施质量管理，特别是以形态学为主的专业，更要重视实践。要做到精通本专业的发展前沿、基本理论、实验技能、临床应用，熟悉其他检验专业的基本理论、基本技术，才能领导这个学科、发展这个学科。这一点对于非检验医学专业毕业的高学历且又在科室领导岗位的人员尤为重要。要力戒目前国内学术的浮躁和急功近利的现象，脚踏实地，忍受寂寞，扎扎实实打下良好的基础，尽快地成长。

第二，转变观念，做好定位。

1. 从"医学检验"到"检验医学"，不仅是名词顺序的变更，还有更深层次的内涵的转变，使检验科的工作定位和观念发生了根本变化。在过去医学检验实践中主要注重"标本"和"数据"，研究如何检测标本，得出准确数据；而现在，不仅要保证标本的准确分析，更要透过标本看到疾病，看到患者。提供的不是简单的数据，而是高效的诊断和治疗信息。这就要求我们除了有深厚的检验功底，还要有相应的临床知识及临床实践。有许多年轻同志，受到专业的限制，临床医学背景较为欠缺。因此，需要及时调整知识结构，深入临床实践，注重实验室与临床治疗一线交流，积极开展循证检验医学工作，使医学检验工作更适合现代医学的需要。

2. 在20世纪末，医学模式发生了明显的转变，这种变化表现在从生物医学向生物-心理-社会医学模式转换，由单纯治疗转向预防、保健、治疗和康复，使社会和患者对医疗服务的需求发生新的变化。检验医学的发展也要顺从这种医学模式的转变，要注重亚健康状态检验方法学的研究。随着社会的发展、人口年龄结构的变化及疾病谱的变化，要不断创新、不断丰富工作内容。《中共中央关于构建社会主义和谐社会若干重大问题的决定》中对健全医疗卫生服务体系，保证享受基本医疗服务提出了重要的措施，制定了"战略前移"、"重点下移"的方针，这也是今后一段时间内检验科工作的内容之一。要更新观念，不但要使检验工作与医疗中心检验工作逐步与国际先进行列接轨，还要在社区乡镇医疗有所作为。检验工作既要做好"自动化"，也要注重"床边化"，在"治未病"方面有所创新、有所发展。

第三，科研工作要围绕"临床"。医院检验科的主要工作是为临床诊断、治疗提供有价值的数据，科研工作应紧紧围绕如何提高诊断水平。这一点与基础研究所（室）还有所不同，要积极提倡检验科大力开展科研工作，否则就不会提高本学科的学术水平和技术素质，也不利于学科的发展。但应注意选题要紧紧围绕临床的需要，符合本科承担的任务和自身优势，瞄准国际发展趋势，特别要重视检验结果如何指导疾病的诊断、治疗的监测、疗效的分析、预后的评估研究，以此开展循证检验医学工作，使自己在科研工作中不断提高，科室的工作也体现了自身的价值。如果说此次中青年会议有什么不足，就是此类有价值的文章尚少。

第四，注重质量，提高管理水平。质量是学科建设的根本，没有检验结果的高质量，就谈不上学术的高水平。标准化、规范化的管理是质量的重要保证。

管理是一门经验性很强的学科，年轻的同志相对比较薄弱。因此，要在努力钻研专业知识的同时，加强人文科学、社会科学、管理学的学习，不断深入一线工作实践，提高管理能力。ISO15189是提高检验质量的重要文件，不但是国际实验室认可的重要文件，更是如何保证质量的极好的教材。它严格规定了医学实验室"质量和能力"要求，质量是指实验报告准确，具有可重复性、可溯源性，在世界范围内所有被认可的实验室出具的数据可互认；能力是指管理体系、人员素质、仪器设备、仪器装备、检测系统、工作环境、生物安全、信息系统。核心是建立全面质量管理体系。不管实验室准备认可与否，都应按其内涵，严格实验室的管理。

丛玉隆在文章最后指出，中青年检验专家、学者是学术发展的未来，学科建设的中坚，中华医学会检验医学分会和《中华检验医学杂志》愿为你们搭建多种多样的平台，希望你们学习老一辈专家为学科执著奋斗的热情和献身精神、严谨求实的科学态度和创新意识，创造更多的高水平研究成果，快快成长。

为年轻人的发展提供机会，解放军第306医院检验科主任敬华对此体会深刻，"丛主任知人善任，特别是他担任中华医学会检验医学分会主委和全军检验医学委员会主委以来，在发现人才、使用人才方面做得非常好。他能够发现、掌握每个科主任、每一位委员的特点，发挥其作用。在青年人才培养方面，除了军队的各种学术交流会议、全国的学术交流会让年轻人担当主角之外，他还带头组织了中青年学术交流会。这些交流会都有论文评比，有时甚至把获奖论文的青年作者送到国外去学习。"

武汉华中科技大学附属荆州市中心医院检验医学部主任王昌富对于这一点更有切身的感受。王昌富说，"丛主任很重视我们这些中青年，他不看你的学历，不看你的出身，也不看你的职称，只要你能做事，他就发挥你的一技之长。我来自中等城市的一个地区医院，在全国检验医学界的大型会议上，是没有机会作大会发言或专业演讲的，是丛主任给我提供了很多机会。"

王昌富参与过丛玉隆担任主编的学术著作及教材的编写工作。在丛玉隆主编的《实用检验医学》（2009年出版）一书中，王昌富担任编委。之后，在丛玉隆主编的《中国血液细胞诊断学》专著中，王昌富担任副主编，《检验医学高级教程》一书中，王昌富也任副主编。王昌富说，"在《实用检验医学》这本权威参考书的编写过程中，丛主任说我做得很好，就让我担任他其他著作的副主编，现在《实用检验医学》第二版马上要出版了，我也是做副主编"，"他给你一个平台，鼓励你去做好。有时他甚至用肩膀扛起你，让你去向上攀登。丛主任作为国际、国内知名的专家，这样提携后来者，太让人敬佩了。"

第三节　铺路搭桥　不负使命

天津市胸科医院检验科主任张连祥是 1995 年与丛玉隆相识的，他提到，"1995 年全军首届临床检验学习班上，丛主任讲尿液、血液检验，讲得非常好。在那次学习班上，丛主任讲如何做好科主任，我回来就按照他的思想来实施。弹指一挥间，这么多年来受到丛主任很多恩惠和启发，我院检验科里很多东西都受到解放军总医院的影响。"

1998 年，张连祥随丛玉隆一起去美国参加学术会议，"丛主任那时是中华医学会检验分会副主委，担任 35 人组成的出访代表团团长。在芝加哥开了 9 天会，丛主任作为著名专家，大家的吃喝拉撒啥都管，很辛苦。"那半个月的朝夕相处，丛玉隆的学识和人品，让张连祥赞叹不已。

"丛主任很平易近人，无论对多大牌的专家或平民百姓都一视同仁。他在检验这个行当，做得太细致了，每个不同时期都能提出对有全国指导性的思想。"张连祥说道，"2000 年，丛主任担任中华医学会检验医学分会主委，不厌其烦地宣传从医学检验到检验医学、质量控制等理念，并且指导全国各地基层的检验科室。"

张连祥曾任中华医学会检验医学分会生化仪器专业委员会的秘书，他谈到，"就连生化仪器专业委员会的一个会，丛主任都亲自指导，亲自讲课，过去有句话叫'小车不到尽管推'，我们都很明白，他事必躬亲是为了调动大家参与的积极性。"

后来，张连祥一直和丛玉隆短信来往，经常在短信中探讨人生哲理。"丛主任非常辛苦，从解放军总医院临检科主任岗位退下来后，他依然担任中国医师协会检验医师分会会长和解放军检验医学委员会主委，他依然马不停蹄地四处讲学、开会，我们都劝他歇歇吧，可他依然如故。他说，'基层来找我去讲课，渴望我去，是信任我，我不去不好。'丛主任的善良、正直和对事业的执著，值得我们很多人学习。"张连祥说，"丛主任太忙了，看到他随着年龄的增长，手抖动得越来越严重，心里很不是滋味，我们都劝他应该保护好自己。我就担心他太累，总劝他多休息，适当放松。他退休后比原来更累，到处去讲学，传播新理念、新知识、新技术。我劝他'生活丰富多彩，不光是检验'。可他没什么爱好，他也没有时间去'爱好'，他到一个地方就是讲课。他追求的幸福就是'检验事业'。"

很多人都劝丛玉隆，你身体不好，该歇一歇了，但是丛玉隆停不下来，依然上满发条高速运转。"时代造就了我，我不能愧对于这个时代"，这是丛玉隆发自肺腑的一句话。

有人说，中国检验医学发展的这 15 年，是丛玉隆的时代。听到这话，丛玉隆谦虚地说，"我是改革开放的受益者，国家这 30 多年的高速发展，为我的成长提供了平台。我只是在检验医学领域做了几件扎扎实实的事情，没有国家的大环境，我是不可能进步的。"

有很多人不理解，丛玉隆这么拼命是为了什么。"天行健，君子以自强不息；地势坤，君子以厚德载物"，这或许就是丛玉隆心怀大爱、甘于奉献、忘我工作、勇于创新的精神动力。

"引领者，博大的胸怀"、"知人善任，细致入微"、"做人要讲品质德行，做检验要出精品"、"高标准，追求完美"、"责任感，使命感"、"热爱产生动力"、"发自内心的谦虚，不是装的"、"尊重前辈，奖掖后学"、"拼命三郎"……这些是丛玉隆的战友、同行、晚辈对他的评价。

很多人都在追求人生的辉煌，在这些对丛玉隆的评价中，可以体会出这位"从草根到将军"的中国检验医学事业领军人所理解的人生辉煌。

"丛主任是一位引领者。对我而言，他是真正的导师。他做人的胸怀、学术上的巨大成就，包括给年轻人搭建平台等等，让我看到一个实实在在的榜样。"解放军第 302 医院检验中心主任毛远丽说，"我 1996 年任检验科主任时 33 岁，这在解放军第 302 医院、在军队检验医学委员会中，应该是最年轻的。现在回头想，如果没有丛主任给我这么多机会，如果没有这些机遇，我个人不会进步这么快，这些都得益于丛主任的帮带。他只要有机会就往上提携我们，让我们参与他的专著的编写，或任副主编等。受益的不只我一个人，他为年轻人的成长搭建了一个特别好的平台，在我们进步成长过程中起到了至关重要的作用。丛主任不仅是良师更是益友，遇到难题的时候就特别想找他去说说。他有博大的胸怀，他对人生哲理的理解、对人对事的参悟，有很多值得我去学习借鉴。"

"和丛主任 10 多年的接触中逐渐感觉到，他有非常好的个人魅力。他严肃认真的治学态度，让其他人不敢有丝毫的放松，但工作之余他又能和大家有说有笑、喝酒聊天。他能把大家带动起来，人情味也很浓。严肃又活泼，他把这两种气质叠加在一起，而且处理适度，这是大家具有的风范。"解放军第 306 医院输血与检验科主任敬华说，"丛主任对年轻人的关照最能体现'知人善任'，丛主任发现哪个年轻人是好苗子就重点培养。我在 2000 年当上科主任，和丛主任共事时间长了，他就推荐我任学术组织的常委，因此我要倍加努力。有时候他把组织会议的任务交给你，既是让你锻炼也是提高你的知名度。这都是他有意的安排，不单是我，那么多的委员他都会尽量给大家多提供机会。"

"细致入微，也是丛主任的一个特点"，敬华记得 2009 年在北京九华山庄召开的一个学术会议，敬华和二炮总医院（现为"火箭军总医院"）的检验科主任负责机场接机。来北京的专家较多加上飞机经常延误，敬华他们一整天都耗在首都机场。南京军区总医院的一位专家是下午的飞机，但由于飞机延误夜里 12 点才到。会议过程中，会议代表对会议的服务保障非常满意，有代表向丛主任反映，丛主任知道以后对敬华说："你们那天辛苦，代表很满意，做得很好。"接机这件事，丛主任在不同场合表扬过好几次。这么大的专家能记得这样的小事，这么细致入微，让敬华感觉心里非常温暖。

吉林大学中日联谊医院检验科主任谢风是检验医学领域年轻的学术骨干之一，2003 年中国医师协会检验医师分会成立之后，他跟丛玉隆的接触逐渐多了起来。"丛主任当了很多年的主委，是学术领域的最高领导、首席执行官，原来我对丛主任非常敬仰，慢慢和丛主任接触多了以后，感觉他特别平易近人，既是老师又是兄长、朋友。丛主任的品质德行，非常值得我们年轻的检验人学习。"谢风对丛玉隆说过的一句话仍记忆犹新，"丛主任说过，要讲究团队的精品，要讲究出书的精品，要讲究做检验人的精品。"

"丛主任可以说是一个里程碑式的人物，他最辉煌时曾担任 6 个主委，而当时全国检验医学领域只有 8 个主委的位置。足见在部队、在国内检验医学界他都是非常被认可的。"海军总医院检验科主任马聪说，"我们经常对他说，丛主任你太累了，稍微休息休息，享受一下生活。他是拼命三郎，不是一般的敬业，而是拼命在干。正是因为他是很有事业心、很有想法的人，而且他的标准非常高，追求完美。所以他要不断地做事情，要把每一件事情做好，他是一件非常出色的学科带头人。同时，他为人很大气，也很会团结人，能够忍辱负重。所以，我们这个团队，大家在一起相处得非常好，会让每一个人都有可以施展的平台。当家人自己很大气很正派，团队就能带好。"

"在烟台的那个会上，一下午基本上都是丛主任在作报告。现在让我讲 2 个小时，那样不停地讲，我都觉得累，可丛主任却特别投入地讲了 3 个小时，他想把他所有知道的东西都给大家讲出来，他是希望从理论到实践把他的观点讲得更透彻。讲了 3 个小时不停，他累不累？其实他也很累。我觉得这也是一种境界，这也是老一代学者和老主任的风范。"毛远丽说，"这就是丛主任身上特有的一种信念和责任感、使命感，起码给我一个激励和榜样的作用。有时候我觉得，我也当了这么多年科主任，可以轻松点了，但看看丛主任，级别已经是专业技术二级（相当于中将级别），他完全可以什么都不做，轻轻松松去享受人生。想到这里，我就会觉得我自己还得再加把劲。"

私下里，毛远丽不止一次听丛玉隆说过，他从一个小化验员到现在的位置，国家和部队给他的太多了。他总觉得别人帮过他，帮过这个学会，人家找到他需要他去讲课的时候，他必须去。毛远丽说，"他是一个特别知道感恩的人，又能够给予，做人的境界挺高的。"

"都说丛主任精力旺盛，我觉得背后是因为他热爱，才能做出这么大的奉献。谁都会疲惫，都是肉长的，丛主任孜孜不倦地追求这个事业，正是因为热爱产生了动力，才能让他忘记疲劳、全身心投入。"曾任中国医师协会检验医师分会总干事长、中日友好医院检验科主任、现任北京燕山石化医院院长的张远春说，"中国检验医学和检验医师队伍能发展到今天，丛主任所有的付出都是值得的。我觉得，其他检验界的老前辈们也是同样的感受。"

我国著名检验学家童明庆教授非常认可丛玉隆的用人之道，"丛主任对那些兢兢业业、踏实工作的人，不会因为你不主动去抢好处而亏待你。他会正确评价每一个人的工作，不因为你自己非常低调，他就不认可你。不是以个人的感情来对一个人进行评价。同时，他的包容性强，能够注重团结各个方面的专家，尊重所有的专家，使学会变成真正的大家庭，所有的人都心情愉快，都愿意为学会出力，这点他做得非常好。另外，他非常尊重老专家，他开会时经常把一些老专家请来，让他们感受到学科的发展。任何一个学科的发展都有传承，这是对科学的尊重，同时也是对前辈的尊重，这种做法发扬了中华民族优秀的民族传统。同时他也非常注重年轻人的培养，他带领一批年轻人写了很多书，对于奖掖后学，他用心良苦。"

我国检验医学界资深老专家陈宝梁非常欣赏丛玉隆注重实用性的风格，"他科研的目的很明确，就是要指导临床工作。他虽然是将军、学科带头人，但他自己很谦虚，说我就是化验员出身。这是他发自内心的谦虚，是装不出来的。"

"丛主任在我国检验医学史和我军检验医学史上，留下了浓墨重彩的一笔，他的功绩是可以载入历史的。"北京军区总医院检验科主任王北宁说。

"纵使我匍匐在地，我的心依然托举着你"，他用执著和坚守，推动着国家检验医学事业的发展；他用挚爱和真情，画出与众不同的检验人生。丛玉隆的检验人生，不仅映射出几代中国检验医学工作者薪火相传的精神气质，也彰显了中华民族自强不息、奋勇前行的优秀品格。作为全军最基层的解放军第118医院的检验科主任黄学忠说，"丛主任既是我学术道路上的启蒙恩师，又是我学习工作中的知心兄长。"黄学忠对当年参加全军第一届高级检验专修班学习记忆犹新。在同班学员中属于小字辈的黄学忠，正是由于丛主任的无限信赖和言传身教，使他在而立之年就走上科主任岗位，并成为南京军区优秀中青年科技人才。"我在部队的每一次成长与进步，都离不开丛主任的悉心帮助、谆谆教诲和激励鞭策。"黄学忠感言道。

部队医院经历了无数次的精简与整编，作为文职将军的丛玉隆不仅关心基层医院建设，而且更加关注基层医院人才队伍的保留。在部队中小型医院面临精简与整编的过程中，黄学忠总能听到丛主任那语重心长地告诫，"要献身军队医疗事业，要回报军队的培养，要扎根基层做大事"。

"解放军第 118 医院是全军最为基层的部队医院，也是全军编制规模最小的医院之一，但无论是科研论文的发文数量，还是自助取单人性化服务理念以及临床基因诊断实验室规范化管理机制的引入与运用，都较超前，甚至走在同级医院的前例，并三次荣立集体三等功。这些荣誉和成绩的背后，无不凝聚着丛主任的心血和汗水"。黄学忠对丛主任饱含深情的评价。这恰恰印证了"大树的影子"在部队基层医院根植发芽的初衷。

丛玉隆在检验医学领域的远见卓识和旺盛的生命力及他做人的品质德行，感动着每一个和他接触过的人。"居高声自远，非是藉秋风"，立身高处，德行高洁，自能声名远播。

实验室管理的关键在于科主任 / 学科带头人，丛玉隆在工作中牢记使命，非常重视科主任的培养，为他们的成长铺路搭桥，在全国和全军有不少医院检验科的中青年科主任都曾听过他的相关课程，在他的指导和培养下迅速成长。而丛玉隆也具有一套系统的科主任工作方法，他独到的管理理念和管理模式，有效提高了很多中青年科主任的管理水平。

他曾在《临床实验室杂志》撰文《新形势下的机遇与挑战：科主任工作方法思考》，在业界引起强烈反响，对一些新上岗的年轻科主任起到很大的指导作用，他在该文中指出：

科室是医院管理中至关重要的一个等级层次和中间环节，是医院各项任务的集散地，科主任既是科室行政领导，也是科室的学科带头人，他的思想、水平、管理能力的高低，敬业精神、拼搏精神如何，不仅关系到科室的兴衰，也关系到医院的建设和发展，因此，科主任在医院具有十分重要的地位和作用。

科主任的职务主要表现为专家身份的学科带头人和科室管理者。作为科主任，要随时根据学科的发展、形势的变化，不断更新自己的理念，要不断转变学科建设的概念，改变学科发展的理念是医疗服务的定位，随着形势的发展要不断发生变化，不断促使我们学术水平的提高。要严格执行 ISO15189 有关质量的规定，同时增强临床意识，积极参与临床建设，把自己的科室和临床紧密结合起来，形成自己的科室特色，服务于临床。所有上述内容的实现，都要有一个非常好的团队，科主任一定要加强科室的团队建设。这也是本文所要阐述的主要问题，现分述如下。

一、要实现五个理念的转变

第一个理念的变化是从医学检验到检验医学的变化，使检验工作的定位和观念发生了变化。20 世纪 50 年代，我们接受的教育是：检验工作就是出数据，所以那时的工作理念是以标本为中心，以实验数据为目的，具体来说就是标本送到实验室，化验员做完实验把结果告诉有关人员，就大功告成了。但是按照现在的理论是上述全过程都是化验员需要做的工作，从这个方面我们工作的定位就发生了新的变化。从过去"以标本为中心，以数据为目"转变为现在"以病人为中心，以疾病的诊断治疗为目的"。

过去我们关心的是标本，做完标本，其他的和化验员就没有关系了。而现在我们的工作是一切围绕着病人，化验的目的是解决疾病的诊断和治疗的问题，所以我们过去叫医学检验，现在我们叫检验医学，两者的内涵完全不一样。医学检验，以检验为主语，医学是定语，过去做检验就是出数据的，仅仅从事的是检验工作。而现在不是，现在我们从事的是医学，我们的工作是医学领域，是病人诊断治疗的一个重要组成部分，只不过化验员是用检验的手段达到疾病诊断治疗的目的。所以医学检验与检验医学发生这样的变化，就使我们的理念发生了变化：现在检验是医学的一部分，所以现在是一切"以病人为中心，以病人的诊断治疗为目的"。

二、国家医疗制度的改革和医学模式的变化，以及病人对医疗的需求和对健康理念的转变，都对检验科服务内涵和定位提出了新的要求

新的要求使我们检验工作的服务内涵和定位发生了根本的变化。主要体现以下几个方面：

1. 从过去单纯的生物医学转变成生物 - 心理 - 社会医学模式立体医学的变化。现代科学技术的快速发展，多种学科的研究成果表明，对疾病表现形式的认识，已由传统的单因单果向多因单果以及多因多果深层次地表现出来，因而对疾病的认识已不限于生物医学模式，而发展成为生物 - 心理 - 社会医学模式。

过去临床医师对病人的基本任务是诊断及治疗，重视病人的生物方面，而忽视病人的心理、社会环境方面，导致许多心身疾病久治不愈。现代医学模式则要求临床医师在了解病人疾病和病史时，应从病人的社会背景和心理变化出发，对病人所患疾病进行全面的分析及诊断，从而制订有效的综合治疗方案。提高对病人的心理社会因素作用的观察和分析能力，提高治疗效果。

预防保健工作一贯重视生物、物理、化学等自然环境因素的作用，但往往忽视不良的心理、行为及社会因素对人群健康的影响与作用。如西方发达国家艾滋病（AIDS）、吸毒；经济不发达的国家则由于贫穷造成营养不良，居住条件拥挤、不良的卫生习惯造成病毒性肝炎的流行。尤其是现代社会的发展步伐加快，竞争日益加剧，往往一个人没有经过完善的社会化，其社会心理因素

常常表现为如恐惧、焦虑、紧张、绝望等一系列综合征，这些心理症状又是心脑血管疾病、高血压、恶性肿瘤、溃疡和精神疾患的重要致病因素。

2. 从过去的单纯治疗转向预防、保健、治疗和康复等多方位的变化。我们过去的理念就是看病、治病，看病本身就是已经得了病，后来我们提前到以预防为主，提出没有发病的时候我们怎么去预防。而现在的理念包括在今后的若干年，就不光是以预防为主，而是健康促进。就是说我们医院的工作，包括我们检验的工作，怎么能够保证人们的身体健康，怎么能够让人不得病，这是我们最终的目的。

所以，现在国家在十七大提出一个很重要的政策，就是"战略前移，重点下移"。所谓的前移战略如下。

（1）思想观念前移：从以疾病为主导走向以健康为主导。

（2）经费投入前移：鉴于人口与卫生投入有后效应期，因此，人口与卫生经费的投入必须有超前意识，才能保障人口与健康事业的稳定、可持续发展。

（3）研究内容重心前移。①生命周期：从单纯重视生命后期到全面重视生命全过程，尤其重视生命前期，以至个体发生之前。②疾病过程：从单纯重视疾病后期到重视疾病的全过程，重预防，治未病，尽可能将慢性非传染性疾病控制在发生之前，传染病控制在感染前，遗传病控制在受孕前。疾病发生后，重视早期诊断、早期治疗。

（4）研究领域重心前移。①生物医学研究：从单纯重视应用研究到全面重视基础研究和应用研究，加强基础与临床研究的结合，加强源头创新。②医药产品研发：从以仿制为主到重视自主创新和成果转化。

所谓的重点下移指：把人口与健康的工作重点放到城乡社区，使广大人民群众都能享受基本医疗保健服务。而这里边很大成分是与我们检验医学分不开的，这个理念的转换是非常重要的。

三、从医院走向社区、走进市场的变化

从单纯地在医院坐等病人走向教育、支持、咨询等多角色、多功能的社区卫生服务。从被动向主动提供医疗服务转变。检验工作既和医院服务市场存在必然的联系，又逐渐独立成为社区卫生服务市场中的重要组成部分。

四、从疾病的治疗转变为疾病的预防甚至对健康的促进

21 世纪的医学将从"疾病医学"向"健康医学"发展；从重治疗向重预防发展；从针对病源的对抗治疗向整体治疗发展；从重视对病灶的改善向重视人体生态环境的改善发展；从群体治疗向个体治疗发展；从生物治疗向心身综

合治疗发展；从强调医生作用向重视病人的自我保健作用发展；在医疗服务方面，则是以疾病为中心向以病人为中心发展；等等。这昭示着 21 世纪的医学将不再继续以疾病为主要研究对象。以人的健康为研究对象与实践目标的健康医学，将是未来医学发展的方向。

现代社会亚健康人群日益增多，据统计，中国处于亚健康状态的人口已超过 7 亿，占全国总人口的 60% ~ 70%。全国老龄工作委员会办公室 2006 年 2 月 23 日发布《中国人口老龄化发展趋势预测研究报告》指出：中国 1999 年进入了老龄化社会，目前是世界上老年人口最多的国家，占全球老年人口总数的五分之一，而高血压、糖尿病等慢性疾病发病率逐年递增。不少家庭面临"因病致贫"及"看病难"等一系列问题。我国卫生体系正担负着沉重的压力。另一方面，随着期望平均寿命延长，国人也更加注重自身健康。国家人口与卫生科技发展战略确定了要战略前移，即从以疾病为主导向健以康为主导转变，重预防、重保健、治未病，使人们逐步形成维护促进健康，不得病或少得病的意识和观念。

理念的变化是循证检验医学的兴起，要求实验室和临床科室不断进行学术交流和病例讨论，对检验方法不断进行方法学研究、临床价值探讨、经济学评估以寻求最直接、最有效、最经济的试验项目和组合服务于患者。

随着国家经济制度的改革和保险制度的深入，特别是国外的保险制度不断深入到中国，这个对我们来说是非常非常重要的。以后你要想有客户到你的医院来，很大的问题就是要降低成本，降低医疗的费用。

检验项目是以病人的诊断治疗为目的，不是单纯的化验项目罗列。现在 95% 以上的医院做凝血，不管什么病人都是做凝血四项，这是不对的，前几天，我去北医三院进行实验室体系认证，看到他们的凝血分成了四个组别：

凝血一号：就做 PT，是针对服用华法林的病人。

凝血二号：就做 APTT，是针对服用肝素的病人。

凝血三号：就做凝血三项，是针对手术的病人。

凝血四号：做凝血四项，再加上 D-dimer，是针对血栓的病人。

这四种测定组别就和我们通常的大组合测定是两个不同的世界观。根据不同病人进行不同的组别分类测定，方便了病人，同时节省了医疗费用。现在老百姓普遍反映医疗费用高，其实老百姓看病贵，不一定是贵在化验价格高，而是不该做的实验太多了。

五、ISO15189 的实施，使检验科的内涵发生了新的变化

ISO15189 是国际上管理实验室的一个非常重要的文件。按照 ISO15189 规

定，实验的全过程包括受理申请，患者准备，患者识别，样品采集、运送、保存，临床样品的处理和检验及结果的确认、解释报告及提出建议。此外，还应考虑医学实验室工作安全性和伦理学的问题。这些是实验室实验的全过程，也是我们现代实验室要求的工作范围，也就是说实验室不是光做标本和出结果，这一点和我们原来的观念与理念有很大的区别。这就是经典的 ISO15189 的一个实验室全面质量管理系统。

ISO15189 的这种理念就是把全过程分成了分析前、分析中、分析后，每个里面都有很多的内容，都对我们的质量管理起到了重要作用。

所以作为一个科主任，要培训人员了解 ISO15189 的内涵，发展检验学科，特别是增加临床知识背景，这样才能够真正达到国家标准实验室的要求。

六、知识经济的兴起和医学科学的飞速发展，新技术、新理念、新思维引入检验医学

知识经济的兴起和医学科学的发展，使实验方法向自动化、床边化、分子化多方位拓展，为检验科提供了更大的发展空间，科主任要抓住机遇加快学科发展步伐，这三个方面都是不可偏废的。

检验设备的自动化反映了检验仪器前进的步伐，这里的自动化包括分析前和分析后的全过程。一份样品自临床科室运送至实验室后，首先由条形码识别器加以识别、分类、自动混匀、开盖或离心分出血清，再分配至不同的自动化分析系统（例如，生化系统、免疫系统）进行测试、打印及储存结果。试验完毕后，分析系统处于待命状态，临床实验室信息系统（laboratory information system，LIS）采集系统中各个部分的临床检验数据并核实检验结果，为临床诊断和治疗提供准确的信息，将 LIS 连接到医院信息系统（hospital information system，HIS）上。测定标本刚刚通过流水线时，所有检验信息可立刻为整个医院所共享。这样一个将临床实验室相互有关或互不相关的自动化仪器串联起来，构成流水线作业的组合，形成大规模的全检测过程自动化的过程，叫做实验室的自动化（total laboratory automation，TLA），又称全程自动化。

从早期的大型设备到现在的小型设备，功能更加全面，体积却更小，方便床旁检验和现场检验，病人甚至可以自己进行简单的测试，对于及早诊断、疗程监控都有实际意义。

分子生物学技术所需要的如 PCR 仪、DNA 测序仪、生物质谱仪、流式细胞仪这些高科技的自动化仪器也会逐步普及。各种新型检验仪器竞相涌现，它们的共同特点是具有先进的光路系统和强大的数据处理功能，其功能及性能日

趋完善，使检测速度更快、准确度更高、重复性更好、交叉污染和消耗也更低。

但是我要和大家提一个很重要的问题，就是既要发展又要继承，现代化的技术不一定能够准确测定我们所有的、必需的实验项目，我们现在有个特别不好的趋势，过分强调了现代化，而把经典的、在临床上非常有价值的东西给丢掉了。这点是非常非常痛心的。例如，买了自动化机器，就把显微镜锁起来，造成了临床误诊，造成了医疗事故，作为科主任，这是非常失职的。

作为一个科主任，随时更新自己的科学理念，随着新事物的不断发展及学科的发展，要不断改变学科的定位。

七、临床检验的核心是检验质量

检验科最核心的就是质量。最终检验科就是涉及质量上，所以质量是学科建设的永恒主题。实验结果的质量不能提高，工作就是失职，实验室就没有存在的必要。所以我经常强调：①质量是科室的生命；②质量是学科建设的根本；③质量是科室管理的第一要素。

保证实验结果的质量，非常重要的措施就是在科室建立全面质量管理体系。这是一个非常有效的管理质量的措施和方法。全面管理体系的实质是强调过程控制，过程控制就是用系统学理论分析实验的全过程，找出影响质量的环节和要素，然后指定相应的程序文件，设定特定的规则对实验全过程中可能影响结果的每一个环节加以控制，这样构成的体系就叫过程控制。实际上我们现在做的每一个工作都是在不自觉的完成过程控制。

1.分析前质量管理（ISO15189-5.4）：根据ISO15189的定义，分析前是指按照时间的顺序，从临床医生开出医嘱开始，到分析检验程序启动时终止的步骤，包括检验申请、患者准备、原始样品的采集、标本运送到实验室并在实验室内进行传输的过程。分析前质量控制是国内外医学实验室管理的热点，是我国质量管理最薄弱的环节，是影响检验结果的重要因素，也是临床医生和护理人员最难控制但必须控制的环节。

现在科室都已经标准化了，尤其在比较大的医院，出现实验室误差的概率不大，真正对我们威胁最大的是标本，也是分析前误差产生的主要原因。这里面主要包括如下不可控因素：

第一个问题即标本质量的隐秘性不容易发现，也没办法控制。例如护士采集来的血标本要测定血小板功能实验，检验人员不可能看出病人是否服用了阿司匹林。现在许多老年人都服用阿司匹林，这种药物是最干扰血小板功能检测的。

第二个问题就是检验科对标本的非可控性。护士抽血，卫生员送标本，检验人员没有亲临现场，就没有办法控制标本质量，而这些不加强教育就无法提高实验室质量。

第三个问题就是错误报告的难确定性。化验员只对送来的标本出结果，至于这个标本是不是那个病人的无法确定，所以我们现在的检验单、化验单下写一句话：此结果只对本标本负责。

2. 分析中质量管理（ISO15190-5.5 5.6）：根据 ISO15189 我总结了十二个要素，这十二个要素对每个方面都是非常重要的：

检测人员　检验程序　仪器校准

不确定度　危急报告　系统验证

室内质控　室间质控　参考范围

量值溯源　生物安全　实验室环境

上面十二个要素中最重要的就是检测人员的素质，我们现在往往强调仪器的性能和先进性，但是很多人没有注意到检测人员的素质如何。在 ISO15189 的 23 个大条款里，专门有一个条款，总共有十六个小条款，专门对人的素质提出了要求，所以抓质量，最主要的是要抓人的素质。

3. 分析后质量保证（ISO15189-5.7）：分析后出来的结果，怎么去验证它，怎么为临床提供咨询，帮助临床解释结果，是临床化验室整个分析后的过程。这个过程应做到如下：①确认检验报告并合格发出；②提供结果解释和临床咨询；③妥善存放样本；④严格实验废物处理；⑤规范报告格式及报告内容；⑥质量不合格的标本说明；⑦危机值的报告。

科主任应严格控制分析前、分析中、分析后的整个过程，全过程监控，把质量控制住、控制好，科主任才尽到了职责。

八、以患者为中心，强化检验与临床结合

临床科室对实验室工作的评价是评判实验室质量的重要标准，经常与临床交流，及时纠正不符合质量体系的活动并制定相应预防措施，是保证体系良性惯性运行重要的环节，ISO15189 有相关规定，检验人员不能光从标本的本身结果考虑，要考虑患者本身的因素，要参考临床的治疗。因此作为一个科主任，一定要有这方面的临床的意识。临床实验室要跟临床科室不断进行方法学的评价，要不断改进测试项目和各项指标，要不断改进测试程序和检验体系，包括实验的参考值和微机报告值。

检验医学与临床医学的关系密不可分，临床实验室工作的核心是检验质量问题，为此检验科负责人应主动与临床科室交流、沟通、对话、协作。

ISO15189 文件的核心是医学实验室全面质量管理体系，强调医学检验的分析前、中、后全过程的管理。在分析后过程管理中，要求检验人员对所测结果进行合理解释，并收集临床科室（或病人）的反馈意见，接受合理建议、要求，改进检验科工作，或开展新业务，满足临床需求。在医院的全面质量管理方案中，检验科负责人参加临床会诊、病例讨论等，有利于双方沟通和提高。而检验医师更应主动到临床科室查看病人或病例，对检验过程中的可疑结果，进行调查核实。检验科主动参与协作，说明检验医学的任务绝不仅是被动地提供数据或结果。学习临床知识，加强临床意识。检验医学的特定地位决定了其必须与临床保持双向联系。检验科除了加强自身建设，还必须加强临床意识。实验室的工作应能为临床科室提供被测项目的临床资料，比如，根据患者病情和实验结果，应能为临床提供如何选择实验、进行疾病的确诊和疗效观察的信息，如何对检验结果进行解释，帮助临床医生正确分析、合理使用检验报告，这就要求检验人员有一定的临床知识和临床实践经验。

虽然检验项目的参考值都是实验室提出来的，但是必须要经过临床医生的认可，没有临床医生的认可，这些值都是无效的，所以临床实验室应该提高临床的意识。测试方法适不适合临床的需要，要跟临床去商量，测试方法受什么因素干扰要和临床医生说清楚，参考值怎么定仍要和临床医生说清楚。至于这个结果怎么解释，哪些结果是真的，哪些结果是假的，哪些结果是生理的误差，还要和临床医生解释沟通，否则，光给临床医生一个数据，不能说没用，最起码价值不大，因为临床医生不可能了解这么多实验的基本问题。因此，临床实验室应做到：

（1）不断根据学科发展前沿和临床的需要，开展检验项目，建立参考范围和危急报告值。

（2）提供项目选择和试验结果的咨询工作。

（3）参与临床的诊断和治疗（查房）。

（4）参与分析前和分析后质量管理工作。

（5）组织并参与循证检验医学的工作。

九、打造特色实验室，满足临床需要

根据 ISO15189 的有关规定，保证了实验的质量，并不代表科室的学术地位，现在我们都要求院长和临床医生能重视临床实验室，就是临床解决不了的问题，临床实验室解决了。这个靠的就是特色，假如临床实验室有这个特色，能够帮助临床解决很多疑难的问题，能够在临床化验中提供很多新的数据，临床医生自然会主动找实验室负责人来了解情况。我们现在经常抱怨没有受到临床重视，其实是我们还没有临床需要的东西。如果真有临床医生需要的资料，他会主动上门请教的。

所以特色对于一个学科来说是非常非常重要的，特色建设代表了一个学科的学术水平和科研水平，怎么发展这一特色呢？要结合临床的需要，重视培养工作，有的放矢地、有计划地不断加强学科特色的建设。

有博士学位的人才，并不一定有当主任的能力，学位和能力是两回事，尤其是在科室里边，检验学是一个经验学科，科主任要发展科室的特色，就要在本职工作的基础上，结合临床需要来建设科室的特色。因为我们现在面对的是病人，要解决如何救治病人的问题，解决临床医生棘手的问题，医生需要什么，病人需要什么，科室的特色建设就在哪里。

检验科要做科研，但是科研一定要服从于临床，现在我们很多检验类杂志的文章大都是研究生的文章，都是基础研究，但实际上检验类杂志的广大客户是检验科的工作人员，所以有人说现在的检验类杂志不是给读者办的，是给作者办的。所以我们的学科，包括我们的学术会议、我们做的每一项科研，都要和我们的本职工作挂钩，我们的工作就是为了临床服务，临床实验室解决的就是临床方面的问题，把临床问题解决了，把医生的问题解决了，科室的地位自然就提高了。所以，按照我们的经验，建设科室特色总的指导思想是：科室的特色应该结合医院的性质和任务。

科室特色要结合医院的特色，主要包括如下四条：

第一，科室的特色要符合本科的任务和自身的优势，结合科室的人才和设备优势来瞄准你的特色。

第二，要瞄准学科的发展趋势、瞄准国际的热门研究方向，做出来的研究才能体现学科前沿。

第三，要结合临床的需要，临床需要什么就从事什么方面的研究。

第四，要根据科室的人才和设备，特别是科主任主要从事的临床方向。但是科主任还要服从医院的需要，根据医院的需要来确定自己的特色。所以说特色不能随便选，特色必须要满足临床，必须要符合实际，必须要追溯学科的前沿，这样才能达到追求的效果。这是我的第四个思考。

十、树立团队意识，创建优秀团队

所谓团队是指有共同的目标且成员的行为之间相互依存、相互影响，并能很好地合作以追求集体成功的人的组合。团队的每一个成员都应该对团队有强烈的荣誉感、使命感、责任感和归属感。

团队意识就是科室员工对本科室的认可程度，是把集体放在第一位的意识，在这种意识下，员工能够相互协调，配合行动，将个人利益服从于团队的利益。有无团队意识，决定着一个科室是否能够齐心协力朝着既定的目标前进。

世上没有完美的个人，只有完美的团队。1+1＞2 的团队效率是任何一个科室都梦寐以求的。因此，一个科室内若充满团队意识的氛围，那就意味着这个科室必定具有良好的凝聚力和战斗力。团队意识是一个科室同心协力、不断向上的原动力，它会让每位成员都产生一种归属感，觉得为团队做贡献，就是在为自己争荣誉。可以说，一个科室的团队意识越强，它的生命力就越旺盛、越长久。士气高扬、活力充沛的团队可以将整个科室牢牢地捆在一起，更好地发挥整体的作战能力。所以，一个科室，能不能形成团队，决定于这个科室能不能持续不断的发展。怎样培养团队呢？有以下四个要素：领导、群众、文化和竞争。

第一个要素是领导，优秀的领导是团队建设的关键。团队能不能形成，关键在领导，领导是形成团队的关键。院长认命的科主任不能简单称之为领导，只能说是科主任，而在人们心目中科主任不见得是领导。

领导是什么？领导的本质是依靠他自身的魅力，影响其下属，使下属能够自觉追随他，完成既定的目标，这才是领导。也就是说领导不是形式上的，而是让下属佩服的、愿意跟着干的。而这个领导的魅力决定于他的影响力，他的影响力又决定于他的形象和能力。

领导的形象可概括为：①具有与时俱进的学科发展理念和创新精神；②具有扎实的专业知识和熟练的技术功底；③具有较强的科室管理能力；④善于分析，处事果断，敢于负责，勇于创新；⑤待人诚信，办事公平，平易近人，作风民主；⑥具有深厚的文化底蕴和良好的表达技巧；⑦具有良好的精神状态和庄重的言谈举止。

首先，领导必须具备科学的方法和管理的思想，领导的职能是本人既是学科的带头人，又是具体工作的管理者。领导具有双重任务，就必须有双重的能力，领导在科室里，其理念、业务、基本理论都应该是最新、最扎实的，别人有问题领导要能帮助解决。领导首先应做到：掌握的信息要比他人多，学术思想要比他人新，技术水平要比他人高。

其次，领导要具备丰富的管理经验。要能管理好科室整个团队，要能发现人才还要会使用人才，让人才能够佩服你，这就是领导的本领。

最后，要强调领导本身的品质。领导一定要具备待人诚信，待事公平，平易近人的品质。扣奖金只是手段，现在提倡和谐社会，领导要能够通过管理，使人在非常平和的氛围内完成工作。所以说作为一个科主任，其能力是非常重要的。

领导的能力主要体现在灵活机动地处理科室与医院的关系、重点与一般的关系、目前与长远的关系、社会效益与经济效益的关系、支部建设与行政领导的关系、技术工作与管理职能的关系。

科主任在管理与建设上要紧紧围绕医院任务抓方向；围绕医疗工作抓质量；围绕学科建设抓重点；围绕学科发展抓骨干；围绕长远建设抓设备。

临床化验室学科的特色、科室发展的方向，要符合医院分配给科室的任务。科室质量不是口头说的，也不是文件上规定的，而是通过具体的医疗实践来抓，要有的放矢。

科室工作重点是由科室的学科建设决定，也就是科室的具体任务来决定。在科室的学科发展中，会涌现出一批业务骨干，如何抓住和利用好业务骨干，这一点就体现了科主任的水平。坦率地说，一个科室能不能形成一个优秀的团队，科室能不能团结，科室成员能不能围绕科主任布置的任务有条不紊地工作，其责任首先是领导。

第二个要素是群众，群众是形成团队的基础。群众是各级领导工作的最终执行者，一切领导决策、领导职能最终都是由广大群众完成的。依靠群众是团队主管必有的理念，科室每项目标的制定、实施、监督、评估都要有群众的参与。依靠群众是团队建设的根本。团队是由个人组成的，要想群众支持你，作为领导者，就要依靠群众，领导者本身要站的正、坐的直，遇事要和群众去商量。成功团队的每一个成员都了解个人所扮演的角色，并知道个人行为对目标的达成会做出什么样的贡献，良好的科室氛围是团队建设的土壤，良好的软件和硬件环境对于鼓舞士气、振奋精神、形成团队是非常重要的。

除了经常说的同甘苦、共患难，有了成绩大家分享之外，作为领导还要勇于承担责任。作为第一把手，可以把科主任的工作分配给副主任、组长，但是必须要遵循授权不授责的原则。但是，如果质量上出了问题，考核不及格了，主任就要负责，而不是由副主任承担责任。只要科主任能这样用人，就能够真正形成一支有实力的团队，也只有这样，才能让科室所有人员愿意全身心地为科室工作，对科主任交代的事情呕心沥血地去完成并承担相应的责任。

依靠群众既是主任必须树立的一种观念，也是主任做好各项工作的基本原则和根本方法。在实际工作中要做到：①强化公仆意识，摆正主管与群众之间的关系；②调查研究，体察民情，依靠群众；③拓宽信息渠道，广泛听取群众意见和建议；④主管必须主动宣传群众，动员群众，引导群众，让群众了解领导意图和工作部署，取得群众的理解、信任和支持；⑤领导要帮助团队每一位成员明白建立团队观念的重要性；⑥融入到组织中，真正与成员打成一片；⑦包容、欣赏、尊重成员的个体差异性，相信每一位成员都愿意和他人合成一个团队；⑧尽量让员工共同参与，共同设订目标，一起参与讨论重大问题的解决方法；⑨在公平基础上分派任务，分配报酬；⑩有功劳共享，有责任一人独当。

21世纪的世界是知识经济主导的世界，而以经济科技为重点的综合国力竞争的实质和焦点是人才的竞争。谁拥有大批高素质、高水平的专业人才，谁就掌握竞争的优势，因此如何有效地培养、使用人才就显得更为迫切。

科主任必须具有人才意识，具有"才德"和"才才"。所谓"才德"是用才之德，科主任要有爱才之心、容才之量和举才之能。所谓"才才"是指用才之才。科主任应具备识才之眼、用才之能、护才之魄。工作中要充分发挥他们的才智，为他们提供良好的工作氛围，鼓励他们在临床检验工作中进行科研活动，搭建展现他们才华的平台，使他们能为科室工作做出贡献。

实话说，凡是有一点特点的人，大都有点小毛病，甚至于他都不服你。而科主任应该具有：你有能力，我比你还有能力，我能让你服我管，作为科主任具备这一点是非常重要的。十全十美的人才是没有的，做出这样的要求也是不现实的。我们要牢固树立"用人看主流、看本质、看发展"的观念，对人才不能求全责备，只要符合德才兼备的标准就应该大胆使用。

第三个要素是文化，先进的科室文化是团队建设的灵魂。知识经济的兴起，人本管理思想的建立，管理学理论的深入发展，管理最终向团队型参与管理模式发展，促使作为科室主管要建立科室自己的文化传统、道德规范、生活信念、习惯作风等，并通过这些文化将内部的各种力量统一于共同的指导思想和科室建设中，汇集到一个共同的方向，才能使科室不断发展和进步。

注重人本管理，就是注重以人为中心的管理，以人的能力、特长、兴趣、心理状况等综合情况来科学地安排最合适的工作，并在工作中充分地考虑到员工的成长和价值，使用科学的管理方法，通过全面的人力开发和科室文化建设，使员工能充分发挥积极性、主动性、创造性，把人作为科室最重要的资源。

人作为社会的一份子，之所以成为科室的员工，一方面是因为人劳动可以为社会和他人提供物质材料以满足人的各种需要，即人的社会价值的实现；另一方面也在于他们可以获得个人生理和安全需求的满足。而当人的社会价值和个人价值基本上得到满足，人若要"更上一层楼"，那就需要自我价值的参与。所以，帮助建立和促进自我价值体系是科室挖掘员工潜力的最根本的途径。因此，领导用人除了要让其完成本职工作，还要给员工表现的机会，以体现其自身价值，我们称之为人本管理。

除了人本管理，还有情感管理。情感管理就是领导以真挚的感情增强领导与员工之间的情感联系和思想沟通，满足员工的心理需求，形成和谐融洽的工作氛围的一种管理模式。情感对员工的工作积极性、人际关系、工作绩效有重要影响。

管理工作的核心是管人，管人的核心是管人心。在管理中，制度约束固然重要，但要想使员工释放能量，情感管理不失为一种极好的激励方式。

情感交织在人们的思维中，成为一种刺激，往往对人的认识和行为起着调节和支配的作用。积极的工作态度、愉悦的情绪能使人精神振奋、思维活跃，使员工受到感化和激励，能激发员工的积极性和创造性。在管理中，领导不仅要重视制度约束，也需要用真挚、丰富的情感去激励员工。用感情去融化，而不是用制度更不是用主任的地位去压制。

例如，虽然在我们科室里有好多冰箱，但却有一条规定：大家不能放吃的东西。那么为了方便大家，营造以科为家的条件氛围，我就拿自己的奖金买了一个大冰箱，在休息的地方专门放食品用，让科室人员把所有的食物放在最干净的地方。特殊的情况下，给科室人员一个特殊的环境，给所有人一个家的感觉。

我们科每年都会拍一张全家福，到现在 21 年了，我把这 21 张全家福放在科室进门处，科室人员一进来就有家的感觉，他们每天都在自觉不自觉地看这些张照片，每个人都知道生活在这个集体里，要承担集体的责任。有时我们组织舞会，搞旅游，不断融洽工作氛围。所以说情感管理要体现家庭的温暖，要关心群众做到实处，要真挚待人，融洽亲情，温暖心灵。

团队意识调动了每个人的积极性，并迸发出以科为家、以科为荣的工作热情。除了上面提到的人本管理和情感管理，创造温馨的工作生活环境，进行人员素质的培养也是非常重要的。

为职工创造温馨舒适的工作、生活环境，能增强广大职工的归属感和自豪感。让广大科室员工深刻体会到"在科室工作是幸福的，为科室的发展奉献是快乐的，生活在科室大家庭是温馨的"，使职工在潜移默化中，将科室的价值理念转化为自己的价值追求。

为改善科室员工的工作环境和生活环境，我们在办公区和生活区周围培植花草树木，每天派专人打扫公共卫生，一进入科室走廊，员工便会感到家的温馨，科室内部干净明亮，各种仪器有条不紊地排列，使科室人员感觉不到工作的压力和脏乱。同时，我们订购各种报刊、书籍，建成科室活动室、阅览室，注重人员文化水平的提高。

素质培养就是要加强伦理道德的教育，强化集体荣誉感、使命感。有计划、持续性地进行专业知识和技术更新的再教育。科室内务可通过实施"5S"管理（整理 Seiri、整顿 Seiton、清扫 Seiso、清洁 Seikeetsu、修身 Shitsuke）来规范全科人员的行为、举止、礼仪，提供良好的工作和生活环境，以创造提高自身素质与修养的良好氛围。

我们科每年都安排去旅游，我们去过很多地方。例如，去年我们去了革命老区延安，大家在参观学习的过程中增强了团队意识。我们还通过成立青年之队来培养公益活动意识。通过全面实施《2006～2010年临床检验科工作人员的培训》，进行业务能力、创新能力、科研能力、教学能力、外语能力、学术交流能力的培训工作，使科室人员的自身素质全面提高。

第四个要素就是竞争，竞争是团队充满活力的象征。通过引入良性竞争机制，不断强化忧患意识，搭建学术交流平台，为员工提供表现个人价值的机会，和谐不是一团和气，团队不是没有奖赏，我们要在竞争中求生存，在竞争中求发展，在竞争中形成优秀的团队。

强烈的竞争意识能够转化为拼搏进取的精神，形成不甘人后的奋进局面。鼓励全科同志积极竞争，建立一系列竞争机制，鼓励冒尖、保护尖子，激励上进、促进工作，同时科主任也应勇于与本专业的同行间竞争，以推动专业技术的提高。科主任的学术水平、学术知名度，代表着医院在该专业的技术水平和学术地位，在科室竞争中起着非常重要的领导作用。

人自我实现的最高层次的需要包括胜任感和成就感。由于找我编书的出版社比较多，每次我都提出要求：我当第一主编，下面还要有第二主编、第三主编，最多的时候我们的主编有六个，这就充分调动了科室人员的积极性，充分发挥了人才的优势，实现了他们的胜任感和成就感。

我们不仅提供平台，还鼓励竞争，奖励先进：①每年每个人发表多少篇文章，给多少奖金，我们每年都公榜；②我们科室近年发表文章近300多篇，我们把发表的文章编成文汇，在科室每人一册，让大家知道谁发表了文章，发了多少；③为大家提供了展示自我能力的平台，鼓励员工根据经验写专著，用这些专著来体现其自身价值。

通过团队建设，我们建科20年来，获基层建设优秀单位17次，获集体三等功4次。我们科室也是国内第一家通过ISO15189质量体系认证的临床试验室，很多报纸都对此做了大量的评述。

总之，团队建设是一个漫长的过程，需要我们通过不断地合作、学习、沟通、分享等层层复制本团队的文化理念，要用心管理才能形成独特的团队文化。而在此之中，上述四个要素对团队管理者都是不可或缺的，团队建设好了将在很大程度上帮助团队处理好人际关系，完成工作任务，完成绩效目标；建设不好则可能会出现很多意想不到的问题，造成混乱，不利于团队的健康发展。团队管理者要在工作当中不断地和科室人员分享知识、分享经验、分享目标、分享喜悦、分享一切可分享的东西。通过分享，团队管理者不仅能很好地传达本团队的理念，表达自己的想法，更能不断形成个人的影响力，而团队其他成员则可以吸取更多有用的东西，调动他们的激情，使他们相互之间形成互动，相互学习，相互进步，共同发展，从而形成自己独特的团队文化。一个团队只有形成了独特的团队文化，才能在激烈的竞争中立于不败之地，才能使团队做大做强，永续健康的发展。

第十三章
执掌临床实验室标准化帅印
促进我国标准化跨 越发展

当前大家都知道标准的重要性，从柴米油盐的日常生活到火箭、飞船等高科技领域，都有标准化的影子。与每个人都息息相关的医疗卫生行业更不例外了，其中体外诊断系统（in vitro diagnostic system，IVD）是标准化的一个重要分支，IVD的标准化可以说是中国医疗卫生领域目前发展得最好的学科之一。当然，这是国家标准战略支持的结果，但作为全国医用临床检验实验室和体外诊断系统标准化技术委员会（SAC/TC 136）主任委员，丛玉隆教授是IVD标准化团队不可或缺的掌门人，正是在丛教授的带领下，我国的IVD标准化才得以披荆斩棘、飞速发展。

第一节　瞄准方向　构建标准化体系基础

从20世纪90年代中期起，欧美各国体外诊断试剂、仪器等开启飞速发展模式，并相继启动了相关标准化工作。1988年，体外诊断标准化工作在我国蹒跚起步，直至2003年以前，归口在体外诊断标准化技术委员会的标准只有YY0027—1990《电热恒温培养箱》等5个标准。我国体外诊断标准化事业发展滞后、缓慢。面对这种落后状态，时任SAC/TC136副主任委员、北京市医疗器械检验所所长（标委会秘书处挂靠单位）的章兆园忧心忡忡，她去求助临床检验界知名专家、教授参与标准化工作，但回应寥寥。在章所长的坚持下，1999年起丛玉隆教授开始参与血液分析仪配套试剂标准的制定工作。YY/T0456.1—2003《血细胞分析仪应用试剂第1部分：清洗液》、YY/T0456.2—2003《血细胞分析仪应用试剂第2部分：溶血剂》、YY/T0456.3—2003《血细胞分析仪应用试剂第3部分：稀释液》系列标准终于在2003年发布实施，丛教授参与标准化的热情逐渐被点燃，直到2004年丛玉隆教授正式出任SAC/TC136主任委员。从此，迎来中国体外诊断标准化工作的春天。

面对标准化中的生产企业、临床用户、政府监管等各个参与方，以及国内、国外发展的不平衡，丛主任提出了我国体外诊断标准化发展的 32 字方针——国际接轨，体现国情，循证制标，保证质量，作风民主，兼容性强，认真负责，与时俱进。实事求是的工作方针也充分体现了标准化是协商一致的规范性文件的核心思想，为今后和谐、有效率地开展工作奠定了基础。

21 世纪初，我国的体外诊断产品迅猛发展，各种新的产品不断涌现，如何评价质量、如何监管等问题困扰着各方，解决这一难题的有效手段即制定标准，面对标准研制滞后的局面，丛主任引导大家把精力放在量大面广的一些急需产品上，比如血液分析仪、生化分析仪、生化试剂盒等。当大家像救火队长一样冲在一个个标准的制定中时，丛主任却冷静地指出：显然，面对数量庞大的诊断产品，制定每个产品的标准是不现实也是不科学的，因此，结合产品的特性（比如是否与关键性诊断指标相关、是否量大面广）建立科学合理的标准体系，才能使标准制定减少盲目性，更高效地发挥有限资源制定必要的标准，服务、指导诊断系统产品的发展。在丛主任的指导下，SAC/TC136 秘书处参考对口的 ISO/TC212 的工作框架将我国的体外诊断标准分为 4 个层次，工作领域分为医学实验室的质量和能力、参考系统、体外诊断产品；产品又按学科门类分为血液和体液学门类通用标准、临床生物化学门类通用标准、免疫学门类通用标准、微生物学门类通用标准、分子生物学门类通用标准。通过梳理标准体系，理清了标准脉络，对均衡考虑问题、平衡标准工作的方向和重点起到了重要作用。

标准体系框架的搭建奠定了我国体外诊断标准化发展的坚实基础！

第二节　精益求精　保证标准质量

丛主任不只是"坐在中军帐指挥的大元帅"，作为学者，他总按捺不住冲锋在标准制定的前沿。

ISO15189 第一版于 2003 年发布，丛主任组织大家翻译转化该标准，尽管只是翻译转化国际标准，但丛主任作为 GB/T22576—2008《医学实验室能力和质量的专用要求（ISO15189：2007，IDT》的第一起草人不放过任何的细节，带领大家反复推敲，几易其稿。

同时，他自己身体力行应用标准，在中国人民解放军总医院临床检验科贯彻实施该标准，于 2005 年在国内率先通过了中国合格评定国家认可委员会的 ISO15189 评审，并由此开启了我国医学实验室以国际标准来管理和评价实验室的新时代，在 10 年的时间里通过认可的实验室已约 300 家，我国医学实验室的质量和管理水平上了一个新的台阶，为实验室结果互认奠定了技术基础。丛主任指出，ISO15189 不仅适用于医学实验室，IVD 生产研发企业也应该学习了解该标准，以更好地提供满足临床需要的产品。

丛主任从不停下跟踪标准前沿动态的步伐。ISO15189：2012 版于 2012 年 11 月发布，2013 年 1 月丛主任就责成秘书处召集成立新版标准的转化工作组，陈文祥、翟培军、郭健等"大腕儿"都被分配了各自的翻译转化任务，亲自过问进度，召开讨论会，结合认可工作的实际经验，使新版文件转化更流畅。

追求精准是丛主任对于标准的一贯态度。《血液分析仪》（YY/T0653—2008），是丛主任最初主导起草的一个重要标准，这个标准从 2004 年立项起到 2007 年 11 月报批，标准起草研讨多次，几易其稿，从标准名称及定义，红、白细胞，血小板各项技术要求及实验验证，到仪器的正常工作条件，电压、电流的要求，方方面面的细节都进行了详细的讨论，甚至大气压对仪器工作的影响，丛主任也要求参与的企业做认真的验证。他说，"我们要对高原上的用户负责，在高海拔地区，仪器能不能准确自动进样会严重影响结果的准确性。"就这样反反复复历时 4 年，标准终于发布实施了。这个标准在 SAC/TC136 的标准中有着重要的地位，它充分体现了丛主任对标准精益求精的态度，也奠定了 TC136 标准起草讨论的工作模式，那就是调研起草—讨论—验证—再讨论—确认，以充分保证标准的客观、准确及严肃的学术地位。

第三节　建设一支团队　培养一批人才

丛主任经常挂在嘴上的一句话，"完成一个项目，建立一个团队，培养一批人才。"作为 TC136 的主任委员，丛主任主导或参与了大部分重要标准的起草、讨论和定稿工作，但有"丛玉隆"署名的标准非常有限。他时刻没有忘记自己的导师角色，时时刻刻想着如何培养一个好的团队，如何使更多的人参与到标准工作中，成为标准工作的领军人物、顶梁柱。

尿液有形成分分析仪（数字成像自动识别）是 2012 年丛主任提出立项的一个标准。作为主要起草单位参与标准起草的有中国人民解放军总医院、北京市医疗器械检验所、爱威科技股份有限公司、桂林优利特医疗电子有限公司、深圳迈瑞生物医疗电子股份有限公司、长春迪瑞医疗科技股份有限公司、杭州龙鑫科技有限公司、罗氏诊断产品（上海）有限公司、湖南省医疗器械与药用包装材料（容器）检测所等多个单位。由于这是一个全新的标准，没有国外的技术规范作为参考，而且该类产品涉及细胞形态学内容，客观标准很难确定，但对该类产品的规范又势在必行，为了确保标准质量，丛主任先后 5 次组织召开工作组会议，解决了标准编写中的一个个难题，最终达成了共识。《尿液有形成分分析仪（数字成像自动识别）》（YY/T0996—2015）于 2015 年发布实施，该标准的主要起草人：马俊龙、杨宗兵、周丰良、蒋均、何延峰、常淑琴、刘广华、田伟、邓振进，我们没有看到丛玉隆教授的署名。这是丛主任特别交代 TC136 秘书处的，他认为要多为年轻人创造机会，自己却默默付出，甘为人梯。

"建设一支团队"也在《尿液有形成分分析仪（数字成像自动识别）》这个标准项目中得到很好的体现。当这个标准项目在 2012 年底完成讨论后，以这个标准起草单位为主要班底，丛主任又带领大家开始编撰相关的学术专著，可谓以标准为发端，成果却远远没有止步于标准。使参与到这个标准起草的年轻同志不仅学到标准的很多知识，而且还开拓了更广阔的学术天地。当然，ISO15189 转化团队也是丛主任一手打造的一个"黄金组合"。

在丛主任的导师模式下，SAC/TC136 这个大家庭中涌现了非常多的标准化新兵。最直接受益的是 SAC/TC136 秘书处挂靠单位——北京市医疗器械检验所（北检所）从事 IVD 标准化的年轻的工程师们。历届秘书处人员胡冬梅、贺学英、王军都受到丛主任的谆谆教诲，在丛主任事无巨细、手把手的教导下，他们充满热情地从事 IVD 的标准化工作，使之从标准的门外汉成长为业务熟练的秘书长，为标准化发展挥洒青春。除了秘书处人员，北检所从事体外诊断检验的工程师们是标准起草验证的主要力量，从 2003 年起涌现了一批起草验证标准的主力干将，如毕春雷、王瑞霞、杨宗兵、续勇、杜海鸥等，他们也在丛主任倡导的让年轻人快速成长的标准化学术环境中茁壮成长起来，为 IVD 标准化的快速发展奉献着自己的力量。

不仅是秘书处的年轻人得到丛主任的教诲，企业界的同仁更是受益于丛主任的标准化理念。深圳迈瑞、桂林优利特、湖南爱威、宁波美康、郑州安图、江西特康等这些积极参加 IVD 活动的本土企业中都涌现出了一大批懂技术、懂标准的优秀人才，这些才是中国 IVD 标准化事业能源源不断发展的力量所在。

不仅一大批年轻人投入到 IVD 标准化事业中，在丛主任的感召下一些学界已退休的学术"大咖"也纷纷投身到这个大队伍中。他们中的出色代表是秦晓光教授、童明庆教授等。从 2004 年起这两位教授几乎参加了 TC136 所有的标准研讨会、审定会，而且从来都是一丝不苟地做好充分的准备，给标准讨论带来建设性的意见。每每问到他们为何如此敬业，他们总说"丛主任那么忙都认真地参加标准活动，我们退休了时间多一点就更应该多贡献点力量"。特别是秦晓光教授已 80 岁高龄，仍然经常和年轻人一起加班、出差，秦教授谦逊和蔼，经常见他操着浙江普通话尽力把自己的见解易懂地阐述给大家。

当然，学术界的中青年专家参加 IVD 标准活动就已然无需多言了。

这就是丛玉隆教授为 IVD 营造的一支令人鼓舞的标准化工作队伍！

第四节　构建交流平台　促进全面发展

TC136 从 1988 年成立到 2005 年，近 20 年里发布实施的国标、行标不过 20 项，而到 2015 年底归口的已发布实施的国标达 16 项、行标 151 项，处于报批阶段的标准 45 项，审定阶段的 21 项。十年的时间，标准数量增加了 10 倍。作为主任委员丛玉隆教授对这个成绩是满意的，但开创这样的工作局面可不是一朝一夕的事情。

SAC/TC136 成立之初，尽管委员会有近 40 名委员，参加标准化活动的人却寥寥无几，每年标准项目征集也是鲜有人提案。丛主任意识到一个组织没有人气是不行的。

2006 年年底要例行召开标委会年会，大家又在发愁很多委员请都请不来。丛主任认为委员不参加活动是因为我们的活动没有吸引力，标准化活动也是一种学术活动，尽管它是基于成熟技术领域的学术沉淀，但也离不开对前沿科学和热点问题的关注，因此，丛主任亲自策划与年会同期举办 IVD 标准高峰论坛。首届论坛有来自国家科委的领导、标准化技术委员会的专家、企业代表等，共作了 7 场与标准化及检验医学有关的精彩报告。国家科技部的杨哲处长介绍了"十一五"期间国家对生物医学工程的规划，生物芯片、关键仪器和试剂的 863 计划重点项目已经启动，数字化医疗设备、生物医用材料的研发，生物安全及产品的研究已列为国家的重要项目；中生北控的吴乐斌董事长具体介绍了 863 计划重点项目"生物医学关键试剂"的研究目标、内容、主要技术路线及其难点创新点、组织方式、进度安排等。北京医疗器械检验所的章兆园主任在"标准化工作的现状和目标"的报告中系统地讲解了什么是标准，标准的重要性以及如何做好标准化工作。卫生部（现为"国家卫生和计划生育委员会"）临检中心的陈文祥主任就目前在标准化工作中非常重要的"临床检验量值溯源、参考系统及有关问题"，作了翔实的报告，包括从临床检验量值溯源的概念、基本方法、参考系统、检验医学国际溯源机构的工作概况及我国溯源工作的现状、展望等方面内容。丛玉隆主任在题为"架起检验医学与生物医学工程的桥梁，加快我国实验诊断设备产业发展"的报告中强调了实验室质量管理的重要性，阐述了医学模式转变对检验医学的新要求及检验医学的发展方向。深圳迈瑞总裁徐航和希森美康总经理彭作辉的演讲题目分别为"医改新形式下中国医疗设备企业的发展方向"、"全球化与中国医疗产业"，两位老总从企业的角度对中国医疗设备产业面临的挑战与机遇发表了生动的演讲。这些论坛都是当时 IVD 领域的热点问题，在论坛的调动下，年会有 69 人参加。自此大家开始主动关注 TC136 的各种活动。

2014 年丛玉隆教授在第五届 TC136 成立大会上接受上级领导颁发的主任委员证书，步入他连任第三届主任委员的征程

这之后，每年都举办与标准相关联的论坛，主题逐渐趋于专业化，2012 年第五届论坛以"标准引领，科学发展"为主题，来自国家科技部、国家食品药品监督管理局、美国临床及实验室标准研究所（CLSI）的专家，以及行业相关专家应邀发表了主题演讲，吸引了 200 余名业内人士参会。作为体外诊断产业年度盛会，论坛为体外诊断产品研发、生产、使用单位，以及监督管理、法规注册、检验检测机构提供了持续的、通畅的沟通交流平台，对我国医学实验室管理和体外诊断系统标准化工作、对我国医疗产业的发展起到积极的推动作用。

丛主任是论坛的策划者，也是积极参与者，已举办的五届论坛中，丛主任都奉献了精彩的演讲：第一届"架起检验医学与生物医学工程的桥梁，加快我国实验诊断设备产业发展"；第二届"抓住机遇、迎接挑战、促进检验医学工程发展；"第三届"从 ISO15189 认可谈体外诊断行业的发展"；第四届"新形势下中国 IVD 市场分析"；第五届 "从 2012 年的 AACC 仪器展看 IVD 发展趋势与市场分析"；从这些论题可以看出丛主任时刻在关注 IVD 发展的动态，从国内到国际，在宏观上引导标准化工作的关注方向。

除了开办论坛，丛主任还领导 TC136 秘书处开展了形式多样的标准宣贯培训，自 2007 年开始，组织的培训已达 40 余次，丛主任亲自授课 5 ～ 6 次。通过标准宣贯，进一步加深了对标准的理解和认识，对提高各委员单位的标准化工作水平，促进企业顺利开展采标贯标工作，提高国家标准、行业标准和企业标准的编写质量和水平，都起到了积极的推动作用。开展多种模式的培训学习提高了标准宣贯的效果，使相关人员在参与标准工作的同时得到知识的更新和补充，从而能更好地开展标准工作，形成了良性循环机制。

我国 IVD 标准事业受到空前的关注，2008 年 TC136 换届时委员 67 名，顾问 4 名，观察成员 6 名，这已经是人数较多的标准化技术委员会了；但到 2013 年换届时，其委员人

丛玉隆教授在 TC136 学术会议作报告

数更是扩充到 80 余名，还有很多申请者由于名额的限制没有能够成为委员，他们以观察成员的身份也在积极参与工作。

经过 10 年的努力，TC136 从委员会门庭冷落到如今备受关注，这是多么大的变化。同时在国家专项标准经费的支持下，每年收到的关于 IVD 标准项目的提案超过 50 项，经专家遴选推荐，委员会批准立项的标准达 20 余项，每项标准项目都有众多的参与者，他们中的佼佼者才能有机会成为起草者；标准工作终于有了"一呼百应"的局面。

第五节　建章立制　规范管理

在国家标准化战略的支持下，TC136 的工作在近 10 年得到了长足的发展，开展标准化相关工作的复杂性也在不断上升，为了使标委会健康有序的发展，丛玉隆主任带领大家逐渐健全标委会的各项制度，修订标委会章程，制订秘书处细则等。

TC136 委员人数众多，因此召开全委会频次不便太频繁，但每年标准项目征集、遴选，项目确定之后起草单位的确定等工作都需要集体的智慧。面对这种局面，2009 年，丛玉隆主任与副主任委员刘毅一起创造性地建立了常委会制度，常委会由知名专家教授、监管机构代表、企业代表等 15 ～ 19 人组成，在全委会休会期间对重要的日常工作进行决策。这个制度使推荐立项的标准项目得到较好的论证；批准成立各项标准的起草小组；并对秘书处收集的有关各方对标准修订过程的重大意见回复并给出合理建议，从而推动标准化工作及时、科学、高效运行。

经过不断探索，在较完善制度的保证下，TC136 的工作得以规范地开展，不会因人而异，真正实现了可持续发展。

2013 年丛玉隆主任已经任满 SAC/TC136 两届主任委员，他为这项工作奉献了大量的心血，按照常理他可以退到二线给后辈以指导，但大家依然不舍他离开，在众人的挽留下，丛主任又以饱满的热情投入到 TC136 主任委员的战斗中。

丛主任是中国体外诊断标准化名副其实的掌门人，在他的带领下，体外诊断标准化事业蒸蒸日上！

第十四章
发挥学术平台作用　引领学术发展航向

从 1985 年到 2012 年，从第二届到第八届，他是全国担任中华医学会检验分会主任委员学术职务时间最长的专家。近 20 年来，在他和众多检验医学同仁的推动下，《中华检验医学杂志》这株医学杏林中的幼苗茁壮成长，使检验医学这个"不起眼"的学科挤入中国医学发展最快学科行列。

第一节　健全组织　凝聚力量

"近 20 年来，检验医学是中国医学发展中进步最快的一个学科，已经接近世界水平。在这个过程中，丛主任作为领军人推动了中国检验医学事业的发展。"我国著名检验学家沈霞教授评价。沈霞教授曾任中华医学会检验医学分会副主任委员、中华医学会输血学会副主任委员，对丛玉隆在中华医学会检验医学分会的工作非常了解。

"以前检验医学在我国是一个比较落后的学科，以前不叫检验科，叫化验室，基本是以手工操作为主。到了 20 世纪 80 年代初医学院开始招收检验系的学生，培养人才刚刚起步。这时候，检验医学才开始有了一点发展。"20 世纪 80 年代沈霞到法国学习的时候，亲眼见到国外先进的实验室、现代化的实验仪器，感叹中国检验医学与国外的差距，"改革开放初期，中国检验医学的水平应该与国外相差 30 年以上。在全国检验界同仁的共同努力下，检验医学事业迅速发展，化验室变成检验科，名字也逐步从医学检验变成检验医学。检验医学成为医学之中的一个独立学科之后，可以跟内科、妇科、儿科并列，提高了大家的士气，检验医师也可以主导临床，检验与临床的结合就逐渐开始了。中国检验医学 20 多年来突飞猛进地发展，现在已经接近世界水平，丛主任作为中华医学会检验医学分会的负责人发挥了重要作用。他连任了两届中华医学会检验医学分会的主任委员，对于中国检验医学事业的推动他是居功至伟的，我们大家都有这样的感触。"

实际上，从 1985 年开始，丛玉隆就担任中华医学会检验医学分会第二届委员，那时 38 岁，是全国最年轻的委员；1990 年担任第三届常委，1991～1995 年任常委兼秘书；1995～2000 年任第四届副主任委员；2000～2008 年，连任第五届、第六届主任委员；2008～2011 年任第七届前任主任委员；2011 年到现在是名誉主委。从第二届到现在的第八届，丛玉隆是担任中华医学会检验医学分会学术职务时间最长的。

2007 年时任医学会检验分会主委丛玉隆教授在全国会议上与时任 AACC 主席的合影

　　"在丛玉隆担任中华医学会检验医学分会主任委员的 2000～2008 年期间，首先健全了全国和各省级的组织，各个省、地区陆续建立了检验学会。"回忆起中华医学会检验医学分会的发展历程，沈霞的记忆清晰而准确，"我们也弄了一本全国协会的通讯录，主任委员、常委的联系方式非常明了，便于全国和各地区进行交流。通过这个纽带，检验医学学会下设的各个专业每年都召开年会。"

　　沈霞说，"以前检验界学术水平不高，也谈不上开什么年会。后来组织健全了，把全国几十万检验工作者团结起来，各个专业每年都有年会，各个省区也有相关会议。""后来，检验学会成为中华医学会当中比较活跃的一个学会。这与丛主任担任主任委员以后热心学会工作、热爱检验事业是分不开的。"

　　2000 年，丛玉隆担任中华医学会检验医学分会主任委员伊始，就认识到健全学会组织的重要性，着手建立相关专业委员会及各省市的检验学会。先后建立的专业委员会有：心肌标志物专业委员会、血栓诊断专业委员会、血液学体液学专业委员会、自动生化仪应用专业委员会、分子生物学专业委员会、肿瘤标志物专业委员会、微生物检验专业委员会、血脂检验专业委员会。此后，八个专业委员会分别开展了很多活动，专业委员会的工作为学科建设发挥了重要作用。

丛玉隆教授与接任者尚红教授合影

　　学术交流离不开知识与人才，因此检验医学分会自身的建设、自身的团队、自身的团结及委员的敬业精神对全国检验事业的发展至关重要。因此，检验医学分会特别注重发挥委员的能动作用，培植团队精神，提高每个委员为学会工作的责任感、使命感、荣誉感。委员作为全国学术的核心，责任重大，全国检验学科的发展与委员这个团队紧密相连，检验医学分会也因此建立了高效率、高水平、高素质、团结向上、和谐的学术团队。

检验医学分会充分发扬学术民主，分期召开常委会、全委会。基本上每年召开 1 次全委会、2 次常委会。通过召开常委会和全委会，达到与检验医学分会核心团队的每位成员沟通思想、达成共识的目的。

近些年来，检验学科的许多新技术、新方法、新参数应用到临床，但如何合理使用这些指标、正确选择项目、准确分析试验结果是广大临床医生急需解决的问题。"因为我们发展得太快了，有很多新的检验项目出来以后，临床医生根本不知道怎么回事，所以临床医生也非常希望检验工作者能够给他们提供一些报告的解读和咨询。检验医学发展到一定程度必须和临床结合，使得检验医学和临床医学双赢，促进国家医学水平的整体提高，不断满足人民群众的健康需求。"沈霞从这个角度解释编写相关指南的重要性。

为此，检验医学分会组织相关专业委员会的专家编写了《大型生化仪工作指南》《微生物工作指南》《糖尿病临床检验项目应用指南》《心肌标志物应用建议》《五分类分析仪血片复检筛选标准》等一系列指导性文件。

为达到信息的有效高度交流，2005 年初检验医学分会建立了自己的网站，独立管理、维护，自费收集各种资源。网站的建立为宣传检验分会、提高其地位起到重要作用。同时，在有关报纸上开辟专栏，宣传检验医学知识及其重要临床价值，让医学界及广大民众了解检验医学的重要性。同时，检验分会的重要会议都会邀请《健康报》《科技日报》《医学论坛报》等媒体采访报道，争取让检验医学分会的工作得到社会的广泛支持。

第二节　以学术交流为中心　促进学术发展

由于丛玉隆所取得的卓越成就和对我国检验事业的贡献，他的组织、管理才能深得广大同行的认可。在担任中华医学会检验医学分会主任委员期间，他提出了"以学术交流为中心，以提高我国检验医学整体技术素质、学术水平，促进学科发展为目的"的办会宗旨，以及"重点国内，瞄准国际，着眼未来，互补双赢"的 16 字学术交流方针。

"重点国内"是把学术活动的重点放在解决影响我国学科发展和临床工作中普遍存在的问题，有的放矢地开展学术活动。近 10 年来是中国检验医学发展最快、引入新技术新设备最多的时期，新的技术需要逐步消化吸收，应用新技术的经验也需要不断总结和提高。由于我国检验技术队伍的素质和管理水平较国外相对较低，各个相关专业中都存在消化吸收新技术、总结提高新经验等问题，这些问题直接影响了检验医学的学科建设和发展。因此检验医学分会要将重点放在国内的学术交流、技术培训、管理水平的提高上，根据影响学科发展普遍存在的问题，有的放矢地开展学术活动。

"注重国际"是追溯国际学科技术发展前沿，加强国际间学术交流和友好往来，树立国际形象，提高学术地位。近年来，国际检验医学发展迅速，引导国内的学科发展，首先要把国际发展的前沿、新趋势、新思维、新模式、新方法引入国内，同时把国内发展过程中出现的优秀人才与优势学科推向国际，提高中国检验医学的国际地位。因此在加强管理的同时，着重加强国际交流和友好往来，树立国际形象，提高学术地位。

"着眼未来"是加强对中青年技术骨干的培养，发现人才、培养人才。检验学科正值新、老交替的关键时期，如何把老专家、老教授的优良传统和严谨的作风传递给年轻一代，如何在实践中发现人才，对加强学科建设非常重要。着眼检验学科的未来发展，加强对中青年技术骨干的培养，搭建能充分体现中青年骨干自身价值的平台，培植浩浩荡荡的学术技术梯队，是检验学科发展的重要战略。

在基层中有很多青年人才，其思维、水平、研究工作都很出色，但缺少机会。为此，中华医学会检验医学分会专门成立中青年委员会，旨在培养年轻人、建设人才梯队。为充分发挥中青年学术骨干在学术交流中的作用，检验医学分会专门提出要求：各专业委员会委员中要有三分之一45岁以下的中青年专家，在各类全国性学术会议上要有一定比例的中青年技术人员作学术报告，举办全国及各地的中青年学术会议。

事实证明，这一举措效果明显。中华医学会检验医学分会中青年委员会策划、组织并成功召开了第五届全国中青年学会会议，完成了第六届全国学术会议壁报评奖工作，圆满完成基层检验人员技术与实验室管理的培训工作。同时，还参与以学会名义组织的专著编写，如《医家金鉴：检验医学卷（上、下册》共1200万字，与中国医师协会合作，编写国家批准的唯一检验医师教材《全国检验医师培训教材》。

"互补双赢"是加强与仪器试剂厂家的合作，使他们能提供新理念、新技术及学术交流的支持，而专家有利于技术推广，达到利益互补，效果双赢。

"高水平的学术交流，是激荡创新的源头活水，也只有学术交流才能碰撞出思想的火花"。在丛玉隆的带领下，中华医学会检验医学分会通过多种形式、不同层次的学会交流，为检验医学工作者提升科研水平、了解科技前沿、拓展研究视野提供了平台。

2004 ～ 2008 年，中华医学会检验医学分会成功召开的全国性会议有第五届中青年学术会议、第七届全国会议。两次会议突出核心，由各个专题委员会组织具有针对性的大会报告、分题报告、专题报告，对工作中的经验总结、建议、存在的问题采取引导式、互动式论坛的形式，同时增加厂商、基层、社区、商业实验室分论坛。论文的评选遵循科学、严谨、公开、公正的原则，经历海选、初审、复审、现场答辩，从中评选出不同等级的论文。与《中华检验医学杂志》合作，将获奖论文与作者简介全文刊登在该期刊上，宣传创新思想和优秀人才，为其进一步提高打下基础。

同时，开展了不同的专题会议。血液学委员会发展迅速，在武汉成功召开第四届全国血液学、体液学学术会议，参与人数居历届会议之首，该次会议评选论文，表彰优秀团队，并对国内存在的问题进行讨论与研究。特别值得一提的是会议根据广泛存在的忽视形态学的问题，以设立大型读片会的形式解决实际问题。生化委员会举办了两次国际会议，其中一次在北京召开，邀请到国际临床化学和实验室医学联盟（IFCC）主席参加专题会议，在会上讨论有关生化的国家建议、行业建议。血脂委员会分别在银川、温州、西宁召开三次会议，为血脂研究、全国性教育提供资料。传染病委员会在广州、兰州召开两次全国会议。全国蛋白质组学与肿瘤标志物委员会联合在济南、桂林举行两次会议，分别为全国蛋白质组学和肿瘤标志物检验专家高峰论坛、全国肿瘤标志物和肿瘤早期诊断研讨会。

中华医学会检验医学分会还与其他学术组织合作召开会议，充分发挥各专题委员会的作用，注重通过学术会议解决现实存在的实际问题。其中包括与全国实验室体外诊断标志物委员会合作分别于 2006 年、2007 年在海口、三亚召

2000 年率团与杨振华教授（时任名誉主委）参加国际华人会议

丛玉隆教授与时任 IFCC 主席合影

开两届医学检验与医学工程高峰论坛；与《中华检验医学杂志》合作，分别在广州、杭州举办全国中青年优秀论文学术会议，分别在上海、杭州举办全国即时检验（POCT）高峰论坛，在桂林召开全国免疫学术会议；与江苏医学会合作成功召开全国分析前质量管理学术会议，体现多学科交叉；与贝克曼库尔特公司合作，在烟台、北京召开国际血液分析高峰论坛，在三亚召开全国血栓性疾病实验诊断研讨会；与日本西森美康公司合作，三年内根据国内血液学体液学检验存在的四个问题分专题召开四次全国学术会议，会议由公司组织，但其内涵、策划、主题演讲都由检验医学分会负责。

把国际最新进展、最新理念引入国内的最好形式是国际交流、国际会议，与此同时也把国内的优秀人才与优势学科推向国际，提高中国检验医学的国际地位。2002 年 10 月，中华医学会检验医学分会组团参加了在日本召开的中日检验医学交流会议；2003 年 8 月，出席在韩国召开的中韩检验医学会议；2004 年 9 月，组团近 100 人赴澳大利亚参加第十届亚太 IFCC 的会议；2004 年 10 月，出席在瑞士举行的 2004 中瑞（士）检验医学学术会议。2005 年，中华医学会检验医学分会成功召开第二届亚洲学术会议，使国外同行了解到中国检验医学学科的发展及水平；2005 年召开中马微生物检验学术研讨会；2006 年组团参加第六届世界华人会议；2007 年，成功召开第十一届亚太学术会议，国际上影响非常大；2007 年召开中德微生物耐药学术研讨会，现场英文发言，会议反响良好；2008 年，成功召开第七届世界华人学术会议，会议采取的三方论坛方式卓有成效，促进了台湾对大陆相关领域的了解。

曾任中国医师协会检验医师分会总干事长、中日友好医院检验科主任，现任北京燕山石化医院院长的张远春最早接触丛玉隆是在 2000 年，"2000 年，在一次学术会议上听到丛主任的讲演，立刻被丛主任做学问的严谨态度和为人的通达、大气所感染。2001 年，我们举办中日检验医学交流论坛，请日本人到中国来交流，我就找到丛主任，这是我跟丛主任第一次正式合作。我对丛主任说'日本是我们的邻国，在检验医学领域有很多东西值得我们借鉴。通过我的日本导师，能把日本检验界一流的专家都请来。但是，我做中方的主席不够资格，我想请您过来做这个大会主席'。"

"丛主任作为那么知名的检验界专家，当时任中华医学会检验医学分会的主任委员和《中华检验医学杂志》的主编，从会议的组织到每个稿件的翻译再到会议的全部流程，每个细节他都过问，充分体现出丛主任作为医务工作者和优秀学者的严谨，当时让我非常敬佩。"张远春说起这些仍对丛玉隆肃然起敬。

"这个会做得很好。"张远春对那次学术会议记忆犹新。当时中国的经济也好一些了，第二年，中国的很多检验界专家也希望到国外去看一看，但过去都是零散地出去。张远春就跟丛主任商量，2002 年日本恰好有一个国际临床化学会议，我们可以去日本办中日检验医学交流会，跟这个会议做一个卫星会。跟丛主任商量好之后，张远春就跟日本检验医学交流会的组织人员沟通。会议确定后，丛主任跟张远春说，"去年在国内的会你请我做中方主席，到日本的时候你来做中方主席。"张远春提议去日本召开中日检验医学交流会，就是希望能够对中国的检验医学有所帮助、有所促进。张远春说，"我在检验界没有影响，会把这个事搞砸的。"在跟丛主任沟通之后，决定请沈霞教授做大会的中方主席。

"这个会议很成功。在日本召开的中日检验医学交流会，中方去了将近250 人，在国际最知名的临床化学会议上，一下子来了这么多中国检验界专家，中国检验界的国际影响力一下子就上来了。可以说，这次会议有相当深远的影响。"说起这次会议，张远春兴奋的同时流露出对丛玉隆的钦佩，"当时，丛主任没有做日本会议的中方主席，是站在全局高度，站在一个既做学问又做人的角度，绝不是看重个人利益，而是考虑到整个检验医学界的发展。"

童明庆教授是我国著名的检验学家，现任中华医学会检验医学分会常委、微生物专业委员会主委、中华医学会南京分会常务理事，曾任中国医师学会检验医师分会副主委，他很有感触，"中华医学会检验医学分会跟国外很多学会沟通，并建立了良好的联系。丛主任经常带领检验医学分会的委员、成员到国外参加学术会议，尤其是在他担任主任委员期间，中国检验医学界参加国际会议时经常是一个庞大的队伍，有时甚至到了国外该领域的学术会议没有中国人参加就不行的程度。当然这跟我国的经济发展、我国检验医学事业的发展有关，但丛主任在让中国检验医学工作者走出国门参加国外学术会议这方面做了大量的工作。"

"而且，丛主任非常重视中国检验医学的学术形象，2002 年他作为团长带队到澳大利亚去参加会议，五天会议中没有一个人离开。相反，国内有些单位或厂商组织的团，头一天一露头，第二天就找不着人了。"童明庆对丛玉隆注重团队整体形象的事情印象深刻，"他特别注重整体团队的学术形象，而且是代表中国的，这个事情给我的感受最深。在那次澳大利亚的会议上，中国代表团是最厉害的，中国去的人也多。据说，现在的相关国际会议，外国人都希望中国人参加。因为中国人对他们的影响太大了，没有中国人的团队，他们的会就开得挺没意思。"

率团赴台湾参加两岸四地华人学术会议，
与台湾检验技师会长高学良教授合影

率团赴澳门参加两岸四地华人学术会议，
与澳门检验技师会郭昌能会长合影

与香港检验技师会主席和广东检验学会
主委合影

2004 年与亚太临床化学学会主席权伍玄
（韩国检验医学专家）合影

　　"我们中华医学会检验医学分会微生物专业委员会编写了《微生物检验规范草案》，尽管目前没有完全发表（规范的发表需要国家批准），但我们已经做了大量宣传，叫不发表的宣传。通过学会和各种学术会议把我们的规范草案都发到各个地方。"作为微生物专业委员会的负责人，董明庆这样介绍，"规范包括微生物检验应该怎么去做，从如何采集标本到怎么写报告，应该将之怎么应用于临床，以及临床的价值、意义等内容。目前，国内对我们的草案已经形成了一种共识。"

　　"而且我们把规范草案做成中文稿和英文稿。我们去马来西亚参加会议的时候，就和马来西亚的同行坐下来，跟他们讲中国的规范。其中有人说，美国人也编了临床微生物医学手册，中国人的水平并不比美国人低。"董明庆说。这一点让中国的专家非常自豪。

　　"我们还去过几次欧洲，跟德国的专家在一起讨论，介绍中国微生物检验的发展情况，介绍整个质量管理等，而我们提出的某些学术问题，他们回答不了。"那次讨论是让中国检验医学界感受辉煌的一次经历，童明庆说，"那天还专门讨论了 ISO15189，我们讲微生物怎么管理，病人怎么处理，我们写了哪些规范，怎么做的指南。会议也专门请了 ISO 的专家，大家交流得畅快淋漓。那次让外国专家感觉到中国的水平很厉害。"

丛玉隆担任中华医学会检验医学分会主任委员期间，在检验界老前辈的关怀、呵护、指导下，通过全国检验医学界的共同努力，全国检验学界的学术气氛活跃、国际交流颇多、科技成果丰硕、技术人才辈出。

第三节　注重学术导向　引领学术航向

丛玉隆曾担任《中华检验医学杂志》第三届编委、第四届副总编辑、第五届总编辑和第六届总编辑。在担任总编辑期间，他提出了"高水平的栏目策划，高质量的创新文章，高素质的编审人员，高效率编辑部工作"的办刊要求。作为总编辑，他每年都会针对国内学术界的共性问题，为杂志撰写评论性文章，如《既要发扬现代技术又要继承传统方法》《实验室 ISO15189 认可对学科建设的几点思考》《让中青年人才尽快成为学科发展的中坚》等述评文章，引起了广大读者的思考。该杂志先后被美国化学文摘、中国科学引文数据库等 20 多个国内外著名检索机构数据库收录，多次被评为优秀学术期刊并被国家出版总署评为"双效期刊"。《中华检验医学杂志》从 2003 ～ 2007 年连续五年获"中国百种杰出期刊"称号，连续三年获中国科协择优资助，2007 年有"中华"字头的 114 种期刊中排行第四。影响因子在 2003 年为 1.349，2005 年为 1.504，2006 年为 1.146，始终居同类杂志首位，居临床类第二位。2008 年，在中华医学会杂志社 118 种杂志评比中，《中华检验医学杂志》名列榜首。

2003 年，本书笔者几乎和丛玉隆同时接手该杂志，袁桂清担任《中华检验医学杂志》编辑部主任，丛玉隆任总编辑。"我们的第一次谈话，就让我感到很惊讶。我们第一次就杂志发展沟通的时候，丛玉隆就讲到编辑策划，并谈到办刊原则，要坚持检验的三个结合，即：检验与临床相结合、检验与基础相结合、检验与工程技术相结合理念，既连前沿又接地气，在后来的办刊实践中，编辑部也是这样去做的。"笔者兴奋地说，"丛玉隆总编辑在编委工作会议上说，学术刊物要坚持学术质量为中心，要讲质量。同时，杂志要讲究策划。一期刊物中要组织哪些内容？要提倡学术目的和社会效益。同时，要提倡学术导向。如何利用这个学术期刊去引导专家学者进行学术发展和研究，如何指导临床上对病人的诊治？丛玉隆总编辑提出，不是检验科把东西做出来了我们再去报道，学术期刊应该超前报道。"

　　2003 年 10 月，《中华检验医学杂志》编辑部在威海召开了编委工作会议，对杂志栏目提出了总体设计方案，并提交会议讨论，并达成共识。这次编委会议提出，加强检验与临床的结合，提高杂志的学术导向性、指导性和实用性，变以往"被动编辑模式"为"主动编辑模式"，重点加强期刊的总体设计和编辑策划。

　　自此，每期杂志的综述、专家论坛、专题设计无不引进国际先进、前沿的理念与思想。这种引进不仅包括前沿的检测技术，还包括实验室管理、临床应用体会、学科建设理念等。这项工作对于引导检验医学不断与国际接轨起到非常重要的作用。

　　近十年我国检验医学发展快速，引入新技术、新设备最多，新观念需要逐步消化与吸收，应用新技术的经验需要不断总结与提高。因此，杂志的述评、专家论坛、专题笔谈、专论、综述等栏目，都围绕读者导向，全部针对国内焦点、热点及亟待解决的问题展开，同时组织不同形式的专题会议集中报道。

　　近几年杂志述评的数量、质量、创新性及导向性都有很大的提高。导向性文章能及时给检验医学工作者提供正确的发展方向，纠正一些偏离的问题。如针对抗生素耐药及医院交叉感染等医学界普遍关注的问题，杂志连续 3 次刊登多学科交叉的"细菌耐药监测"的优秀论文和评论性文章，引导临床合理应用抗生素，提高细菌耐药性监测水平。又如，现代化仪器的应用使许多检验工作者，特别是年轻的检验工作者忽视了形态学检测。杂志便利用综述、重点号、继续教育栏目普及宣传形态学的意义，以提高检验工作者形态学的素质和水平。

　　在主动进行有针对性的超前学术引导方面，《中华检验医学杂志》做了大量工作：在该杂志创刊 25 周年纪念会上，300 多位专家学者出席会议，杂志制作了 25 年全文检索系统，同年第 12 期刊登了创刊 25 周年纪念重点文章，受到广大检验医学专家、学者好评。2004 年 4 月，杂志与国家食品药品监督管理局细菌耐药监测中心联合主办首届全国细菌耐药监测与临床专题学术会议，300 多位检验医学、临床微生物学、临床药理学、感染病学、呼吸病学等多学科专家、学者出席会议，会议还起草了"关于合理使用抗菌药物和规范管理，控制细菌耐药流行"的倡议书，受到国家食品药品监督管理局高度重视和采纳，倡议书在《人民日报》《光明日报》等发表，促使政府下决心从 2004 年 7 月 1 日实施抗生素处方药管理，为推进我国抗生素处方药管理制度的实行发挥了重要作用。2004 年 6 月，全国检验医学感染控制和病原监测学术研讨会议召开，来自全国的 180 位代表出席会议，有杂志编委或特约编委 11 人出席会议。2004 年 10 月，杂志编辑部组织召开了"重视形态学检验专家座谈会"，会议达成共识：呼吁我国检验界重视形态学这一最基本的检验诊断，克服重现代化仪器忽视形态学检验的做法，组织编写形态学专著，普及形态学知识，同时在华北、华东、东北、西北、西南分片举办形态学学习班。2005 年 6 月，中国检验医学中青年论坛在广州召开，会议设立了"中国检验医学阳普杯优秀论文奖"，并在会上进行了颁奖。2005 年 11 月，召开"临床实验室全自动化系统检验流水线临床应用评价专家座谈"，为正确评价和引导检验自动化流水线的应用，避免盲目引进，杂志组织 20 多位专家进行座谈，提出了指导性意见，以座谈纪要形式配发述评，发挥了很好的指导作用。

在检验医学界，有好几位专家对笔者说，"现在的《中华检验医学杂志》变化太大了，过去是专家学者推着杂志走，现在是杂志引领着专家学者走。"

丛玉隆总编辑还提出，"医药企业有很多好的技术，不能说学术与企业结合就是铜臭。近年来，检验医学发展相当快，检验仪器也越来越自动化、智能化。这么现代化的仪器，这些方法谁创造的？都是医药企业创造发明，而后推广到检验领域的，企业最先进的技术转化为生产力，最终受益的是老百姓。所以说，检验医学与企业其实是相互依赖的"。至今，《中华检验医学杂志》大概有将近 2000 个 VIP 会员，其中大部分是企业定制。

多年来，《中华检验医学杂志》始终坚持着丛玉隆提出的这些理念。抓品牌抓质量，学术质量提高了，学术影响力也随之扩大，同时，吸引企业投放广告。目前，《中华检验医学杂志》每期广告多达 40 多个。编辑部针对每个投放广告的企业都要进行市场调查，保证都有数据。自 2003 年，《中华检验医学杂志》的发展真正进入了良性循环。

丛玉隆在《中华检验医学杂志》创刊 30 周年的纪念文章中写到，"杂志创刊于 1978 年，恰逢我国改革开放之年，经历了生根发芽、开花结果的艰难历程，也感受到经济腾飞给检验医学学科发展带来的巨大收益。杂志创刊时只有 64 页，1987 年改为双月刊。2000 年，在时任总编辑杨振华教授的倡导下，期刊由《中华医学检验杂志》更名为《中华检验医学杂志》。2003 年改为月刊，2005 年增至 96 页，2007 年页面增至 120 页，是当时中华医学会系列杂志中页面最多的一本杂志。2008 年，《中华检验医学杂志》与美国《临床化学杂志》联合出版《海外检验医学》，使我们杂志社的事业迈上一个新台阶"。"三十年来，在全国广大检验医学工作者及社会各界的大力扶持下，终于使这株医学杏林中的幼苗茁壮成长！我们坚持理论与实践相结合，检验与临床相结合，提高与普及相结合，为加速我国检验医学发展架桥铺路，真正做到引领潮流、荟萃精华、贴近临床、服务读者。我们取得的成绩，是历届编辑、编委会成员辛勤工作、无私奉献的结果，是广大检验医学技术人员与医疗卫生工作人员，以及作者、读者、编者共同培育了这块学术园地"。

在中华医学会第三次杂志工作会议上，中华医学会评出和表彰的 10 位优秀总编辑中，丛玉隆教授排名第一位。"丛玉隆总编辑热爱这本杂志，杂志的学术平台也成就了丛教授。"任编辑部主任的笔者说，这是中华检验医学杂志编辑部同事们的共同感受。

第四节　推行以患者为中心　检验与临床相结合

丛玉隆教授通过 48 年的检验医学工作实践，体会到只有医学检验工作与临床相结合，从"以标本为中心，以检验结果为目的"的传统"医学检验"模式转变为"以患者为中心，以将所测得数据转化成为高效的诊治信息提供给临床为目的"的现代"检验医学"理念，才能真正体现其价值。他提出检验科要建立"咨询建议检验项目选择－了解患者标本采集时状态－指导标本采集与转运－严格实验室检验程序－发出检验的报告需要与临床沟通交流"这样一种全面质量管理体系的概念。围绕这一理念在医疗、教学、科研、实验室管理方面做了大量工作，为我国检验医学的发展做了较大贡献。

丛玉隆和他的团队对血管内皮细胞、血小板、凝血因子、纤溶系统及血液流变学等进行了系统、全面、动态的研究，探讨血栓、出血性疾病和其他老年病的变化规律。在国内首先建立激光扫描共聚焦显微镜进行单个血小板钙浓度、钙波动及钙流检测技术，并且将激光共聚焦扫描单个细胞钙波动和钙流与流式细胞术群体血小板钙反应变化检测结合起来；对心脑血管疾病患者血小板微粒膜蛋白的形成及病理机制进行了研究；利用流式细胞术研究了在高剪切率的情况下，钙流的规律，探讨其在冠状动脉硬化时的诊断意义；观察了服药前后血小板激活状态及其在治疗中的价值；进行了基因多态性与抗血小板药物研究并用于常规检验；用过程控制的理论对血栓与止血实验的质量控制及规范化进行了深入探索，建立了凝血试验全面质量管理体系。其研究成果受到同行专家的称赞，并承担了北京市重大科技项目《病毒性肝炎实验检测和临床应用规范的建立》，负责血栓与止血方面的研究工作。此领域获得全军医疗成果奖三等奖两项、二等奖一项，中华医学科技奖二等奖一项，北京市科技成果奖一等奖一项。

同时，丛玉隆及其团队进行了"血细胞自动化分析临床应用及全面质量管理"、"尿液自动化分析及全面质量管理"两个临床检验工作中最常用、国内在这方面面临问题最大的研究，取得了如下成果：① RDW 系列临床应用研究和检测质量管理，获全军科技成果二等奖；②用动物学进行质控的研究和质控物的制备，获全军科技成果三等奖两项；③网织红细胞的系列研究，发表论文近 20 篇，受到国内外同行的关注。

近些年，国内部分医院的检验科出现了重仪器而忽视显微镜人工细胞形态学检查的错误倾向，造成误诊或医疗事故，丛玉隆组织学（协）会专家用了三年时间制定了数个自动化仪器形态学检查筛选指南，并在全国 20 多个省市举办了 20 多次学习班或研讨会，纠正了错误的观点和导向，提高了形态学检查的质量和水平。

在尿液自动化分析及质量控制方面，丛玉隆进行了干化学法影响因素的研究，在国际上首先发现并报道了大剂量注射青霉素后尿液内青霉素如何干扰尿蛋白定性试验，在国内首先探讨了尿液干化学分析显微镜检查的过筛标准，并在国内首先报道了干化学法检测红细胞、白细胞及蛋白结果与镜检的关系，为筛选标准的制定提供了实验依据。同时，他还组织了《全国 15 省正常人静脉血全自动分析仪各项检测参数测定值调查》《全国 8 省市正常人尿液有形成分检测质调查》《正常人不同年龄段网织红细胞分群测定值》等基础性工作，为自动化仪器合理、规范的临床应用起到了重要的推动作用。在尿液检查质量控制方面，丛玉隆及其团队建立了一套完整的适合尿液分析仪评价的鉴定方法，探讨了尿沉渣测定 4 种方法的参考值范围。2001 年他研究的《尿液自动化分析临床应用价值与质量管理应注意的问题》获全军科技成果二等奖。

为了推进检验科与临床科室专业知识的交流，2003～2013 年十年内，举办了八届全国检验与临床学术会议，每届会议上千人参加，同时，丛玉隆以总主编的名义组织全国几十所知名院校、医院的 200 多名专家学者组编了大型丛书《检验与临床》，该丛书包括 20 多个专业共 30 个分册，受到业界好评，获得国家新闻出版署"十一五"优秀图书。五年内出版了两版大型专著《实用检验医学》（每版 600 余万字），为我国检验医学的发展做出了贡献，2015 年他作为总主编，出版了系列大型体外诊断装备工具书《临床检验装备大全》，全书分为《标准与法规》《仪器与设备》《试剂与耗材》（上、下册）《即时即地检验》，四卷五册，共 800 余万字，该套丛书的定位是带有学术性、前瞻性、实用性的工具书。读者对象是医学实验室技术、管理人员及临床医生，IVD 产业研发、市场和管理人员，医疗机构领导和工程技术人员，国家 IVD 监管人员。该丛书的创新点是兼顾了研发、技术、医疗、保健等领域的读者在不同方向、不同角度、不同层次需要了解和解决的问题，为如何产、学、研、医间互动、结合、发展提供信息、途径、方法和桥梁。自 2016 年 2 月出版上市以来，受到业界广泛的关注与好评。目前，国家新闻出版广电总局颁发了《"十三五"国家重点图书、音像、电子、出版物出版规划》的通知，丛玉隆教授总主编的《临床检验装备大全》榜上有名。

丛玉隆教授对实验室标准化、规范化、国际化管理进行了较深入的研究和探索，他将 ISO15189 文件的内涵、过程控制理论、医学实验室的全过程及国内医学检验领域普遍存在的问题四个方面有机地结合起来，创制了"医学实验室全面质量管理体系图"，得到了有关专家的赞赏。同时，丛玉隆主编了全国医学院校医学检验系统编教材《临床实验室管理》、授课教师教学参考读物和医学实验室管理人员继续教育配套参考专著《临床实验室管理学》；其主编的《现代医学实验室管理与认可实践》一书参考了国际最新颁布的《医学实验室质量和能力的要求》，结合解放军总医院临检科首家通过 ISO15189 认可过程的经验和体会，为医学实验室管理注入了更多的标准化、规范化、国际化内容。近三年来，此系列教材得到全面推广，其中台湾地区出版商购买了《现代医学实验室管理与认可实践》的版权，该专著将以繁体字形式在境外发行。

丛玉隆注重从临床发现的问题中进行课题研究，并注重科研成果的转化，先后研制了多项凝血试验、尿液分析试验、自动化血细胞分析试剂及质控物，为我国医学检验自动化的推进做出了贡献。自 1995 年至今，他以第一主编撰写专著 19 部、大型系列丛书一套（30 分册），发表学术论文 300 余篇，各种科技奖（省部级三等奖以上）18 项。

自 2000 年以来先后担任中华医学会检验医学分会第五、六届主任委员，第七届前任主任委员；中国医师协会检验医师分会第一、二届会长；《中华检验医学杂志》第四、五届编委会总编辑；《实用检验医师杂志》第一、二届主编；《临床检验》（电子版）主编；解放军检验医学专业委员会第七、八届主任委员；全国医学实验室及体外诊断系统标准化委员会第三、四、五届主任委员；中国认证认可委员会医学分技术委员会第一、二届主任委员；中国医学装备协会检验医学分会第一届会长。在中国医师协会的领导和帮助下，2003 年，丛教授作为第一届会长创立了检验医师分会，他创办了《检验医师杂志》，建立了《检验医师网站》，并以"检验与临床"为主题组织国内、国际论坛，多次在《健康报》等报刊撰稿，宣传检验医师在临床医学中的意义和作用。受中国医师协会和卫生部教材办公室的委托，他组织全国近 20 家院校主编了 150 万字的全国专科医师培训规划教材《检验医学》，成为深受专科医师喜爱的继续教育教材。

第十五章
开创检验医师职位　培养检验医师人才

2003 年，丛玉隆创立了中国医师协会检验医师分会。随后，他组织全国的力量编写了检验医师的培训教材，还与多部门沟通逐步建立培训基地，检验医师的培训在全国红红火火开展起来。在社会各界的支持下，检验医师这个"新生儿"从呱呱坠地到蹒跚学步，现在已经在跌跌撞撞中茁壮成长起来。同时，也将检验医学从幕后推到前台，大大提升了检验医学的专业价值和地位。

第一节　创立检验医师分会　培养检验医师人才

过去，患者从检验科窗口拿到化验单往往会说，"请问，这个指标是说我有病还是没病？"窗口内往往甩出冷冰冰的一句话，"去问医生。"多少年来，医学检验行业只是"技师"而不是"医师"。患者无奈，医疗卫生界也无奈。

为了让"去问医生"这句话永远成为历史，丛玉隆和许多热爱检验医学事业的同行一起付出了很多艰苦的努力。2003 年，在中国医师协会的领导和帮助下，丛玉隆创立了中国医师协会检验医师分会，并担任第一届会长。

2003 年 10 月 8 日，中国医师协会检验医师分会成立大会在北京举行，国内 100 多位检验医师代表参加，检验医师分会的成立标志着中国从此有了检验医师，也标志着中国检验医师行业管理在与国际接轨中迈出了重要一步。检验医师分会是中国医师协会 40 多个分会中第二个成立的。

其实，国外在几十年以前就有了检验医师，以保证检验结果的准确性并把这个结果更好地用于临床，检验医师在临床检验中起着非常重要的作用。我国由于历史原因，各个医院检验科主要以从事实验技术工作的技术员、技师为主，他们虽然有着熟练的实验技能和基础医学知识，但对临床诊疗知识的了解相对较少，使检验科的工作很难与临床治疗沟通。这种情况已经远远不能适应现代临床医学治疗的更高需求，同时成为阻碍我国检验医学发展的重要因素。

顾名思义，检验医师应该是具有扎实的检验理论基础、丰富的临床诊疗经验，掌握检验设备及检测技术且取得了执业医师资格的一个特殊群体。检验医师在我国还属于新生事物，其与检验技师不仅仅是称谓上的不同，两者在诸多方面均有本质的区别，如工作内容、培养模式、服务对象等。检验技师多负责仪器的日常维护和保养、定标和质控、临床标本的预处理、日常检测及结果的发放等，而检验医师则主要负责与患者和临床医护人员进行密切联系和沟通，宣传新的、具有更高敏感性和特异性的检测项目，结合患者病情帮助临床选择最合理、最个性化、最能指导临床诊疗活动的检测项目，全面详细地解读检测结果等。

目前，大多数医院的检验科都引进了较为先进的分析设备和检测仪器，实现了自动化、信息化和规范化，开展了诸多项目的检测，为临床疾病的诊断、鉴别诊断、疗效观察和预后判断提供了更多的选择、指导和帮助。

传统的检验医学主要是以提供准确可靠的检测结果为目的，将检验报告送至临床医生处后供其参考、分析，并不负责解释和咨询工作，但部分临床医生在查看检验报告单时往往不能完全理解非本专业的检测项目，尤其是新开展项目的临床意义，在检测结果与患者的病情不相符时，甚至还会对检测结果的可靠性产生一些疑虑，造成检验与临床之间的隔阂和误解，极大地限制了检验医学全面、快速地发展。

如何解读检验结果并与临床进行密切有效的沟通和交流就显得极为迫切和重要，检验医师正是在这样的背景下应运而生。丛玉隆慈祥地注视着他亲手培养的检验医师这个"新生儿"。

在中国医师协会检验医师分会成立之后，丛玉隆就着手谋划检验医师岗位的设立。他和中国医师协会的领导一起做了大量工作，多次上书国家有关部门争取检验医师设岗，并召开专家座谈会、论证会，参加卫生部、教育部的认证。

2004年，卫生部在专科医师准入制度试点学科中将检验医师准入列入其中。检验医师终于迎来了这一时刻，检验界同仁奔走相告、豪情满怀，大家知道这一决定不仅仅提升了医学实验室的学术地位，更重要的是打开了阻碍我国检验医学发展的瓶颈，对检验医学的发展具有里程碑式的意义。

2005年，北京市卫生局正式将检验医师纳入住院医师规范化培训体系。2006年，为了配合检验医师制度的建立，在卫生部颁布的《医师资格考试报名资格规定》中提出："具有临床医学专业学历，试用期在医疗机构检验科承担检验医师工作的，可以参加临床类别医师资格考试"。

2006年10月16日，《健康报》刊登了关于丛玉隆的长篇通讯。记者描述了见到丛玉隆时的情景：在中国医师协会检验分会召开的学术研讨会上，正在国外出访的丛玉隆在飞机着陆北京一个半小时后又转飞成都作大会主题报告。他的神情略显疲惫，但精神却异常亢奋。事后得知，他已经40多个小时没睡安稳觉了，他说："这次议题非常重要，我拼着命也要赶回来！"

"检验医师"的准入是那次大会的焦点。卫生部在相关专科医师培养办法中，已明确将检验医师作为首批培养试点，但由此带来的一系列问题也摆在了丛玉隆和他的同事面前：医疗系毕业的，经检验培训合格后成为检验医师，这没有问题。但检验系毕业的技师，如果有志于成为检验医师，应去哪里培训？又如何取得医师执业资格？

该篇文章说，检验医师的设立对于中国20万医检队伍的发展是一个契机，身为"领头羊"，丛玉隆不会等闲视之。事实上，在他几十年从医生涯中，他从来不轻易放过任何一个可以提升检验专业价值和地位的机会。他用自己一生的努力挑战着"检验地位不高、难有建树"的传统理念。

曾任中华医学会检验医学分会常委、中国医师协会检验医师分会副会长、我国著名检验学家童明庆教授至今都认为，中国医师协会检验医师分会创始人丛玉隆对检验医学分会的定位是非常准确的。他感慨地说："我们的定位非常清楚。因为我们是检验医师的行业协会，要培训我们的检验医师，做好培训和自律，而不是去做高新技术或者纯学术。所以我们更讲究实际，研究如何与临床联系、沟通，如何为临床服务。丛主任的定位非常准确。"

张远春曾任第一届中国医师协会检验医师分会总干事长、中日友好医院检验科主任，现任北京燕山石化医院院长。他回忆起当年参与创建检验医师分会的情景时说，"我很荣幸，能够成为检验医师分会首届的总干事长。这个总干事长也有人称为秘书长。应该说，中国医师协会检验医师分会的成立，是中国检验医学发展的一个里程碑。中国医师协会第一批团体机构，就把检验列进去，说明国家对于检验医学给予高度重视。"

谈到中国医师协会检验医师分会筹备过程中感觉难度最大的事情时，张远春说，"首先之前没有检验医师这个队伍，一切都无从参考。不能简单套用国外的经验，要充分考虑我们的国情。早期的时候，吸收一部分优秀医师进来，又不能完全排除过去检验本身的老专家。当时丛主任将这个分寸把握得非常到位，既没有打击检验科原有老技师的积极性，又把医师引进过来。"

在庆祝检验医师分会十周年的大会上与中国医师协会会长张雁灵合影，
完成了十年主委的使命

张远春说，"中国医师协会检验医师分会成立大会上，有个专题叫检验与临床，这个词现在听起来很普通很自然，但在当时可是不得了的，过去临床跟实验室是脱节的。检验医师队伍从检验医师分会成立才逐渐成为检验医学的主导，也只有这些人才能站在临床实验室的角度，把临床跟实验室有机结合，这也是循证医学的要求。从当初没有参照、没有资金、没有人员的困境中，我们一点点走过来，回顾检验医师近十年的发展历史，确确实实让我们看到，从根源上改变了检验医学在医学体系中的地位，同时也改变了临床医师对检验的看法，当然最受益的是广大患者。"

丛玉隆作为中国医师协会检验医师分会第一届会长，在第一届的工作总结中说，"中国医师协会检验医师分会从呱呱落地诞生，走到今天，像一个蹒跚学步的孩子，虽然步履还不太稳，但还是在跌跌撞撞中茁壮成长起来了。"

第二节　制订检验医师系列培训计划
完善培训制度机制和基地

中国医师协会检验医师分会成立同期，丛玉隆创办了《检验医师杂志》并

《实用检验医师杂志》第一届编委会成立，丛玉隆任主编

担任主编，由中国检验医师协会检验医师分会主办，天津医院协办。2003 年年底该杂志申请到天津内部刊号，并于 2004 年 3 月正式启动杂志的筹备工作，编辑部成立了编委会及审稿专家委员会，编委会由检验专家及临床专家组成。2008 年，杂志更名为《实用检验医师杂志》并取得了国家新闻出版总署颁发的正式刊号。几年来，《实用检验医师杂志》已经成为刊载检验医学、病理医学、基础医学等相关领域科研成果，促进检验医师与临床医师交流的重要阵地。

为了加强信息交流，扩大对外宣传，分会成立的第二年（2004 年）就建立了自己的网站，在网站上公布总会的各项工作通知及政策文件，以及分会的各项工作，并传达各类信息，这个网站已经成为检验行业沟通交流的平台。

检验医师的思想、道德、学术素质是做好维权自律的基础，因此，丛教授始终将检验医师培训作为协会工作的重点。检验医师培训，说说容易，师资从哪里来，需要什么样的教材，在哪里培训？这些问题时刻萦绕在丛玉隆脑海里。

丛玉隆在检验医师岗位、职责定位、培训基地的建设方面做了大量工作，每一项都是他直接组织、亲自参与。面对如何结合我国实际情况和国外多年的经验，培养适合国情的检验医师队伍这一重要课题，丛玉隆多次邀请检验界、医疗界、教育界和相关政府官员进行讨论。2004 年在大连召开第二届全国"检验与临床"学术会议，对检验医师的资格认定、培训方式、培训基地、工作定位及检验医师的自律维权进行了多方位、多角度、多层次的讨论。

2006 年，第三届"检验与临床研讨会与现场交流会"在成都召开，主要讨论了检验医师准入、检验医师职责、检验医师培养等问题。在华西医院举行了现场参观学习讨论会，会上既有检验医师学员又有参与培训的领导及老师，同时与会专家就一些关心的问题进行了现场交流。2007 年配合中国医师协会专科医师、住院医师培训制度的制定工作，他领导检验医师分会起草了《检验科专科医师、住院医师培训制度与培训基地标准》（讨论稿）。对专科医师培养阶段的培养目标、培养方法、培养内容及亚专业的基本标准和较高标准、医学检验科基地的标准都做了详细规定。同时，他还配合中国医师协会的专科医师准入制度的建立，起草了《检验医师的准入制度》（草案），并专门组织召开了研讨会讨论。会后《健康报》发表的《检验医师"准入"遇难题》文章中介绍：

检验医师分会副会长王兰兰教授、吴健民教授谈建立
检验医师培训体会

　　具备什么资质才可以通过"准入"成为检验医师，检验医师的培养应该遵循怎样的模式？在近日由中国医师协会检验医师分会主办的第三届检验与临床高级研讨会上，检验医师准入成为热议主题。据介绍，近10年来，临床新技术检验项目增加了100%～200%，临床医生在诊断中对检验的依赖度增加了50%～80%，因此，在医院设置既懂检验又懂临床的检验医师岗位已是当务之急。目前，卫生部和中国医师协会已在专科医师分类中设立了检验医师类别，并打算在医院检验科中设置检验医师岗位，临床检验已被中国医师协会纳入建立专科医师准入制度的首批5个试点之一。研讨中，代表们认为，作为跨学科的复合型人才，检验医师准入必须严格，医疗系毕业的学生可以遵循专科医师培养模式成为检验医师。但目前的问题是，十几万临床检验技师以及医学院校检验系毕业生中有志成为检验医师的人才，能否通过临床医学培训，取得执业医师资格，最终迈过准入门槛成为检验医师呢？中国医师协会检验医师分会主任委员丛玉隆表示，今后检验队伍的主体仍是检验技师，但在检验医师准入标准制定中，将面对从"技师"到"医师"的人才培养和使用等现实难题。

　　参会的《中国医学论坛报》记者田晓青感受颇深，在该报发表的《谁有资格成为检验医师》文章中写到：

　　近年来，随着检验医学的快速发展，检验新知识、新技术的不断推出，不仅临床检验项目增加了100%～200%，而且临床医师在疾病诊断、疗效判断、临床决策等方面对临床检验的依赖和信赖程度也大幅度提高。现代医学呼唤可以横跨临床与检验两个学科的专业人才，能胜任这个职能的就是检验医师。为此，2003年10月中国医师协会在检验学专家丛玉隆教授等专业人士的呼吁和努力下，成立了中国医师协会检验医师分会，2004年卫生部在专科医师准入制度的试点学科中将检验医师准入列入其中，似乎检验医师在医学领域有了名分。但具备什么能力的人、具有什么资格的人可以成为临床检验医师？检验医师的大门该朝哪个方向开？门槛应该设多高？近日中国医师协会检验医师分会在成都召开了第三届"检验与临床研讨会与现场交流会"，邀请临床检验界及临床检验教育界的专家就上述问题进行了深入讨论。

此次研讨会的组织者专门邀请了四川大学华西医院院长石应康，请他从医学教育和医院管理者的角度阐述对检验医师职责定位和培养的思路。石院长说，检验医师岗位的专业职责是负责实验室病理学科与临床学科、实验室与临床科室的沟通与交流。其职责要求：①能够对检验申请、患者准备、患者识别、样品采集、运送、保存、处理、检测和结果给予指导、培训、答疑和咨询；②能够参与临床查房和疑难危重病例的会诊，正确解释检验结果，并对临床诊断和治疗提出建议；③能够对临床检验项目的意义深入理解，收集和了解临床医师所需要的诊断项目和要求，用循证医学的方法评价检验项目，制订疾病诊断指标的合理组合，规划和开展临床检验的新项目，并推动临床应用；④能够高效率地收集和评估临床医护人员对检验效率、质量的反馈，并组织持续改进；⑤能够指导和培训临床医护人员和实验室技术人员，提高在校和毕业后教育的质量，推动教学改革；⑥能够承担实验室诊断相关的科学和技术研究的任务。

中国医师协会检验医师分会主任委员、解放军总医院检验中心主任丛玉隆教授从学科发展的角度，从与国际接轨的角度阐释了检验医师的职责。他说，检验医学也可称为临床检验诊断学，隶属于临床医学范畴，是临床医学的一部分。检验科的全部工作内涵与临床密切相关，有些甚至要通过临床医师或护士来完成。实现检验与临床的结合，搭建检验与临床的桥梁是检验医师最重要的职责。2003年国际标准化组织颁布的《医学实验室质量和能力专用要求》明确提出，医学实验室除了对患者的标本进行各种检测外，还要求提供结果的解释，以及在实验室所涵盖的范围之内提供正确的咨询性服务。现代检验医学的理念已经突破了过去检验人员只对标本负责的局限，要求检验人员不仅要面对标本，更要面对患者，面对活生生的人。临床检验科已从单纯提供数据向提供信息转变。要想使检验医学从临床后台走向前台，检验医师责任重大。

从检验医师的基本职责来看，成为检验医师的人至少应该具备临床医学和医学检验两方面的基本素质。那么谁有资格成为检验医师呢？

鉴于临床检验技术的飞速发展及检验在临床工作中日益重要的作用，迫切需要能将检验与临床有机结合的交叉型人才——检验医师，中国医师协会在探索我国专科医师准入制度的试点工作时，确定在首批专科医师准入制度建立行列中纳入检验医师。为此检验医师分会根据我国检验领域的实际，参照中国医师协会专科医师准入的样本，充分借鉴国外相关标准，在广泛征求意见的基础上制定了中国检验医学专科医师准入标准草案。然而这个草案因为种种原因未能获得有关部门同意。未通过的核心问题是检验医师到底应该由谁担当，是临床医师、检验技师？还是相关研究人员？

在我国临床检验行业，现行的职称系列有技师系列和研究系列，即使过去曾经是临床医师，有执业医师资格的人，只要在检验科工作一定年限后，再晋升职称时，也只能从研究系列晋职，而不能从医师系列晋升，因为检验科未设医师岗位。

在我国临床检验人员的专业培养系列中，如高等医学教育早在20世纪80年代就设立了临床检验专业，目前，全国有将近30个学校在培养检验专业的本科生，平均每校30人，全国每年有近1万人毕业。但是医院内的岗位设置上没有检验医师这个岗位，这些检验专业的毕业生分配到检验科后，也不可能向检验医师发展，甚至在每年的执业医师资格考试中有关部门也根本不允许检验专业毕业的有医学学士学位的人参加考试。对这一问题最权威、最直接的解释是，即使是检验医师，也应该是经过临床培训，具备相当临床能力的人。

记者注意到，或许是为了配合检验医师制度的建立，今年，在卫生部颁布的《医师资格考试报名资格规定（2006版）》中提出："具有临床医学专业学历，试用期在医疗机构检验科承担检验医师工作的，可以参加临床类别医师资格考试"。这似乎是有了转机。但在临床实践中"有临床能力"的人是否就可以胜任检验医师？

在此次研讨会上，来自上海的一位代表讲述了自己的体会。她有临床医学七年制学历，被分配到某三甲医院检验科做检验医师，但由于对检验专业的陌生，她在参与临床会诊时，只充当了"传话筒"的角色，根本谈不上对检验结果进行解释或提出建议了。由此看来，只具备临床技能的人也并不能胜任检验医师职责。

丛玉隆教授说，在某些西方国家有一种类似检验医师的技术人员，被称作临床病理学家。他们毕业于临床医学专业（本科），在从事一段时间临床工作之后，或在从事临床工作的同时，修完有关病理学家的全部必修课程，并在临床实验室从事1～2个专业的实验研究工作，通过有关考试，即可获得临床病理学家的资格。在我国，检验医师原则上可以是临床医学专业本科毕业，经实践和考核获取执业医师资格，再进行检验医学培养，考核合格后获得检验医师资格。在我国，20 世纪 80 年代以来各医学院校检验医学专业培养的大批本科毕业生甚至检验专业的硕士，也应该有的放矢地进行临床医学相关知识和技能培养，允许他们参加执业医师资格考试或检验医师资格考试，从中选拔出合格的复合型人才。

石应康院长说，检验医师一般应由具有副高及以上职称的临床医师担任，他们不再负责患者的治疗工作，主要参加相关临床科室的查房、临床病例讨论和会诊工作；检验医师也可以由具有副高及以上职称的检验、药理、解剖病理或科研人员担任，但他们必须具备日常工作与临床诊断相结合的丰富经验。

在此次研讨会上，来自天津、北京、成都、南京等地的专家分别介绍了各自探索培养检验医师的思路和体会，其中既有临床医学专业毕业生接受检验专科培训者，也有检验医学专业毕业生接受临床专科培训者。大家达成的共识是，不论是临床医学专业还是检验医学专业，最终均应落实在检验医师资格的考核合格上。

2009 年 2 月在广州举办了检验医师培训基地主任培训班。来自全国 38 个培训基地的主任或代表参加了培训。中国医师协会副秘书长陆君到会并作了报告。检验医师分会会长丛玉隆作了《医学检验科医师培训细则编写释疑》的报告，检验医师分会副会长张曼作了《检验医师培训基地评审过程中发现的问题》的报告。其他关于检验医师培训的报告也为检验医师分会关于检验医师培训的工作给了很好的启发和建议，广州南方医院及四川华西医院作了检验医师培训工作的经验介绍。同年，第四届"中国检验医师大会暨检验与临床高峰论坛"在重庆召开，围绕检验医师培养、培训基地标准和分析前质量管理等进行深入讨论和交流。会议期间分会还到未受地震影响的成渝地区 8 个县市举办了检验医学进展与质量管理学习班，无偿赠送 2 万元各类医学检验参考书籍。在丛玉隆的带领下，检验医学界众多专家共同起草了《检验医师培训细则》《检验医师培训基地标准》等一批文件，其中，已经颁布执行的《检验医师培训细则》中规定，医学检验专科医师培养阶段为期 3 年。培训目标：通过培养，受训者能够正确地掌握临床医学检验的常规检验技术及应用，熟悉内科临床诊疗技能，熟悉各类自动化仪器的校准、性能、使用、维护、保养及实验室信息与质量的管理。受训者在具备实验室检验技术操作能力的基础上，能够将实验室检验与临床诊疗相结合，并为临床疾病的诊断、预防、治疗及康复等工作提供咨询。培训方法：首先在内科范围内轮转 14 个月，包括心血管、肾脏、呼吸、消化、内分泌、血液、感染性疾病 7 个专业，每个专业科室轮转 2 个月。通过全国执业医师考试后回检验科继续轮转，轮转专业包括临床基础检验、临床化学检验、临床免疫学检验、临床血液学检验、临床微生物学检验、急诊检验和输血检验7个专业。此间参加相关科室的专业查房和科巡诊，以内科、感染性疾病科为主。3年共要求参加查房18次，参加科巡诊3次。至今，全国已建立检验医师培训基地42家，包括解放军总医院、空军总医院、北京协和医院、北京天坛医院、北京同仁医院、北京友谊医院、北京大学第一医院、北京大学第三医院、复旦大学附属中山医院、广东省人民医院、哈尔滨医科大学附属医院、华中科技大学同济医院、中南大学湘雅医院、四川大学华西医院等。

具有临床一线诊治经验且熟悉检验专业技术的检验医师队伍已经走上工作岗位，他们与临床一线诊治医生沟通，提供检验项目选择的建议和检验报告的合理解释，参与或跟踪患者的诊治甚至随访过程；从临床角度评价检验报告的及时性和准确性，帮助检验技师追溯、分析误差形成的原因并及时纠正，将误差修正的结果反馈给临床；广泛听取临床医师对于高新检验项目尤其是分子检测项目的需求，参与新项目的开发、验证及方法学的比对过程。

检验医师基地培训、技术素质培养、学术水平提高离不开教材、参考书，在检验医师职责、地位明确，培训基地建立之后，这个问题显得尤为重要，因为检验医师本身在我国就是新生事物，没有教学大纲和经典的教材，一切都是"摸着石头过河"，丛玉隆靠着他的人格魅力和学术影响力，6年内组织了200多位业内专家撰写了三部著作，均产生了深远的影响和强烈的社会实用效应。

2007年，受中国医师协会和卫生部教材办公室的委托，丛玉隆在很短的时间内调动各方力量，组织全国22家高等医学院校（编写工作涉及的专家教授几乎覆盖全国各地，如华西医院、北京大学医学院、哈尔滨医大等的专家）参与，出版了150余万字的我国首部检验医师培训教材《检验医学》，为检验医师的培训、教学、实践提供了重要的工具。为加强临床实验室与临床各专业科室的信息交流、知识互补，共同提高检验报告的质量和临床的正确合理应用，2005～2011年作为总主编他组织了全国检验医学和临床医学各领域的专家编写了大型系列丛书《检验与临床》，全书已出版25个专业分册达800余万字，对医学实验室与临床诊治一线科室的学术交流与合作起到很大的作用。这套丛书受到同行和业界的高度认可和广泛好评，获国家新闻出版总署授予的"十一五"国家重点图书。

受全国卫生专业技术考试指导用书编辑委员会和中华医学会委托，2011年他作为主编，组织了包括李兰娟院士、王鸿利教授等著名专家在内的编委会，编写了指导检验医师晋升考试的《检验医学高等教程》，全书上下两册近500

万字，对检验医（技）师考试命题、考生试前准备及高级检验医师师资培训有重要作用。

第三节　搭建学术交流平台　促进检验医师学术交流

学术会议对于医师来说，重要性不言而喻。2003～2011 年的短短 8 年中，丛玉隆领导中国医师学会检验医师分会为搭建检验医师学术的交流平台，先后召开 6 次大型"全国检验与临床学术会议"和两届国际论坛，极大地推动了国内检验医师队伍的建设及其整体素质、学术水平的提高。

第一届"检验与临床学术会议"在北京召开，共计 1000 多人参会，我国检验医学界泰斗叶应妩教授出席了会议，肝病专家王宝恩教授、肾病专家谌贻璞教授、呼吸病专家刘又宁教授、微生物专家陈民钧教授等 15 位全国著名临床和检验医学专家在大会上作了《检验医师临床医疗的重要地位》《检验医学在现代医学的重要作用》《自己从医历程中如何应用检验指标的体会》等精彩报告。2004 年在大连召开了第二届"检验与临床研讨会"，同时还举办了"中日检验医学论坛"学术会议，中日双方 400 余位检验界同仁出席会议。2006 年第三届"检验与临床研讨会与现场交流会"在成都召开，两届会议主要就检验医师准入、职责、培养等问题展开了研讨。

由中国医师协会检验医师分会主办的"第四届中国检验医师大会暨检验与临床高峰论坛"，于 2009 年 5 月 15 日至 18 日在美丽的山城重庆隆重召开。

大会共收到专题报告和论文摘要百余篇，参会代表近 400 名。会议内容包括：大会报告、专题论坛和向四川灾区和重庆市基层医疗单位赠书仪式三部分。9 位专家作了大会报告，分别从《从 ISO15189 内涵看检验与临床的结合》《检验医师岗位的建立与思考》《关于乙型肝炎检测的几个问题》《疾病风险预测医学与应用》《循证医学与检验项目选择和试验的组合》《医疗卫生法律与医师维权》《从检验报告临床分析看检验与临床结合的重要意义》《肿瘤标志物临床检测与应用》《临床实验室自动化的新选择》等，阐述了国内医学检验工作中存在的热点问题和对策。大会学术氛围浓厚，与会者自始至终认真参会，报告内容紧紧围绕当前检验医学的热点和新进展。专题论坛围绕检验医师培养、培训基地标准和分析前质量管理等进行深入的讨论与交流。与会者就检验医师的岗位设置、职责定位、能力评价，以及关于检验专业人员能否纳入检验医师培训中来等问题进行了热烈讨论，建议检验医师培训增加临床病例与检验相关分析内容。大会期间，为了加强灾区卫生建设，由中国医师协会、美国贝克曼库尔特公司、重庆市卫生局、四川省卫生厅联合，举行了常用检验项目临床应用报告会暨灾区和基层医疗单位赠书仪式。中国医师协会陆军秘书长、丛玉隆会长，赠书单位贝克曼库尔特公司代表等相关领导发表了简短的演讲。会议向灾区基层医疗单位赠送大型医学继续教育丛书《检验与临床》55套（每套含各类疾病分册10部）。仪式后丛玉隆、童明庆、张正分别作了《如何分析检验结果》《临床微生物学检验热点介绍》《肝炎标志物的检测和甲型H1N1流感诊疗及防控》学术报告。讲演者的报告非常精彩，会场提问活跃、气氛热烈，与会代表受益匪浅。灾区和基层医疗单位非常感谢大会的关怀和慰问，并表示不辜负大家期望，一定更加努力搞好医疗工作。

第五届全国检验临床学术会议大会于2010年5月在杭州召开。来自全国20多个省市近千名代表出席了会议，来自美国、荷兰、日本、韩国、新加坡等国家，以及台湾、香港、澳门等地区的知名专家应邀到会作学术交流或专题报告。大会还邀请了国内知名的检验专家、临床专家及基础领域的专家，以及四个领域的院士共同就在实践中如何加强检验与临床的合作，提高检验人员在临床中的作用和地位，推动检验医学的发展，促进临床诊断水平的进一步提高等进行了全面的探讨。该次会议是检验医师分会成立以来召开的规模最大、专业面最广、联系实际最密切的一次盛会。大会收到论文700余篇，许多文章具有较高的学术水平和实用价值。该次大会为发现人才、培养人才、培植我国优秀的检验医师队伍，构建了一个很好的平台。大会学术委员会遴选出的优秀论文的作者在相关的专业论坛发言，并从中选出12篇进行大会论文演讲，竞争本届"万孚杯"优秀论文奖，并现场评出一等奖1名，二等奖3名，三等奖2名，颁发了奖金、奖杯和证书。

该届大会的主题是"检验与临床结合是检验医学发展的必由之路"。围绕这一主题，会议组织了两个上午的大会报告和两个下午的包括微生物与感染、血栓及凝血、心血管诊断、血细胞镜检、分子诊断、肾病诊断、肿瘤诊断、肝病诊断、检验与个性化治疗、糖尿病诊断及检验医师培训等12个专题论坛，来自全国各地及军队医疗系统的检验和临床专家及外国专家进行了精彩的演讲，分别结合国内外新的观念、新的模式、新的成果和个人的临床实践，从不同专业、不同角度、不同背景、不同层次阐述检验与临床结合的理念、意义、方法、经验、体会、成果和教训。与会人员同参会代表一起探讨工作中遇到的各种检验与临床的相关问题，以使检验人员了解临床需求，临床医生更新检验技术的发展知识，满足临床诊断的需要。专家们精彩的报告对提升检验医学工作者和临床科室医护人员的理念，保证检验质量，提高医疗水平有着重要的引领作用和指导价值。总之，该次大会真正为检验和临床架起了一座很好的沟通桥梁！

2011 年召开的全国学术会议分会场的场景

　　第六届全国检验与临床学术会议暨国际高峰论坛即将在美丽富饶的滨海城市烟台举行。回顾 21 世纪过去的前 10 年，检验科重要的理念变化就是从"以标本为中心，以检测结果为目的，封闭在实验室内，只见标本不管人"的传统医学检验工作模式转变为"以患者为中心，以疾病的防治为目的，实验室不只是报告数据，而是为临床提供更多诊治信息"的全新检验医学服务理念。完成这项革命性的变化，就要求实验室人员与临床医护人员不断地、高效地进行学术往来和技术交流，资源与信息共享，技术与知识互补，共同发展服务于患者。会议的主题为"循证检验医学与疾病诊治的临床路径"。

　　大会为代表们准备了饕餮的学术盛宴。会议邀请了 70 多位临床及检验界的著名专家作报告，其中包括多个临床专业学科学术带头人。大会还设立了13 个专题论坛，包括微生物与感染、血栓及凝血、急症医学与检验、形态学检查、内分泌与糖尿病、自身免疫诊断、肿瘤诊断、肝病诊断、血液尿液标准化、酶免质量控制及标准、血小板诊断、潜血与消化道疾病诊断。为了普及、提高我国检验界循证医学水平，积极开展循证检验医学工作，大会还特设了循证医学分论坛，由中国医师协会循证医学专业委员会会长、北京大学检验医学中心主任詹思延教授领衔，由临床各科的循证医学专家组成高水平的报告团队，在分论坛作精彩的演讲。为了推动我国糖化血红蛋白检验标准化进程，大会还组织了由医学会科普部和临床检验管理委员会共同开展的中国糖化血红蛋白标

2012 年召开的全国学术会议大会报告的场景

准化教育计划小组组织的国内知名专家主题演讲的论坛。让检验专业人员与各学科的临床医师一起讨论和解决工作中遇到的各种检验与临床的相关问题，让检验人员了解临床的需求，使临床医师了解检验技术的发展，不断更新知识，以满足临床诊断的需要。根据大会主题，专家们从投稿中评选出一、二、三等优秀论文奖，优秀壁报奖，并分别颁发了奖杯、证书和奖金。所有参会代表可获得国家级继续教育学分。会后《健康报》发表的《检验与临床科室应有效沟通》中写到：

　　实验室提供的检验信息，对临床诊治至关重要。在 10 月 15 日闭幕的第六届全国检验与临床学术会议上，中国医师协会检验医师分会会长、解放军总医院丛玉隆教授指出，建立实验室与临床科室沟通的长效机制非常重要，但目前我国临床检验技术人员存在知识结构的"短板"，缺乏临床诊疗实践经验，导致交流内容局限，交流途径简单。实验室与临床沟通需解决三大问题。丛玉隆说，首先需要解决的是交流内容。长期以来，临床和实验室之间的交流只限于询问检验结果等，缺乏深层次沟通。随着检验医学发展，交流应包括新内容，比如，实验室在开展新项目、建立新方法前，应联合临床进行检验项目的诊断性能评价和成本效益分析，合理设置临床检验项目或项目组合；临床实验室应建立适合本院的检验项目参考区间、危急值和危急检测标本的周转时间、危急报告方式等。其次是交流的途径。以往两者交流方法简单，比如打电话、开讲座等，由于诊治信息不对称，临床科室会对与实验室的沟通越来越缺乏热情，因此需要更多的规范化交流途径，比如实验室应与临床之间设立"快速通道"，对送检标本的质量评估应定期向临床反馈等。第三是补齐知识结构的"短板"。检验从业人员多毕业于医学检验专业，难以在疾病诊疗方面进行有效沟通。因此，需要强化检验医师的临床素养和意识，在工作中能主动向临床医师介绍检验项目的临床意义、诊断效能等检验医学信息，帮助临床医师正确选择检验项目。

第四节　宣传检验医师作用
促进检验医师队伍成长

检验医师成长蹒跚，走过的历程使丛玉隆认识到我国检验医师队伍的现状、陈旧的对医学检验临床价值的偏见、全国检验医师发展的不平衡性使得检验医师队伍的发展阻力还是很大，要快速发展除了加强自身素质和维权自律以外，还要加强检验医师岗位设置的意义和在临床诊治价值的宣传，为此，他不失时机地利用媒体或其他各种形式宣传，取得了意想不到的效果，下面摘录登几篇记者采访丛玉隆后发出的感言。

现代医学呼唤检验医师走向"前台"

在医院工作的人，都知道检验科的职能是检测患者的某种标本，出检验报告，是一个临床辅助科室，检验师是"后台"工作人员，为何又如何走到"前台"——参与临床诊治？

中华医学会检验医学分会主任委员、解放军总医院检验中心主任丛玉隆教授，讲述了这样一个故事。从前，某医院肾内科一位终末期肾病患者每天查尿蛋白，每次均为"++++"。有一天该患者的尿蛋白检测结果突然为"阴性"，检验人员认为有误，再次检测，结果依旧。检验人员再次检查了检测过程，严格控制检测质量，结果仍为"阴性"。于是在化验单上盖上"阴性"。化验单到患者的经治医师手中，医师认为检验有误，因为患者的病情并无好转迹象，于是向检验科提出异议。检验科提出再次采集尿标本，进行检测，结果是"++++"。故事至此，读者会说，检验科出错是常有的事，事情果真如此吗？

丛玉隆不相信也不接受这个结论。他进行了细致的调查，终于发现了异常所在。以往护士送往检验科的尿标本，都是将尿杯中的尿液倒入干净的试管中。

那一天试管用完了，护士则将尿液倒入一支冲洗"干净"的青霉素药瓶。瓶内未冲净的少量青霉素干扰了尿蛋白检测。问题找到了，检验科是"清白"的。但故事并未结束。药瓶中一点残留的青霉素，就可以干扰检验结果，在临床上，肾病患者接受大剂量青霉素治疗时，从尿液内排出的量要远远大于残留量，这是否会对患者尿蛋白检测造成影响呢？经过大量实验，丛玉隆等的研究结果显示，患者在接受青霉素治疗时，尿蛋白检测结果可能并不能如实反映患者肾功能的真实情况。注射不同剂量青霉素时，在给药后不同时间采集尿标本，对实验的干扰也不同。注射 240 万单位青霉素，给药 2 小时之内有大量青霉素从尿液排泄，使化学法尿蛋白检测出现假阴性；而注射 360 万单位、480 万单位则分别要在给药 3 小时、5 小时后取尿才能不受干扰。

这一研究结果不仅对检验科的检验结果做出了合理解释，也为临床医师诊治患者提供了重要信息，即对于临床上大量或长时间使用青霉素的患者，要注意其尿蛋白检测有可能出现假阴性结果，有可能导致对患者病情的错误判断。

——《中国医学论坛报》

检验医师走出"后台"——检验与临床结合？

从上面的故事可以看出，现代的检验医师已完全不同于传统观念中只是面对标本的检验师，检验科也不再是简单的化验室的概念。

检验医师走向"前台"，其目的是在检验与临床之间架起一座桥梁。丛玉隆说，现在的检验医师与过去的检验技师有很大差别。检验医师是既掌握检验技术，又熟悉临床工作的复合型人才。检验医师将积极地与临床医师沟通、合作，共同探讨疾病的病因学特点、发病规律、病情变化与实验指标的关系；主动、动态、系统、多方位、多指标地将实验室检查与临床表现和治疗方案等同步分析，从中找出有规律的和有内在联系的方案和指标来参与临床治疗；从循证医学的角度不断寻求最直接、最有效、最合理、最经济的实验诊断指标和方案。

根据工作的需要，检验科可能有检验医师和检验技师，虽然工作性质不同，但同等重要。检验技师是检验科构成的主体，他们对于实验结果准确起着关键的作用，而检验结果如何得到正确应用，如何对患者诊断及治疗监测起更多的作用，检验医师可能要做更多的工作。

丛玉隆说，近年来，随着基础医学和临床医学的飞速发展和密切结合，特别是一些尖端技术在医学检验的普及应用，使检验医学成为新兴的边缘学科，在临床医、教、研中发挥越来越重要的作用。

今年，国际标准化组织刚发布的《医学实验室质量和能力的专用要求》明确指出：医学实验室除对患者的标本进行各种检测外，还要能提供检测结果的解释，以及在实验室所涵盖的内容和范围之内的咨询性服务。由此看出，目前国际上评价某个实验室的能力，并不局限于实验室的设备条件、实验方法学，还包括评价实验室为临床科室提供被检测项目的临床资料能力和服务。如根据患者病情对检测结果进行解释；为临床提供如何选择检测项目，提供诊断疾病、观察疗效、确定治疗方案的相关实验室信息等。这就要求检验医师必须积极主动地参与临床诊治工作。

实验室诊断作为现代诊断学的三大支柱之一，在疾病诊治过程中的作用不容忽视。三大常规化验、生化指标检测、免疫功能检测、细胞生物学、分子生物学……面对名目繁多的检测项目，临床医师该如何选择？如何解读检验结果？不妨多听听他们——检验医师为你细说。

检验医师不再是"配角"

中国医师协会检验医师分会于今年 10 月 8 日在北京成立，国内 500 多家医院的检验医师代表参加。分会成立标志着中国检验医师行业管理与国际接轨迈出重要一步。本报记者通过对分会第一届委员会主任丛玉隆教授和分会总干事张远春博士的采访，了解了什么是检验医师，为什么要设置检验医师，以及检验医师在现代化医院扮演什么样的角色等问题。

1. 检验医师的担子重了　国内医院已经派调大批的各学科领域的专业人才加入到检验医学队伍中，我国检验医师的出现是现代化医学发展的必然规律。记者采访中了解到，国内各大医院已经选派大批的各学科领域的专业人才加入到检验医学队伍当中。今年，国际标准化组织刚刚颁布的《医学实验室质量和能力的专用要求》明确指出：医学实验室除了对患者的标本进行各种检测外，还要求能够提供结果的解释，以及在实验室所涵盖的范围之内进一步正确的咨询性服务。比如，根据病情和检验结果进行解释，为临床提供如何选择检验、进行疾病确诊或疗效观察的信息等，以帮助临床医师正确分析、合理使用检验报告。其实，每家医院的检验科都有检验技师，他们是检验科队伍的主体，主要从事实际操作和质量控制。过去由于体制问题，没有检验医师这个岗位和编制，现在设置了。丛玉隆主任告诉记者，国外在几十年以前就有了检验医师，他们保证了检验结果的准确性，把这个结果更好地用于临床，在临床检验中起着非常重要的作用。我们国家由于历史的原因，各个医院检验科的组成主要以从事实验技术工作的技术员、技师为主，这些人有着熟练的实验技能和基础医学知识，而对临床诊疗知识的了解相对比较少，使检验科的工作很难与临床治疗沟通。这种情况已经远远不能适应现代临床医学治疗的更高的需求，这是阻碍我国检验医学发展的重要因素。

丛主任特别强调，我们国家当前要尽快培养出一大批既懂得临床，又懂检验的检验医师，这样才能适应现代临床医学治疗的需求，达到与国际接轨的目的，更好地服务于患者，减少不必要的误诊和因误诊而引发的医患矛盾。

2. 对检验医师的要求高了　过去化验主要是用手工操作，现在是利用计算机设备做试验，所以检验人员必须具有良好的教育背景。

我国以前从事检验的人员都是高中生或卫校中专生，而临床医师不少是硕士、博士，两者在教育程度与知识结构上存在着明显的差距。后者有一种优越感，看不起前者，认为前者是从事一种简单、知识含量低的工作。医师认为对患者疾病的诊断主要是基于自己的临床经验，检验不过是治疗过程中的一个辅助手段而已。当然，检验之所以不受重视，也有检验人员自身的原因，如检验观念、手段、工具的落后，检验人员受教育的水平低等。现代疾病的复杂性，使医学越分越细，以往的检验人员没有受过高等教育，难以胜任现代检验工作，于是具有良好教育背景及临床经验的检验医师呼之欲出。现代检验技术就是将物理的、化学的、现代生物学的、电学的、光学的技术综合到一起的一门学科。过去化验主要是用手工操作的化学试验，现在是利用计算机设备做试验，所以检验人员必须具有良好的教育背景。"那么，目前应该怎样培养、建立我国自己的、高水平的检验医师队伍呢？"张远春总干事告诉记者，"我们首先要弄清楚，什么是检验医师？我想检验医师的定位：一、把实验室技术里面的特殊性传达给临床，把临床不容易把握的技术信息及时反馈给临床。你什么时候反馈？反馈的信息有没有价值？这种判断很重要。二、把临床最需要的信息准确地传达给临床，使临床在选择化验时做出更合理地选择。这就是检验医师的职责。你让检验医师每天去做内科或外科，是不现实的，在做检验医师的过程中要和临床沟通，对临床的整个结构和临床的特点要理解。一个检验医师既要具有临床方面的经验，又要熟悉检验技术的特殊性，要两者兼而有之。另外，检验中心的管理问题也值得我们深入思考和研究。我们国家医学检验的整体水平与国外有很大差距，除了设备，最重要的原因就是我们人力资源管理滞后，使用不当，造成人力资源的浪费。"

3. 让检验医师发挥长项　坐得住的搞形态学，外语好的搞科研，学历低的负责操作……现在有很多从国外回来的博士、硕士到检验科做检验医师，这些人才怎么使用，这就是人力资源的管理问题。张远春总干事介绍了自己在中日友好医院的管理经验："检验科里坐得住的人，让他搞形态学（显微技术）；外语好的人，就让他搞科研，科研不是凭空想象，要了解国内外的最新动向；有的硕士在免疫方面有特长，那就在免疫学研究方面发挥他的特长；如果他是中专或大专毕业，学的是检验技术操作，就负责操作。如果让一个硕士研究生长期干检验操作，他肯定不踏实。这样就在科里设立技术关键岗位负责人制，让硕士研究生担任。他每周两个半天到一线参加检验，其余时间把自己所学的知识用于科室教学、人员培训，提高其他人员的学术素养，然后他再做科研，和国内外专家沟通，搞课题。这样，一个硕士研究生就觉得自己找到了一种位置，学以致用，他就安心了。"张远春总干事认为，自己的这套管理办法综合了美国和日本的管理方式，又结合了中国的特点。记者也感觉到，目前在短时间内，很难扭转国内医院普遍对检验工作的偏见，但是我们的检验医师们只有用知识、经验的综合能力来证明：在一所现代化的医院里，自己的作用、地位是不可替代的，这是人类医学发展历史中的必然结果。检验医师必然成为现代化医疗模式中的一个重要角色，因为这是关系到全民医疗健康水平提高的大事。

——《健康时报》

《健康报》的文章中指出：

检验医师：在临床与实验室间"架桥

　　一个高质量的检验结果的产生，有实验室一半功劳，也有临床医护人员一半功劳；然而一旦出现问题，究其责任，更多在于检验医师。在日前召开的第四届中国检验医师大会暨检验与临床高峰论坛上，中国检验医师协会会长丛玉隆教授指出，随着医学科技和检验设备的更新、发展，检验医师工作范围不应局限于检验样品本身，而应扩展至检验分析前、中、后的整个过程，把有限的实验数据转变为高效的诊断信息，更多、更直接地参与临床的诊断和治疗。

　　早在1997年，一位意大利著名检验专家就对急诊检验误差发生的种类和发生率进行了统计。结果显示，约有68.2%的检验误差发生在检验前期，而来自于检验中期和检验后期的误差率分别为13.3%和18.5%。2007年，这位检验专家又进行了类似统计，结果显示，检验前期的误差发生率仍高达61.9%。"这10年间，虽然医学科技不断发展，但检验误差发生率几乎没有改善。60%以上的误差在检验还没有开始前就发生了，这也从另一个角度证明了检验医师与临床医师加强沟通的必要性。"丛玉隆说。据介绍，所谓分析前是指从采集标本前的准备到实验室检测前的一系列处理过程，包括患者准备、真空管的选择、样本采集、样本贴号、样本运送、样本交接、样本处理及样本保存等环节。以患者准备环节为例，药物对于检验结果的影响不容忽视。丛玉隆曾对大剂量青霉素注射对于化学检测尿蛋白的影响进行了分析，结果发现，对尿蛋白为"++"的患者分别注射240万单位、320万单位、480万单位青霉素30分钟后，所有患者尿蛋白均显示假阴性；而 1 小时后，仅有部分患者检测显示"＋"；5 小时后所有患者尿蛋白检测结果才可恢复到给药前"＋＋"水平。不仅如此，咖啡因、酒精、维生素 C、烟草成分等都会使血糖、尿酸、醛固酮等血浆检验指标升高或降低。

虽然分析前检验过程对于最后检验结果至关重要，但丛玉隆坦言，上述环节的规范操作显然没有引起医生、护士的重视。有统计显示，造成检验前误差的主要因素包括采集标本不规范（占 6%～8%）、采集时间不对（占 2.2%）、标本收集后未及时送检（占 22.2%）、标本不合格（占 2.3%）等。因此，丛玉隆强调，在临床诊疗过程中，检验医师应指导或协助医护人员关注患者自身特点，包括主动询问患者饮食习惯、药物使用情况等，同时，对检验申请、患者识别等标本采集的整个过程给予指导、培训、答疑和咨询。

1. 应参与制定检验项目优化组合　近期，《临床生物化学年报》刊登了一篇题为《肺栓塞诊断过程中检验项目合理使用》的文章。其中，意大利学者对 1 家年住院 27 000 名患者的综合医院 1 年间的出院数据进行的分析显示，对肺栓塞患者采取的检验项目共 4385 项，而其中不合理的检验项目占 21.7%，人均检测费用为 31.20 欧元。文章将不合理检查定义为"基于先前未见异常的检验项目以及住院期间没有临床症状恶化证据而继续开展的检验项目；超范围开展的，不再进行调查的检查项目"。

北京大学循证医学中心副主任詹思延教授表示，如此高比例的不恰当检测项目在临床诊治中并不是个例。据介绍，《美国医学会杂志》曾刊登一篇文章，对 1966～1997 年发表的共计 4039 篇文章进行系统回顾性分析指出，在临床诊疗过程中，不合理开展的检验项目比例为 4.5%～95%。此外，有统计显示，加拿大成人高密度脂蛋白、血钠等 8 个检验项目的重复化验年花费高达 1390 万～3590 万美元。

丛玉隆表示，部分医师为了自身利益或缺乏临床检验知识而对患者采取拉网式检查，也已成为我国临床诊疗过程中的普遍现象。如肝功能检查，一般几个关键指标便能反映问题，但很多医师往往选择"生化 20 项"。因此，这就要求检验医师针对不同的检验仪器、设备、项目向临床科室组织开展多种形式的专题座谈，建立和临床医师联合查访机制，多与临床医师沟通协商。一方面，可以根据实验项目的方法学研究、临床意义与临床医师共同制定有效、合理、经济的检验项目组合、指标"参考范围"、"危机报告值"等；另一方面，还可以通过与临床医师交流和沟通，了解临床医师对医学检验的潜在要求。

2. 要提供有价值的判断信息　天津某医院重症监护病房的一位多发伤患

者在入院后第二天突发呼吸困难、心前区疼痛，临床医师随即为患者检查心肌酶，结果显示急性心肌梗死的特异性指标——肌酸磷酸激酶（CK）、肌酸磷酸激酶同工酶（CK-MB）显著增高，临床医师根据检验结果判断患者疑似心肌梗死。然而，检验医师在全面分析患者症状及检验结果后提出，CK-MB 的结果会受到测定方法的影响造成假阳性；而患者严重创伤后，其肌肉损伤也可能造成 CK 升高。因此，判断创伤患者是否有心肌损伤应再结合 CK-MB 与 CK 比值。另外，还要结合患者的临床表现、体征及心电图等变化综合判断，同时动态监测心肌损伤的特异性指标肌钙蛋白，以免漏诊或误诊。最终，通过临床医师与检验医师的及时沟通，选择相应的指标监测，患者得到了确诊和有效治疗，排除了心肌梗死。丛玉隆说，"这个事例很好地证明了检验医师和临床医师沟通的重要性。"

　　近年来，检验仪器逐步实现了自动化、半自动化或微机化，先进的实验技术与仪器在国内逐步普及，不仅提高了实验结果的精确性和准确性，还为临床提供了许多新的指标。然而，如何从临床获得患者资料、病情变化、治疗方案，保证分析后的质量评估，并对临床的诊治工作提出建议；如何将这些方法的原理、临床意义介绍给医护人员，使之能够合理地选择试验、正确地分析试验结果用于诊断和治疗是检验医学的重要内容，也是检验医师的工作职责。现代检验医学的理念已经突破了过去检验人员只对标本负责的局限，检验医师所担负的责任已从单纯提供数据向提供有价值的判断信息转变。

——《健康报》

在今天的中国，就算不认识26个英文字母的普通人，也早已熟悉了SARS这个单词所代表的恐怖含义。

2003年的那个初春，"非典"（严重急性呼吸综合征，SARS）狂魔肆虐中华大地。当时病因不明、传染性强，一批批患者和因救治患者而感染的医务人员纷纷倒下，以致谣传四起，人心惶惶。

2003年4月初，北京疫情形势已经非常严峻。从4月21日开始，全国实施每天一次"非典"新增病例与疑似病例的报告与公布制度。也是从这一天起，北京连续十几天每天新增90～100个确诊"非典"病例。4月29日，新增"非典"确诊病例数达到峰值，为152例，一线医护人员不断被感染倒下，社会上"谈非色变"，各种离奇恐怖的传言也出现了：有人说，北京要封城了；还有人说，要用飞机向全城洒消毒水……在恐怖气氛的影响下，一些在北京经商、务工、上学的外地人开始盲目地撤离。北京周边的一些村庄，由于担心北城里人会把"病魔"带过去，竟在村口设置路障……

然而，担任中华医学检验分会主任委员、中国医师协会检验医师分会会长的丛玉隆与全国检验工作者一起站在了阻击"非典"病魔战斗的第一线。指导中华医学会检验分会的专家成立了SARS实验诊断专题委员会，组织协调检验医学界、临床医生、IVD企业及科研院所进行学术交流、课题的合作，并进行诊断方法学的建立、试剂盒的临床评估……

第一节　SARS疫情肆虐　各地实验室告急

2003年4月底至5月初，正是SARS蔓延肆虐的高峰，人们意识到最好预防SARS的办法就是"锁"在家里不要见人，不出门，尽量远离传染源，医院检验科、高热门诊是SARS传染源的集散地，是个"危险的弹药库"。SARS病毒可通过患者咳嗽的飞沫、标本释放入空气形成的气溶胶、污染的血液标本播散。然而，由于疫情初期人们对病原、病因、传播机制不明及认识不清，以往临床上都未接触过，普遍缺乏处理经验；此外，医院检验科实验室属于生物二级实验室，大部分医院生物安全设备、防护、工作人员生物防护知识都达不到基本要求，因而，各地医院陆续发生医院实验室技术人员感染 SARS 的现象，有的医院还比较严重！

疫情告急！实验室告急！

如何规范医院实验室生物安全管理，防范医院实验室造成的院内交叉感染，指导临床一线实验室工作人员的自我保护和生物安全防护，有效杜绝检验技术人员感染 SARS，是当时迫在眉睫急需解决的问题。

2003 年 5 月 2 日，作为学科 / 学术带头人的丛玉隆，心急如焚，他当即决定召集当时北京市收治 SARS 患者最多的解放军 302 医院、北京地坛医院、北京佑安医院、北京中日友好医院等 9 家医院的检验科主任，在解放军总医院检验科丛玉隆教授的办公室，讨论如何在北京市及全国医院检验科预防交叉感染，实施有效的生物安全防护和安全操作。丛玉隆觉得他们各自所在的医院都是重灾区，对防控 SARS 在实验室传播、交叉感染最有权力发表观点。

应该说这 9 家医院的检验科主任，都是人见人躲的"危险人物"，而他们这些自身是高危感染人群的检验医学界精英们，没有人畏惧，没有人退缩，临危受命，以高度的责任感和奉献精神，围坐在解放军总医院检验科的实验室内，交流抗击 SARS 初期阶段工作的经验体会、教训和应采取的紧急防护措施。他们查文献、访问美国 CDC 网站、电话咨询国家 CDC 中心有关专家，经过 3 个多小时的讨论，到会专家达成共识，执笔起草制订了《检验科 SARS 标本检测安全性管理指南》，为了第一时间送到疫情重灾区的医院，丛玉隆分派相关人员立即通过电子邮件和传真发给相关疫区医院。这个指南是我国医学界制订的最早的应对 SARS 实验室生物防护的指导文件。虽然略显粗糙，也不够严谨，但它的重要指导价值是无法估量的，同时对奋战在抗击"非典"第一线的同道们是一种极大的安慰。

"开始没想到，这里谁是'定时炸弹'，事后想起来真有点后怕。"张远春这样回忆那时的情景。离别时 9 位专家激动地握着手，虽然口罩遮住了他们的表情，但依然能看到各自眼神中的坚毅。有位专家说，"不知道能不能再见面……"

也正是 SARS 疫情肆虐期间，本书作者刚刚从《中华医学杂志》编辑部调任《中华检验医学杂志》接任编辑部主任，在北京大学人民医院检验科等医务人员感染了 SARS 之后，检验界和全国的医学界一样，焦急万分。本书作者也参加了丛玉隆教授组织的《检验科 SARS 标本检测安全性管理指南》（下称《指南》）的讨论和制订。5 月 2 日那天，当期杂志的稿子早已定稿排版，马上要交付印刷。当时中华医学会杂志社都已经不上班了，虽然当时正值五一节期间，但北京的长安街上几乎无车无人，一派冷清景象。为了迅速将《指南》刊登出去，尽快指导全国各医院实验室抗击非典和生物安全防护，本书笔者重新调整版面，通知印刷厂停止杂志的印刷，待命等待《指南》稿，在专家讨论会现场共同修改文稿。当天上午修改完毕，立即带着《指南》修改稿直接返回编辑部排版印刷，使全国的医务工作者第一时间在《中华检验医学杂志》上看到了《检验科 SARS 标本检测安全性管理指南》。笔者回忆说，"这么快的速度起草制订出《指南》，并且迅速在杂志上发表出来，真可谓神速啊！创下了当天制订《指南》、当天排版发表的奇迹！"

《检验科 SARS 标本检测安全性管理指南》内容涉及实验室技术人员的生物安全防护、SARS 患者标本检测技术和生物安全操作等，这一《指南》对实验室防控 SARS 起到了重要作用，自《指南》发布后，全国各医院检验科再未发生交叉感染 SARS 的事情。解放军 302 医院检验科主任毛远丽也是当时参加《指南》制订的专家之一。毛远丽主任说，"在当时那种疫情肆虐危急的情况下，我们制订的《指南》对实验室生物安全和有效抗击"非典"发挥了重要的指导作用。现在回过头看，指南时效性强，指导性强，在检验界影响很大。"

2003 年 5 月第 26 卷第 5 期《中华检验医学杂志》"标准与规范"栏目中发表的 5 月 2 日制订的《检验科 SARS 标本检测安全管理指南（暂行）》全文：

【编者按】在防治传染性非典型肺炎医源性交叉感染措施中，医学实验室安全性管理及标本的采集、运送、检测和处理的安全性是十分重要的环节。为此，中华医学会检验医学分会传染性非典型肺炎实验室诊断专题委员会邀请有关专家召开了研讨会，并制订了《检验科 SARS 标本检测安全管理指南（暂行）》，供实验室检验技术人员在工作中参考。

传染性非典型肺炎，世界卫生组织称为"严重急性呼吸综合征（SARS）"。是一种起病急、传播快、病死率高、病因尚未完全确定的传染病。其病原体的高传染性和严重的致病性，应定义为危险组 4 病原体（高个体危险，高群体危险）。为科学有效地防护 SARS 院内交叉感染，规范有序地进行实验室检测工作，根据《传染病防治法》、《医学临床实验室 - 医学实验室的安全管理》，结合我国实际情况，特制订本《指南》。建议作为临床实验室安全性管理及标本的采集、运送、检测和处理中的参考。

一、安全教育与人员职责

1. 科室主任：有责任对实验室全体员工进行 SARS 相关知识培训和安全教育，使全体员工充分认识 SARS 对人员安全的严重危害性和高度传染性，具备自我防护意识和对 SARS 的预防、消毒、隔离的技术常识。为实验室提供信息和后勤保障。应指定一位副主任负责科室预防、消毒、隔离措施的实施和监控，发现问题及时反馈，并提出改进措施。

2. 安全员：负责科室预防、消毒、隔离措施的指导、实施和监控工作，发现问题及时反馈，并提出改进措施。

3. 全体员工：做好个人防护，在工作中认真履行好对 SARS 的一切预防、消毒、隔离措施。

4. 安全手册：在实验室每个工作站都要准备 SARS 专门的安全手册。手册应包括对 SARS 病原体相关的危险物处置，以及对工作区的通风、实验室设备的消毒、清洁和灭活做出详细说明。

5. 健康管理：应在科室营造出团结、奋进的氛围，合理安排工作，充分保证每个员工良好的心态，健康的身体。

二、实验室安全要求

1. 专用实验室或 SARS 工作区：建议有条件的医院在发热门诊设置独立的 SARS 专用实验室，指定专人检测，并（或）在检验科内建立独立的 SARS 专用实验室或 SARS 专用工作区，指定专人检测。专用实验室或 SARS 专用工作区必须配有生物安全柜。

2. 实验室管理：保持工作室整洁，物品放置有序。做到空气流通清新，定时清扫，并做到卫生用具专室专用。进入专用实验室工作人员在处理病原体前要经过专门培训，开展工作时不许外人进入实验室。

3. 实验室消毒

（1）空气消毒：室内有人时，首选开窗通风；不能开窗时（如沙尘天气）安装大功率排风扇（尽量低位）强行通风，并保证空气的单向流通；另外，可采用乳酸加热熏蒸，每日 2 次。室内无人时可采用以下消毒方法：①低臭氧紫外灯消毒：强度 > 70UW/cm^3，照射 60min，每天 2 ～ 3 次。应注意安装适当的防护罩，避免医务人员发生电光性眼炎和其他损伤。②化学消毒：含氯消毒剂："健之素" 1500mg/L 喷洒消毒，用量 30ml/m^3，密闭 30min 后通风，每天 3 次（早、中、晚）。过氧乙酸：0.5% ～ 1% 过氧乙酸气溶胶喷雾，用量 30ml/m^3，密闭 30min 后通风，每天 3 次（早、中、晚）。过氧化氢：0.5%过氧化氢气溶胶喷雾，用量 30ml/m^3，密闭 30min 后通风，每天 3 次（早、中、晚）。③有条件的实验室可采用静电吸附式空气净化器持续消毒，室内有无人时均适用。

（2）地面、墙壁、门窗：①墙壁、门窗消毒：用 0.5% ～ 1% 过氧乙酸或"健之素"1500mg/L 喷雾。泥土墙吸液量为 150 ～ 300ml/m^2，石灰墙为 50 ～ 100ml/m^2，木板墙 10 ～ 50ml/m^2。对各种墙壁喷洒的消毒剂溶液不宜超过其吸液量。②地面消毒：用 0.5% ～ 1% 过氧乙酸或"健之素"1500mg/L 喷雾。先由外向内喷雾 1 次，用量为 50 ～ 300ml/m^2，之后再由内向外重复喷雾一次。以上各种方式的消毒处理，作用时间不少 30min。

（3）检验台、桌面、椅子及门把等物品：每日用 0.2% ～ 0.5% 过氧乙酸或"健之素"1500mg/L 擦拭 1 ～ 2 次。

（4）检测仪器：当检测仪器完成检测后，仪器表面及进样口应用 2000mg/L "健之素"擦拭数遍之后再用冲洗剂擦拭或冲洗数遍，等待下次检测。

（5）检测样本用具：检测样本过程中所用一次性耗品在检测完成后，经 10% 漂白水浸泡消毒后放入废物容器内，再经高压消毒之后，作为废品丢弃。操作完毕后，工作台进行消毒，所有用过的器具用消毒水消毒，再用龙头水冲洗晾干，放好待用。

（6）检验报告单：检验报告单需经过消毒后方可发出，可用环氧乙烷气体熏蒸，也可用微波炉消毒处理。具体方法：先将被消毒的报告单用塑料袋密封，然后在塑料袋外用湿毛巾包裹，放入微波炉内，用低、中火挡照射 5min。如有条件，建议设立专门的清洁区打印报告单。

（7）安全离开实验室：离开实验室时将手套，口罩等放置于有"生物废弃物"标记的容器，经高压消毒后丢弃，并将隔离衣物留在室内，放在污物袋中消毒。检测样品不能擅自带离实验室，如必须移出，应妥善覆盖，以防在转移过程中污染环境和他人。实验室的物品固定使用，未经消毒或隔离包装不得移出实验室。所用物品需消毒后方可转用。污染物品应装在双层加厚坚固污物袋，消毒后送出销毁或洗消处理。工作人员在处理传染性物品之后，离开实验室前要洗手。

（8）发生明显或可能与传染物接触的溅溢及事故时，要立即向科主任报告，以做出相应的医学评价，进行监测和治疗。

（9）在使用紫外光照射消毒和各种化学消毒剂消毒中，应特别注意防止消毒剂对实验室人员和实验室仪器、物品的损害。

三、人员防护

1. 基本要求：建议临床检验人员进入实验室穿戴工作衣、鞋、帽、口罩、防护镜及橡胶手套，着装规范；检验工作后，以 0.1% 有效氯消毒液泡手 1 ～ 2min

后用肥皂流动水洗手；离开实验室时应脱去隔离衣、鞋、帽、口罩及手套。进办公室或学习室应脱去工作衣；禁止将食物、饮料带入实验。

2. 为避免交叉污染，检验人员原则上不直接进入病区采集标本，如必须进入时，应穿隔离衣外加一次性防护服、戴 20 层棉纱口罩、防护镜。接触污物时需戴双层橡胶手套，有条件的实验室建议检测人员戴 N95 口罩。

3. 接触标本者应穿双层隔离衣、戴 12 层以上棉纱口罩（最好 N95 口罩）、防护镜。接触污物时需戴双层橡胶手套。

4. 手与皮肤的消毒：可用 0.2% 过氧乙酸溶液浸泡擦拭，也可用 0.5% 碘伏溶液（含有效碘 5000mg/L）涂擦，作用 1 ～ 3min。当手被血液、体液污染或可能污染后，应立即消毒液浸泡后洗手。必要时用消毒液洗手。如果工作人员在操作过程中，意外被针刺、刀割或其他形式的割伤，以致口与病毒标本直接接触，或者带病毒样本碰到皮肤部位，必须消毒肥皂洗伤口，再用清水冲洗，随即向有关负责人报告。若标本溅入或接触到眼黏膜、口黏膜上，立即用滴眼液或漱口液洗。

四、SARS 标本的采集、运输、检测、保存、处理

SARS 临床检测标本包括：体液、血液、分泌物排泄物及组织。病毒标本在标本中存活时间长于单独存在时间，因此，一切取自 SARS 患者标本均应视为带病毒强传染性样品，依据传染病法处理。

1. 标本的采集：详细登记有关病例的姓名、性别、年龄等基本信息，发病日期、采样日期等。

（1）尿液标本的采集：将 2 ～ 5ml 尿液装入带盖收集容器内，盖紧盖子，加注特别标识（建议红色 SARS 字样），密封送检。

（2）分泌物的采集：体液标本极具传染性，原则上尽量减少此类标本采集和检测。①咽拭子：用无菌湿棉签擦拭双侧咽扁桃体及咽后壁，再将棉签放入无菌试管中，加注特别标识，密封送检。②痰液：让患者直接将痰液咳入无菌平皿中，加注特别标识，密封送检。

（3）粪便标本的采集：将 10 ～ 50cm^3 的粪便装入粪便杯或尿液收集容器内，盖紧盖子，加注特别标识，密封送检。

（4）血液标本的采集：建议血液标本一律使用负压静脉采血，不使用末梢血，以免在采集过程中造成更大范围的污染。标本采集后加注特别标识，密封送检。

2. 标本的运输：送检的标本，要求密封包装，放在专门为运输用的容器内，

加盖，由专人运送。运送过程中严防遗撒。送入检验科，由专人签收。

3. 标本前处理：任何有可能产生细颗粒气溶胶的操作步骤，标本处理原则上在有合格证的生物安全柜内进行，普平流超净台不适于 SARS 标本的处理。处理标本使用专用离心机，离心时应使用密闭的离心机转头或密闭样品杯。理想情况下，应在生物安全柜内取出离心机转头或样品杯。离心机使用完毕，立即用 1500 mg/L 健之素进行表面消毒。

4. 标本的检测：实验室工作人员做好个人防护措施。标本尽量集中专用区域内由专人进行检测，以便于标本、仪器、环境集中消毒和处理。尽量避免标本分散到多个实验室。①下列操作必须在生物安全3级（BSL3）或以上级实验室进行：用细胞培养的方法分离病毒；收集或浓缩病毒或其培养产物；用活病毒或病毒的全基因接种动物；咽拭子样品的诊断检测。②下列操作必须在生物安全2级（BSL2）或以上级实验室或全排式生物安全柜中进行：含漱液、血清和血液等样品的诊断检测；溶解、固定或用其他方法处理灭活的病毒和(或)无传染性的病毒基因片段；常规的细菌和毒素检查；可能产生气溶胶的样品处理；临床样品的包装、分装；离心机转头的封闭和开启。

5. 检验结果报告：已实现计算机网络化的医院建议采用网络信息报告，由接收单位打出报告单，尽量不从有 SARS 和标本污染的实验室发出报告单。如确需由实验室发报告单，必须确保报告单消毒完全后再发放。

6. 标本检测后处理

（1）检测后标本（痰、咽拭子、粪便、尿液、血）以及检测过程中所使用过的污染废弃物（试管、痰盒、尿杯等）一律集中放入带盖专用污物桶内，用 2000mg/L "健之素"或 0.5% 过氧乙酸消毒剂覆盖或混匀，作用 10min 以上，然后高压 30min，取出后，直接焚烧。每 4h 消毒处理 1 次。

（2）废液：所有废液（包括仪器检测后废液）都用 2500mg/L "健之素"浸泡 1h 以上，高压，再送到医院污水站合理消毒处理。注意保证污水氯余量大于 6.5mg/L。

7. 标本的保存：分析前标本根据实验需要合理保存。分析后已发出报告的标本原则上不保存；如有特殊需要保存的标本，应保存在加锁的专用冰箱，专人管理并做特殊纪录。禁止将标本放入普通冰箱内，以免造成其他物品的污染。

第二节　临危受命　领衔 SARS 诊疗方案课题

作为全国检验医学领军人物，丛玉隆统揽全局，身临抗击"非典"第一线，带领全国检验医学工作者在临床诊断、治疗、预防、科研诸方面成绩卓著。

2003 年 5 月下旬，国家卫生部成立了全国 SARS 防治专家委员会。钟南山院士任主任，下设了诊断、治疗、病理、预防、检验几个专业组。丛玉隆被钟南山院士选入全国 SARS 诊疗方案制订实验室诊断课题组组长。

至此，丛玉隆又带领他的检验专家团队紧锣密鼓地开始了 SARS 实验诊疗方案的制订和宣讲、推广工作。《检验科 SARS 标本检测安全管理指南（暂行）》、《实验室诊疗规范》已经制订，如何宣传、执行呢？在当时疫情肆虐的情况下又不允许出差，怎么组织培训呢？丛玉隆想到 Roche 公司有电视会议设备。他就跑到这家企业的北京办事处，借助这家企业的电视会议设备开展培训，分会场就设在广州、上海、天津等重灾区。这是检验界第一次召开电视会议，各地的检验界专家通过这种特殊的方式讨论疫情到什么程度，下一步如何去做……

经过前一阶段传染性非典型肺炎诊疗、预防成功的经验和需要改进教训，国家卫生部及时制定了《传染性非典型肺炎新的诊疗方案》，丛教授在《中华检验医学杂志》（2003 年第 12 期）发表的《传染性非典型肺炎新实验诊断方案的特点》重要文章中及时向检验界的同事们宣贯"方案"内涵，正确实施诊疗规范。推动了检验工作向更深层次发展。全文内容如下：

为防止传染性非典型肺炎（严重急性呼吸综合征，SARS）疫情的再次暴发流行，中华医学会和中华中医药学会最近组织有关专家制定了《传染性非典型肺炎新的诊疗方案》。其中实验室诊断部分与以往相比具有新的特点，了解新诊疗方案的诊断要点，对于应对疫情再次流行具有重要意义。

1. 新方案吸取了春季疫情的经验教训和思考：笔者作为传染性非典型肺炎诊治方案实验诊断课题组的组长，感受到制订方案的过程就是反思春季疫情期间的经验教训、制订措施的过程。在启动这项工作之前，中华医学会检验分会分别召开了北京市防治传染性非典型肺炎定点医院参加的座谈会、华北"三省二市"有关医院临床实验室人员座谈会，并组织了北京、天津、上海和广州电视远程会议，进行了广泛的学术交流和研讨。针对提出的问题，课题组有的放矢的召开了有临床科室、检验科、诊断试剂厂家和疾病控制中心等多方面工作人员参加的座谈会，并查阅了国内外大量文献，特别是对实验的方法学、试剂盒的质量、操作的规范化、标本的采集及实验室的生物安全等进行了规范，并将原诊疗方案只注意周围血象检查，拓展到 RT-PCR 对冠状病毒 RNA 的检测、冠状病毒特异性抗体的检测、淋巴细胞亚群分析及周围血细胞计数 4 项检测作为传染性非典型肺炎诊断、鉴别诊断和疗效观察的实验室检查项目。

2. 新方案规范了分子生物学和血清学对传染性非典型肺炎诊断性报告的标准：由于春季疫情期间防治传染性非典型肺炎工作中缺乏规范性，各医院对冠状病毒核酸和特异性抗体检测的阳性率差异很大，新的诊疗方案对此做了严格的要求。在 RT-PCR 检测时，只有符合下列 3 项之一者方可判断为阳性。

（1）至少有 2 个不同部位的临床标本检测为阳性（如鼻咽分泌物和粪便）；

（2）或对同一临床病例，至少间隔 2d 的 2 份标本检测均为阳性（如 2 份或多份鼻咽分泌物）；

（3）或者对同一标本使用 2 种不同的方法检测均为阳性，在检测结果阳性后，还必须进行 PCR 结果的再确认。①可以使用原始标本重复 PCR 试验；②也可以在第 2 个实验室检测同 1 份标本；③或扩增第 2 个基因区，任选上述三者之一，结果仍为阳性，可正式出具阳性诊断报告。

在抗体检测时，必须坚持"双份标本平行检测"的原则：只有平行检测急性期血清抗体和恢复期血清抗体，发现抗体阳转或者发现抗体滴度 4 倍或 4 倍以上时为升高，才能确定诊断。以前一次血清抗体阳性即诊断为冠状病毒性肺炎是不恰当的。所谓"双份标本"是指要采集急性期和恢复期 2 个时相各 1 份标本，而且应注意尽可能早地采取急性期标本，而恢复期标本应在发病 1 个月以后（如果检查 IgG）。而"平行检测"是把急性期和恢复期标本同时检测，如酶联免疫吸附试验（ELISA）检测时将双份血清标本置于同一块酶联免疫反应板内；免疫荧光试验（IFA）检测时将双份血清标本置于同一张玻片，这样检测抗体滴度才有可比性，结果才会具有特异性。

3. 新方案强调淋巴细胞绝对值计数的重要意义：在春季疫情流行期间，在临床诊断过程中，有的医生仅将白细胞总数降低作为诊断参考指标。实际上，临床病例统计发现，只有 30%～40% 传染性非典型肺炎患者初诊时白细胞总数是降低的，而 70% 以上患者淋巴细胞绝对值明显减少。这是因为冠状病毒主要作用于淋巴细胞（特别是 T 淋巴细胞），使周围血淋巴细胞数减低，而淋巴细胞在白细胞总数占的比例较低（20%～40%），轻度的淋巴细胞减少不会使患者的白细胞受到明显的影响，但此时，淋巴细胞绝对值会有明显变化。另外，白细胞还受合并感染等其他因素影响，在传染性非典型肺炎患者合并细菌感染时，中性粒细胞的增高使白细胞总数增高。因此，初诊患者，观察淋巴细胞绝对值的变化可能更有诊断意义。通常认为，诊断淋巴细胞减低的临界值（cut-off）为 $1.2 \times 10^9/L$：文献报道淋巴细胞绝对值 $< 0.9 \times 10^9/L$ 可作为诊断传染性非典型肺炎的辅助诊断指标，$0.9 \times 10^9/L \sim 1.2 \times 10^9/L$ 范围之间为可疑，$> 1.2 \times 10^9/L$ 以上者不支持传染性非典型肺炎的诊断。另外，应特别注意的是，多数实验室进行血细胞分析使用的是电阻法血细胞分析仪，其血细胞分类的原理是基于白细胞形态正常，根据细胞大小产生的脉冲大小进行细胞分类计数，因此，只有细胞形态正常时才能保证白细胞分类计数相对准确。但研究发现，多数传染性非典型肺炎患者或疑似患者血涂片淋巴细胞或中性粒细胞中毒性和细胞大小的异常变化，约 60% 以上有"核凝"、"核固缩"以及胞质中含有中毒颗粒和空泡，70% 以上的中性粒细胞有"核脊突"，这会直接导致仪器对白细胞分类计数的准确性，致使淋巴细胞绝对值出现误差，影响临床判断。应在做好防护的前提下重视血细胞的显微镜检查，以加强对细胞形态学变化的观察。使用电阻抗法仪器时，在发出报告前一定注意白细胞直方图有无变化，直方图型异常必须镜检。在有条件的地方也可使用更为准确的激光法"五分类"血细胞分析仪进行分类计数。

新的实验室诊断方案将淋巴细胞亚群分析列入了方案中。其原因是大量研究已证实，T 淋巴细胞介导的特异性细胞免疫功能低下是传染性非典型肺炎患者的主要免疫病理改变之一。其主要表现为 T 淋巴细胞及其亚群的明显受损，其中以 CD4 尤为明显。文献报道传染性非典型肺炎患者在发病 1 周内就可有明显的 CD4 减低。另外，T 淋巴细胞的受损程度与病情严重程度有明显相关性，既重型传染性非典型肺炎患者较普通型减低较明显，死亡病例下降更为明显，患者 T 淋巴细胞的减低为可逆性改变，恢复期病例 T 淋巴细胞及其亚群可逐渐接近或达到正常水平，显示 T 淋巴细胞亚群分析将有助于早期诊断和判断预后。因此，修改后的实验诊断指标中增加了应用流式细胞仪进行淋巴细胞亚群分析的内容，建议有条件的单位开展这项工作。

4. 传染性非典型肺炎患者 RNA 和特异性抗体检测的临床意义：应用 RT-PCR 检测传染性非典型肺炎患者病毒 RNA，其特异性及灵敏度高，实验阳性对疾病的早期诊断有重要的价值。但 RT-PCR 阴性并不能排除冠状病毒感染的可能性。因为：①在冠状病毒潜伏期和发病期中的患者体内病毒血症维持几天，在体液、分泌液、漱口液、粪便中在发病哪一段时相，哪种病毒含量最高，患者通过呼吸道、粪便及机体分泌物等排出途径和向外释放的病毒能保持多长时间尚不清楚，难于确定最佳采样检测时间，也使得不同医院对试剂盒的质量评价出现差异；②相当一部分产品达不到临床早期诊断的要求，出现假阴性结果的可能性较大。根据 WHO 的资料，ELISA 检测传染性非典型肺炎患者血清 CoV 抗体时使用发病 21d 后的血清标本所得结果比较可靠，而 IFA 法使用发病 10d 后的血清标本所得结果比较可靠。绝大多数传染性非典型肺炎患者症状出现 1 个月内，可测出 IgG 抗体。钟南山教授等对 98 例传染性非典型肺炎患者跟踪其血清抗体的变化，其中 IgM 第 1 周为阴性，第 2 周达到高峰，60d 时消失。IgG 在第 2 周可检测到，60d 时达高峰，并维持 180d 以上，取第 180d 患者血清进行病毒中和实验，发现仍能显著抑制冠状病毒引起的 VeroE6 细胞改变，说明患者治疗后半年仍可能具有对冠状病毒的免疫功能，不会发生二次感染。由于必须"双份平行"检查或"4 倍以上"才能确认阳性。也就是说应在发病 1 个月后取得第 2 份标本检测结果后，才能证实是否被冠状病毒感染。因此，抗体检查对早期诊断意义不大，而对回顾性诊断有较大的参考价值。

在全国抗击 SARS 取得了初步成效的关键时候，丛玉隆又及时在《中华检验医学杂志》发表了《对防治严重呼吸综合征医学检验中若干问题的反思》一文，10 年后的今天阅读这篇文章不管是学术上，还是从职业道义方面都会对我们产生深刻的教益。文章全文如下：

严重急性呼吸综合征（SARS，又称传染性非典型肺炎）疫情的发生，犹如一场突如其来的风暴，使我国面临严峻考验，而医务工作者首当其冲地承担着难以想象的重任与牺牲。我国检验医学工作者与临床医护人员一道，站到了防治 SARS 的第一线，并作出了自己的贡献。当前，SARS 疫情得到有效控制，SARS 防治的临床和基础研究也取得阶段性成果。在我们欣慰地喜庆胜利成果的时候，作为临床检验医学在防治 SARS 中遇到的困难和问题，乃至痛苦的教训，应该引起检验医学界的反思。

一、强化生物安全意识，纠正"重检轻防"的管理理念

医院检验医学科（ISO 定义为医学实验室）的服务内容，国际标准化组织定义为"安排患者检验及患者的识别、准备和标本的采集、运输、保存、处理、临床标本的检验，检验结果的确认、解释、出具报告并提出建议，此外，还包括医学实验室工作的安全性和伦理学"。由此可见，检验医学科汇集了各种检测标本，是一个重大的传染源，检测标本流（采集、传递、处理、检测、保存）安全管理是防止院内交叉感染和检验医学人员医源性感染的重要环节。为此，国际标准化组织专门制定了《医学临床实验室 - 医学实验室的安全管理》（ISO15190）文件，甚至在国际医学实验室质量和能力的具体要求中也有多处条款涉及生物安全。一位资深的美国临床病理学会（CAP）专家来我科访问时谈到，美国医学实验室的管理主要注意质量管理和安全性管理。没有检验结果的高质量，实验室也就没有存在的必要，而实验室安全得不到保证，质量也无从谈起，两者同等重要。SARS 是一种新发生的传染病，要控制以至消灭它，需要漫长的过程，其中有大量深入细致的科学工作需要一丝不苟地落实。实践

中反映出的问题，要求我们及时解决。而在这些工作里，转变观念尤其重要。要转变的观念是什么？过去，我国检验医学界在学科建设的理念上，更多的是重视质量管理，相对忽视生物安全管理；在建设的投入上，买先进的大型设备可以使用大量资金，而对添置生物安全设备却很少考虑。有的可以用数十万元人民币购置血细胞分析仪，却舍不得用一元钱购买真空采血管收集标本，甚至在发热门诊用手指血做血常规检查。采集标本的容器，对于标本运输安全也很重要。目前多数医院血液、尿液、胸腹水、脑脊液均放在无塞的试管内"开放传递"，很易造成传送过程中标本溅出，造成内在的病原微生物污染。我们有的学科带头人在学术上造诣很深，但却不了解生物安全的基本知识。这与发达国家把两者放在基本并重的位置有很大差距。在防治 SARS 的初期阶段，由于检验医学科缺乏必要的安全设备，使得有些实验检测无法进行，贻误了科研的时机，有时是冒着感染的危险进行 SARS 患者标本的检测，我们有的同志缺乏防护的知识，在临床中感染了 SARS，这些沉痛的教训应引起多方面的关注。卫生部已明令有些可造成严重污染和病原传染的实验要在一定生物安全等级实验室内操作，要严格遵守。另外，应严格执行对标本的管理。丢弃的标本程序应完全符合国家要求的生物安全管理规定，保存用于科研的标本要有详细的记录，贮存在专用的加锁冰箱，专人管理。检验医学科的安全管理是系统工程，涉及院领导、医疗器械及消耗品供应部门、临床医生和护士及后勤环卫人员多方面的支持，协助与合作。检验医学科主任有责任向院领导及有关人员不断宣传生物安全的重要意义，从学术上和管理理念上落实有关规定和生物安全知识，建立一整套生物安全管理的规章制度和实施细则，依法办事，纠正检验医学科不接触患者，可以忽视安全防护和不重视投入的错误倾向，抵制忽视生物安全的行为。在与 SARS 的斗争中，我国医疗机构的检验医学人员已经付出了沉重的代价。我们应该通过 SARS 疫情，反思我国检验医学界在学科和实验室建设上的畸轻畸重现象，纠正检验医学界的"重测轻防"的观念。

二、在 SARS 的防治中，检验医学任重道远

这次 SARS 疫情的发生，提示我们，应该重视感染性疾病的研究。感染性疾病仍然是威胁人类健康的主要疾病；人类与病原微生物的斗争永远不会完结。原有的病原体不仅没有一种在地球上消灭，而且不断发生变异，新的病原体还在不断地出现。SARS 疫情的流行就是证明。检验医学科的工作与 SARS 的病原学、诊断学、临床治疗与愈后评估均有密切的关系，涉及血液学、生物学、免疫学、微生物学、分子生物学多学科。可喜的是，在 SARS 防治中，检验医

学科在临床检测和科研中都取得了令人鼓舞的成果。解放军 302 医院检验医学科对 70 多例 SARS 患者的血液学、生化学指标进行了充分研究，发现淋巴细胞计数、心肌酶、铁代谢、纤维化等指标的变化，对 SARS 的临床诊治、重症预警、预后判断有指导意义；同时对一些指标的测定可以预示医务人员的身体状况，以决定是否适合上一线工作。北京佑安医院对患者死亡预警指标进行了测定和分析，同时对 400 余份 SARS 患者血清抗体进行检测和分析，并正在致力于研制开发检测血清抗原的试剂盒。中国医学科学院北京协和医院研究了 SARS 患者 T 淋巴细胞改变的特点，并探讨了其发病机制，提高了对 SARS 患者的早期诊断水平，建立了治疗检测的指标。中日友好医院进行 20 多项严重 SARS 患者免疫指标的探讨，可望发现有重要意义的成果。解放军总医院临检医学科利用中性粒细胞碱性磷酸酶的指标，对 100 多例 SARS 患者及 300 多例发热门诊患者进行分析，初步显示，在 SARS 患者与疑似患者鉴别诊断中可能有一定价值。北京大学第一院、北京大学第三院检验医学科对不同病期 SARS 患者及一线轮休医务人员进行了 SARS 抗体分析，研究抗体的产生和变化规律。综上所述，在较短的时间内，检验医学科的 SARS 科研工作就全面展开。但笔者认为，在对 SARS 实验指标有了初步、全面的了解之后，应将研究向更深入、更有临床价值的方面发展。特别应重视目前急需解决的 SARS 病原学诊断和病情变化预警指标建立的研究。SARS 的诊断至今仍以临床诊断为主，但其确诊或疑似的标准并不完善，急需用实验诊断的方法发现病原的证据，以进行 SARS 的确诊和鉴别诊断。目前，确定诊断的方法有病毒培养、免疫学检测及分子诊断法。病毒培养通常对实验室要求很高，检验医学科难以进行。免疫测定有免疫荧光实验（IFA）和酶联免疫吸附试验（ELISA），IFA 测定特异性强，但灵敏度较低并需要有固定的 SARS 病毒颗粒、荧光显微镜和有经验的使用荧光显微镜的技术人员。更适合检验医学科应用的是 ELISA 法，但目前应用的试剂盒多在症状和体征出现十几天后才能检出血清中抗体，显然不具有早期诊断的特点，且尚有一定的假阳性率。因此，解决试剂盒的灵敏度并研究 SARS 与其他已知冠状病毒抗原的同源性，提高 ELISA 方法使用裂解的病毒颗粒成分的特异性，是我们应关注的重要课题。WHO 公布了 SARS 病毒核酸扩增检测的 7 对引物之后，国内外建立了 SARS 病毒的逆转录 - 聚合酶链反应（RT-PCR）检测方法。使用这种方法可以检测患者不同标本中的 SARS 病毒，其检测阳性时段要比血循环抗体阳性出现早的多，故适合早期诊断和鉴别诊断。但从北京市各有关医院检测的结果发现，目前应用的试剂盒灵敏度可能还不高，假阴性较多。也就是说此法结果阴性并不能说明没有 SARS 病毒感染，也不能排除患者携带病毒的可能性。因此，解决 RT-PCR 的敏感性及实验中的生物安全防护是当务之急。病情变化预警指标的建立是指建立检测指标，使其能反映或预示患者的病情变化，使临床能及时采取措施，提高治愈率、减少死亡率。在 SARS 诊疗中有重要的临床价值。这就要求检验医学科的工作要密切联系临床，与医护人员共同研究，并从目前"静止的"、在病情某一阶段的指标与临床关系的探讨，转变为"动态的"、多时相的，系统地将指标与临床资料同步地分析，从中找出有规律的和有内在联系的指标来指导临床的治疗。这就要求检验人员要有扎实的临床知识，深入临床第一线，同时应注意患者系统临床资料的积累和整理、严密的科研设计，与临床医护人员共同解决这一研究课题。

三、发扬团队精神、注重学术交流与协作

人类从发现艾滋病到完成其病毒基因测序用了 3 年的时间，而发现 SARS 病毒到完成基因测序仅用了 3 个月的时间，这是全球科学家紧密大协作的结果。北京疫情蔓延惨痛的教训和及时控制的经验更证明了这一点。检验医学科面对 SARS 这种传染性强、未知数多、技术复杂的科研与医疗实践，更需要协作才能取得满意的结果。其合作有两个层面：一是检验医学界同行间的学术交流、课题合作、对防治严重急性呼吸综合征医学检验中若干问题的反思；二是检验医学、临床医学及企业（研发技术人员）共同协作进行诊断方法的建立、试剂盒的研究开发及临床的评估。检验医学科要想在防治 SARS 的工作中有所突破，必须打破条块分割的局面，充分发挥学科人才、设备的整体优势和团队精神，实施协作攻关才能取得更大的成果。为此，中华医学会检验医学分会早在 2003 年 4 月下旬就成立了 SARS 实验诊断专题委员会，组织协调检验医学界有关 SARS 的学术交流工作。5 月初与北京检验医学学会协作，邀请 9 家 SARS 定点医院共同制定了《检验科 SARS 标本检测安全性管理指南》，及时下发有关疫区，收到了良好的效果。还在 7 月上旬召开的我国 4 城市电视远程学术研讨会。在此次会议基础上，于 9 月份举行包括香港在内的电视远程学术研讨会，与香港的同仁就有关实验诊断方面的问题进行交流，探讨双方技术合作、促进共同发展。希望我国检验医学界同仁发扬业内良好的合作传统及学术氛围，进行多形式、多层面、多方位的协作，在防治 SARS 中做出更大贡献。

2003 年 5 月 29 日，北京首次迎来"非典"病例"零"纪录，没有新收治的"非典"确诊病例。这表明北京市防治"非典"的 5 月攻坚战已经取得了阶段性成果。

2003 年 6 月 2 日，国家卫生部召开新闻发布会，宣布北京疫情统计首次出现三个"零"：新收治直接确诊病例为零，疑似转确诊病例为零，死亡人数

为零。新闻发言人的话音刚落，台下响起了久违的掌声。张远春说，"正是因为丛主任有高度的责任心，他才能够把全国的检验界带领起来抗击 SARS。这对抵抗重大传染病突发事件，乃至于今天的实验室生物安全，做了巨大的贡献。这些，也是我们检验人感到很自豪的一件事。"冒着高发感染的风险，置生死于度外，把风险留给自己，把安全留给别人，丛玉隆和他的战友们谱写了一曲可歌可泣的临床检验界抗击"非典"的壮歌。

第三节　奋战临床一线　开展防治研究

丛玉隆作为科主任和学科带头人，始终不忘结合临床急需开展有针对性的临床研究，他带领临检科团队，在完成繁忙的医疗任务以外，还与"SARS 重灾区"的北京中日友好医院、解放军 302 医院合作，在临床一线、发热门诊、SARS 隔离病房进行了多学科的 SARS 诊断、治疗观察、预后分析多方面的研究工作。发表了多篇学术文章，如《传染性非典型肺炎新实验诊断方案的特点》《对防治严重急性呼吸综合征医学检验中若干问题的反思》《检验科严重急性呼吸综合征标本检测安全管理指南（暂行）》《抗击"传染性非典型肺炎"中检验科遇到的问题与对策》《中性粒细胞碱性磷酸酶在传染性非典型肺炎诊断与鉴别诊断中的价值》《严重急性呼吸综合征病人外周血白细胞形态的变化》《严重急性呼吸综合征患者外周血实验室变化》《SARS 患者白细胞形态学观察》《SARS 患者白细胞形态学观察》《SARS 病人核鼓槌体的细胞形态学观察》《SARS 患者 240 例 T 淋巴细胞及活化亚群的变化》《传染性非典型肺炎患者血细胞形态观察》。

在《SARS 病人核鼓槌体的细胞形态学观察》中阐述了研究 SARS 患者中性粒细胞核鼓槌体的临床意义，观察了 220 例 SARS 病人、120 例 SARS 复诊病人、60 例服用大剂量激素治疗的非 SARS 病人、100 例高热病人外周血细胞核鼓槌体变化。结果发现，SARS 患者每 100 个中性粒细胞细胞核有一个鼓槌体的占 34 个，2 个鼓槌体的占 17 个，3 个鼓槌体的占 4 个；服用大剂量激素治疗的非 SARS 病人 1 个核鼓槌体占 4 个，SARS 复诊病人有 1 个核鼓槌体者占 8 个。得出了"中性粒细胞核鼓槌体形成可能与 SARS 病程有关"的结论。他观察不同病程的严重急性呼吸综合征患者白细胞形态的变化。发现 SARS 患者发病期间，其粒细胞比例明显升高，淋巴细胞明显减少，而且出现核仁及多核仁现象，随病程进展，粒细胞、淋巴细胞的比例逐渐恢复至正常范围，有核仁的淋巴细胞也随之减少至消失，均为正常成熟的淋巴细胞。认为 SARS 患者发病期间，外周血涂片白细胞分类中，中性粒细胞（分叶核）比例升高，淋巴细胞比例明显减少，随病程进展出现的核仁淋巴细胞减少，血细胞比例、形态恢复正常。

在分析 SARS 患者血细胞形态学变化研究中，对 220 例临床确诊的 SARS 患者（包括死亡病例）、20 例细菌性肺炎和 20 例病毒性肺炎患者外周血涂片，经瑞氏染色后，用普通光学显微镜观察其细胞形态。结果显示，SARS 患者血细胞形态发生了明显的变化，其中 167 例患者中性粒细胞细胞核表面出现鼓槌样结构，156 例的患者中性粒细胞细胞质中非特异性颗粒粗大，121 例的患者中性粒细胞出现空泡变性。其他肺炎患者血细胞未见上述形态学的改变。再次证明了中性粒细胞核鼓槌样形成可能与 SARS 病程有关。

在另一篇《严重急性呼吸综合征病人外周血白细胞形态的变化》研究报道中，探讨了 SARS 病人外周血中性粒细胞、淋巴细胞、单核细胞形态的变化。研究中取 260 例 SARS 病人静脉血，涂片，经瑞氏染色后，用显微镜观察其中性粒细胞、淋巴细胞、单核细胞形态。同法取同期解放军总医院发热门诊 459 例发热病人（除 SARS 外）静脉血，涂片，观察白细胞形态并进行对比分析。结果表明，在中性粒细胞形态变化方面，SARS 病人较多出现核棘突、核左移、颗粒增粗、空泡变性、核固缩并可见核右移；在淋巴细胞形态变化方面，SARS 病人较多出现核仁，并可见大淋巴细胞。SARS 病人单核细胞空泡变性的发生率明显高于非 SARS 病人。其研究又一次得出外周血中白细胞形态的变化，对 SARS 病人的诊断可能有一定的辅助诊断意义。

《严重急性呼吸综合征患者外周血实验室检查结果分析》中报道的研究，目的是分析 SARS 患者血液学指标特点及其与组织学改变关系，为临床诊治提供依据。对明确诊断为 SARS 的 67 例患者外周血血细胞、血清生化等指标进行检测，对其中 23 例痊愈出院患者进行了各项指标的发病早期、中期和恢复期的动态观察。其结果表明，在发病早期，67 例患者外周血白细胞计数（WBC）在正常范围内（4.0×10^9/L ～ 10.0×10^9/L）的为 93%（62/67），低于 4.0×10^9/L 的为 7%（5/67）；淋巴细胞绝对值（LYM）多降低，低于 1.5×10^9/L 的为 88%（59/67），正常计数的为 12%（8/67）；粒细胞分类、血红蛋白、血小板均正常；血清常规 27 项指标中，发病 1 周内血清总蛋白、胆红素、丙氨酸氨基转移酶、碱性磷酸酶、γ-谷氨酰转肽酶、胆汁酸总量、胆碱酯酶、淀粉酶、肌酐、尿酸、钙、磷、镁、钾、钠、氯、二氧化碳结合力、葡萄糖、胆固醇总量、甘油三酯等 20 项指标均正常；白蛋白异常降低占 35%（23/67）；2 例死亡病例尿素（urea）全部降低可至 2.0mmol/L 以下；心肌酶 [乳酸脱氢酶（LDH）、肌酸激酶（CK）、α-羟丁酸脱氢酶（α-HBD）、门冬氨酸氨基转移酶（AST）] 增高，异常率分别为 63%、42%、38% 和 22%；铁（Fe）降低，异常率为 72%。这与正常人群及疑似病人（后排除 SARS）血清学指标相比，患者体内铁的降低差异有显著性（$P < 0.005$）。这表明 SARS 患者外周血实验室检查指标发生了有意义的改变，其中在发病 1 周内即有变化，对临床诊治具有一定作用的指标（LYM、Fe、urea）有特异性降低以及 LDH、CK、α-HBD、AST 有特异性升高。

在《SARS 患者 240 例 T 淋巴细胞及活化亚群的变化》研究中发现，240 例不同病程的 SARS 患者（包括 50 例重型患者和 150 例普通型患者）的外周血淋巴细胞及其活化亚群的表达在年龄、性别无显著差异，它与正常对照组比较，SARS 患者淋巴细胞及其各活化亚群绝对值明显减低，其中 CD3、CD25；CD3、HLA-DR 亚群百分比升高；与普通型患者比较，重型患者：T 细胞、CD34 亚群的绝对值均明显减低，CD25、CD3；CD28、CD4；及 CD95、CD4 亚群的绝对值也明显降低；各病程 SARS 患者比较，T 淋巴细胞（包括 CD4、CD8 亚群）的绝对值为 Ⅰ组＞Ⅱ组 D ＞Ⅲ组；CD25、CD3；CD28、CD4；CD95、CD4 亚群的绝对值也明显降低。得出了"伴随着全面低下的细胞免疫功能，SARS 患者的 T 细胞有效活化过程有所改变，以重型 SARS 患者尤其明显"重要结论。

有人说，"非典"是一面镜子，"非典"是试金石，"非典"更是一场道德与责任的考验。在这场没有硝烟却异常悲壮的特殊战场上，正是因为丛主任具有高度的社会责任感和奉献精神，他才能够带领全国检验界技术人员奋战在抗击 SARS 的战场。这对医学界抗击 SARS 并取得最后胜利，乃至于今天的实验室生物安全，做出了巨大的贡献。这些，也是以丛主任为首的检验技术人员感到很自豪的一件事。

丛玉隆教授非常关心发热门诊工作人员的健康，知道他们已经"隔离工作"一个月，由于闷热，下腹部都长满皮疹，马上到市场购买能吸水的短裤送给他们

第十七章
搭建"产－学－研－用"平台
促进大检验发展

源于对检验学学科发展和 IVD 领域深层次思考，丛玉隆一直有一个愿望和考虑，就是鉴于他对"大检验"观理念的提出和认识，如何将"产－学－研－用"（设备生产－学科/学术－基础科研－临床应用）通过某种桥梁、纽带或平台，将这一具有内在联系和缺一不可的诸要素端口链接起来，改变以往相互信息封闭、交流隔绝的状况，激活各环节要素，迸发出活力，真正形成大检验的发展格局，既能促进经济发展，又能加快检验医学学科发展。

终于有一天机会降临了……

第一节　临时受命　背负重托

2013 年的一天，中国医学装备协会赵自林理事长打电话找丛玉隆约谈，请他领衔，委托筹组中国医学装备协会检验医学分会一事。

2013 年 8 月中国医学装备协会检验分会（原临床检验装备技术专委会）成立

　　这时的丛玉隆已 66 岁，任中国医师协会检验医师分会主任委员已满两届，他想已奔波多年，在专业和学术上都做出了一些成绩，也算是对得起自己也对得起国家和前辈的培养与希望了，应该"退出江湖"，好好休息几年。然而，就在这时，他接到了新任中国医学装备协会常务副理事长赵自林的电话。赵理事长在电话里自我介绍后，开门见山地邀请丛玉隆领衔筹组中国医学装备协会检验医学分会，由于早有隐退休息的考虑，但盛情之下又不好拒绝，他就婉言说"考虑一下再说"。两个月后，丛玉隆又接到赵理事长的邀请电话，并约见面畅谈。赵理事长语重心长地说："我在原国家卫生部规财司任司长多年，主要负责国家各级医院的医疗装备配备和使用。由于国内临床检验装备行业发展水平相对落后，每年国家要拿出大量外汇购买设备派发到各医疗机构，有时由于国外公司培训不到位，往往发下去的仪器得不到合理的使用。如能成立检验分会将检验界、企业界、科研院所的专家组织起来，发展我国的 IVD 行业，为国家医改和提高人民健康水平做些贡献。"

　　这次谈话对丛玉隆触动很大，也深受教育和深有同感，事后他对一些同仁讲，赵理事长的谈话使他深思了好几天。深感经历过改革开放全过程的人，亲眼看着我国检验医学发展的过程。近 20 多年，国民经济水平飞速发展，国家有实力引进了许多先进的装备。在学术交流上，往往与国外大的公司交流比较多，而与民族企业联系较少，特别是国内的 IVD 企业正处在发展阶段，技术、知识储备相对较少，与检验科和临床诊疗科室沟通、交流不够，以致仪器甚至试剂达不到临床检验质量要求，这是造成国内二级医院以上的大型检验设备至今仍主要使用进口产品的主要原因。

　　真是不谋而合啊！赵自林理事长的思路和想法，正切合了丛玉隆多年的思考和发展理念。他最终欣然领命，接受了中国医学装备协会的重托，背负着协会领导的嘱托与责任，开始了中国医学装备协会检验医学分会筹备工作的使命。

　　天时地利人和。丛玉隆得益于曾担任中华医学会检验分会主任委员、中国医师协会检验医师分会会长、中国人民解放军检验学会主任委员，多年的学术组织经历、经验、学术影响力和人脉资源，轻车熟路，很快学会的组织架构、委员会成员和办事机构筹备到位，随后在北京召开了学会成立大会。

　　理念决定发展方向。学会成立之初，就定位为学术性组织；目的是搭建"产 - 学 - 研 - 用"学术交流平台，促进大检验发展；学会方针是凝聚和团结我国 IVD 装备生产企业科研技术人员、科研院校相关领域基础科研人员、医疗机构临床检验专业技术人员等，为促进我国 IVD 产业发展、加快科研成果转化、全面提高检验医学技术水平、提高疾病预防和诊疗质量及人民健康水平服务。

与装备协会检验分会副主委、2016 年国家最有贡献外国专家、罗氏诊断中国区总经理黄柏兴博士交流协会工作体会

观念决定行为。在遴选学会组织领导和成员中，首先考虑的是学科、专业和研究领域的交叉性，成员中有著名 IVD 企业的研发技术人员或企业家、科研院校相关领域的基础科研专家，如材料科学、生命科学、航天医学、分析化学、医院临床检验等领域专家，组成庞大的委员会。这种不同学科、不同专业、不同的学术视角，必然产生学术碰撞和学术火花。

确实，自学会成立来，每年都开一届学术年会，学术交流气氛火爆，每届年会都吸引和云集 8000 左右的多学科专家、学者，每届年会都开设专业分论坛约 27 个。

在学会成立的三年里，为促进新兴领域和相关亚专业的学术交流，在丛玉隆的策划和组织下，先后成立了 21 个专业委员会，为学术交流向纵深发展奠定了基础。

学术会议现场

下面摘登两篇记者对会议的报道，读者可以领会到这些会议的意义和价值。

风向标：检验医学装备发展的八大热点

专家指出，我国检验医学装备行业在国家政策的持续催化，大数据、云计算等技术的不断渗透，癌症、慢病早期筛查需求的日益紧迫，以及应急突发事件的持续增加等形势下，跨界融合的"大检验"模式将快速发展。那么，检验医学装备产业有哪些"增加极"，又亟须攻克哪些应用技术的"痛点"呢？不久前，在海南召开的"临床检验装备技术与应用高端论坛"上，丛玉隆教授、童明庆教授等检验医学领域的权威专家，以及来自解放军302医院、国家纳米科学中心、九强、迈瑞、奥普、罗氏诊断、雅培等科研机构和生产企业的专业人士，分析了产学研医不同角度的需求。

关注点1：生殖健康一体化管理

根据2016年年10月30日发布的十八届五中全会公报，我国坚持计划生育的基本国策，完善人口发展战略，全面实施一对夫妇可生育两个孩子的政策。丛玉隆教授分析指出，该政策调整的预期效应是，今后几年我国出生人口总量将有一定增长，最高年份出生人口预计超过2000万人。另据测算，符合"全面二孩"政策条件的妇女，约60%在35岁以上。因此，该政策实施后，高龄孕产妇会明显增加。值得关注的是，这些妇女发生孕产期合并症、并发症的风险较高，所以，加强女性健康、生殖健康、妇幼保健和妊娠期健康一体化医疗服务与管理水平刻不容缓，这就要求医学实验室更好地为临床医生和广大女性提供全面精准的检验报告和信息，推动女性生殖健康一体化管理。

罗氏诊断的专业人士指出，研究表明，全球30%以上的人群存在维生素D不足。并且，维生素D缺乏在儿童和成人中都非常普遍。而我国流行病调查显示，39.2%的人群存在维生素D缺乏，其中80%为孕妇和新生儿。孕妇缺乏维生素D会导致妊娠糖尿病、先兆子痫风险增加。如果其维生素D水平持续低下，还会影响胎儿骨骼发育、糖代谢、免疫系统，增加早产风险。有鉴于此，亟须推广产前维生素D普筛和高危人群筛查技术。

关注点2：老年医学与心血管健康监测

"血栓性疾病是老年医学中的一个重要领域，许多有致命风险的老年病都有血栓基础。虽然抗血栓治疗一直是老年医学长盛不衰的话题，但是相比治疗而言，止血／凝血系统功能监测却一直是管中窥豹，难以形成标准化、具有突破性的解决方案。"与会专家强调指出，理解凝血功能监测和血小板功能检测是保障抗血栓治疗安全有效进行的重要条件，当前亟须明确凝血功能和血小板功能检测的优点与不足，帮助医学实验室和相关临床科室建立合适的血小板功能检测解决方案，为临床抗血栓治疗保驾护航。

另据专家介绍，《中国心血管疾病报告 2014》显示，我国心血管患病率处于持续上升阶段。据估计，我国有心血管病患者 2.9 亿人，心血管病死亡事件高于肿瘤等疾病。而我国院外心源性猝死的抢救成功率低，院内医疗资源尚不能完全满足救治所需。随着我国大健康产业的迅猛发展，发展心血管健康实时监测装备，以及心血管病早期筛查与诊断技术，有着极其重要的意义。

关注点 3：灾害医学装备技术需求

解放军 302 医院的毛远丽教授指出，近十几年，全球地震、水灾等自然灾害，生物恐怖、核泄漏等人为灾难，以及埃博拉疫情等公共卫生突发事件和生物灾难多发。对此，灾害医学领域亟须探讨执行各种应急救援任务时仪器设备的需求规律，建立重要感染性病原体及高特异性指标的快速诊断新技术，以便提高医务人员对各种灾难和突发事件的应急反应能力，提高医疗救援水平提高。

关注点 4：肿瘤标志物联合检测技术

来自雅培公司的专业人士指出，随着我国肿瘤发病率和死亡率的双升高，人们需要综合考虑从肿瘤预防到降低肿瘤死亡率等一系列问题，而早期发现、早期治疗无疑是提高肿瘤患者生存率的必要途径。血清肿瘤标志物检测是早期发现肿瘤的重要方法，特别是对高危人群联合使用多种肿瘤标志物进行检测，可大大提高诊断技术的灵敏度和特异性。近年来，异常凝血酶原（PIVKA-Ⅱ）、胃泌素释放肽前体（proGRP）、胃蛋白酶原Ⅰ／Ⅱ（PGI／Ⅱ）等新型肿瘤标志物相继推出，可用于高发的肺癌、肝癌和胃癌的早期诊断和治疗监测。对于肿瘤发病率中居首的肺癌，基于肿瘤标志物的肺癌风险预测模型已经推出。而基于胃蛋白酶原的胃癌筛查技术已在日本成功运用多年，使该国胃癌 5 年生存率大大增高。值得关注的是，《2015 亚太幽门螺杆菌感染京都共识》中，胃蛋白原作为胃癌标志物得到进一步推荐。

关注点 5：宫颈癌筛查技术标准化

宫颈癌是威胁妇女健康的第二大癌症。丛玉隆教授指出，如今人乳头瘤病毒（HPV）检测在宫颈癌筛查中的重要作用已被广泛接受，国家大力投入广泛开展宫颈癌免费筛查工作，但是，至今尚未形成有效的大数据，对后续疾病防控难以形成有效的指导，其根本原因是各机构采用的 HPV 检测技术未实现标准化。

与会专家进一步指出，临床逐渐认识到，单纯 HPV 感染不一定引起宫颈癌，宫颈癌筛查的目的是"发现高风险癌前病变"，而非检测是否存在 HPV

病毒。这意味着，HPV 检测与乙肝病毒、HIV 病毒等其他病原体检测的临床应用目的有本质上的差别。目前，国际上已经制定 HPV 检测方法的相关要求，我国监管部门也在拟定 HPV 核酸检测及基因分型试剂技术审查指导原则。通过 HPV 检测进行宫颈癌筛查所应具备的条件、检测方法的要求，亟待进一步明确。

关注点 6：免疫检测系统自主创新

这次与会专家指出，免疫检测是医学实验室工作的重中之重。近 50 年来，免疫检测技术发展日新月异，从最初的放射免疫检测、酶联免疫检测逐步过渡至化学发光免疫检测。一方面，免疫检测平台的迁移和技术的更迭带来安全性、灵敏度、特异性和自动化的大幅提升，临床科室得以更及时、更准确地获取检测结果；另一方面，免疫检测项目不断延伸，已涵盖内分泌、肿瘤、生殖、心血管、感染等很多疾病领域，为临床诊疗方案的优化提供了更多可能。尤其是免疫标记技术领域，早年间，我国全自动化学发光仪器及试剂完全依赖于进口。近年来，国内企业的研发生产水平不断提高，部分产品已经达到国际先进水平，不仅在国内医院大量使用，而且出口到世界各地，实现了由"中国制造"走向"中国智造"。目前，在我国大部分医院的检验科，免疫标记检测所带来的收入占到科室总收入的一半以上。

但是专家同时强调，随着经典免疫印迹法的广泛应用，医学实验室对该检测体系的质量控制、标准化、自动化要求也越来越高。目前，自身抗体实验室检测方面仍然存在明显的问题，如检测方法以定性检测为主，难以真正实现自动化，检测项目盲目组合，样本局限于批处理，缺乏严格的质量控制，仍然依赖于国外进口产品等，亟须自主创新发展国产自身抗体实验室检测技术设备，最终实现自身免疫性疾病实验室诊断的个性化、精准化和及时性。

关注点 7：iPOCT 试剂及仪器设备

近年来，在高速发展的体外诊断装备技术领域，即时即地检测技术（POCT）因其高效、便捷、惠民、迭代快、更易互联网化的独特性而备受业界关注。丛玉隆教授表示，随着互联网思维与技术的渗透，POCT 仪器和试剂的发展溶入了更多的信息化、自动化、智能化、大数据等元素，其检测的准确度、便捷性、数据处理将有质的提升。业内专家已达成共识——2015 年 POCT 产业迈入了"iPOCT 时代"，相关产品的迭代与技术的进步彻底解决了传统 POCT 遇到的两大难题。一方面，自动化、信息化、智能化、大数据化 POCT 仪器的应用，减少了以往手工、半自动操作带来的误差，提高了检测的精准性，可以从根本上解决 POCT 质量问题的困扰，并且建立医疗大数据；另一方面，改变了传统 POCT 仪器不能适应大工作量的局限性。2016 年，随着"大检验"的发展，

iPOCT 发展势头强劲。

关注点 8：临床纯水制备标准化

丛玉隆教授指出，近年来，我国检验医学各个分支领域的自动化程度不断提升，与此同时，检验质量受到前所未有的重视，而临床纯水作为医学检验最基础的一种试剂，其对于结果的影响亟须引起关注。"回想我们的日常工作中，是否遇到生化分析仪正常，但是钙镁离子定标不过的情况；是否疑惑碱性磷酸酶超标，而其他生化指标却全部正常；是否质疑免疫分析仪心肌指标的稳定性——这些问题都和我们日常使用的最基本的临床试剂'水'息息相关。"与会专家强调，当前亟须明确临床纯水的相关标准，以及如何针对不同的临床分析仪分别选择不同质量的纯水等问题。

（《中国医药报》记者　马艳红）

第二届全国临床检验装备技术与应用学术大会会议纪要

由中国医学装备学会临床检验装备技术专业委员会、南京高新技术产业开发区主办，解放军医学科委会检验分会、解放军计量科委会检验装备质量与安全委员会、中国老年医学会检验分会、南京生物医药谷协办的第二届全国临床检验装备技术与应用学会大会，2016 年 3 月 25 在南京召开，大会主题为"新常态大检验发展的机遇与挑战"。会议同时举办了第二届全国临床检验装备展览会。来自国内外的 7000 多位代表出席了这次学术盛会。大会主席、中国医学装备学会临床检验装备技术专业委员会主任委员丛玉隆教授致开幕词，中国医学装备学会赵自林理事长致辞；副秘书长王长收、任健、办公室主任孙丽萍出席会议。

大会主题报告主要内容：国家卫计委科技发展中心李青主任，在会上介绍了当前我国医药卫生科技体制改革、国家重点科技攻关项目和国家科研经费支持领域及经费管理改革。清华大学廖洪恩教授以"机器人与微创诊疗"为题，结合自己的研究工作和研究成果，介绍了医疗机器人和在疾病诊断与治疗中的应用，显示出很好的临床应用前景。中国科学院院士、南京大学化学化工学院陈洪渊教授，结合自己的研究领域和成果，介绍了高通量生命测量的新技术和新方法，并论述了转化医学的方法和转化路径。中国工程院院士、中国医学科学院协和医科大学北京协和医院妇产科主任郎景和教授，结合自己的临床工作和研究方向，介绍了宫颈癌的临床诊断、预防和 HPV 的实验室检测价值，以及精准筛查的方法和路径。中国工程院院士、武警后勤部副部长兼武警医院院长郑静晨教授，以"国内灾难医学研究进展"为题，结合自己的研究领域，介绍了我国灾难医学的研究、灾难救援的体制机制、灾难救援和医疗救护的先进设备和灾难医学的发展趋势。东南大学生物电子学国家重点实验室陆祖宏教授，以"大数据云计算内涵及在大检验领域的应用"为题，介绍了人体与疾病大数据、健康大数据、基因组学大数据、蛋白质组学大数据和检验大数据的应用。

会议设大会主题报告2场，同时举办11个高端圆桌会议，同时举办27个相关领域的分论坛。为活跃学术气氛，激励创新，会议还举办了"新产业杯优秀论文"评奖活动，共收到论文499多篇，共评出一等奖、二等奖、三等奖18篇，优秀奖40篇。并在会上对获奖者进行了表彰。为培育学会文化性，活跃会议气氛，会议还举办了"迪瑞杯优秀摄影"评比活动，共收摄影作品500余幅，评出一等奖、二等奖、三等奖6幅，优秀奖20幅，并在会议上对获奖者进行了表彰。各分论坛如下：血栓性疾病与老年检验医学论坛，肿瘤的早期实验室诊断论坛基因检测及分子诊断发展与应用论坛，新技术与体外诊断论坛，灾害医学对检验装备技术和质量要求论坛，试剂与仪器论坛，心脑血管疾病早期预警在健康管理中的应用论坛，尿液有形成分分析技术进展与新行业标准解读论坛，疑难细胞形态学鉴别要点与"互联网＋"专家诊断系统论坛，血凝学实验室诊断思路论坛，感染性疾病的检测进展与临床应用论坛，iPOCT大检验医学时代的强风口论坛，HPV检测宫颈癌筛查应用热点论坛，标记免疫技术进展与临床实践论坛，临床检验医学与女性生殖健康的个体化管理论坛，免疫学检验进展与应用论坛，自身免疫疾病实验室诊断技术进展与临床应用论坛，老年感染性疾病的特征与检验论坛，免疫检测技术的发展与临床价值论坛，体液标本前处理自动化与应用论坛，围产期与产前筛查论坛，临床纯水国内外标准解析及在精准医疗与生化免疫分析中的应用论坛，凝血分析自动化与应用论坛，EUROLINE检测技术平台与临床应用论坛，高新技术论坛。

（《临床检验装备杂志》）

第二节　著书铺路　填补空白

人生价值不在于单纯的知识积累，而在于知识的创新与知识产出，这也是做学问的最高境界。

丛玉隆深知，要体现人生价值，承担更多的社会责任，仅仅完成或做好临床、科研、教学、保健任务是不够的，要推动检验医学发展，还要整合人才、凝聚智慧，从知识积累，到知识创新、知识产出、著书铺路、架桥飞渡，始终是丛玉隆学术人生的重要音符。通过编著学术著作，总结学术成果、发现人才、培养人才、促进人才成长，是丛玉隆著书的重要目的。

在检验医学领域奋战了 50 多年的丛玉隆，除了完成医疗、科研、教学、保健的大量工作外，还不断总结经验，著书立说，多年来编著了多部学术专著和教材，如主编了《实用检验医学》（第 1、第 2 版，人民卫生出版社）；《大型检验与临床系列丛书》（28 个分册，人民军医出版社）；《基础医学检验》（高等医学院校检验专业教材，中国医药出版社）；《检验医学》（全国检验医师培训教材，人民卫生出版社）；《临床实验室管理学》、《医学实验室仪器管理》（人民卫生出版社）。这些著作的编写和出版，促进了学科发展和人才培养。

其实，检验医学是一门古老而又新兴的学科（国家学科分类作为医学类独立一级学科），近年来检验医学的发展日新月异，逐步在临床医学中发挥着越来越重要的作用。据文献报道，在临床医疗信息中，其中 70% 来自检验科数据信息。特别是近几年，随着对转化医学的重视，新材料、新方法、新学科不断引入并深入检验医学领域，尤其是大数据、云计算、互联网、新兴材料、高通量测序技术、蛋白质分离技术的应用等，使得移动健康、精准医疗、智慧医疗逐步进入临床医疗第一线，这也冲破了当前仅限于实验技术与应用的"狭义的检验医学"概念，逐步为"大检验"的理念所代替。

在医学科学众多分支学科中，检验医学是以技术方法为主的学科，因此，检验仪器装备研发、仪器装备生产、仪器装备应用、仪器装备维护管理等，是体外诊断的重要手段，特别是检验医学装备的生产制造和临床应用，国内外都缺乏有关检验医学装备的系统性、工具性专著，临床中对检验仪器装备应用只是靠简单的产品说明书，难以满足检验技术人员的实际需要。

丛玉隆自担任中国医学装备协会检验医学分会会长以来，为 IVD 领域编撰一部检验医学装备工具书，就成为丛玉隆时常思考的问题。这种对发展我国IVD 产业，全面提高我国检验医学和检验技术水平的高度责任心和使命感，很快促使编撰工作列入学会的工作计划。

他凭借担任中国医疗装备协会检验医学分会会长、全国医用临床检验实验室及体外诊断系统标准化技术委员会主任、全军医学计量科委会临床检验质量与安全委员会主任的优势和平台，组织调动多学科、多领域的专家学者、IVD产品研发生产企业的专家，联合编写大型医学检验装备工具书《临床检验装备大全》。该丛书由丛玉隆教授任总主编，并亲自设计、策划、组织和参与编写工作，担任了丛书第 2 卷和第 3 卷的主编。

这是一项浩大工程，也是一部 IVD 领域国内外前所未有的大型系列丛书，参与编写的相关领域专家学者就达到 350 多人。该丛书分为《标准与法规》、《器材与仪器》、《试剂与耗材（上、下）》、《即时即地检验》，4 卷 5 册。

对临床检验各类设备从分类、品牌、性能标准、适用范围、验证方法、有关实验室和产品质量管理法规进行了权威而规范地诠释，用以指导临床检验装备研发、生产、应用和监管工作。

在丛书编写设计之初，就将编写定位为融学术性、知识性、技术性、实用性为一体，成为临床检验医学专业、IVD 企业生产、基础研发技术人员的工具书。并考虑了基本读者定位，为 IVD 产业研发和市场营销推广、检验医学装备管理、医疗机构检验技术、设备管理人员、医疗机构管理者、工程技术人员、政府 IVD 产业管理部门领导和监管人员等。

该丛书的内容特点：各部分既独立成章又前后呼应，做到逐步深入。首先，介绍设备的发展历史，如仪器发明、创造和升级演变，到当前存在的问题及未来 5～10 年的发展趋势。其次，详细阐述仪器的设计原理和临床应用原理，使读者进一步了解仪器设计思想、结构特点与应用的关系；并对如何根据国际标准和法规进行设备的全程质量管理和自动化、标准化、规范化、信息化校验进行了详细介绍。最后，介绍国内流通设备的各项技术指标，以利于仪器研发、采购单位对设备的选择、政府监管部门参考。

该丛书的创新点提出：兼顾了研发、生产、维护技术管理、临床应用等，不同角度提出需要了解和解决的问题，为产、学、研、用提供知识库。

历尽三年多艰苦而又紧张的工作，《临床检验装备大全》终于在 2016 年3 月全部出版发行。此书得到了从事检验医学、临床医学、体外诊断企业和科研院所同道的广泛赞誉和好评，有专家学者戏称这部书是检验医学装备的"四部全书"。2016 年 6 月国家新闻出版广电总局颁发了《"十三五"国家重点图书、音像、电子、出版物出版规划》的通知。其中医学类书籍仅 60 册，《临床检验装备大全》榜上有名。

然而，丛玉隆看重的不是本套书出版后得到业内和社会认可，而看重的是大全编写的过程，比出版图书具有更大价值的是，通过编写丛书的过程发现和培养了一批人才，给参与编写的中青年作者搭建了一个施展自己才华的舞台，创造了一种和谐发展、共同提高的文化氛围。

在参与编写的 350 多名作者队伍中，其中 70% 来自国内外 IVD 企业的员工，对于临床检验专家来说，这在以往的工作中是"老死不相往来"，是"销售"与"客户"的关系，在平时也很难有深度沟通的机会。而为了本套书的编写，检验医学专家与 IVD 企业人员集聚在一起，成为"同一战壕的战友"，共同的目标是发挥自己的专业才智把书撰写好。三年多的时间里，大家一起查资料、查文献，讨论书稿时争论的"脸红脖子粗"，有时为编写中的问题"远程对话"或通过电子邮件介绍国际新进展，相互交流切磋，高质量完成书稿。

《临床检验装备大全》（第3卷）全体编委合影

2015年7月14日，在《临床检验装备大全》出版发行新闻发布会上，大家充满激情地畅谈收获和体会，以至于会议结束后还恋恋不舍不愿离去。编写《临床检验装备大全》的过程，也是建立人才数据库的过程。主编在编审中，对每一位作者掌握知识的深度、表达、文笔、编写能力、事业心与责任感都有深刻的理解，他们将进入学会的人才数据库，并可向招聘人才单位推荐最合适的人选，这些人就是我们国家IVD技术与产业的精英、事业发展的希望。

在《临床检验装备大全》出版发行新闻发布会上，第2卷副主编、中国医学科学院北京协和医院检验科副主任邱玲教授作为分卷作者代表的发言中，以《我专业成长历程中的一次意外惊喜》为题，讲述了参与编写《临床检验装备大全》感悟与体会：

应该说，每位专业技术人员在其学术生涯的成长中，从一名普通技术人员成长为具有较高学术造诣和学术影响的相关领域的专家，都会经历相似的历程：不断地学习，不断吸取前人的经验；不断地探索，在实践中寻求解决专业领域问题的方法；不断地总结，系统地荟萃前人的经验和实践中得出的结果，形成有鲜明学术观点的专业成果，并应用于未来专业实践中。对于中青年专家学者来说，有时也会遇到一些特别的机遇和挑战，它丰富了我们的专业经验和人生阅历，改变了我们内心深处固有的思维模式，进而改变我们的成长轨迹。参加编写《临床检验装备大全》第2卷《仪器与设备》，让我体验了一次非同一般的机遇和挑战。

最初接受丛玉隆教授的邀请参加编写此书，仅仅是出自对丛教授由衷的尊敬，并没有觉得这样一本书会与以往参编的教材、专著有什么太大的不同或新意。但真正参与其中后，觉得这样一本著作对编写者将是巨大的挑战，因为它所面对的受众将从传统的学生或实验室工作人员扩大到产业界、医院决策者，甚至政府政策制定者，如何满足不同目标读者的需求，如何保证适用于不同层次的实验室？如何保证内容既要有科学性，又要兼顾经典性和前沿性？这给我及编写团队的每位专家学者带来同样的思考和挑战，不可否认，所有编写者，都在丛教授的引领下做着突破自己既往思维方式的思考和不同于以往编写模式的探索。

以往编书，尤其是编写教材，更多的是基于一个或几个专家、基于对专业领域现状和需求的了解，在查阅大量文献和指南的基础上进行荟萃并加上一些专家的个人观点和经验分享。而这一次编书不同，我们的团队第一次尝试了和IVD产业界专业技术人员的合作，这也带给了我们巨大的惊喜和向IVD企业专业技术人员学习的机会。我所主要负责"实验室自动化"和"色谱质谱分析设备"两章，以及参与了"分子诊断"章节，都是目前在临床实验室应用中发展迅速，技术变革也非常快的领域，如何把握住该领域仪器设备的发展脉络，让临床检验科或实验室专业技术人员能够了解结构特点，临床应用中注意事项和潜在故障的预防；让检验科和医院管理者充分了解不同仪器的性能优势，在选购适宜的实验室设备时能够有科学的参考；让政府在制定政策时有据可依；让产业界研制新产品有所借鉴，这些通过查阅文献和总结某个或几个专家的经验是远远无法满足的。

　　而此时，丛教授所倡导的企业参与让我们颇为受益。在这几个领域中走在最前面的几家企业的技术支持、临床研究，甚至产品研发团队都直接参与到了编写当中，他们集中了企业全球的资源，带来了最权威的基本原理、概念，带来了独具特色的设计理念和更深入详细的产品信息，其中很多是我们作为实验室工作人员没有途径获取的。在《临床检验装备大全》的编写中，我们看到了企业的角色转变，过去仅仅作为服务者或产品的销售者，围绕着应用者的指挥棒转，而这一次则成为主动的发掘者和具有研究精神的专家。由于这一次的编写经历，我们看到了IVD企业在专业方面所具有的潜力，也增强了对IVD企业能够给检验科提供更深层次支持和增值的服务的信心。另外，我们更欣喜地看到，过去在为实验室提供产品的过程中，企业多为竞争者，而在这一次的编写中，企业与企业、企业与实验室成为了合作者，形成了团队，相信这也必将为推动IVD产业的整体发展和进步作出贡献。

　　第二点深刻的感受是，编写这样一部鸿篇巨著，给编者提供了一次学习和研究的机会，对促进编者和团队的成长将发挥重要作用。如果说过去编书是从自己或学生复习文献入手，然后总结归纳，更多的是单打独斗；而这一次的编写则是从组建团队入手，如何选择最有代表性的产品和企业，如何选择最权威的专家，丛教授把我们推向了更高的台阶，让我们不得不站在行业的更高点去了解专业领域的发展，这样的锻炼机会对于过去埋头实验室"一亩三分地"的我来说是巨大挑战和难得的机遇。过去总觉得丛教授是在做事业，而我们只是在做事，这次编写经历之后，也让我有了对这个行业的责任感。此外，组建团队后，如何让存在不同利益竞争关系的企业编委能够以统一的学术原则来完成编写，如何能够发挥专业领域权威专家的核心作用，又一次锻炼了我及北京协和医院这个编写小组的沟通能力、组织协调能力，我们通过制定编写目录、编写计划及编写模板来统一规范，同时通过微信群不断地协调解决思想上的碰撞，实现了"采各家之优势，聚各家之精华"的初衷。这一次编写对团队本身也提出了更高的要求，对受众的广泛性、内容的广泛性和实用性提出了很高的挑战，要求我们查阅更多的书籍、文献，汇总更多的经验，甚至通过一些科研实验来验证我们的观点。比如，在编写"实验室自动化"这一章时，我们发现虽然在过去的使用中我们确实有了一些实践经验，但仅限于磨合及使用中的一些探讨，既没有认真思考过其精髓，也没有及时总结，而且觉得没有啥科研价值，所以很少查阅文献。这一次的编写让我们对这个领域的探讨更深入了。我们查阅了大量国内外的文献，也确定了这一章编写的重点是实验室自动化的适宜性和设计理念；而且随着思路的扩展，我们发现了新的研究点：由于自动化应用而开始普遍采用的自动审核急需规范，为此我们成功申请了卫生行业标准立项。总之，这一次的编写带给我们团队的是知识的增长、组织协调能力的增强，最重要的视野的增宽，这将成为团队成长中的重要财富。

作为编者之一，我和我们的编写团队认真地完成了此次的编写任务，但是由于个人技术能力和水平的限制，不同企业信息汇总的复杂性，本人主要负责和参与编写的章节一定还会存在这样和那样的问题。但我有信心，这部书一定能够在其广泛性、实用性和权威性上达到"总设计师"丛教授最初的设想。真心期待书中对于设备的历史发展和展望的描述及对结构功能的介绍，能够为企业研发新产品带来启发和借鉴；期待书中对于原理、结构的详述，对于仪器质量管理和程序的介绍能够助推实验室工作人员更好地认识我们手中的"武器"，成为使用、维护保养和管理仪器装备的专家；也期待书中提供的详细的设备性能参数和设计理念，能够帮助决策者们做个"明白人"，真正选择和采购到适宜本实验室的设备。

相信此刻，每一个编委和我一样，都与"总设计师"丛老师有着共同的期盼，期盼我们精心培育的成果——《临床检验装备大全》第2卷《仪器与设备》，受到检验同行的认可，助推检验医学事业的发展。我们期待大家的关注，也愿意与同行分享、探讨和改进。

第三节 深入调研献良策 牵线搭桥谋发展

俗话说，站得高看得远。

丛玉隆就这样，他身在检验科，总是站在我国整个IVD（体外诊断）产业和检验医学领域发展的高度去思考问题，从"大检验"理念的深度去不断地思考和实践，引领学科发展的方向，显示出学科领袖的责任。

他早已功成名就，论待遇，是文职正军级待遇，什么都不缺。但责任感，促使丛玉隆来不得半点懈怠，促进学科发展的梦想依然如初，这正是"老骥自知责任重，不用扬鞭自奋蹄"。

丛玉隆教授发挥中国医学装备协会检验分会的平台优势和桥梁作用，整合专家资源、知识和技术资源，组织检验医学专家和科研院所技术人员深入国内IVD企业开展调查研究和考察，为企业发展献计献策。还就具有普遍性和全局性问题向政府有关管理部门反映企业的诉求，并提出政府决策建议。发现企业面临的困难和产品研发生产中的问题，有效整合与协调资源，为IVD企业排忧解难。

为促进成果转化，他还做科研院校（所）与IVD生产企业的"红娘"，把最新科研成果推荐给企业，促进成果转化，这也是自丛玉隆担任中国医学装备协会检验医学分会会长以来一项创新性工作。

山东威高集团有限公司是我国改革开放以来著名的医疗装备生产企业，在20年前，企业在村党支部书记带领下，从10几个农民组织生产输液耗材的小作坊起步，发展到现在能生产心脏、口腔、骨科、影像、透析等医疗装备的大型企业，其年产值达到380多亿元的集团公司。但由于某些发展理念和技术的原因，该集团的检验医学装备生产分公司发展相对滞后。为此，该分公司重新整合企业资源，并渴望和寻求检验医学专家指导，公司总经理亲自带着公司技术人员找到丛玉隆教授，希望中国医学装备协会检验医学分会给予帮助。

根据公司总经理提出的请求，丛玉隆高兴地应允，并组织了顾问小组，制定了三步走的计划。第一步派出临床微生物学专家童明庆教授、临床生物化学专家李忠信教授、临床免疫学专家沈霞教授、临床血液病学和临床检验医学专家丛玉隆教授，这四位不同领域的著名专家，根据企业存在的问题进行了研讨，提出了企业发展方向和解决问题的方法和发展路径。第二步又派出北京理工大学生命学院院长邓玉林教授、中国科学院国家纳米中心蒋兴宇教授、武汉大学生物医学分析化学国家重点实验室主任、国家973首席科学家庞代文教授，这些不同领域的著名专家带着他们的研究课题和科研成果亲临企业商谈合作。第三步，根据企业的短板和急需，为科研和企业牵线搭桥，帮助选择最先进的科研成果和技术、实施产业化，促进成果转化。

丛玉隆这几步组织安排下来，企业找准了发展短板，进一步明确了企业产品发展方向和拳头产品、市场定位、技术创新，企业产品质量也有了明显提高，市场份额也不断扩大，进一步拓展了市场。

在IVD领域，其实是多学科交叉、渗透与融合的领域。多年来，其"科研、生产（企业）、应用（临床）、管理"严重脱节，信息沟通与交流不畅。因此，为增强标准化、现代化、信息化理念，丛玉隆自2013年起，先后组织企业研发人员、基础科研人员和管理人员到临床一线参观考察，分别到解放军总医院海南分院检验科、山东威高集团有限公司、北京理工大学生命学院、中国科学院国家纳米中心、解放军总医院新门诊大楼现代化实验室考察，以增强信息化、网络化和现代化实验室管理理念，通过这些参观交流，从不同学科视角观察和分析问题，使大家学习了先进的模式，找出了自己的差距。有的委员说，"出来和闷在家里就是不一样，开眼了"，还有的学会委员用"震撼"来表达内心的感受。

　　襄阳市是湖北省第二大城市，人口 500 多万，GDP 生产总值 380 多个亿元，主要以汽车工业为主。为了适应国家供给侧改革，市政府决定工业向生物医药转型。第一步要投资 1 个亿人民币建立一个大型生物样本库，经过专家推荐和考察，市政府决定聘请丛玉隆教授做首席顾问，并帮助实施这项工作。丛教授认为，标本库是大数据工作的根本，只有保存了各类患者或疾病的检验标本，才能有的放矢地进行各种大数据的研究，国外已经有十几年的历史了，我国在标本库建立与应用方面的工作才刚刚起步。而襄阳市人民政府高瞻远瞩，能以政府名义拿出如此大笔资金建设样本库，这将对促进生物医药产业的发展发挥重要作用；并对 IVD 产业发展发挥推动作用。因此，他欣然接受了任务，曾两次亲临襄阳与三位市领导会面，并与政府相关部门研讨项目实施规划。

　　为了借此"东风"，促进国内生物样本库的建立，丛教授特意将中国医学装备协会检验医学分会"智能化标本库建立与应用专家委员会"、"临床微生物检验装备专家委员会"、"核酸检测技术与应用专家委员会"、"微流控技术与纳米材料专家委员会"四个专业委员会成立大会放在襄阳，以利于共同参与襄阳大型智能化标本库建立项目的研讨会和技术咨询。这项举措，不但对项目起到献计献策的作用，也将推动国内标本库建立和发展步伐。

　　初心与责任，是丛玉隆教授难以忘怀的，他也时刻不忘自己作为中国医学装备协会检验分会会长的责任和义务，每当他外出参加会议或作学术报告时，都要抽出一定时间，走访当地的企业委员单位，倾听他们对分会工作的意见、反映的问题、面临的困难和希望协会给予帮助以解决的困难，他有时也会就观察的问题提出自己的建议和解决问题的途径。两年来，他到过近 40 家国内企业（国企与私企），占国内委员企业的 2/3 以上。他每到一个委员单位考察，除了倾听诉求，力所能及帮助解决一些问题外，还认真考察企业文化、公司管理模式、团队精神以及产品的特色和创新点，并总结成短文和微信，以此来宣传企业特色、优势，提高社会对它们的认可度。

　　当业界经常在深夜或凌晨还看到他发的当天参观企业的随感时，非常感动，经常回复说，"感谢您对国内 IVD 企业发展所做的一切，这么晚了您还在工作，您要多保重身体啊！"

第四节　倡导"大检验"概念　引领学术发展方向

　　学会的领导者其实就是"学术领袖"，他不但要团结广大会员和专家学者开展学术研究和学术交流，还要跟踪国际学术发展趋势，驾驭学科发展，引领学术发展方向。同时还要把握国家医药卫生政策和卫生工作重点，引导学科和学术为国家经济建设及疾病防治服务。

丛玉隆教授认识到，当前生命科学正呈现多点突破，交叉汇聚的状态，处在革命性突破的前夕。人类在分子、基因、蛋白质等各组学的基础研究方面不断取得重大突破，人类基因组测序工作的完成，使得大部分癌症、心脏病、糖尿病、神经性疾病等上百种疾病的发病机制越来越清晰。由于临床与科研的融合、从微观到宏观的贯通，转化医学深入的开展，使干细胞、脑科学、合成生物学、超高分辨率活体成像、纳米级分辨率观察分子在细胞内的定位、分子机器人等前沿技术有了重大突破，实现了疾病诊断的划时代变革。特别是国家经济腾飞、惠民政策深入、"大健康"概念形成以及循证医学和转化医学的发展，为医院检验科的建设展示了新的思路、新的理念、新的模式，为我国检验医学的高速发展提供了难得的机遇。就是在这种宏观大形势下，丛玉隆教授的"大检验"的概念孕育而生了。

大家知道，要完成一项检验项目，需要三个要素：①检验用的"工具"（仪器、试剂、方法）；②检验技术人员；③需要检验的"客户"（患者和医生）。这其中任一要素、任何环节出了问题，都会阻碍检验医学的发展的。"大检验"就是根据 IVD 产业、基础研究、临床检验科、临床诊疗科室，在检验医学发展中相互依存、相互促进、相互制约的内在联系和规律，根据各自范围、各自作用、各自优劣的特点，形成科学的、协调的、全新的系统发展理念。然而，各自为尊，不相往来，互不交流，这是现状。我国相关方面并没有认识到它们相互协作和相互依存的内在规律的重要意义。科研院所的研究成果发表后，就束之高阁，科技创新发明的新材料没有用武之地。企业闭门设计生产，有的不适应临床检验的实际需要。检验科开展了许多新检测项目或诊断指标，而不与临床交流，临床医师不会分析检验结果，如此等等，严重阻碍了体外诊断企业发展、检验科学科建设、临床医师诊疗效果，造成国家资源浪费，患者负担加重。因此，急需科研院所、IVD 企业研发、医学实验室、临床医生、质量监管部门之间信息交流，实现资源互补、信息互通、交流畅通，把各方相关端口链接起来，形成需求反馈回路，促进共同协调发展。

丛玉隆就是这样，在工作中不断思考，根据学术、学科和临床发展中存在的问题，不断提出新的理念、展现新观点、拿出新办法，以指导学术和学科健康发展。

众所周知，随着医院检验科自动化及智能化的发展，人们片面倚重现代化仪器，而忽视了一些临检项目的手工镜检；还有的检验科偏废了形态学诊断这一简便易行、传统的"金标准"诊断方法，对此，他组织研讨会，撰写专家共识指南或标准，呼吁重视相关检验项目的镜检和形态学诊断方法。在业内一度追求"高精尖"的背景下，他结合国家医改重点和看病贵的问题，适时撰文，在检验科大力倡导推行"适宜技术"，以减少不必要的检查项目，减轻患者负担。在检验医学发展受到不同瓶颈制约的背景下，他提出了"大检验"观的新理念。

在丛玉隆教授的《新常态检验医学发展的机遇与挑战》的会议报告中，对其敏锐的学术思维和洞察力就可见一斑。他在报告中指出：

随着第四次产业革命的到来，人们对大健康理念的增强，对医疗和保健需求日益增加，检验医学水平飞速发展，促进和加速了"大检验"的发展。特别是"互联网＋"、"大数据"、"云计算"、3D 打印、人工机器人技术成已为 IVD 发展的新理念，这为 IVD 发展提供了极大的发展空间，并逐步成为 IVD 产品创新的核心技术支撑。由于转化医学的发展，促进了智慧医疗、精准医疗、移动医疗的发展，为 IVD 提供了巨大的发展潜力。因而也加速了 IVD 产业发展的步伐，新技术、新设备、新理念渗透和引入检验医学，促进和推动着临床医学发展。新常态给"大检验"带来了难得的发展机遇，同时也面临着严峻的挑战。

他在《新常态检验医学发展的机遇与挑战》文章中指出：

新常态下，检验医学要引入新的理念、新的思维，创立新的模式和新的途径，汇集各方经验，融汇各方智慧，追溯前沿技术，找出发展方向，不断创新，提高检验医学应用和学术水平及体外诊断行业的发展。

一、新常态检验医学发展的机遇与挑战

1. 健康理念的转变促进了检验医学的发展：国民生活水平的提高，国家惠民政策逐步实施，人们自我保护意识的增强，对生活和健康理念的理解发生转变，对医疗、保健的需求日益增加，这给检验医学或 IVD 产业开拓了巨大市场，仅健康体检一项，就给医学实验室带来可观的收入，独立实验室像雨后的春笋，迅速遍布全国各地。

2. 国家医疗体制改革需要检验医学的发展：战略前移，重点下移，分级医疗，保障人民基本医疗需求的国策，使基层卫生事业获得了发展机遇，基层卫生技术培训的加强、医疗设备和资金的投入，使市县级社区检验实验室技术和设备水平有了明显提高。

3. 生育政策和人口老龄化带来的新机遇：二胎政策及人口快速老龄化给

卫生事业发展格局带来了新变化。孕龄女性体检、围产期保健、产期诊断、新生儿遗传病的筛查、儿科疑难病的诊断，这些近些年逐渐萎缩的检验需求，马上会获得新的巨大需求。如何利用新技术解决老年化带来的日益增多的心脑血管病、肿瘤、神经系统疾病的诊断与治疗，已成为检验医学工作者的热点话题。

二、转化医学深入带动了检验医学的发展

转化医学的发展促进了智慧医疗、精准医疗、个体化医疗、移动医疗的发展，为医学实验室和 IVD 产业提供了巨大的发展前景。精准医疗是以个体化医疗为基础，随着基因组测序技术快速进步以及生物信息与大数据科学的交叉应用而发展起来的新型医学概念与医疗模式。其本质是通过基因组、蛋白质组等组学技术和医学前沿技术，对大样本人群与特定疾病类型进行生物标志物的分析与鉴定，从而精确寻找到疾病的原因和治疗的靶点，并对一种疾病不同状态和过程进行精确分类，最终实现对疾病和特定患者进行个性化精准治疗的目的，提高疾病诊治与预防的效益。目前，检验科主要用于患者肿瘤治疗药物选择。

智慧医疗（WIT120），是最近兴起的专有医疗名词，通过打造健康档案区域医疗信息平台，利用最先进的物联网技术，实现患者与医务人员、医疗机构、医疗设备之间的互动，逐步达到信息化。主要体现在信息、服务、应用和设备四大方面。在这个产业链上，一端是医生、营养师、健身教练等服务机构及相关专业人员；另一端则是需求的用户；中间则云集了通过各种技术和手段为两端搭建桥梁的服务提供商，包括移动网络运营商、移动终端制造商、金融保险、公共医疗机构、医药公司、研究中心、政府及非政府组织和解决方案提供商等。其中医学检验是不可缺少的重要环节。

三、第四次产业革命，环保、绿色、无纸办公、大数据、云技术、互联网＋，为检验科和 IVD 发展提供了新思维丛玉隆总结 50 年从事血液学检验体会，倡导互联网＋与细胞形态学检验发展

他在几次全国性学术会议上都讲到随着显微镜的应用，微生物学、细胞学飞速发展。利用血细胞形态学诊断疾病从 20 世纪初就进入临床应用。利用细胞学诊断、治疗白血病的研究高潮是在 20 世纪 70 年代，当时，法国、美国、英国的血液病学家，根据形态学和细胞化学的特点，提出了 FAB 分类法和根据形态学诊断白血病的标准，将血细胞形态学检查的临床价值大大提高了一步。我称之为血细胞形态学检验发展的第一个里程碑。随着临床检验在诊治疾病的地位不断提高，形态学特别是血常规检查临床需求越来越多，以致实验室人员

无法保证每一个标本都能做细致的显微镜检查,因此,这就出现了"三分群"、"五分类"的血细胞分析仪。这类仪器,特别是"五分类"仪器,可大致识别出形态正常的血细胞,如没有异常形态细胞的标本,就可以不再做微显微镜检,直接发出仪器分类的结果。如有仪器不能识别的细胞,仪器提示应进一步镜检。这种镜检"过筛"的方式大大解决了标本多、检验员少,TAT 时间长,影响医疗服务的问题。我称之为血细胞形态学检验发展的第二个里程碑。仪器的应用给检验科带来了效率和效益,但也带来严重的副作用,那就是错误的理解仪器的功能作用,认为可以不用显微镜检查了。近 20 年来,检验科存在着严重的忽视镜检的现象,不但是造成临床误诊,还造成专业细胞形态学人员严重匮乏,甚至青黄不接。实际工作中常出现异常细胞,甚至寄生虫卵不能识别的现象,特别是基层和边远地区更为突出。互联网+的出现解决了这一难题。最近有的生产企业,将镜下的图像转换处理,经云端传到形态学专家的手机上,即时诊断即时传送,迅速诊断。我把它称作细胞形态学检查的第三个里程碑,也是第四次工业革命在医学检验技术运用的具体体现。

四、遵循循证医学理念,开展适宜技术

科学的发展,使得检验项目每天成倍增长,据报道,目前可用于实验室检查的项目高达 5000 项以上。如何从实验方法学、临床应用学、卫生经济学选择适宜检查项目提供给临床,保障临床需求,又能解决老百姓看病贵、看病难的问题,是每一位检验工作者义不容辞的责任。

1.适宜技术要以实验室人员与临床医生共同进行试验方法学、临床价值、试验成本(或检验收费)综合评估为依据。适宜技术的对靶体的临床价值应是最快速(TAT 满足临床需要)、最直接、最有效。

2.适宜技术方法学首先要能满足疾病诊治的基本要求,患者的经济负担及新技术的应用。

3.适宜技术在能满足对靶体检验目的临床效果的几种方法中,试验成本和收费应是最低的。

全国人大第十三届四次会议报告,对医疗卫生改革提出了新的要求,也发出了创新是生产革命的第一动力,这给检验医学发展带来了新要求、新思维、新理念、新动力,要抓住新机遇、面对新挑战,把我国的检验医学事业和 IVD 产业的发展推上新的阶段。

第十八章
风雨同舟 50 载：丛玉隆教授谈我国检验医学发展历程体会与见证

50 年，半个世纪，弹指一挥间。如果从 20 世纪 60 年代丛玉隆教授入学开始学检验专业开始，到 21 世纪初叶的 2017 年，他已经与检验医学事业风雨同舟奋战 54 年了。而在这 54 年的职业生涯中，他从未离开过检验相关专业领域，堪称我国检验医学 50 年发展历程的亲历者、实践者、见证者和开拓者，当然，也是受益者。

当笔者与丛玉隆教授交谈，请他简要谈谈半个世纪以来我国检验医学事业发展历程和体会时，他胸有成竹，潇洒地娓娓道来：

我是 20 世纪 60 年代，即 1963 年，由北京市三中考入北京市卫生学校检验专业，其前身是 1929 年 4 月成立的市药学讲习所，1951 年 9 月更名为北京市中级药科学校，1953 年 9 月更名为北京市药剂学校，1955 年 12 月更名为北京市卫生学校，学制三年，前二年在学校学医学基础理论和专业基础理论课，后一年在北京医学院第一附属医院（现北京大学第一医院，简称北大医院）边学专业课边实践。我本应 1966 年毕业，但由于毕业分配前爆发了"文化大革命"，直到 1967 年 8 月才毕业分配。当时由于贯彻毛主席"6.26 指示精神"，全班 37 个人被分配到 13 个省的县以下医院或"三线厂矿医务室工作"，因为组织考虑到我家特殊困难，我被留在北京郊区的一家小医院（北京海淀区永定路医院），床位 100 张，化验室只有 9 个人，但麻雀虽小，五脏俱全，专业工作包括临检、生化、微生物、血库等各领域的一般常规检验项目。在那里一干就是 12 年。其中有半年到北医三院学习骨髓检验和有一年在北京朝阳医院学习病理学诊断（因当时考取了研究生学习了 10 个月）。1977 年恢复了高考，使我能获得进入大学深造的机会。由于毕业 12 年我从未放松过自学和进修的机会，所以在 1979 年以高分顺利地考入山东医科大学医疗系血液病专业。1982 年毕业分配到北大医院。从 1987 年至今，一直在解放军总医院检验科工作。在这 54 年间我从未间断检验工作，包括出国进修也是以访问学者身份在罗马大学血液病研究所，主要从事血液病实验诊断方法的研究。这 54 年我比较执著，初心不改，从来也没有离开过检验专业。

在这 54 年职业生涯中，我得到检验界老前辈的关爱和教诲，检验界同道的帮助和支持。由于前辈和同道的信任，使我有机会为我国检验医学的学术交流做了一些力所能及的工作，先后担任了两届中华医学会检验分会主委、两届中国医师协会检验医师分会（创建了检验医师分会）主委、两届全军医学会检验学会主委、连续三届 TC136 主委、两届中国实验室国家认可委员会医学分技术委员会主委。2013 年、2015 年又分别创建了中国医学装备协会临床检验装备与技术专业委员会（后更名为中国医学装备协会检验医学分会）和中国老年医学会检验分会。正因为有这么多学术团体的平台和学术交流活动，使我有机会参加一些国际会议，大约去过 20 多个国家出席国际会议。特别重要的是，这些重要的活动基本都是发生在 20 世纪 90 年代到现在，正是由于国际和国内的检验医学和相关领域的飞速发展，才使本学科发展方兴未艾。这些所见所闻对我了解国际上新的理念、新的知识、新的技术具有很大的帮助。我从事检验事业的 54 年，使我经历了我国检验技术从经典手工、作坊式设备，到标准化、智能化、自动化管理的全过程，是从医学检验到检验医学逐步演变的过程、是检验科作为"后台"辅助科室转变成"前台"作为临床医学的一部分，为临床提供重要的病理、生理信息，参与患者诊疗的重要组成部分。更让我庆幸的是我经历了"文化大革命"、粉碎"四人帮"、改革开放 30 多年检验医学翻天覆地变化。我是党和国家培养起来的一名普通医务人员，没有改革开放不可能使我这样已 32 岁的中专生能进入著名高等学府进行研究生的学习，不可能取得今天的学术成就和学术地位。我是改革开放的受益者，有责任向今天的检验医学工作者介绍我国医学检验发展的历程，特别是近 30 年的突飞猛进，向他们介绍那些为检验的今天勤勤恳恳、无私奉献、甘做人梯、可敬可爱的检验界的前辈们。我曾几次组织同道们编写《中国检验医学发展史》，但终因种种原因而中途夭折了。今天，借此机会，也有责任感将我 50 多年在医院检验科工作岗位上的所见所闻，为年轻的检验人提供一些了解我国医学检验发展的历史，进一步明白我们今天这么好的形势来之不易，珍惜今天的学术地位和工作环境，记住那些为今天做出突出贡献的前辈们（这里要说明的本文内容是根据本人亲身经历所见所闻所总结的体会，由于地域、专业，特别是本人的活动范围限制，只是片面的愚见，这与其他任何单位和个人无关，如有偏差属本人愚笨，不做任何凭证，仅供借鉴）。

我就从 20 世纪 60 年代谈起吧。

一、20 世纪 60 年代：原始作坊式经典手工时代

时代特征：①检验设备极其简陋和原始；②技术操作：原始手工作坊式；③人才教育"师傅带徒弟"，学历教育检验专业最高学历中专；④学科地位：辅助科室。

当代主要技术设备特点：①细胞计数：显微镜和计算盘；②生化检验设备：试管、吸管、比浊管、目光比色计、581 比色计；③血清学检验：试管凝集试验；④临床微生物检验：简单人工培养（只有大医院能做）；⑤妊娠试验：原始的扎蛤蟆。

我 1965 ～ 1966 年 6 月，在北大医院实习（边学习边在第一线工作），其中有一个月到昌平县医院体验基层检验科工作。当时不叫检验医学，而是医学检验。检验科就是一个做化验的地方在医院里面就属于一个辅助科室，工作就是一个经典式的作坊，手工检测标本出结果。那时的北大医院检验科在全国学术地位中是领先的，但没有什么先进的设备。当时我们戏称，检验科的装备就是"一杆枪、一门炮"。"一杆枪"指的是吸管。几个抽屉里面都是吸管。当时已经进步了，一人一根吸管。连吸球都没有，都是拿嘴吸。"一门炮"指的是显微镜和 581 光电比色计（在当时是最好的生化设备）。这种设备在 20 世纪 80 年代以后就被淘汰了。那个时候，最高级生化检验项目就是转氨酶，是在大医院才有的检测项目。二氧化碳结合率都是手工滴定。血糖都是用酒精炉煮沸，再用目光比色计与标准管比色计算浓度。肝功能、肾功能试验（如 TTT、TFT、BSP、PSP）都用反应管所显的浊度大小或颜色深浅，直接用目光与预先配制的系列标准管比较后出结果。虽然方法是最原始的，结果与今天的现代化仪器得出的结果准确性也差许多，但技术人员的检验技术基本功、动手能力是很强的，特别是"显微镜下的工夫很强，如形态学检验"，要比 50 年后的今天技术人员强许多，这也是需要我们检验人深思的问题。

二、20 世纪 70 年代：医学检验发展的萌芽时代

时代特征：①大医院开始引进血球仪和分光光度计；②开展的检验项目很少，操作仍处于原始阶段；③检验专业人才教育开始有大专。④学科地位：辅助科室。

当代主要技术设备特点：①血球计数仪：可检验红血球、白血球和血红蛋白；②721分光光度计：属于半自动化生化分析仪器，开始在大医院普及应用；③免疫学检测：琼脂扩散、反向血凝等基本技术开始进入检验科的视野。

20世纪70年代是医学检验发展的萌芽期。那个时候已经有"血球仪"了，20世纪70年代中期库尔特血球仪已经进入中国。早期的就只是细胞计数，检查WBC、RBC，所以不叫血细胞分析仪。581比色计生化检验可到大的县医院，721型分光光度计成为大医院检验科生化检验的主要设备，检验项目也可增加到30多项。血清学和微生物学基本和20世纪60年代一样，没什么发展。免疫学已经开始发展了，现代免疫学理论已进入检验领域，体液免疫、细胞免疫、淋巴细胞亚群、淋巴因子概念和实验技术在检验科逐步普及。20世纪60年代妊娠试验靠扎蛤蟆。化验室养了一笼子蛤蟆，每天要选雄蟾蜍，再把孕妇的尿打进蛤蟆的皮下，因为它有激素刺激。然后，抽取蛤蟆的尿，镜检有无精子来确定诊断，既繁琐，出结果时间（TAT）也长。20世纪70年代妊娠试验靠的是血球凝集。这是很大的进步了。20世纪60年代，检验没有什么大专、本科生，我中专毕业生在技术员中就算是高学历的了。到了20世纪70年代末期，已有少数院校开设检验大专教育。

1978年《中华医学检验杂志》正式出版，编辑委员会总编辑：叶应妩；副总编辑：李健斋、陈湘、汤兆熊、陶义训、徐功元、娄永新。

在我国检验界泰斗叶应妩和全国各地检验老前辈共同努力下，1979年中华医学会第一届检验分会在吉林省吉林市成立。叶应妩教授任主任委员；副主任委员：王淑娟、汤兆熊、李建斋、周之德。

解放军医学科委会检验科专业组（1995年10月第六届换届时改名为全军医学科技委员会医学检验专业委员会）在1962年成立，首任主任委员是鲍鉴衡（原北京军区总医院），副主委是陈湘（解放军总医院）；1979年"文化大革命"以后第三届主任委

与我国检验医学界泰斗叶应妩教授合影（丛玉隆曾担任两届叶教授在学会的秘书）

我国著名实验诊断学专家王淑娟教授　　　　我军实验诊断学创始人之一朱忠勇教授

员朱忠勇，副主委陈湘、陈孟泽；在解放军现代检验医学（20 世纪 80 年代以后）发展历史中，朱忠勇、孔宪涛教授起着非常重要的作用。朱教授 1943 年入党，1945 年入伍，曾任新四军化验室室长、福州军区总医院检验中心主任、博士生导师，获 1978 年国家科技大会奖、国家科学技术二等奖，多次得到江泽民、胡锦涛等国家领导人的接见。孔宪涛 1946 年入伍，曾参加解放战争、抗美援朝和抗法援越战争，全军临床免疫中心主任，博士生导师，曾获国家科技二等奖、军队科技一等奖。

三、20 世纪 80 年代：医学检验规范化标准化时代

时代特征：①检验设备以半自动化为主，大医院开始引入自动化检验设备；②检验规范化和标准化进入发展状态；③检验医学本科教育很快在全国展开具有检验专业高等教育背景的专业人才开始进入检验岗位。④学科地位：辅助科室。

丛玉隆教授与著名实验诊断学家及免疫学家孔宪涛教授出席会议

当代主要技术设备特点：①三分类血液分析仪器应用于临床；②半自动干化学尿液分析仪：干化学试纸条引进流水线；③低速度全自动化

生化仪进入医院检验科，半自动化生化仪器国内已有产品进入医院；④半自动酶标仪引入医院，并迅速在临床普及；⑤高等医学院校已开设检验专业大学本科教育，具有高等专业教育背景的检验医学人才开始进入各医院临床检验科室。

丛玉隆教授与著名实验诊断学家及肝病学家（第三届主委）陶其敏教授、知名实验诊断学家陈宝良教授出席会议

进入 20 世纪 80 年代，医学检验的发展亮点就是我国检验结果质量控制进入了标准化时期，并逐步与国际接轨，国家颁布了统一计量单位，规定检验报告计量格式，叶应妩教授在全国范围内倡导检验结果的质量管理、建立室内质控、室间质评。1982 年国家卫生部临床检验中心成立，叶应妩教授任中心主任，1983 年带领莫培生（后继任检验中心主任）、王孝行（原北京市检验中心主任）、徐功元（原甘肃省检验中心主任）等与国际学术组织合作，开展我国生化检验结果的室间质评工作。这一项工作把我国生物化学检测提高到一个很高的层次，包括质量管理。什么是 SD，什么是标准差，什么是质控图，都是那时候在国内检验科培训中学习的。叶应妩教授不但是我国现代检验医学的创始人，是具有里程碑式的人物，而且在现代检验医学发展中起到关键性作用。随着免疫学发展，许多免疫学检测从实验室研究进入临床检验诊断应用阶段，酶联免疫标记技术作为实验室检测手段迅速在国内普及。在这方面，北京大学人民医院陶其敏教授功不可没。她对肝炎的实验室研究取得了重大突破并在国内建立和推广乙肝"两对半"检测方法。她率先引进、使用酶标仪，并建议国家卫生部发文，要求全国推广酶标技术。使免疫学从反向凝集试验推到了酶标自动化检查。那时北大医院开始引进国外自动化生化设备，只有 400 个测试，由此推动了国内半自动生化仪发展。跟着就是血细胞计数仪的发展，当时国内有很多血球仪产品（PC603/PC703）。到 20 世纪 90 年代，血球仪又都是进口产品了。这个时期检验医学发展进入了萌芽状态。

四、20 世纪 90 年代：检验医学大发展的孕育时代

时代特征：①技术设备自动化：检验科自动化和全自动化技术设备大量引

入；②临床微生物检测实现全自动化；③学科理念：从"医学检验"向"检验医学"观念转变；④专业人才高学历化：国外留学、留学归国和具有研究生学位的专业人才大量进入检验医学领域，并逐步实现检验专业研究生培养教育。⑤学科地位：从单纯检验技术转变为一门临床学科。

当代主要技术设备特点：①五分类血细胞分析仪引入检验科；②中速和高速生化分析仪器进入国内医院；③PCR技术开始在医院检验科开展；④临床微生物检测设备：自动血培养、细菌鉴定、药敏鉴定技术和仪器在检验科应用；⑤免疫发光设备：免疫发光检测设备迅速在医院普及，并逐步替代放射免疫检测技术。

20世纪90年代是检验医学大发展前期。在这个时期有很多事件的发生，并促进、积蓄了学科发展的力量。第一个就是改革开放使公派、自费出国留学人增多了。这些人是正值30～40岁的业务骨干，有的曾"上过山下过乡"，知道机会的来之不易、体会到求知的渴望；有的已在一线工作10多年，有丰富的实践经验，需要理论知识提高和充实自己；有的本身就是单位的学科带头人，带着寻求提高学科发展和管理知识的理念，这些国外留学人才为我们的发展提供了雄厚的人才基础。第二个是自1995年以来，国民经济的快速发展，国家对卫生事业的投入增多，各国的自动化仪器涌入中国市场，中/高速全自动生化仪、"三分群"血细胞分析仪逐步进入县以上医院；"五分类"基本进入了省级大医院，重大传染病特别是我们这样的肝炎大国对肝炎的研究进展，极大地促进了免疫学检验的发展。从"两对半"、核酸定量到PCR的发展一开始都是从肝炎起家的。后来就是酶标技术，然后就是发光技术。酶标技术只能做大分子检验，发光技术可以精确到可以做小分子检验。免疫发光技术就此起步，并得到迅速发展。这一技术在20世纪90年代起步，真正的发展是在21世纪初叶的第一个十年。

临床微生物最大的问题，就是如何能够缩短TAT时间。所以，自动化血培养、自动化药敏以及自动化鉴定仪可以将TAT时间从4天缩短到2天。PCR还只是在检验科做科研课题，虽未在临床完全应用，但打下了技术积淀，所以，2003年的SARS，是我们PCR临床应用最大的突破，检查患者唾液，为我国抗击SARS立下了汗马功劳。那时期，杨振华教授为医学检验方法学标准化做出了突出贡献，他领导的卫生部临床检验标委会组织全国专家，参考美国、欧洲各国有关医学实验室标准，编制出台了一系列规范和标准，为我国实验室管理的方法学做出了贡献；他建议将《中华医学检验杂志》更名为《中华检验医学杂志》，对我国检验界更新理念、促进检验医学发展，发挥了重要推动作用。

五、21 世纪初叶前十年：检验医学现代化发展时代

时代特征：①全自动化或智能化；②自动化检验流水线引入；③信息化和网络化普及；④国际化：ISO15189 和 GB/T22586 普及，临床实验室进入国际化标准；⑤技术装备向两极化发展：即大型自动化、智能化和微型化及即时化（POCT）；⑥人才教育高级化：检验专业硕士研究生和博士研究生教育普及；⑦岗位专业化和专家化：检验亚学科或亚专业细化，具有硕士、博士学位技术人员普及，高级职称专家普及各个专业岗位；⑧学科地位：临床医学中的重要学科。

当代主要技术设备特点：①流式细胞仪：流式技术引入检验科，加速了血液免疫学技术在常规临床实验室应用的进程；②凝血试验自动化仪器：凝血自动化与各类血小板分析技术结合，为出凝血性疾病的诊断与治疗提供了新手段；③尿沉渣数字化形态分析仪：这一技术设备的应用，推动了体液（包括胸腹水、粪便等）检测全程自动化分析；④IT 技术进入检验科：IT 技术引入检验科，实现了数字化和网络化管理的新时代；并利用 LIS 实现了实验室全面质量管理；⑤POCT（即时即地检验）：其发展方心未艾；⑥分子诊断技术：其技术的应用，使核酸、蛋白质分析技术在检验科诸多临床专业领域应用；⑦全程全自动生化分析仪流水线：在全国多家大医院应用，极大地提高了生化检验效率和质量；⑧各类免疫发光分析仪：现代免疫检测技术的应用，提高了免疫性疾病的临床诊断和治疗水平；⑨蛋白飞行质谱技术、分子生物学技术：为临床微生物等检测分析提供了特异手段；⑩学科理念：从"医学检验"到"检验医学"的理念深入普及，为学科发展奠定了巨大空间；

⑪检验医师职称岗位：为提升检验医学价值和发展提供了良好机遇；⑫ISO15189 和 GB/T22586：国际标准和国家标准的实施，促进了临床实验室标准化建设的进程；⑬"大检验"概念："大检验"理念的倡导，将促进 IVD 产业和检验医学的全面发展。

进入 21 世纪以来年，是我国检验医学现代化爆发式发展期。经过萌芽阶段、孕育阶段，

丛玉隆教授与著名实验诊断学家及血液病学家王鸿利教授合影

丛玉隆教授与沈霞教授合影

就有了长足进步的基础。首先是临床血液病学和自身免疫病学方面的诊断水平。2000年以后，由于艾滋病最主要的诊断指标就是CT348的水平（免疫低下），这一项就把流式细胞仪在全国甚至县级医院都能引进来了。流式细胞仪应用范围不断拓宽，使得检验水平明显提高，其次是几年间出血、凝血因子在实验室检查中得以应用，并在全国迅速实现自动化。这一过程还来源一段故事：国内几个研究出血性疾病/血栓病学的专家一起讨论时提到，在Duke法出血时间测定、玻片氏法凝血时间试验方法学不敏感，有些患者术前出凝血试验检查结果正常，但术中出血出血意外。与此同时，美国著名 Blood 杂志也发表同类见解的文章，因此，我与王鸿利教授商量写了一个共识给卫生部，共识的内容是建议废除，Duke法出血时间测定、玻片法凝血时间这两个试验，用TT、APTT和血小板技术替代术前筛查，必要时用"出血时间测定器法"做出血时间试验。这就给凝血试验自动化带来了机会。不到一年时间，先是国外的IL公司，再就是STAGO、SYSMEX。这一下就推进了国内的凝血市场发展。国内有关仪器、试剂企业也同时发展起来，但凝血仪的使用并没有达到国际上用于出血性疾病和血栓性疾病，只是给手术前筛查提供了方便。换句话说，这些设备与实验技术不只应用在于术前筛查，更主要是老年病或一些其他慢性病并发症，包括女性健康，特别是妊娠后期、妊高症，都需要这些检查。2005年后，尿沉渣的数字形态学问世了，而且带动了全自动体液检测，包括粪便。所以，现在对检验科要说，自动化空白或需弥补的发展空间，比较大的就是尿液数字化检测体系、粪便和妇科所有的分泌物的检查，包括结核检查。需要有形态学分析，光靠数据库是解决不了准确分析的，这就带来了互联网＋和专家诊断系统结合起来。数字化识别，我们在国际上已经领先了。我们怎么再把它变成"互联网＋"，使IT技术进入实验室。LIS的出现加强了实验室的自动化和自动化管理。

　　21世纪前十年发展比较快的还有POCT。当然，POCT在20世纪80年代、90年代就已开始，但现在呈爆发式发展，包括航天、家庭医生用的都是POCT。特别是现在可穿戴的POCT和网络结合形成了智慧医疗，这是今后很重要的一个方面。在这时分子诊断、核酸、蛋白质各项技术得到了发展。20 世纪末是前基因组学时代，到了 21 世纪初是后基因组学时代，也就是蛋白质组学和其他组学的变化，而这些带动了 PCR、质谱等的发展。对核酸的检测和大数据的结合，产生了精准医疗。这时期全程的自动化生化仪、流水线或智能化的、岛屿式的全自动化分析仪基本都进入了大医院。2005～2010 年发展的热点还有免疫荧光。2005 年前我国生产化学发光的厂家不多，甚至只有几个，后来慢慢萎缩。但到了 2016 年 11 月份，在参加装备协会组织的全国全自动化化学发光仪器优秀产品评选中，参选企业达 29 家。几年前全自动产品还是凤毛麟角，这一下就出现众多，发展速度可见一斑。

在这个十年里，理念上也有了很大的变化，使我们从理念和观念及国际接轨的程度有了很大的变化。第一，就是从"医学检验"到"检验医学"概念转变。什么叫"医学检验"？通过检验技术，通过检测标本，给临床提供数据。它基本不参与临床的诊断和治疗，这就是上面提到的 20 世纪 60、70、80 年代和 90 年代的上半期，即医学检验时代。而在 1995 年以后伴随着世界对检验科看法的变化，把检验学作为临床诊断学的一部分、检验科作为一个诊断科室。检验科的定位就是通过检验的手段，通过检验结果给临床提供有效的信息，并参与临床诊断和治疗，这门学科就叫"检验医学"。这样的学科定位使检验科具有了明显的发展空间。除了医技，还有软件制造，把许多信息加到软件里和硬件配合，这就是专家系统。专家系统很多方面就是和临床的对话，通过检验结果，为临床提供指导诊断和治疗的证据。学科定位的变化使国家有了"检验医师"岗位，检验医师编制的出现是 21 世纪前十年的又一亮点。2003 年中国医师协会检验医师分会成立后的头等大事就是争取"检验医师岗位编制"。之前，我国没有检验医师，有病理科医师。而在国外，检验医师就是病理医师，一个是组织病理，一个是临床病理。而我们国家是两个学科，造成了没有检验医师。检验医师意味着，他必须来自医疗系，必须经过临床考试取得临床医师资格，再作为专科培训成为检验医师。由此中国医师协会检验医师分会于2013 年 8 月诞生了，主任委员是丛玉隆，副主委张正、康熙熊、吕元、王学谦、童明庆。在近十几年全国临床检验实验室和体外诊断系统标准化委员会（TC136）卓有成效的工作，促进了体外诊断产品的质量和标准化，也带动或加速了检验的标准化、规范化、智能化进程。TC136 对检验医学的另一贡献是实时地将 ISO15189 推荐给国内并很快将 2007 版转化为国标（GB/T22576），并与中国实验室国家认可委员会积极宣传文件内涵，培训内审员对我国实验室认可的开展和医学实验室标准化、国际化管理发挥了不可替代的作用。至今，全国已有260多家实验室通过ISO15189认可，居国际排行前列。

21世纪第二个十年，也就是进入了2010年以后到现在，检验医学发展进入了一个新的里程碑。第一就是第四次工业革命，推动了智能化、互联网大数据、人工机器人、3D打印、无纸办公，以这些为核心的智能化技术给临床实验室带来了新的机遇、新的理念，实验室从自动化向信息化、智能化以致成为"绿色实验室"方向逐步进展，成为新的发展趋势。第二就是医改。医改给检验领域发展带来了新的挑战。既要引用新的设备，又要推广适宜技术，是检验面临的新课题。对检验科，医改带来的挑战要比机遇大的多。第一个挑战要求医院要走公益化，既然公益就不能盈利，不能再走市场主导的道路；第二挑战是转化医学带来精准医疗和智慧医疗，这将会改变检验科管理和发展模式的变化；第三挑战是国家医改实行三级医疗网、面向社区的政策及"互联网＋"，使第三方检测机构迅速崛起，为检验科提供了新机遇同时也面临巨大的挑战。

中华医学会检验分会四任主任委员参加庆祝王金良教授从业40周年活动，叶应妩（右二）第一、二届主任委员，陶其敏（右一）第三届主任委员，杨振华（左二）第四届主任委员，丛玉隆（左一）第五、六届主任委员

1999年中华医学检验杂志编委会合影

2000年在香港参加国际会议时照片，王孝行（左起第二位）曾连任三届（第1、2、3届）全国检验学会常委兼秘书长

2005年全国检验学会临检学组合影

第十九章
同事和学生眼中的丛老师

"为人师表，言传身教，做学问先做人"，这是丛玉隆多年来做学问、带研究生和为人的座右铭。在同事和学生眼中，丛玉隆教授就是他们的丰碑和楷模，立德、立人、立术的榜样。丛老师在他们心目中的印象和评价：

1. 学精于研，业精于勤：丛玉隆教授在检验医学领域辛勤工作 50 余年，虽居学术高位，但他始终深入临床检验一线，为患者服务，并根据临床医生、患者需求，国际发展前沿和趋势，筹谋学科发展，为人民健康谋求福祉。在短短几年时间内，将一个在国内不被重视的小科室发展成为享誉国内外、居于领先地位的临床实验诊断科室，并推动整个学科朝着更加现代化、标准化、国际化、自动化和智能化的方向发展。

丛玉隆教授积极倡导"检验与临床结合"，重视临床检验形态学临床应用与发展，勇于理论创新，倡导和推动由"医学检验"向"检验医学"的转变；并推出"大检验医学"理念，受到检验医学领域或学术界的普遍认可，使检验医学学术发展不断向更高层次发展。

丛教授曾担任中华医学会检验分会主任委员，中国医师协会检验医师分会、中国医学装备协会检验医学分会会长，全军检验医学会主任委员，中国老年医学会检验分会会长，北京市检验医学分会主任委员，全国标准化委员会主任委员等职务，亲自主持、策划和组织召开了 100 多场学术会议，为促进学术交流和学科发展，确立检验医学的地位和培养中青年检验医学人才发挥了重要作用。

他还是将国际医学实验室管理要求（ISO15189）引入中国的第一人，在他的领导下，解放军总医院的检验科实验室获得国内首家国际认证，他设计的"丛式实验室全面质量管理流程图"在大陆和港台地区被广泛采用。

他倡导检验科将"以标本为中心，以检验结果为目的"的工作理念模式，转变为"以患者为中心，将所测得数据转化成为高效的诊治信息，并提供给临床为目的"的理念模式，已成为临床检验学科行动的宗旨。

丛玉隆教授与在北京工作的学生合影

近年来，他又率先提出了"大检验医学"理念，积极倡导和推进"产-学-研-用"协同发展模式，积极搭建"产-学-研-用"交流平台，促进"大检验医学"发展。学界有人这样评价丛玉隆教授，"在惊涛骇浪的历史海洋中驾一叶扁舟为理想而冲锋；在小小的花盆中埋下希望的种子，用不懈的坚持和辛勤浇灌出参天大树"。我们的丛老师正是这样，从一名中专毕业的化验员成长为如今检验医学领域的专家泰斗，他的为学、奉献和创业之路，正是一部激励学人和催人奋进的励志书。

丛老师在接受专访时曾满怀感恩地回眸自己的学术人生，"我从1982年研究生毕业来到原北京医科大学第一医院工作至今已有50多年。在漫长的学术生涯中，亲身经历了改革开放30年我国检验医学发展的变化，这期间深刻体会到，国家经济实力的不断增强，人民对健康意识的不断提高，促进了我国检验医学事业的快速发展；而国民经济的飞速发展，又为检验医学提供了极好的发展机遇；改革开放为我们提供了新的思维、新的理念、新的空间，才有我们今天检验医学的大好局面，才有我的今天。对我个人而言，从一个中专毕业生中专毕业的普通检验科技术人员，到被学术界同仁赞扬和肯定的临床检验诊断学教授，除了个人的努力外，更重要的是赶上了改革开放这样的好时代。如此，才成就了我能在1979年考入山东医科大学成为临床血液病研究生，后又来到原北京医科大学第一医院工作，才有了在这两所高等学府（北医和山医）认真深造、踏实实践、勤奋工作的经历，为后来打造解放军总医院临床检验科成为享誉国内外优秀科室，为全国检验医学发展做出了一些前瞻、指导性的工作，为获得了一些荣誉打下了坚实的基础。说真心话，这个时代造就了我，我的每一步进步、每一个成绩，都与我国检验医学每个阶段发展密不可分"。

学精于研，业精于勤，丛老师的学术生涯，离不开他的勤奋好学。在他刚参加工作时坚持每周二、四、六下夜班后奔波于单位和北大医院之间，就是为了能跟随王淑娟教授学到更多更系统的理论和实践知识。寒来暑往，深厚的知识积累奠定了他事业坚实的基底。2011年某重大保健任务中，丛老师在短时间内查阅国内外近千篇文献，一丝不苟地对照图谱分析。"那段时间，学生在科室值夜班经常看见丛老师拖着疲惫的身体加班到深夜"，学生龚美亮说道。丛老师一贯如此，在孜孜不倦地追求着检验医学事业。丛教授的妻子任珍群曾经感叹，"他（丛玉隆教授）的精力及其旺盛，经常是好几件事情同时在做"。筹备会议、编纂专著、专家会诊……丛教授已年近七旬，即便是这些年他不再担任行政职务，他仍每天工作学习到凌晨12～1点，这种毅力超乎普通人，值得我们敬佩和学习。"能力越大，责任越大"，他所提倡的"大检验医学"时代才刚刚到来，他永远有忙不完的任务，用不完的精力。

丛教授在工作中是一个典型的"拼命三郎"。他先后担任9个与检验医学有关的全国学术团体的主任委员或会长，能担当起如此繁多的头衔，两点原因至关重要，首先是他作为检验医学专家的敬业奉献精神，其次是因为他与人为善的人格魅力。曾作为会务人员，全程参与其中的筹备和组织过程的学生王云云说，"由于会议时间有限，为确保会议高效有序进行，常常大会小会同时召开，而有些会议丛教授要亲自参加，一场会议还没结束就要赶往下一场，在不同的会议室之间来回赶场，对年轻人都是体力上的考验，更何况是对年近七旬的丛教授。一天十几个小时的会议结束后，疲惫的丛教授还要组织会务人员安排次日的会议日程"。丛教授这种细腻的为他人考虑的心思，使得与他共事过的人大多都变成他的至交，他们来自国内外知名企业、著名高等学府、大型三甲医院、政府监管部门，其中不乏院士、教授、高管，更多的是全国各地的检验科主任和普通企业生产工程师。在丛教授的领导下，无论他们来自哪一个单位、何种职称都能团结一致，有钱的出钱、有力的出力、有人脉的通融渠道、有影响的实施号召力，虽"五指"不同，形成的"拳头"却充满力量。在丛教授领导下的学术组织团体，都充满号召力和活力，最终，繁荣了学术，促进了学科发展。

2. 治学严谨，爱徒如子：在治学方面，丛教授治学是出了名的严苛，他一生以高标准要求自己，追求完美，也把这种作风传递给了身边的人。他喜欢跟学生讲他的两个小故事：一个是温度和时间影响血浆凝血酶原的故事；一个是大剂量青霉素导致尿蛋白阴性的故事。正是他的一丝不苟严谨细致换来了临床的信任，赢得了同行的尊重。在学生关杰的毕业答辩会上，丛教授在点评时指出了一个看似无关紧要的细节问题，即通常 MPV 是指血小板平均体积，而课题中涉及的是血小板颗粒体积，其英文缩写也是 MPV，如不看全称，可能真的就误认为是血小板平均体积。丛教授一针见血地指出易混点，并提出将其改为 MPVs。还有一次，丛教授让学生任军伟向一本杂志投稿。在写完文章后，任军伟拿去给丛教授审阅，才得知老师感冒了，正在病房里打点滴。在去病房探望丛教授的时候，丛教授看到他就关切地询问："让你写的文章怎样了？"任军伟赶紧回答："已经写完了，正想请您审阅，只是……"。丛教授立刻严肃起来："没有那么多可是，现在就给我拿过来。"就这样，丛教授一边打着点滴，一边专心致志地审稿，一看就将近三个小时，任军伟回忆道："我在旁边注视着敬爱的老师，心中充满了敬畏和感动。最后，当我接过老师审过的稿子时，我的眼睛湿润了，只见原稿上密密麻麻写满了批注与提示，甚至连一个逗号的位置，老师都重新修饰了一遍。"扎扎实实做学问，这不是一句空话，是丛教授践行了一生的金玉良言。

　　治学，丛教授成绩斐然，或源于他敏而好学，精诚所至。为人，丛教授更是温润厚德，高山景行，这便是常人不能及的内在修养。

　　丛教授是一个常怀感恩之心的人，不仅对于这个社会，更对于每一个曾帮助过他的人。丛教授常说："在学术上我能走到今天，要感谢我的恩师。没有她几十年对我的辛勤培养，就没有今天的我！"在王淑娟教授病重时，丛教授即便再忙，也要抽出时间去多陪陪她老人家。在王淑娟教授的追悼会上，丛教授带着自己的学生为王教授送行。我们看着年近七旬的丛教授穿着军装，表情凝重，向他的恩师送行，泪水不禁夺眶而出。每当佳节来临之际，丛教授便会朋友圈中发表长文，缅怀恩师，缅怀朋友，感激他们在他的成长路上洒下的汗水，一路扶持，感谢他们为检验事业作出的贡献。丛教授的举止绝非哗众取宠，这是源于他内心对恩师的感激，对前辈的尊敬。丛教授的感恩常在行动，也深深感染了他身边的人。可谓感恩之心，人皆有之；感恩之人，世皆敬之。也许正是这些微不足道的事例，丛教授赢得了业界的赞誉和尊敬。

　　丛教授常说，对待集体和同事要像对待自己的家人，让大家带着欢快的心情来上班。他每年都要组织科室照全家福，同事生病一定亲自探望，过年组织自编自演文艺节目……一个个细小的举动让大家的心走得更近，让大家对集体有更深的认同感，心甘情愿为集体奉献。这就是丛教授推崇和实践的团队文化，科室上下亲如一家，心往一处想，劲儿往一处使，这个团队自然就有了凝聚力。2014 年丛教授荣获"中国医师奖"，作为一名辅诊科室的医生获此殊荣，丛教授激动不已，他的获奖感言也令学生和检验人感动不已。丛教授说："这个奖我是替大家拿的，是大家共同的努力得到了认可！"尊重团队的每一个成员，风雨中同舟共济，取得成绩时懂得分享和给予，让丛教授领导下的团队都变成了温暖的大家庭。此时学生才真正明白丛教授能够获得同行的广泛认可，其实更重要的是因为他的人格魅力。丛教授待人处事的智慧、胸怀和品行是值得学生晚辈学习的精神宝藏。

卓越的成就和赫赫的声名似乎给丛教授加上了一层不可靠近的光环，但说到为师教学，他对学生和同事其实是非常和蔼、关爱有加的。"经师易遇，人师难逢"，今日真正堪称优秀之导师，并不止于传授知识，更重要的是塑造人格！做丛教授的学生是幸福的，在学生眼里，他就是一位睿智、可亲、幽默、有趣的父亲。

初见丛教授，学生们总是怀揣一颗惴惴不安之心，害怕这位"传说"中的人物不太好相处。丛教授在迎接新生时，总是会请新生和师兄师姐们一起吃饭，帮助新生迅速融入新环境。在餐桌他会给新生上研究生学习生涯的第一课："在当下的时代，虽然社会上有很多人认为金钱、名利是最重要的，有了这些，其他都不是事儿。但是，你们作为我的学生，首先要学的就是如何成为一个老实人，因为只有老实人，才能静下心来认认真真、踏踏实实地做学问、做事。道理很简单，研究生，不同于中学、大学生，他的主要任务是跟着导师做科学研究，若想做出严谨科学的结果，就必须客观地做好每一步实验，记好每一项记录，甚至是小数点后面的一个数字都不能改动。如果你总想要小聪明，投机取巧，是不可能得出科学客观的结果的，更不可能有所成就。所以，今天我希望你们每个学生都能踏踏实实做学问，老老实实做人。"这样直白简单的教诲，总是能让新生"心中的石头落地"，也对未来的学习生涯充满了期待。

丛教授给学生们制订专业方向是本着因人而异、因材施教的原则进行的。他尊重学生的意见，开发学生的潜力，观察学生的性格。在与学生的交流中，帮助学生选择最适合的专业方向。在学生王云云最初的博士项目里，由于条件有限，她总有一种在挣扎的感觉，老师及时帮助联系新的实验室，推荐联合培养的导师，建议结合自身的优势选择课题。这其中是一段非常难忘的经历，尽管新的实验室离宿舍很远，每天早晚挤公车出行，但是能有机会进入国内顶级实验室是一个难得而宝贵的机会，在那里顺利完成了课题研究。更重要的是，科研素养和研究水平得到了很大提高。

丛教授工作虽然忙碌，但在对待学生的学术研究上，却从不懈怠！总是在百忙之中保证挤出足够时间，对学生们近期的科研情况做出指导。学生刘野记忆犹新的一次是正思考在临床尿检方面做些探寻，其中涉及部分经典方法。他事先调

丛玉隆教授与 2016 年毕业的研究生合影

研了最新的文献报道，极少见到对这类经典方法的细节描述。一次工作汇报中向丛主任说起此事，老师找出了一本 1999 年出版的《当代体液分析技术与临床》，然后递与他说："这本书虽然有些"赶不上时代"，但是里面的许多经典理念和方法却是值得研究，其中就有你刚讲到的这些。"当时，这套书丛教授只珍藏了一本，让刘野先借阅学习。令刘野没想的是，几天后老师又拿了一本同一版本的书，并将此书赠予他。刘野说："当书拿到我手上时，我真切感受到了书的分量和温度，这是来自老师对学生的寄托和爱。"丛教授对每个学生都会因材施教，针对相应的研究课题，亲自选定符合该学科发展的书籍，并赠予学生。

丛教授提倡学生的专业方向选择先全面而后专业，即对检验所涉猎的各个亚专业无差别学习，再重点选择一个方向进行研究。这样在学生们日后参加实际工作时，既没有短板，又有所专长。他对学生的科研，向来高标准严要求；课题选题，他从严把关。丛教授常说，"科研就是要解决临床的实际问题"，"你先别问我选什么，你先去问问心内、神内科主任，看他们究竟需要什么"。如今"检验科研一定要对临床有助益"已成为大家的共识。学生李祖兰回忆起自己当年选定课题，内心充满对丛教授的感激："当时几经周折，我的硕士课题才选定为血小板功能试验分析的质量控制。丛老师告诫我，别小看这课题，看似简单，特色小检验能做成大科研！在他精心的指导下，我从钙离子浓度、富血小板浓度、诱导剂浓度等方面入手，做了大大小小十几个小试验，发现了许多有趣的实验现象，收集了大量有临床意义的数据。由于实验需要大量的血液标本，他总是为学生想办法，并号召检验科人员"献血"，解决学生的燃眉之急。到毕业时，学生收获满满；毕业之后，在国内核心期刊相继发表关于血小板实验的论著十余篇，有两篇获得"优秀论文"奖！老师特别高兴，我明白，没有老师您的引导和鼓励，哪有我今天的收获呢？之前我总觉得我的世界迷茫、闭塞，成为丛老师的学生后，在丛老师的教导下，我慢慢觉得豁然开朗，清楚自己的目标并为之不懈努力。所以，我要感谢丛老师，您是学生成长进步的指路明灯！"

丛教授不仅注重学生的专业素养，还会根据学生的不同性格，放大其优点，给予学生更广阔的发展空间。他力求"人尽其才、才尽其用"，在外出开会时，对于外向的学生，他会安排一些与人接洽的工作。丛教授观察到学生朱远性格外向，善于沟通，还颇有"商业头脑"，在外出开会时，便会给他安排书籍售卖的工作，销售所得有时还可以让忙于会务的师兄妹小聚，虽然可能只

学生到家祝贺教师节

是一顿简餐，但大家其乐融融，锻炼了组织沟通能力的同时还增加了师门的凝聚力；对于内向的学生则会布置一些会议的筹备工作：人员安排、场地布置、时间规划、费用统计。曾参与过会议筹备整个流程的学生平牧野深知，丛教授对于会议的组织和筹备向来事无巨细，身体力行，"别人常感叹丛教授的记忆力和逻辑性非常人所及，三四天的会议议程，几十个分论坛，他可以清晰地分配各个论坛的时间、地点，并且保证分配地合理得当。但只有我们跟随在老师的身边才知道，他办会是从组织筹备、人员联系、场地安排、时间设置、资金筹措一件件亲自过目，一个会议办下来，要耗费好几个月的时间和精力"。

3. 言传身教，宽以待人：丛教授不仅在学术上传授了学生很多知识，更是在做人做事上对我们言传身教。他喜欢和学生坐在一起谈心，将自己的人生感悟娓娓道来。每年过教师节，丛教授都会送学生们一本书，如《哈佛家训》、《剑桥家训》、《牛津家训》、《北大哲学课》、《在北大听到的24堂修心课》……这每一本书都是丛教授的枕边书。当送到我们的手中时，它就是一种叮咛、一个警钟，寄托了丛教授对我们的希望：不要只顾学知识，更重要的是如何是为人。学生平牧野记得有一次在丛教授家，同行的师姐先行离开而她在整理文件没有打招呼，在师姐离开后，丛教授提醒说，"怎么不跟师姐说再见"，之后便语重心长地说道，"以后去了工作单位，一定要注意这些细节"。简简单单的一句话，流露出了对即将毕业的学生的不舍和关照。更多的时候，丛教授甚至细心地像一位母亲。学生周玉回忆道："2009年，我毕业分配来到解放军总医院，校园生活转变为工作环境，身边也没有了可以倾诉的同学。那时候感觉自己像一粒种子被随意扔到了地里，茫然不知明天将是如何，

一时觉得很不适应，心里很难受。"丛教授看出了她的心思，主动叫她去办公室谈心。"他微笑着询问我的近况和困难，并教我怎么跟新同事们相处，鼓励我踏踏实实好好干。那种无助时获得的鼓励犹如一股暖流立刻温暖了我的心田，让我永远无法忘记。"学生龚美亮说："我领结婚证那天，丛教授特别高兴，替我请了同事们一起庆祝，甚至还替我买了玫瑰花。"丛教授说："你们这些孩子父母不在身边，我就当你们的父亲替你们办这些事"。丛教授总是把我们这些学生的事情挂在心上：谁该找对象啦，谁该晋职称啦，仿佛就是他自己的孩子。

在学习中、生活里，在每一个细微处，老师时时以自身的人格魅力感召我们。丛教授非常注重个人形象，他的衣着不仅整洁得体更是品味非凡，这可能与他曾留学意大利相关，更体现了他的生活态度：穿得得体体现了对他人的尊重，也是对自己的尊重。丛教授的好形象已经成为一种品牌，也影响了他的学生们。学生朱远在毕业答辩时身着西装的照片上传到朋友圈后，一时竟引得多家公司争相聘请，不得不说好的形象确实增益不少。

丛教授年近七旬，但他从不喜欢麻烦别人，并且对新鲜事物永远保持着热情的接纳能力。每次外出开会，他都可以自己把行程食宿安排妥当，幻灯、宣传材料都手到擒来。

授学授德授人生，亦师亦友亦亲人，这就是学生们眼中的丛教授。有幸成为老师的学生，我们倍感骄傲！他是脊梁，支撑了检验医学新的天空，让检验医学在疾病诊治中突显了地位和作用；他是大树，抚育了我们这些绿叶，让我们在蓝天白云下尽情绽放青春！我庆幸自己此生能遇上这样的恩师，祝愿我的老师永远健康、快乐！

第一节　同事王成彬主任：倾心检验事业
书写精彩人生

在检验界可能没有人不知道丛玉隆教授的，有些还没毕业的在校检验专业学生也会自豪地说我读过丛教授的著作。近两年，丛教授更是连获殊荣：2013年1月29日，中央电视台新闻联播播报中央军委主席习近平签发授予其三等功通令；2014年6月26日在人民大会堂接受中国医师协会颁发的第九届中国医师奖。

丛玉隆教授经常自称自己为平民学者、草根专家，也常有人与我探讨丛玉隆教授不可思议的传奇经历，作为第一学历只有中专，从最基层化验员做起，能够在人才集聚、竞争激烈的解放军总医院科主任位置上立足，并成为全国检验专业的领路人，医疗、教学、科研、管理方面的知名检验专家实属不易。我与丛教授长期在同一医院工作，特别是2006年后，有幸作为丛教授的助手成为其学科团队的成员，深切体会到，丛玉隆教授所取得今天的成就绝非偶然。特别是最近拜读了由王璐和任珍群合著的《丛玉隆的学术人生》，全书60余万字翔实记载了丛玉隆教授的成长、不懈努力、成功的人生轨迹。

1987年，丛玉隆教授来到新成立的解放军总医院临床检验科时，全科所能开展的就是"三大常规"，人员以中专和无学历为主。丛玉隆教授担任科室主任20年，始终把弘扬团队精神作为学科发展中的核心动力，把打造科室文化作为学科发展中的凝聚剂，在此基础上，通过培养不同类型人才、构建管理和技术团队、开展临床需要的新技术和新业务，最终将临床检验科打造成为拥有血液、体液、免疫、凝血、遗传、血液病诊断等专业齐全，并在院内、军内、国内都具有较高影响力的现代化实验室，主系列人员全部具有博士、硕士学位，技术系列以硕士、本科学历为主。院机关、临床部、相关科室先后组织部门及党、团支部到我科参观、交流。每年科室接待国内外同行来科参观交流人员数以千计。

在谈到个人成就时，丛玉隆教授总会将之归功于机会好、解放军总医院的平台好、科室团队强有力后盾的支撑、师长的教导、学会的培养以及检验界同行们的支持。丛教授所提全是外部因素，而没有提到他个人努力的内因。我个人认为，丛教授之所因能够取得如此卓越的成就，这与其潜心感悟前辈们做人、处事、医病、治学的真谛，虚心学习和总结老师、同事、部下、学生们的经验和教训，严于律己、乐于助人的良好品德，一步一个脚印，不懈努力，顽强拼搏密不可分。从以下丛教授简历中的成长历程，我们就不难发现我衷心期望我们的年轻同志能够从丛玉隆教授的奋斗历程中得到启示。

丛教授出生于北京城的一个普通家庭，他经历了大多数家庭孩子一样所经历过的清贫和艰辛的童年与少年生活，而其父亲的早逝又迫使一直学习优秀的他不得不放弃报考大学而改考中专，这样在拮据的家庭条件下既可免费继续学习，又可早点毕业参加工作好帮助改善家庭经济状况。正因为父亲的早逝使丛玉隆教授选择了探求医学、治病救人，让世人少发生自家伤悲的志向报考了北京卫生学校。

1963～1967年丛教授在北京卫生学校检验专业学习，期间受到严格、正规的基本技能和基本理论训练，特别是1965年在北大医院（现北京大学第一临床医学院）一年的"生产实习"，师从著名的实验诊断学家王淑娟教授，使他不仅得到更深层次的医学检验内涵的传授、扎实的技术功底（特别是形态学）的培养，更从老师的言传身教中学到了"如何做人、如何治学"的真谛，对其以后的提高、成长、发展，产生了重要影响。

第二节　学生王云云：传道授业　大家风范

在人生中，除了生我养我的家乡之外，我从来没有如此留恋一个地方。这个地方是我博士三年就读的解放军总医院检验科。我的导师是中国检验医学领域的开拓者丛玉隆教授。三年来的学习生涯中，我体味到了成长与收获，心中感慨万千。从最初的不知所措、迷茫无助，到现在的信心渐增、踌躇满志，这之间的蜕变虽然艰难，也是幸福的。因为有一位睿智的长者，在我遇到挫折时给予我鼓励，在我遇到问题时给予我指导，为我的人生远行指点迷津，就犹如海上的灯塔指引着船只向远方航行。而这位长者，正是我的导师丛玉隆教授。回想起与老师相处的点点滴滴，那些温暖感动的瞬间常使我泪流满面。

2012年末，我第一次与老师零距离接触。在去和导师谈话之前，我并没有给他写过邮件，对他的性格等都是一无所知，只是事先通过网络了解了导师的研究方向、学术影响力等。见老师之前我很忐忑，生怕给老师留下不好的印象。老师的办公室在南楼检验科，由于地理位置特殊，几经周折后终于有机会见面。当时，他的房间里面堆满了各种各样的专业书籍。我简单介绍了一下自身情况及其意向，他表示欢迎报考他的博士研究生。导师给我留下的第一印象，就是一个智者大家的模样。老师非常随和，脸上也挂着笑容，完全没有想象中博导给人的雷厉风行的感觉。在以后的相处过程中，老师的学识和高尚人格深刻影响了我。

传科学人文之道，授思想道德之业，解知识贫乏之惑，点成长与抉择之迷。我们的老师不仅拥有深厚的专业功底和渊博的学识，而且还有伟大的人格魅力和高尚的修养，所谓学高为师，身正为范，在老师身上体现得淋漓尽致。"经师易遇，人师难逢"，今日真正堪称优秀之导师，并不止于传授知识，更重要的是塑造人格！我是一位幸运的学生，在求学之路上能遇到一位难得的导师。

在学习中，生活里，在每一个细微处，老师时时以自身的人格魅力感召我们，把敬业奉献的那种炽烈的激情灌输给同事的所有人，以自己的德、才、情给学生潜移默化的、终生受益的影响和感化。

在科研中，老师身体力行，带头研究；教学中，老师兢兢业业，传道授业；生活中，老师责任做事，热诚待人。不论啥时候，在生活中或科研中遇到难题，老师都会不厌其烦的给予指导。从老师身上，我学到了很多可贵的品质，他时常教导我们，坚信自己所选择的路，只要是对专业的长足发展有益，不管有多难、多艰辛，一定要坚持不懈地走下去。"乘风破浪会有时，直挂云帆济沧海"。只要我们航行的方向是正确的，总有一天我们会胜利地到达成功的彼岸。

老师对学生的监督就像父母对子女的教育，强硬且明确，善良且慷慨。我是一个固执且迟钝的学生，但是老师一直都鼓励我勇敢前行。老师除了为我们提供了一个有益于学习、进行专注的设计良好的实验、撰写学术论文、处理建设性的评论和进行严厉的自我批评的环境外，还为学生做的比我们自身感知到的要多得多。事实证明，我们的许多机会、奖项和工作都在不同程度上受到了丛老师的影响，他对学生的支持从未停止过。老师为学生做了这么多，我们却为他做得很少。

老师做了很多我非常感激的事情。在我最初的博士项目里，由于条件有限，我有一种在挣扎的感觉。老师及时帮我联系实验室，推荐联合培养的导师，建议我结合自身的优势选择课题。这其中是一段非常难忘的经历，尽管新的实验室离宿舍很远，每天早晚挤公车出行，但是能有机会进入科研水平高的实验室是一个难得而宝贵的机会，在那里我顺利完成了课题研究。更重要的是，我的科研素养和研究水平得到了很大程度的提高。

老师经常飞赴各地参加学术会议，常年超负荷的工作量也拖累了老师的身体。然而，老师给人的感觉却是一站在讲台，就活力四射。

博士就读期间，老师作为会议主席组织召开了多次大规模学术会议。我作为会务人员，全程参与其中的筹备和组织过程，目睹了老师在检验医学领域中的学术影响力，看到了老师之所以成为检验专家的敬业奉献精神，也体会到了老师与人为善的人格魅力。由于会议时间有限，为确保会议高效有序进行，常常大会小会同时召开，而有些会议老师要亲自参加，一场会议还没结束就要赶往下一场，在不同的会议室之间来回赶场，对年轻人都是体力上的考验，一整天十几个小时的会议结束后，疲惫的老师，居然还要组织会务人员安排次日的会议日程。老师还是一个非常绵细的人，跟随老师出差开会，学生的衣食住行老师都照顾有加，很多小举动让我感动满满，这些点点滴滴回忆起来常常感觉很幸福。

作为这段人生里的一段最温暖、温馨、快乐的记忆，内心充满感恩，向我的导师丛玉隆教授表示最诚挚的敬意和衷心的感谢，他精深的学术造诣、对科学问题敏锐的洞察力、严谨勤奋的治学之道和身体力行的为人风格是值得我一生学习的榜样，他的教诲与鞭策将激励我在未来的人生道路上开拓进取、奋勇前行。我导师对我的影响是会持续下去的！博士生涯短暂而紧凑，感谢老师和师母一路来的指导和鼓励，我的每一天都过得那么精致、充实！心向吾师，愿恩师和师母健康、平安！

第三节　学生李莉：师徒情　赤子心

是谁将希望的羽翼插在我们身上，让我们飞得更高更远？是谁在点滴的小事上，教会我们如何做人做事？是谁在我们迷茫时，化作指南针，带我们在大海中航行？又是谁在我们忧伤时，化身天使，助我们重回快乐少年？这就是我敬爱的导师——丛玉隆教授。

您的关爱无处不在，那些点点滴滴的回忆，填满我的心海。您是一位既风趣，又很 nice 的老师，严厉中透着慈祥，温柔中透着威严。记得我研一的时候在老师面前非常拘谨小心，初次接触给我一种只可远观的感觉，我想大多数人跟我有同样的感受，尤其是学生，渐渐地交流一多，这种感觉淡化了，在您面前能畅所欲言。

老师给我们提供了很多学术上交流沟通的机会。每年我们都跟着导师参加一些大型学术会议，不仅能接触很多检验界大腕，听取名师名家"论道"，还能了解到最前沿的科研方向及动态。

老师知识功底扎实，记忆超群，思维敏捷，已经将近七旬的人，仍能每天工作学习到凌晨 12～1 点，这种毅力超乎普通人，这种精神值得敬佩学习。他编著的图书不计其数，业界反响颇高，像我们这些年轻的检验人员，似乎都是看着他编写的图书一步步进步的。每年 301 医院检验科研究生、进修生们都能有幸听到丛教授的课，收到他赠送的图书。记得 2015 年 6 月，老师特意抽出时间谢绝所有邀请的外出报告和会议，认真备课精心准备了为期两周的课程，课后大家反应极好，积极请教问题，纷纷排队与老师合影留念，看到这种场面，老师深深感动与慰藉，并发出感慨"当老师比当医生好哇！"

2015 年 5 月答辩季，也是我即将毕业的日子，老师在正式答辩之前给我们举办了一次预答辩，气氛渲染的与正式答辩几乎一样，甚至还要紧张，我将之前准备的材料和 PPT 按照我设计的思路款款而谈，35 张幻灯片一气呵成，讲解的过程中偶尔目光不经意地扫到老师脸上，看看他的反应如何，有时皱眉，有时摇头，但一直不停地记录每一处错误和不满意的地方。到老师点评时，竟令我大吃一惊，他说："你的PPT要重做，条理不清，重点不突出"。我心里咯噔一下，神经紧绷，心想：这下可坏了。之后，老师让我从头一张一张的放PPT，认真地指导我幻灯片的制作和重点讲解的地方。我紧张的心情慢慢才恢复平静。此刻，我觉得老师是那么的慈祥。等到正式答辩那天，我没有那么紧张，反倒有些激动，在老师的指导、鼓励、赞美中，顺利完成答辩，为我研究生生涯画上了满意的句号。

"人要懂得感恩，学会感恩；感恩父母，感恩这一路上帮助过你的人；怀有一颗感恩的心，才能感到真正的幸福快乐"，这是老师给我的忠告教诲。老师用自己的实际行动潜移默化的影响着我们，言传身教，凡要求学生做到的，自己首先做到，严于律己。记得每当佳节来临之际，老师在朋友圈中发表长文，缅怀恩师，缅怀朋友，感激他们在成长路上洒下的汗水，一路扶持，感谢他们为检验事业作出的贡献。可谓感恩之心，人皆有之；感恩之人，世皆敬之。也许正是这些微不足道的事例，老师赢得了业界的赞誉和尊敬。

作为您的学生，能站在您这片绿荫下成长，能依靠您的肩膀上做学问，是多么自豪，多么光荣啊！如今，我们毕业了，每一次团聚再见到您时，我都会献上真切的问候。我很感谢您，感谢您严父慈母般的大爱，感谢您默默无闻至真至情的奉献……

第四节　学生匡慧慧：我心中的高富帅

真正接触丛主任，是在2012年底。那年301医院海南分院开业了，丛主任作为第一批帮带专家来到分院，科主任安排我为丛主任的秘书。说句心里话，刚接到这个任务时，我还有点害怕，毕竟是大专家，脾气好不好呢，会不会太严格，是不是很难相处呢，想到这些，我心里有些打鼓了。但是经过三个多月的接触，我对这位神秘人物有了新的认识，再后来我有幸成为他的一名硕士研究生，更是对这样一位师者衷心的钦佩。在别人眼里，丛玉隆主任是中国检验界的领军人物，是泰斗、是将军。可我觉得，丛老师就是男神，是高富帅。

丛主任的高，高在才学。丛主任的求学经历很多人都了解，他靠着自己的努力，从一名化验员成长为检验界大专家。尽管年近七旬，但是他在给我们讲课的时候，依然能把每一个知识点讲解得清晰透彻。丛主任能这么成功，我想，除了他为人处世的大智慧，还离不开他扎实的专业知识基础。

丛主任的富，富有"三心"（爱心、耐心、责任心）。到达分院之前，丛主任的帮带计划是帮助我科建立质量管理体系，为顺利通过 15189 实验室认可打基础。到了分院之后，他了解到我们科大多是年轻的检验师，还有好几位甚至是刚刚参加工作的应届毕业生，存在基础知识薄弱，临床经验不足的情况，他很快调整了帮带计划，把一周一次的授课计划改成了一周三次，每周除了一次 15189 讲座，还增加了两次专业知识的讲课。11 月的三亚正是好天气，是度假天堂，丛主任并没有心思去休闲娱乐，他一心想着让我们尽快成长起来。他白天在临床了解实际情况，晚上就整理课件，第二天就给我们讲解。我的同事，还有我科的实习同学，都特别感动，也格外珍惜这近距离听大专家讲课的机会，但是每次总会有人要在科室值班，不能到学习室听课。有人就跟我说，能不能拷贝丛主任的课件自己学习。我说我问问主任吧，毕竟存在知识产权的问题啊。可当我与丛主任说明情况，丛主任立马说："没问题，拷吧，只要你们愿意学，我就愿意给"。我们提出任何问题，丛主任都会耐心详细地讲解。我想，正是因为主任的爱心、耐心和责任心，我们在短短三个月的时间，专业水平都得到了很大的提高。

丛主任的帅，帅于行动。别人能看到的丛主任，是各种学术场合叱咤风云的丛主任，但是我还看到了于细节处都令人钦佩的丛主任。在分院帮带期间，每当我提着早餐踩着点上班路过主任办公室时，他早已坐在电脑前开始他一天的工作。渐渐地，我也感觉有一点羞愧，已经如此成功的老专家都这样勤奋，我一个年轻人又有什么理由拖拖拉拉的跟在后面！从那以后，我也养成了早到的习惯。还有几次我忙完工作，就想着到丛主任办公室帮他整理一下，但每次我进去，办公桌和文件柜都是整整齐齐的。文件柜里放着十几份材料，每次我向丛主任借阅时，他总能迅速准确地拿到我想要的那一份。我想，丛主任能把每一个小细节都做得这么到位，他取得这么非凡的成就，也是理所当然了。

很庆幸能拜这样一位高富帅男神为师，他的成长经历、他的做事风格、他的敬业精神震撼了我的心灵，也指引着我往更高更远的地方前进。读万卷书不如行千里路，行千里路不如阅人无数，阅人无数不如名师指路，经师易得，人师难求，愿我的老师健康平安！

第二十章
媒体视野中的丛玉隆教授

多年来，丛玉隆教授在检验医学领域的学术成就和工作不仅受到学术界的普遍认可，而且还受到社会多家新闻媒体的高度关注和报道（据现有资料统计达 28 篇）。以下摘录几篇相关媒体的报道文章。

第一节　创新：从小处起步

作为常年与血、尿、便打交道的检验科室，却吸引了全国 300 多位医院院长及 20 多个国家的外宾前来参观；一个传统概念上的辅助科室，却从后台走上了前台，建立了与国际接轨的医学实验室，成为临床与科研不可或缺的"高参"，这就是丛玉隆教授带领的解放军总医院临床检验科。

一、一项小活动凝聚众人心

每逢春节，总医院临床检验科有一项活动，吸引着科里的每个人及其他们的家属，前来参加联欢会的每一个家庭，或唱歌、或跳舞、或做游戏，都要贡献一个节目。最后，还要进行评奖抽奖活动，参加活动的人几乎人人都会得到一个小礼品。这些公文包、钢笔、洋酒、钱夹、领带夹、玩具等形形色色的小礼品，都是丛玉隆教授提供的。丛教授把他出国时友人赠送的礼品以及自己参加各种会议与活动获得的纪念品，贡献出来作为举办活动的奖品。每到这个时候，联欢会上总是一片欢歌笑语，大家彼此在活动中增加了解、增进友谊、增强了凝聚力。

今年国庆假期，记者应邀参加了总院临床检验科的一项活动。这是一次小型学术研讨会，该科主任丛玉隆教授带领科室骨干，利用 3 天时间，参照国际上最新颁布的有关标准，对他们自己的质量管理手册进行修订。研讨会第三天，记者来到了郊区一个休闲中心，在一个大套房的客厅里见到了正在紧张工作的临床检验科的十几名同志。只见投影屏幕上显示着有关内容，大家你一言，我一语发表着各自的见解。几台手提电脑和一大摞文件资料摆满了会议桌，墙角处堆了许多方便面纸盒。丛教授向记者介绍说，为了按计划把质量管理手册修订好，他们昨天晚上几乎干了一个通宵，今天还要集体再过一遍。看着他们一个个略显倦意的面孔，记者问他们舍弃假期休息参加这样一些活动有没有意见，大家七嘴八舌地告诉我，他们都十分乐意参加科里组织的各项活动。

据丛教授介绍，临床检验科组织的主题党日、学术会议甚至春游秋游等活动，每次或者与工作结合、或者与学术研究结合，都要确定一个主题，通过这些主题活动，时时处处注重培养集体凝聚力和团队精神。这些活动刚开始时，许多人不以为然，后来，通过活动在工作中产生的良好效果日益显现出来后，大家的积极性就上来了。有人管这种活动叫"休息工作两不误"，更重要的是在活动中增强了集体荣誉感和凝聚力。

二、一幅流程图接轨现代管理

在临床检验科的展板上，记者看到一幅全面质量管理流程图。这张十分复杂的图表，从检验科的每一个基本工作环节入手，详细规定了从采集标本、检验标本、反馈检验结果以及每个环节内部室间质量评审的全过程。如果检验结果有纰漏，按这个程序顺藤摸瓜，很快就能查到原因。丛玉隆教授告诉记者，检验科是为病人和临床医生提供服务的一个部门，必须拥有先进的质量控制管理模式。在长期的实践摸索中，他们总结归纳出一套管用的经验：科室管理现代化、质量管理制度化、操作规范程序化、信息传递网络化。这张生动细致的图表就是他们10年实践经验的总结，支撑这张图表的还有12本共约几十万字的全面质量管理文件、实验室质量管理手册。这一系列标准操作规范和管理规则，使临床检验科在管理上实现了与国际接轨。

丛玉隆认为，质量控制管理和人力资源管理二种管理模式的结合运用，才能促成最佳管理效果，也是打造科室团队精神的精髓。为此，丛教授把"提高整体素质，争取让每位成员都有发展的机会"作为管理模式的根本思想，把人力资源管理目标定位在"让科室每个人都充满热情地为这个集体工作"，从而使检验科这个团队整体前进。

三、一次检验催生一项新成果

丛玉隆教授有两句口头禅："没有检验结果的高质量，就参与不了激烈的医疗市场竞争，就没有学术上的高水平。"有一次，一位慢性肾炎的住院病人，尿检查蛋白 4 个 "+"，可次日检查就成了阴性。经调查，原来是由于病房的专用尿杯用完了，护士让病人把标本留在刚用完的青霉素瓶内。为了证实是否青霉素干扰了尿蛋白测定，丛玉隆将不同稀释浓度的青霉素放在肾病患者尿内，发现 5 毫升尿内含有 5000 单位青霉素，足以使尿蛋白 4 个 "+" 转为阴性。他与临床携手，观察使用不同剂量的青霉素后，在不同时间内对尿蛋白的影响，并在国际上首次提供了使用多大剂量的青霉素，在何时采取尿液标本，才不影响实验结果的报告。这些珍贵的数据很快在《中华医学检验医学杂志》发表，半年后又被美国《化学文摘》期刊转载。

——《解放军报》

第二节　标本在我眼里是生命

他是中国医学检验界的领军人物，他不遗余力地呼唤检验和临床的结合，把质量视为医学检验的生命。30 年呕心沥血，他把检验医学推向了一个又一个学术高度，情感中化解不开的是对化验单背后众多患者的牵挂。他说，"丛" 字两个 "人"，结合在一起就是 "仁"。

一、从常规中找出路

在丛玉隆的科研经历中有这样两个 "故事" 被人们所乐道。

1. 凝血酶原的故事：1984 年夏日的一个下午，北大一院。一位外科医生拿着一张凝血酶原时间报告单来找丛玉隆："主任看看吧，怎么做的化验？" 丛玉隆看了化验单后发现患者凝血酶原检测结果为 18 秒，比正常值延长了 7 秒。这意味着如果手术会引起出血。而医生根据临床检查，认为患者不应出现该问题。丛玉隆对那位医生说，你重新抽一次血，再做一次吧。这次检测结果为 12 秒，是正常的。丛玉隆沉默了：18 秒的结果真是个错误值吗？

问题出在哪儿？他不服气，一个人静静地思索。突然，一个念头闪了出来：按常规一般都是上午进行化验，这份标本为什么要在下午做？他赶紧查流程，发现该标本是当天下午两点半才送过来。他接着往下 "追"——这份标本是夜班护士在凌晨 5 点采集的，但搁在护士台上忘了送了。正值夏天，又在下午送到，这会导致什么结果？他继续求证——他抽了自己的血，分别放在不同温度环境里做实验，结果发现随着时间的延长和温度的升高，凝血酶原时间值越来越长。证据找到了，谜团解开了。但丛玉隆并没有证明检验科青白就了事，他根据实验结果给临床定了"规矩"：凡是做凝血酶原时间的标本，必须在两三个小时之内送到化验室（在室温条件下），否则结果很难保证。

不仅如此，他还一口气围绕 13 个凝血因子和温度变化的关系做了系列研究，论文一一发表，受到国内外同行的关注和好评，也成为实验室分析前质量管理的重要理论依据。

2. 青霉素的故事：一位慢性肾炎的住院病人，尿蛋白四个"＋"，可次日检查却成了阴性。病理和生理的变化不可能出现如此大的结果差异，是什么原因呢？经了解，丛玉隆获得了一个关键的细节——患者未用专用的尿杯装尿样，而用青霉素瓶留存了标本。为了证实是否青霉素干扰了尿蛋白测定，他将不同浓度的青霉素放在肾病患者尿标本内，结果发现 5 毫升尿内含有 5000 单位青霉素，就足以使尿蛋白 4 个"＋"转阴。事情似乎到这里可以结束，但他联想到临床上肾炎患者经常会使用大剂量的青霉素，约有 85% 的青霉素要经肾排出体外。于是他顺藤摸瓜，观察使用不同剂量的青霉素后，在不同时间段内对尿蛋白检查的影响，并在国际上首次提供了使用多大剂量的青霉素、在何时采取尿液标本，才不影响实验结果的报告。这些珍贵的数据很快在《中华医学检验》杂志发表，半年后又被美国《化学文摘》转载。

类似的"故事"在丛玉隆还有很多，有的甚至成为医学教学中常被引用的经典例证。丛玉隆说，不能一说创新就是分子生物学。对医学检验来说，创新的种子往往就埋在司空见惯的常规之中。

二、在临床需要中寻课题

20 世纪 70 年代末，丛玉隆在国内率先应用细胞扫描显微分光光度仪对白血病细胞 DNA 扫描定量，探讨化疗药物的疗效及对预后的影响。1984 年，他在国内首次从人胎盘中成功提取组织凝血酶作为人血浆凝血酶原时间的试剂，大大提高了结果的敏感性和特异性。1985 年，他研究了不同孕期妇女凝血机制的变化，对围产医学提供了宝贵的资料……在这一系列研究中，一个思路贯穿始终：检验科研一定要为临床服务。

20 世纪 90 年代以来，他开始盯住凝血机制和血小板研究不放，理念同样清晰："心脑血管病、糖尿病等老年型疾病今后会越来越多，而老年病最大的问题就是血栓，血栓的核心就是血小板"。

为了把血小板"吃透"，他在国内首先建立激光扫描共聚焦显微镜进行单个血小板钙浓度、钙波动及钙流检测技术——在镜下将血小板横切几十层，通过各断层扫描，得出细胞内部三维实验信息，以观察血小板的各项指标。

随着计算机技术在检验医学的应用，先进的血液分析仪相继问世，一滴血一分钟内可分析出近40个血细胞参数。作为常规检查项目，每天都有大量的病人做此实验。"这些参数如何应用于临床，如何使实验数据成为医生的诊疗依据？"带着这些问题，丛玉隆领导课题组利用5年时间对 RDW、MPV、HDW 等参数的临床意义进行了系统研究，在国内率先发表了13篇论文，解决了这些参数在贫血诊断、鉴别诊断、治疗疗效分析方面的临床实用价值。嗣后又带领课题组对网织红细胞"分群"和网织红细胞形态学参数进行了应用研究，3年间发表10篇论文，解决了临床医生如何使用这些参数开展肿瘤化疗、器官移植等工作难题。

丛玉隆的研究生邓新立1994年分到解放军总医院检验科后一直跟着他主攻血栓研究。"一次在选课题时，我想听听老师的意见，但丛老师说，你先别问我，你去问问心内、神内科主任，看他们究竟需要什么。"邓新立说，"如今'检验科研一定要对临床有助益'已成为全科室的共识。"

三、在"结合"中觅价值

"检验必须要和临床结合"，这几乎成了丛玉隆在不同场合"喋喋不休"的一个"情结"。

"临床送来标本，检验科化验出报告，结合不结合的，有这么重要？"记者问。

"给你举个例子。一个病人临床表现血液呈高凝状态，但抽血一看，血小板聚集率减低，一了解，前天他吃了三片阿司匹林。开化验单的医生没有向患者介绍做血小板聚集试验之前是不能服用阿司匹林等药物的。但问题是，谁向临床医生主动去做解释？只能是检验科！"丛玉隆有些激动地说。

而"结合"的意义不仅仅在于医疗本身。让丛玉隆不无忧虑的是，这些年患者不合理的检查、试验太多了！不久前，他们与解放军302医院、北京佑安医院合作完成了一项北京市科委的课题，对病毒性肝炎的实验室诊断项目进行研究。他们分析了10年来2280位患者的病历，发现在90多项检验项目中，真正对临床诊断有重要意义的只有20余种！

"如今在检验领域，新项目层出不穷，有的收费很高，但它对于临床的价值究竟有多大？对此我们有多少做了评估？作为检验科，你怎么为临床选出最直接、有效、经济、合理的项目和组合？"丛玉隆语气中透着沉重，"在解决看病贵方面，检验和临床必须携手担起属于自己的责任。参加会诊、提供咨询、为临床解决问题……这才是医学检验价值的真正体现！"

四、在"控制"中求质量

走进解放军总医院检验科，走廊墙上的全面质量管理流程图夺人眼目。这张错综复杂的图表从检验科的每个基本工作环节入手，详细规定了标本采集、检验、反馈以及每个环节内部室间质量评审的全过程。支撑这张图表的还有12本共约几十万字的管理文件以及22个软件搭建的电脑网络系统。

2005年，解放军总医院检验科在全国率先通过了国际ISO15189（国际标准化组织关于医学实验室质量和能力要求的国际标准）认可，这张图就是ISO15189内涵的形象展示。但早在1995年，这幅图的轮廓就出现在丛玉隆脑中了。

凝血酶原和尿液青霉素等事件，给予丛玉隆的不仅仅是科研思路，更重要的是促使他开始苦苦思索"质量"这个命题："结果出了问题，是我的原因吗？不是！但板子都打在我身上了。我意识到，质量是这个学科的根本，数据是这个学科的生命。但要求得好质量，光靠检验科一家不行，必须建立全面质量管理体系。"

这样，一个由分析前、中、后三大部分组成，用系统学原理分析影响试验的每一环节和要素并加以控制的管理流程在他脑中逐渐架构起来。如今，这项工作已得到国际认可，前国际化学联合会主席翁得·史密斯教授亲临实验室参观指导，丛玉隆也应邀到中国台湾、中国香港、新加坡、日本等国家和地区介绍他的"流程图"。作为中国国家认证认可监督管理委员会医学技术分委会的主任委员，眼下，丛玉隆正不遗余力地在全国积极推广ISO15189的国际认可工作。

五、在和谐中塑精神

在检验科还有一处特殊的"景致"，那就是科室成员历年团聚时留下的一张张"全家福"。

1987年，丛玉隆从北大一院调入解放军总医院检验科任主任。当时各方面条件十分艰苦。丛玉隆想，学科要发展，就必须带出一批人来，"一定要做1＋1大于2的事"。

他想方设法在科室营造学习气氛，亲自出考题开展练兵知识竞赛。他在国内率先引入日本的实验室环境管理5S标准（整理、整顿、清扫、清洁、修养）。他说，为人得有精气神。他不相信一个机器蒙尘、人员闲散的实验室作出的结果是准确的。

他悉心关注每个人的发展，谁适合"干科研"，谁更善于"做常规"，他力求"人尽其才"。邓新立说，别看主任平时忙，但当你情绪有变，他很快就会察觉并主动找你谈话。主任总说，"大家在单位的时间比在家多，幸福不幸福，很大程度上取决于你和同事的关系。"

他亲自带队组织科室外出活动，每年一个地方，每次一个主题，19张"全家福"记录了检验科从小到大的成长历程，也留下了团队和谐奋进的精神轨迹。科里的同事李健说，去年为迎接15189实验室认可，"全科上下拧成一股劲，关键时豁得出去，打得赢，这和主任长期培养有很大关系"。

在丛玉隆撰写的《临床实验室管理学》、《现代医学实验室管理与实践》等专著中，他"破天荒"把人力资源管理及团队文化建设纳入其中。他说："只有有了人的质量，才会有事业的质量！"

六、在责任驱使下谋发展

2003年"非典"暴发后，一系列与检验有关的难题摆在了人们的面前：采集标本时该如何防护？标本离心后产生的气溶胶是否会污染实验室，又该如何消毒？一个个电话、传真、电子邮件不停地从疫区传到丛玉隆的办公室。

5月2日，正是非典肆虐的日子，丛玉隆召集北京地坛医院、佑安医院等10家"非典"病人集中医院的检验科主任聚在一起制订实验室防护方案。那样一群人在那样一个非常时期聚会是非常危险的，而事实上并没人要求他们非制定这个方案不可！那是一个令丛玉隆永远难忘的瞬间：戴着口罩的检验专家一个不落地走进解放军总医院，目光中没有恐惧，有的只是责任和使命……

"责任"是采访中丛玉隆提到自己时说的最多的两个字。不仅仅因为他集中华医学会检验分会主任委员、解放军科学技术委员会检验医学学会主任委员等数个"主委"于一身，更因为他清楚地看到了中国医学检验与国际前沿的差距，他有责任"趁自己还有些精力，推动一点是一点"！

从上届做主委抓学术交流到这届注重抓中青年人才培养，从全力打造《中华检验医学杂志》（杂志影响因子2004年达到1.616，在近千种中国医学期刊中名列第八，在临床类医学期刊中排名第一）到撰写系列述评，呼吁"重视标本中人的因素，患者满意是临床实验室的最终目的"、"不要过度依赖现代仪器而忽视基本操作"……丛玉隆用敏锐和精细的目光在显微镜下的天地里寻找着属于中国检验医学美好的未来。

——《健康报》

第三节　在"不起眼"的领域做"起眼"的事

　　丛玉隆出生在北京一个普通家庭。在他上初二时，父亲就去世了。母亲靠做一些零活儿拉扯家里 4 个孩子。生活的困窘使功课出色的丛玉隆在初中毕业时选择了北京卫生学校检验专业，理由很简单——上卫校可以免费。

　　丛玉隆是那种"既然做，就要做好"的人。他一头扎进自己"并不太喜欢的检验学领域"，在中专就自学完了大学课程。

　　"文化大革命"中，他被分配到北京海淀区永定路医院。当别人文攻武斗时，他躲在一边学习。夜里，他偷偷去找实习时带过他的导师、我国医学检验学界的老前辈、北大一院检验科主任王淑娟（当时王被打成反动学术权威，在实验室刷试管）学看骨髓片子。"说不上有什么预见性，就是学习令我感觉踏实。"丛玉隆回忆说。

　　在小医院检验科一干就是 12 年。1979 年，丛玉隆报考了山东医科大学血液病张茂宏教授的研究生。300 多人报名，招 40 人，丛玉隆考了第三。"导师查房，我跟着，导师出门诊我也跟着，"丛玉隆说，"以前当化验员，视线里就是显微镜下的那个小视野，如今跟着导师游走于临床，眼界豁然开朗。3 年学习，我最大的收获不是在显微镜下将某个细胞看得多好，而是检验与临床结合理念的萌芽和升华。"

　　导师很欣赏这个聪明、勤奋的北京学生。临近毕业，主动介绍丛玉隆到北大人民医院陆道培教授那里去工作，这意味着他将从此改换门庭，成为令人羡慕的临床血液医生。但就在这命运转折关头，丛玉隆作出了一个令人意想不到的选择：回到他曾经实习过的北大一院检验科。导师为他多少有些遗憾，但他却有自己的考虑："我已做了 10 多年的化验员，10 多年的积累是一笔难得的财富。如今我是检验领域里第一个研究生，这是我独具的优势所在。"

　　上中专时，丛玉隆在日记中曾写下这样的话："花盆里能不能长出大树？我就是一个中专生，今后能不能成才？"在以后数十年的医检生涯中，一个声音始终在他的内心回荡：我怎么才能在一个"不起眼"的领域，做出来"起眼"的事？

　　对话：数字背后的痛和喜

　　记者：有些人不愿和临床打交道，怕生事。相对来说，检验的风险和责任也不像临床那样大。一个检验师只要把标本认真处理完了，任务就结束了。如果把标本本身研究透了，可以当专家甚至院士，为什么非要和临床较劲不可呢？

　　丛玉隆：的确，我们看不见病人，做的是标本，但归根结底你是在对着人啊！一个不合格的标本，我费了劲分析了半天，是个假的，我付出的这一切还有什么意义吗？！我做了那么多，又是和临床结合，又是质量控制，最终不就是为了结果准确吗，结果准是为了什么？最终是为了病人！

记者：有意味的是，在一些临床医生那里，活生生的病人倒成了生物学意义上的"标本"，但到您这里，真正的标本却被看做活生生的"人"。

丛玉隆："文革"中，我姐姐生下孩子不久就去昆明了，她走了没半年，孩子就得了白血病。当时，我抱着孩子到处求医。我明明知道，查血色素，人工看血红蛋白，今天3克，明天3.5克，其间变化的意义不大。但作为家属，看着这点儿变化内心真是高兴得不得了！要知道对医生可能就是一个可忽略的数字误差，对患者和家属却是切切实实的痛和喜啊！

• 记者手记

第一次见到丛玉隆教授是在今年4月中国医师协会检验分会于成都召开的学术研讨会上。正在国外出访的他急赶回来做主题报告。他的神情略显疲惫，但精神却异常亢奋。事后得知，他已经40多个小时没睡安稳觉了，他说："这次议题非常重要，我拼着命也要赶回来！"

"检验医师"的准入是那次大会的焦点。卫生部在相关专科医师培养办法中，已明确将检验医师作为首批培养试点，但由此带来的一系列问题也摆在了丛玉隆和他的同事面前："检验医师"，顾名思义属于医师系列。医疗系毕业的，经检验培训合格后成为检验医师，这没有问题。但检验系毕业的技师，如果有志于成为检验医师，应去哪里培训？又如何取得医师执业资格？

检验医师的设立对于中国20万医检队伍的发展是一个契机，身为"领头羊"，丛玉隆不会等闲视之。事实上，在他30年医检生涯中，他从来不轻易放过任何一个可以提升检验专业价值和地位的机会。他用自己一生的努力挑战着"检验地位不高、难有建树"的传统认知。

• 采写后记

采访前，心里曾打过鼓：检验领域里那些试剂、标本、生化名词采写起来该有多枯燥啊！但见到丛教授后，我发现，一般人印象里了无生趣的检验已被他用温情挖掘出了人性的温暖，甚至那些写满了神秘符号的化验单在他眼里也幻化成了一张张能表情达意的面孔。

也许正是有了这些面孔的支撑，他才能在五味杂陈的医学检验领域里一路顽强地走过来。他的生活中没有"娱乐"这个概念，他总想"下周我可要好好休息一下了"，但还没到下周，日程就已排满了……

他说，自己最大的弱点是不忍心对别人说"不"。认真、求完美的性格使他内心不时会涌起"再努力一下就能做得更好"的冲动，而无止境的努力有时也会带给他压力和郁闷，那时，在别人眼里谈笑风生的他会一个人或独坐茶室，或面对大海，什么也不想一待就是大半天。

　　像所有事业有成的人一样，丛教授对家人也怀抱一份深深的歉疚。他唯一的儿子，原来学医，后来改行到国外学MBA，理由是不愿像父亲一样过一辈子。"学医不是挺好吗？"他们父子曾为此激烈地争论起来，但最后他们谁也不能改变对方。

　　尽管头上顶着文职将军军衔，但他骨子里永远流淌着一份平民情怀。他说，我本身就是一个穷孩子，能做到这些，毕竟是靠大家。

——《健康报》

第四节　访丛玉隆：从医学检验到检验医学

　　从医学检验到检验医学的转变，不仅只是名词之间的颠倒，而有其深刻内涵，使医院检验科（国外称之为医学实验室）的服务范围、管理模式、学科建设，发生了重大变革——从以标本为中心、以检验结果为目的理念，向以患者为中心、以疾病诊断和治疗为目的转化。

一、新理念：检验医学

　　记者（以下简称记）：丛教授，您好，最近召开了检验学分会四年一次的学术大会，在您看来，这四年来检验学领域有什么突出的技术亮点吗？

　　丛玉隆（以下简称丛）：从技术角度看，检验医学正在向自动化、床边化、分子化、标准化和信息化发展。不过我认为，影响更为深远的应该是理念的变化，就是医学检验的学科发展模式正在被检验医学的理念取代。

　　举个简单的例子，如今很多中老年人经常服用阿司匹林预防心脑血管病，同时又要定期做血小板聚集功能试验了解预防效果或是否产生副作用。然而血里存在一定量的阿司匹林就会干扰试验反应，得出不准确的结果。可惜检验人员根本无法了解患者是否吃了阿司匹林，因而尽管实验室管理多么严谨、仪器多么先进，但试验结果未必能真实反映患者的情况。

　　这就是过去的医学检验，医院的检验科只根据接收的检验标本提供检验报告，目标是保证出具的化验单能够准确反映标本的情况，从事的仅仅是检验工作。而现在的检验医学不是，检验工作是病人诊断治疗的一个重要组成部分，要透过手中试管里的标本看到活生生的病人。当然我们的工作范围也随之发生了变化，可能导致检验结果出现差错的每一个环节都是检验人员需要参与控制和管理的。

二、新追求：ISO15189

记：这样看来，检验医学可以帮助患者得到更准确的诊断和治疗，还能避免"大化验单"，但这么长的"战线"似乎很难控制。

丛：这的确是个艰巨的任务，不过 ISO15189 可以给我们很好的借鉴，或者说，这将是今后一段时间我国很多医学检验实验室的追求。

ISO15189 是国际标准化组织为了标准化、规范化世界各国医学实验室质量管理所制定的一个非常重要的文件，译成中文是《医学实验室——质量和能力的专用要求》，行内简称之为 ISO15189。实施 ISO15189 的内涵，可以帮助我们建立一个全面质量管理体系，其核心是过程控制，就是用系统学理论分析实验的全过程，找出影响质量的环节和要素，然后指定相应的程序文件加以控制，达到保证检验结果质量的目的，这样构成的体系就叫过程控制。

按照 ISO15189 建立的实验室不仅对保证医疗质量是非常重要的，也促进了医疗市场的国际化发展。比如，长期服用抗凝药的患者，定期要做凝血酶原时间（PT）来监测药物的用量，但不同国家甚至同一国家不同地区的实验室使用的仪器、试剂、标准品可能是不同的，检测出的 PT 结果可能也不同。假使有位英国的游客几天前在伦敦根据当地 PT 结果调整了华法林的剂量，几天后在北京发病了，如果北京与伦敦的实验室检查 PT 的检测系统是不可比对的，怎么用测的 PT 值调整药物剂量呢。如果都遵循 ISO15189，得出的结果都能溯源到国际特定的标准上，结果就可以通用了！

因此，在国际上被 ISO 认可的几千家实验室（包括我们 301 医院）是可以互认作为参考的。我们 301 医院临床检验科自 2001 年准备，2005 年国内首家通过 ISO15189 认可，近三年，每年经国家认可委的监督评审，八年来不但提高了检验质量，还提高了人员素质、管理能力和学术水平，得到了国内外同行赞同。

记：如何进行过程控制呢？

丛：每个检测项目的原理、方法、检测系统、干扰因素不同，控制的具体内容也不相同。简单地说，过程控制分为三个阶段，即分析前控制（从医生申请检验到标本检测前）、分析中控制（标本分析过程）、分析后控制（从结果确认到医生正确使用检验报告于患者）。

分析前管理有两大部分，一部分是医生要根据患者的具体情况，准确、合理、经济的选择检验项目或组合，这不但缩短检验周期早出报告，也节省了医疗资源，减轻患者经济负担。另外，还要求医生完整地填写申请单，为实验室提供详细的有益于试验结果分析的临床资料，以便于分析后质控。另一部分主要由护理人员完成，包括采集标本前患者的准备（如指导患者采集标本前不要服用任何干扰检验的食物、药物），熟练的采集技术、产品质量和生物安全合格的收集标本器皿及严格的标本运送等。看起来这些工作是医护人员做的，但也是检验科工作的重要组成部分，因为这些工作的好坏直接影响检验结果的质量。实验室有责任与医生和护士进行交流、培训和监督。分析中管理主要体现严格的实验室管理和技术操作。分析后包括：如何根据临床资料对初步的检查结果再确认，如需要向临床医生解释结果并对鉴别诊断提出进一步检查建议。

三、新职位：检验医师

记：ISO15189 对检验工作人员提出的挑战可真不小！

丛：要想建立一支高质量的技术队伍，学科建设的第一个要素就是人才。由于工作目的从对标本负责提高到对患者负责，因此具备医学背景又同时了解检验学的检验医师就成了这个学科急需的人才。

检验医师首先具备医师执照，而后进行一段时间的检验专科培训，他们主要负责与临床科室沟通，一方面让临床医生护士了解各种检验项目容易出差错的关键环节并加以控制，另一方面帮助临床医生根据病情为患者选择合理的检验项目，避免"大撒网"检验。另外，解释检验结果异常的临床意义，检验结果达到危急值时及时反馈给临床等，也是他们的工作范畴。

记：目前在我国检验医师的普及程度如何？

丛：我国开展检验医师的培训刚刚起步几年，而人才培养是需要时间积累的，所以目前还没有普及。检验医师对于临床医生的帮助以及他们对于整个医疗质量提升的内在价值也还没有充分体现出来，不过国外同行已给了我们很好的示范作用。

四、不变的核心：质量

记：听您这样一介绍，突然发现一直在幕后的检验科原来对医疗质量好坏起着很关键的作用！

丛：是的，随着高科技实验医学的应用，新的技术、新的设备、新的思维、新的理念引入检验医学，许多有诊断价值的实验指标应用于临床实践，发挥了重要作用。但质量是学科的根本，过去我们一直在追求针对标本的检验质量，今后我们追求针对患者的医疗质量，不论是努力培养人才还是科学的质量管理体系的建立，应该说都是围绕提高质量这个不变的核心展开的。实验室出数据的目的就是用这个数据来帮助临床进行疾病的判断与治疗。因此数据的准确与否直接影响到医疗水平，影响到病人的利益。

记：那么影响检验质量的主要原因在哪里呢？

丛：2006 年国外有学者分析了医院实验室出现错误结果的原因，结果发现分析后产生差错的占 18.5% ～ 47%，分析前产生的误差占总误差的 46% ～ 68.2%，而分析中期产生的误差不足 15%。可见分析前产生的差错最多。分析前质量控制是国内外医学实验室管理的热点，是我国质量管理最薄弱的环节，也是临床医生和护理人员最难控制的，但必须控制的环节。在 ISO15189 中有很好的流程管理方法，但在实际应用中，还存在很多困难，比如检验医师和临床医护人员怎样才能有效沟通等，因此今后还有很多需要我们逐渐摸索和提高的地方。另外，由于涉及临床科室的合作，医学实验室这个检验流程要想整个理顺，仅有检验人员的积极参与是不可能完成的，还需要整个医院从上到下的共同努力。

——《健康报》

第五节　时代造就了我　不能愧对时代

三十多年春华秋实，他把很多人认为"不起眼"的检验医学推向了一个又一个新的高度，开创性提出实验室标准化和检验学科的"理念革命"；数十载呕心沥血，他不遗余力呼唤检验医学与临床结合，强调科学与严谨是检验医学的灵魂。

中华医学会检验分会主任委员、中国医师协会检验医师分会主任委员、解放军科学技术委员会检验医学学会主任委员……最多时，他曾担任检验领域的 6 个"主委"。

在中国检验医学界，丛玉隆的名字如雷贯耳。有人说，丛玉隆是医学检验界真正的领军人。还有人说，检验医学最近的 15 年是丛玉隆的时代。

"这些说法只是同行们对我的一点鼓励，大多是溢美之词。"面对社会各界的评价，中国医师协会检验医师分会会长、解放军总医院丛玉隆教授很谦逊，"我只是扎扎实实做了几件对国家检验医学行业有益的事情。"

一、推动检验医学划时代变革

由于生活困窘，丛玉隆只能上不收学费的北京卫生学校，当时他 16 岁。在卫校的 4 年他自修了大学医疗系、生物系、药学系的相关课程。1967 年被分配到海淀区永定路医院，这一干就是 12 年。

1979 年，他报考了山东大学医学院研究生。"以前当化验员，视线里就是显微镜下的那个小视野，如今跟着导师学习临床，眼界豁然开朗。3 年学习，我最大的收获不是在显微镜下将某个细胞看得多好，而是检验与临床结合理念的萌芽和升华。"1982 年，研究生毕业后丛玉隆来到北京大学第一临床医院检验科工作。在北医一院检验科主任王淑娟的悉心指导下，他很快成为年轻的学科带头人。

1987 年，丛玉隆作为"特殊技术人才"被引进到解放军总医院，担任检验科主任。在这里，丛玉隆和他的团队闯出了检验医学的另一番天地。

"必须从临床需求中寻找课题"，这是丛玉隆给解放军总医院检验科立下的"规矩"。自 20 世纪 80 年代以来，心脑血管病已成为人类健康的第一杀手，血栓性疾病实验是心脑血管病预防、诊断、治疗监测的重要依据。丛玉隆结合血液学理论发展、心脑疾病的病理变化和医疗保健的需要，从血管、血小板、凝（抗）血因子及血液流变学开展了 40 多项试验，获得了两项全军医疗成果奖，研究成果受到同行专家的称赞。

"检验必须要和临床结合"。丛玉隆与几家单位合作完成了一项课题，对病毒性肝炎的实验室诊断项目进行研究。他们分析了 10 年来 2280 位患者的病历，发现在 90 多项检验项目中，真正对临床诊断有重要意义的只有 20 余种。

"在检验领域，新项目层出不穷，有的收费很高，但对于临床的价值究竟有多大？作为检验科，怎么为临床选出最直接、有效、经济、合理的项目和组合？"丛玉隆语气坚定，"检验和临床必须携手担起这份责任。参加会诊、提供咨询、为临床解决问题……这才是检验医学价值的真正体现！"

"实验室做的工作，仍然是医学检验，但是要融入检验医学的理念。"丛玉隆这样解释"医学检验"到"检验医学"观念的转变，"这两个词字面相近，但内涵发生了根本性的变化。使医院检验科的服务范围、管理模式、学科建设，发生了重大变革。"

在丛玉隆的倡导下，解放军总医院检验科的工作发生了变化：可能导致检验结果出现差错的每一个环节都由检验人员参与控制和管理，包括分析前病人的准备、标本的采集与运送、选择准确的检验项目、检验结果的意义解读等。同时，检验科有责任对临床医生和护士进行交流、培训和监督。

不久，丛玉隆的"医学检验"到"检验医学"的理念迅速在全国推广。

"要从常规工作中做出不常规的事情。医院检验科百分之八十的工作是和血、尿、便三大常规打交道，能做出什么花样来？按照世俗的观念，是没有'钱途'的。"但是，丛玉隆在这三大常规项目上，扎扎实实做了 30 年。

这些年，究竟获得了多少奖项，丛玉隆自己也没有统计过。但他说，很多奖项都是从三大常规中做出来的：北京市科技成果奖一等奖1项，中华医学科技奖二等奖1项、三等奖1项，军队医疗成果奖二等奖3项、三等奖2项，军队科技进步奖二等奖1项、三等奖3项等。正是这些成果和理念，推动着国家检验医学事业划时代的变革。

二、为设立检验医师开先河

过去，我国的医学检验行业只有"技师系列"职称，没有"医师系列"职称。无疑，检验医师的设立对于我国20万医检队伍的发展是一个契机。

从建立我们国家的检验医师岗位、职责定位，到基地培训、基地建设，基本上每一项工作都有丛玉隆的直接参与。

他创建了中国医师协会检验医师分会并担任第一、二届会长；创办了国内公开发行的《实用检验医师杂志》并担任主编；组织全国22家高等医学院校主编了150余万字的我国首部检验医师培训教材《检验医学》；作为总主编组织全国检验医学和临床医学各领域的专家编写了大型系列丛书《检验与临床》，全书共30分册达700余万字，对医学实验室与临床诊治一线科室的学术交流与合作起着很大的作用。

在检验医师分会成立短短8年的时间里，丛玉隆组织召开了6次大型"全国检验与临床学术会议"和两届国际论坛，极大地推动了国内检验医师队伍的建设和整体素质、学术水平的提高。

"质量是医学检验学科的根本，数据是学科的生命。但光靠检验科一家不行，必须建立全面质量管理体系。"严格实验室标准化、规范化、国际化管理和过程控制，保证检验结果的准确性、精确性、可溯源性，这是21世纪前10年国际检验医学学科发展的热点。丛玉隆敏锐地把握住学科发展前沿。

一个由分析前、中、后三大部分组成，用系统学原理分析影响试验的每一环节和要素并加以控制的管理流程在他脑中逐渐架构起来。2005年，丛玉隆领导的解放军总医院检验科在全国首家通过了ISO15189认可。

——《科学时报》

第六节 大 医 精 诚

一、小检验做成大学问

在43年前的一个夜晚，永定路医院急诊，一个刚从事检验工作的20岁的小伙子做了一份非常普通的血液检验,但结果引起了这个有心人的注意:患者没有炎症的临床表现,也没发现白血病特有的白血病细胞,但白细胞总数却高达3万多。

这个年轻人陷入了深深的思考中,终于想起前几天在国外文献中看到的十分罕见的"慢性中性粒细胞白血病"的血象特点。

他顾不上休息,做了一系列的细胞化学染色,证实 与文献报告吻合,他又帮助这位患者联系了专科医院由专家进行会诊。

几天后,患者家属找上门来感谢说 "血象变化快一年了,去了好多家医院都没有查出原因,这次偶然的牙疼,竟然被你化验时找到了病因,太厉害了。"

这个年轻小伙子叫丛玉隆,那时刚刚20岁,是北京永定路医院检验科一名中专毕业、入职不到3年的新兵。

时间如白驹过隙,一晃几十年过去了。当年的这个年轻人已是誉满全国的知名检验医学专家,最多时,同时担任6个全国检验学术组织的主委,在诊疗环节中看似微不足道的检验工作中做出了举足轻重的大学问。

2013年2月8日,记者采访他。就在几天前,他刚刚获得了由国家主席习近平签署的三等功,获奖的消息还上了央视新闻联播。

面对采访,丛玉隆感慨地说: "检验医师常年以血、尿、便为伍,以显微镜和瓶瓶罐罐为工具,其工作看似可有可无。殊不知,在检验科所开展的几百项检测给临床诊治信息量,占到医技检的70%, 。我的获奖,不仅是检验界的荣光,更有力地证明了检验的重要。"

二、向临床诊断迈进:小检验里有"大学问"

在赞叹一个成功者时,我们往往会先去考量其"天时地利人和"的因素。对于中专毕业、起步于区级医院的丛玉隆来说,这些实在没有什么值得炫耀的。

1963年,受家庭条件等限制,初中毕业后,成绩优异的丛玉隆不得已上了医学中专,学的是不被人看好的检验。

他常常为透过血、尿、便的表象,通过用心仔细的工作而发现各种潜在的疾病信息而兴奋不已,并认识到这个不被重视的工作,恰恰是通往准确判断病因的大门,是一个潜藏着大学问的工作。

丛玉隆基因里喜欢"探求的种子"开始萌芽,并苗壮成长,推动他去探索检验的奥秘。

在门诊化验室时,丛玉隆结识了一个常来查尿常规的老病号,经多家医院诊查,只得出"肾病待查"的模糊诊断。几次聊天后,丛玉隆发现患者的病史、体征、临床表现和实验室检查与几年前在北大医院实习时看到的红斑狼疮患者情况很相似。他主动给患者做了检查。仔细观察三张涂片后，找到典型的狼疮细胞患者狼疮型肾炎的诊断确立了。

端坐在显微镜前，细胞的姿态万千、细微变化……喜欢观察、琢磨和研究的他，钟情、忘情、陶醉于其中。

三、检验与临床结合 小检验成就大专家

对于检验科医生而言，除了每天出具各种检验报告，还有多少人会深入思考报告对于临床的意义？又有多少人会进一步思考，一定量的检验后，能得出什么样的规律？能为临床提供什么具有普遍意义的建议？可以通过什么样的流程控制，进一步提高检验质量甚或在全国推广？这些，似乎都是检验本质工作之外的事，但丛玉隆从跨入检验界的那天开始，便深深地刻入了的他骨子里。

四、检验向临床延伸方具价值

丛玉隆认为检验报告的发出只是标本在实验室内检测程序的完成，而非检验科任务的终结。检验结果能准确用于临床，患者能及时得到救治，才是真正体现价值所在。

为此，丛玉隆教授抓了最核心的两项工作：密切联系临床，让检测结果到合理在临床得到合理应用；倡导循证检验医学，合理使用检验项目。

"由于知识的快速更新和专业的细分，许多临床医生只知'划勾选项目'，不知结果如何分析。"丛玉隆教授指出，医院每天能做几百甚至上千个标本血常规，究竟有多少医生能把报告单上仅有的十几项参数准确完整的解释清楚？有多少医生了解 RDW 在贫血鉴别诊断和疗效分析的价值？有多少医生使用 MPV 辅助血小板功能分析、有多少医生能通过细胞体积直方图判别检验报告的"真伪"？答案是否定的。

"这正是实验室的价值所在，即把与临床交流和沟通作为常态工作，积极向临床宣传项目选择、结果解释和质量控制的专业知识，提供咨询服务。"丛玉隆教授为此身体力行。

在合理使用检验项目方面，丛教授也有自己独到的见解：一定要以循证检验医学的理念，要通过评估，找出最直接、最有效、最合理、最经济的检验项目和组合，使其既能满足临床诊治的基本要求，成本又是最低的。

"如现在血细胞分析仪市场上把网织红细胞分群计数试验炒得很热但文献报道其临床意义仅限于在肿瘤放（化）疗、骨髓移植等患者或贫血疗效的观

察。而目前将网织红细胞分群计数与血常规检验捆绑一起作为门诊和入院患者必查项目的做法显然是不妥的。

五、常规＋特色：小检验做成大科研

检验医师不被看好，与其常年以血、尿、便为伍不无关系。殊不知，恰恰是这些看起来最常规的检查，却解决了临床中的大部分问题。

"应该说，做好常规检验是每个检验医师起码的'看家本领'，但要做出色的检验医师，仅仅做好这些又是绝对不够的。"丛玉隆的科研之路正是从这里开始的，但却又不止步于此。简单概括，可以用"常规＋特色"来总结丛玉隆的科研特色。

"特色"即体现学术价值，也就是学科带头人与时俱进，结合科室水平、医院特色以及学科发展趋势等，做出全国领先、与世界接轨甚至引领世界检验医学发展的科研成果。

还是在 1987 年 6 月，丛玉隆调入 301 医院临床检验科之初，作为科室的学科带头的人，就准确地将科研的特色与医院的特色、科室的中心任务和特色的建设进行了有机融合与"绑定"。

循着血常规、尿常规的思路，丛玉隆做出了《血液学自动化临床应用价值与质量管理》（其中包括他的 40 多篇论文）、《尿液自动化检测临床价值与质量控制》（其中包括他的 30 多篇论文）两个课题，并获得了军队科研二等奖。

仅血细胞分析研究课题，丛玉隆就获得了解放军医疗成果二等奖 3 项、中华科技成果三等奖、军队科技成果三等奖 5 项，研制的质控物连续 12 年被北京市检验中心选为用于北京 120 多家医院血细胞分析仪室内控制物。

他在国内首先建立，激光扫描共聚焦显微镜进行单个血小板钙浓度、钙波动及钙流检测技术。探讨在冠状动脉硬化时的诊断意义。观察了服药前后血小板激活状态及其治疗价值。通过系列研究，建立了凝血试验全面质量管理体系，受到同行专家的高度评价。

感悟：

如果说丛玉隆学术地位的奠定，与他倾心临床、科研有关，那么其学术理念的推广与传播，却也得益于他利用一切可以利用的时间著书立撰。近年来，他带领解放军总医院出版了 30 多部专业书籍。而在丛教授看来，他写书的另外一个目的是提携更多的年轻人，例如一本书的出版，他当主编，但同时优选的还有 2-3 名主编，历经这样一次次锻炼，成为检验界的重要力量。

"我是踩在检验界众位前辈的肩膀上，取得今天的成绩的。今天，当我作为检验领域的前辈时，我也希望通过我的努力与行动，让年轻的检验医师能踩着我的肩膀前进的更快些。"丛玉隆将此视为自己永不终结的目标。

——《医师报》

第七节　两代师徒同台领奖　检验医学薪火相传

科学时报社主办的"检验医学年度（2009）评选"中的"杰出贡献人物"奖项，由于在职专家和不在职专家分别评选，因此，中国检验医师分会会长、解放军检验医学专业委员会主任委员丛玉隆和自己的启蒙老师、北京大学第一医院检验科原主任王淑娟同时当选。师徒二人同时当选"杰出贡献人物"，成为检验界一段美谈。

一、师徒同获"杰出"成就一段美谈

颁奖环节结束之后，作为"杰出贡献人物"获奖代表，丛玉隆发表了获奖感言。能够在 60 多岁的时候获得全国的"杰出贡献人物"，丛玉隆难掩激动的情绪，他说："回想这三四十年走过的道路，今天能够获如此殊荣，我觉得首先应该感谢我的启蒙老师——王淑娟教授！她以严谨的学风孜孜不倦地教育着、引领着我。我也感谢我的研究生导师，把我培养成一个临床医师，使我在检验的道路上走出自己的路。"从事检验工作 45 年来，原来同事口中的小丛已经变成大丛，进而变成老丛，丛玉隆见证了中国检验医学的发展历程。

丛玉隆提到，国家的政策、部队的培养和同道的支持都是自己在检验医学实验上有所成就的重要因素。丛玉隆是"老三届"的一份子，在应该步入高校深造的时候赶上了"上山下乡"运动。"是党的改革开放政策能够使我们走入大学的殿堂，能够进行研究生的教育。"丛玉隆说。他解强调，自己的成绩和工作多年的解放军总医院的培养分不开，而现在也到了自己要培养下一代医学人才的时候。"能够使我从一个检验员成为一个共和国的将军，正是部队这个大家庭教育了我、培养了我。"丛玉隆说。而这些年由于学会的工作，丛玉隆与检验界的同道们不断进行交流，他说："这种交流给我在各个方面都搭建了很好的平台，使我受益匪浅。"

二、从检验医学到医学检验

在获奖的王淑娟、陶其敏等老一辈检验专家为我国检验事业奠基的年代，现在的检验医学还被称作医学检验。为什么过去叫医学检验，现在叫检验医学？实际上这反映了检验医学学科建设上一个很大的发展，甚至是一个理念的变迁。丛玉隆说："我的导师在这儿，她可以见证。在20世纪60年代的时候，我们就是在实验室成天围着标本转，做出了数据我们什么都不用管。这就是我们过去狭隘的医学检验。"

而现在的检验医学就不同，它通过实验的手段，使得出的数据能够指导临床和帮助临床的诊断和治疗，检验医学真正成为医学主体的一部分。"从这个理念上讲，检验医学涉及方方面面，既要有搞基础的，也有搞临床的，更有搞实验的。"丛玉隆说。在他看来，原来以标本为核心的医学检验发展为检验医学，围绕的核心就从标本变成了病人。丛玉隆常常对大家讲，标本在他眼里就是生命。

医学检验向检验医学的发展，从一个侧面也反映了检验工作产学研用相结合的发展要求。"这里面有生产、有教学、有科研、有临床应用。我们的IVD企业搞了这么多先进的试剂和仪器，目标是什么？目标是为了用于病人的诊断和治疗，是通过实验室的工作，达到这个目的。"丛玉隆说。

三、自动化背景下经典技术的传承

当媒体问到"在自动化水平越发提高的背景下，该如何看待检验人员基本技能的应用和培养"时，丛玉隆说自己特别喜欢回答这个问题。"我们国家检验界在仪器设备上攀比现象严重，过分地强调怎么成套地实现自动化。"丛玉隆说，"自动化是主流，但是它需要的成本高。在今天医改的背景下，国家要求医疗费用不断降低。因为要拿出更多的钱满足于全民的需要，所以在这里面怎么能够节约成本、又能做好事。这是非常重要的。"

此外，丛玉隆也说，目前检验界有一些过分依靠的自主化，而忽略了人工能够解决，甚至能够确诊的东西。丛玉隆做化验员的时候，用一个显微镜、一个血涂片就可以看出很多的问题：病人有没有白血病，病人是什么样的贫血……"一张片子很多问题都解决了，而我们现在不是这样，买几十万、上百万的仪器，这些东西不是不好，它解决了我们很多的问题，但是它解决不了显微镜能解答的问题。而我们现在的导向完全是自动化，把很多最基本的东西都忘了。"丛玉隆说。他又举例说，现在到医院检验尿常规，大多使用干化学的方法，很少有检验科主动给患者做镜下形态学检查。而临床方面随需要的恰恰是显微镜下的形态学描述——沉渣的情况，是否出现管型、蛋白或者红细胞，它们的数量和形态是怎样的等等。

为了防止形态学等的经典检验技术面临后继无人的窘境，丛玉隆在期刊上多次撰文，呼吁检验界能够重视培养从业者经典技术能力。用其中一篇的题目概括他的理念，就是——"既要发展现代技术，也要继承经典方法"。

——《科学时报》